HOROSCOPE
2006

Distribution pour le Canada:

QUÉBEC•**LIVRES**

2185, autoroute des Laurentides
Laval (Québec) H7S 1Z6
Téléphone: (450) 687-1210
Télécopieur: (450) 687-1331

ANNE-MARIE CHALIFOUX D. N.

HOROSCOPE
2006

amour ★ santé ★ travail ★ argent
prédictions mondiales

LES ÉDITIONS
PUBLISTAR
QUEBECOR MEDIA

LES ÉDITIONS PUBLISTAR
Une division de Éditions Quebecor Media Inc.
7, chemin Bates
Outremont (Québec) H2V 4V7

Éditrice: Annie Tonneau

Révision: Paul Lafrance, Corinne De Vailly
Correction: Luce Langlois
Couverture: Suzanne Vincent
Infographie: Roger Des Roches, SÉRIFSANSERIF
Photo de l'auteure: Charles Richer
Maquillage,
    coiffure et coordination: Macha Colas

PUBLISTAR est une maison d'édition agréée et reconnue par les organismes d'État responsables de la culture et des communications. Nous reconnaissons l'aide financière du gouvernement du Canada par l'entremise du Programme d'aide à l'industrie de l'édition (PADIÉ) pour nos activités d'édition. Gouvernement du Québec – Programme de crédit d'impôt pour l'édition de livres – Gestion SODEC.

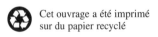

Cet ouvrage a été imprimé
sur du papier recyclé

Ce livre appartient à

_____

Que tous les éléments soient réunis
afin que cette nouvelle année
soit tout à fait extraordinaire!
Paix, harmonie, lumière!

Anne-Marie Chalifoux, D.N.

Sommaire

Préface

Même si ce livre est mon vingt-neuvième (croyez-le ou non), j'ai ressenti le même enthousiasme lorsque j'en ai commencé l'écriture. Je me fais toujours une joie de me pencher sur nos destinées, de tenter de décortiquer le mouvement des astres et sa répercussion sur nos vies. Toutefois, il ne faut jamais perdre de vue que nous avons la possibilité de faire des choix et d'agir directement sur notre sort.

L'astrologie fait la lumière sur les événements à venir dans notre vie. Au lieu de les subir passivement, nous pouvons intervenir et devenir les cocréateurs de notre destin. En sachant d'avance où se trouvent les écueils, il est plus facile de les éviter. Quand on apprend l'arrivée prochaine d'une période favorable, on peut tout mettre en branle pour que la récolte soit la plus éclatante possible. Le vrai rôle de l'astrologue nécessite une bonne dose d'humilité; jamais il ne doit dicter de règles de conduite, bien au contraire.

Puissiez-vous ressentir au travers de cet ouvrage toute la tendresse et le respect que j'ai pour vous! J'espère sincèrement que ce livre vous aidera à faire de 2006 l'une des plus belles années de votre vie.

Amicalement,

Comment gagner de l'argent

Notre carte du ciel nous fournit de précieux indices sur notre rapport à l'argent; nous pouvons y déceler les champs d'action avec lesquels nous avons le plus d'affinités, notre facilité à nous enrichir et aussi notre aptitude à gérer les gains.

Jupiter, planète de l'abondance, nous renseigne entre autres sur la vie matérielle. Elle fait la lumière sur nos dispositions en ce sens, mettant en relief non seulement nos talents pour gagner des sous, mais aussi comment nous nous comportons avec nos avoirs. Lorsqu'on étudie sa position par rapport à notre signe de naissance, on obtient des résultats surprenants.

J'ai fait tous les calculs pour vous; il ne vous reste donc qu'à identifier le groupe auquel vous appartenez dans le tableau qui suit.

C'est tout simple, vous n'avez qu'à repérer votre date de naissance, et vous verrez exactement quel est votre groupe jupitérien.

ENTRE LE	ET LE	VOTRE GROUPE EST LE
1er jan. 1910	11 nov. 1910	7
12 nov. 1910	9 déc. 1911	8
10 déc. 1911	2 jan. 1913	9
3 jan. 1913	21 jan. 1914	10
22 jan. 1914	3 fév. 1915	11
4 fév. 1915	11 fév. 1916	12
12 fév. 1916	25 juin 1916	1
26 juin 1916	26 oct. 1916	2
27 oct. 1916	12 fév. 1917	1
13 fév. 1917	29 juin 1917	2
30 juin 1917	12 juillet 1918	3
13 juillet 1918	1er août 1919	4
2 août 1919	26 août 1920	5
27 août 1920	25 sept. 1921	6
26 sept. 1921	26 oct. 1922	7
27 oct. 1922	24 nov. 1923	8
25 nov. 1923	17 déc. 1924	9
18 déc. 1924	5 janv. 1926	10
6 janv. 1926	17 janv. 1927	11
18 janv. 1927	5 juin 1927	12
6 juin 1927	10 sept. 1927	1
11 sept. 1927	22 janv. 1928	12
23 janv. 1928	4 juin 1928	1
5 juin 1928	12 juin 1929	2
13 juin 1929	26 juin 1930	3
27 juin 1930	16 juillet 1931	4
17 juilllet 1931	10 août 1932	5
11 août 1932	9 sept. 1933	6
10 sept. 1933	10 oct. 1934	7
11 oct. 1934	8 nov. 1935	8
9 nov. 1935	1er déc. 1936	9
2 déc. 1936	19 déc. 1937	10
20 déc. 1937	13 mai 1938	11
14 mai 1938	29 juillet 1938	12
30 juillet 1938	29 déc. 1938	11
30 déc. 1938	11 mai 1939	12
12 mai 1939	29 oct. 1939	1
30 oct. 1939	20 déc. 1939	12
21 déc. 1939	15 mai 1940	1
16 mai 1940	26 mai 1941	2

Si vous êtes né		
ENTRE LE	**ET LE**	**VOTRE GROUPE EST LE**
27 mai 1941	9 juin 1942	3
10 juin 1942	30 juin 1943	4
1ᵉʳ juillet 1943	25 juillet 1944	5
26 juillet 1944	24 août 1945	6
25 août 1945	24 sept. 1946	7
25 sept. 1946	23 oct. 1947	8
24 oct. 1947	14 nov. 1948	9
15 nov. 1948	12 avril 1949	10
13 avril 1949	27 juin 1949	11
28 juin 1949	30 nov. 1949	10
1ᵉʳ déc. 1949	14 avril 1950	10
15 avril 1950	14 sept. 1950	11
15 sept. 1950	1ᵉʳ déc. 1950	11
2 déc. 1950	21 avril 1951	12
22 avril 1951	28 avril 1952	1
29 avril 1952	9 mai 1953	2
10 mai 1953	23 mai 1954	3
24 mai 1954	12 juin 1955	4
13 juin 1955	16 nov. 1955	5
17 nov. 1955	17 janv. 1956	6
18 janv. 1956	7 juillet 1956	5
8 juillet 1956	12 déc. 1956	6
13 déc. 1956	19 fév. 1957	7
20 fév. 1957	6 août 1957	6
7 août 1957	13 janv. 1958	7
14 janv. 1958	20 mars 1958	8
21 mars 1958	6 sept. 1958	7
7 sept. 1958	10 fév. 1959	8
11 fév. 1959	24 avril 1959	9
25 avril 1959	5 oct. 1959	8
6 oct. 1959	1ᵉʳ mars 1960	9
2 mars 1960	9 juin 1960	10
10 juin 1960	25 oct. 1960	9
26 oct. 1960	14 mars 1961	10
15 mars 1961	11 août 1961	11
12 août 1961	3 nov. 1961	10
4 nov. 1961	25 mars 1962	11
26 mars 1962	3 avril 1963	12
4 avril 1963	11 avril 1964	1
12 avril 1964	22 avril 1965	2
23 avril 1965	20 sept. 1965	3

Si vous êtes né

ENTRE LE	ET LE	VOTRE GROUPE EST LE
21 sept. 1965	16 nov. 1965	4
17 nov. 1965	5 mai 1966	3
6 mai 1966	27 sept. 1966	4
28 sept. 1966	15 janv. 1967	5
16 janv. 1967	22 mai 1967	4
23 mai 1967	18 oct. 1967	5
19 oct. 1967	26 fév. 1968	6
27 fév. 1968	15 juin 1968	5
16 juin 1968	15 nov. 1968	6
16 nov. 1968	30 mars 1969	7
31 mars 1969	15 juillet 1969	6
16 juillet 1969	16 déc. 1969	7
17 déc. 1969	28 avril 1970	8
29 avril 1970	15 août 1970	7
16 août 1970	13 jan. 1971	8
14 jan. 1971	4 juin 1971	9
5 juin 1971	11 sept. 1971	8
12 sept. 1971	6 fév. 1972	9
7 fév. 1972	24 juillet 1972	10
25 juillet 1972	25 sept. 1972	9
26 sept. 1972	22 fév. 1973	10
23 fév. 1973	7 mars 1974	11
8 mars 1974	18 mars 1975	12
19 mars 1975	25 mars 1976	1
26 mars 1976	22 août 1976	2
23 août 1976	16 oct. 1976	3
17 oct. 1976	3 avril 1977	2
4 avril 1977	20 août 1977	3
21 août 1977	30 déc. 1977	4
31 déc. 1977	11 avril 1978	3
12 avril 1978	4 sept. 1978	4
5 sept. 1978	28 fév. 1979	5
1er mars 1979	19 avril 1979	4
20 avril 1979	28 sept. 1979	5
29 sept. 1979	26 oct. 1980	6
27 oct. 1980	26 nov. 1981	7
27 nov. 1981	25 déc. 1982	8
26 déc. 1982	19 janv. 1984	9
20 janv. 1984	6 fév. 1985	10
7 fév. 1985	20 fév. 1986	11
21 fév. 1986	2 mars 1987	12

Si vous êtes né

ENTRE LE	ET LE	VOTRE GROUPE EST LE
3 mars 1987	8 mars 1988	1
9 mars 1988	21 juillet 1988	2
22 juillet 1988	30 nov. 1988	3
1er déc. 1988	10 mars 1989	2
11 mars 1989	30 juillet 1989	3
31 juillet 1989	17 août 1990	4
18 août 1990	11 sept. 1991	5
12 sept. 1991	10 oct. 1992	6
11 oct. 1992	9 nov. 1993	7
10 nov. 1993	8 déc. 1994	8
9 déc. 1994	2 janv. 1996	9
3 janv. 1996	21 janv. 1997	10
22 janv. 1997	3 fév. 1998	11
4 fév. 1998	11 fév. 1999	12
12 fév. 1999	27 juin 1999	1
28 juin 1999	24 oct. 1999	2
25 oct. 1999	31 déc. 1999	1
1er janv. 2000	13 fév. 2000	1
14 fév. 2000	29 juin 2000	2
30 juin 2000	31 déc. 2000	3
1er janv. 2001	11 juillet 2001	3
12 juillet 2001	31 déc. 2001	4
1er janvier 2002	31 juillet 2002	4
1er août 2002	31 déc. 2002	5
1er janv. 2003	26 août 2003	5
27 août 2003	31 déc. 2003	6
1er jan. 2004	24 sept. 2004	6
25 sept. 2004	31 déc. 2004	7
1er jan. 2005	24 oct. 2005	7
25 oct. 2005	31 déc. 2005	8

Une autre petite recherche, et nous y sommes.

Maintenant que vous connaissez votre groupe, il suffit de le combiner à votre signe; la combinaison des deux vous fournira votre «clé» pour gagner de l'argent.

BÉLIER	
Groupe:	*Votre clé apparaît dans la section:*
1	A
2	B
3	C
4	D
5	E
6	F
7	G
8	H
9	I
10	J
11	K
12	L

TAUREAU	
Groupe:	*Votre clé apparaît dans la section:*
2	A
3	B
4	C
5	D
6	E
7	F
8	G
9	H
10	I
11	J
12	K
1	L

GÉMEAUX	
Groupe:	*Votre clé apparaît dans la section:*
3	A
4	B
5	C

6	D
7	E
8	F
9	G
10	H
11	I
12	J
1	K
2	L

CANCER

Groupe:	Votre clé apparaît dans la section:
4	A
5	B
6	C
7	D
8	E
9	F
10	G
11	H
12	I
1	J
2	K
3	L

LION

Groupe:	Votre clé apparaît dans la section:
5	A
6	B
7	C
8	D
9	E
10	F
11	G
12	H
1	I
2	J
3	K
4	L

VIERGE

Groupe:	Votre clé apparaît dans la section:
6	A
7	B
8	C
9	D
10	E
11	F
12	G
1	H
2	I
3	J
4	K
5	L

BALANCE

Groupe:	Votre clé apparaît dans la section:
7	A
8	B
9	C
10	D
11	E
12	F
1	G
2	H
3	I
4	J
5	K
6	L

SCORPION

Groupe:	Votre clé apparaît dans la section:
8	A
9	B
10	C
11	D
12	E
1	F
2	G
3	H

Groupe:	Votre clé apparaît dans la section:
4	I
5	J
6	K
7	L

SAGITTAIRE

Groupe:	Votre clé apparaît dans la section:
9	A
10	B
11	C
12	D
1	E
2	F
3	G
4	H
5	I
6	J
7	K
8	L

CAPRICORNE

Groupe:	Votre clé apparaît dans la section:
10	A
11	B
12	C
1	D
2	E
3	F
4	G
5	H
6	I
7	J
8	K
9	L

VERSEAU

Groupe:	Votre clé apparaît dans la section:
11	A
12	B

1	C
2	D
3	E
4	F
5	G
6	H
7	I
8	J
9	K
10	L

POISSONS

Groupe:	Votre clé apparaît dans la section:
12	A
1	B
2	C
3	D
4	E
5	F
6	G
7	H
8	I
9	J
10	K
11	L

Si votre clé est A

Jupiter se trouvait dans votre signe à la naissance. Par conséquent, cette planète façonne votre personnalité. Généralement optimiste et enthousiaste, vous avez le goût de l'aventure. L'argent est très important pour vous, vous n'hésitez pas à prendre les moyens nécessaires pour en gagner le plus possible. Vous croyez à l'expansion, au succès, bref, vous avez énormément d'ambition. Votre confiance en vous et en l'avenir est inébranlable, parfois même un peu trop, ce qui risque de vous faire commettre des erreurs de jugement. Vous aimez les bonnes choses de la vie, souvent à l'excès; c'est sans doute ce qui explique votre propension aux excès et même au gaspillage.

Certains champs d'action qui vous caractérisent. Vous détestez la routine. Vous avez besoin que ça bouge, et ce, dans tous les sens du mot; pas étonnant que plusieurs d'entre vous occupent des postes où les déplacements sont fréquents. Chose certaine, vous détestez être enfermé! Les affaires, le tourisme, le contact avec l'étranger, les finances, le transport, l'agriculture, les emplois liés au métal ou aux objets tranchants sont d'autres domaines où vous pourriez vous illustrer. Ajoutons que vous êtes né pour diriger et que vous détestez qu'on vous donne des ordres.

Vos forces. Elles résident dans votre optimisme, votre grand besoin de bouger et votre confiance en vous, de même que votre sens du *timing.* Vous êtes souvent à la bonne place au bon moment.

Ce qui risque de jouer contre vous. Vous risquez gros si vous vous croyez invincible, si vous vous montrez arrogant ou agissez sans réfléchir. Planifiez un peu plus, ne laissez rien au hasard. Attention à votre goût effréné pour les dépenses de toutes sortes.

Si votre clé est B

Vous prenez un malin plaisir à acquérir et à accumuler les biens; d'ailleurs votre maison n'est-elle pas sur le point d'éclater tant elle contient d'objets? Souffrant d'insécurité, vous agissez avec prévoyance et préférez avoir un petit coussin financier au cas où. Vous ne croyez pas aux fortunes instantanées, mais plutôt au labeur répété qui finit par rapporter. Petit train va loin, dit-on, et en ce qui vous concerne, c'est tout à fait justifié. Vous avez une grande facilité à vous trouver du travail; souvent les offres viennent à vous sans que vous ayez à vous déplacer. L'un de vos rêves est d'acquérir le plus tôt possible votre propre maison; vous n'appréciez pas vraiment d'être locataire.

Certains champs d'action qui vous caractérisent. Plus que tout, vous avez besoin de stabilité; vous seriez trop malheureux à voltiger d'un emploi à un autre. Les finances, la comptabilité, le commerce de produits essentiels et tout travail exigeant un bon sens de l'organisation vous conviennent à merveille.

Vos forces. Vous êtes un travailleur acharné, ce qui joue en votre faveur. Comme vous êtes honnête et intègre, on sait que l'on peut vous faire confiance. Votre sens des responsabilités est également surprenant.

Ce qui risque de jouer contre vous. Vous manquez souvent de confiance en vous et acceptez trop souvent d'être sous-payé; vous avez tellement peur de manquer de boulot que vous acceptez n'importe quoi. Si vous n'y prenez garde, vous pourriez montrer un petit côté avaricieux.

Si votre clé est C

Vous cherchez constamment à élargir vos horizons; tout ou à peu près vous intéresse. Avouez que vous adorez commencer de nouveaux projets, mais qu'il vous est bien plus difficile de les mener à terme. Bien que vous vous y connaissiez en de nombreux sujets, vos connaissances sont souvent plus superficielles qu'approfondies. Vous possédez le don de la communication et avez besoin d'échanger avec les gens; sans contact humain, vous ne pouvez pas vraiment vous épanouir. Il vous arrive de mal gérer votre temps, d'attendre trop à la dernière minute pour entreprendre votre besogne, et vous devez alors courir à toute vitesse.

Certains champs d'action qui vous caractérisent. Comme la communication est un point fort chez vous, vous excellez dans la vente, la négociation, ainsi que dans toute activité où il faut se montrer convaincant. L'écriture et l'enseignement sont des milieux propices à votre développement. Nombre d'entre vous sont également doués pour les activités manuelles: massage, mécanique, couture, dessin, etc.

Vos forces. Votre créativité, votre amour des gens et votre enthousiasme pour les nouveaux projets vous avantagent. Vous avez des idées à la tonne et, surtout, vous savez les transmettre de façon remarquable. Vous êtes très stimulant pour votre entourage.

Ce qui risque de jouer contre vous. Hélas! vous avez souvent tendance à vous éparpiller. Vous commencez mille choses mais n'allez au bout d'aucune. Cette propension à l'instabilité risque de vous faire saboter de beaux projets.

Si votre clé est D

Les valeurs que l'on vous a inculquées dans votre enfance conditionnent votre rapport à l'argent: vous avez tendance à répéter les attitudes et comportements de vos parents en ce sens. Si vos parents étaient gratte-sous ou si, au contraire, ils avaient tendance à jeter l'argent par les fenêtres, vous répétez probablement ce *pattern*. En étudiant leur situation et leur évolution, vous serez en mesure de déterminer ce que vous souhaitez conserver de votre éducation et ce que vous désirez changer. La sécurité financière est une condition essentielle à votre épanouissement; sans elle, vous vous sentez très angoissé. Voilà sans doute ce qui explique votre grand sens de l'économie.

Certains champs d'action qui vous caractérisent. Comme le bien-être des autres vous tient grandement à cœur, vous êtes très à l'aise dans tout ce qui touche de près et de loin aux relations d'aide. La psychologie, le travail avec les enfants et les emplois dans le domaine de la santé ne sont que quelques exemples. Les secteurs de l'alimentation, des liquides et des produits ménagers vous conviennent également.

Vos forces. La courtoisie, la loyauté et le respect des autres comptent parmi vos plus belles qualités; bien entendu, elles constituent un atout précieux sur le plan professionnel, chaque fois que vous transigez avec quelqu'un.

Ce qui risque de jouer contre vous. Trop souvent, vous vous cantonnez dans le passé; en regardant en arrière, vous risquez de rater les occasions qui se présentent. Ne dépensez pas trop pour les autres; pensez davantage à vous.

Si votre clé est E

Vous disposez d'une excellente signature planétaire pour réussir sur le plan financier; on peut même dire que vous avez la bosse des affaires. Pour vous, il n'y a jamais de projet assez gros: il suffit que l'on vous dise qu'une chose est inaccessible pour que vous vous lanciez à sa conquête. Chef-né, vous savez vous faire obéir; avouez pourtant que vous réagissez assez mal quand on essaie de vous dominer... Vous êtes très actif, et ce n'est pas la créativité qui fait défaut chez vous. Ajoutons que vous avez un véritable don pour motiver votre entourage, pour lui communiquer votre goût de l'aventure et du travail bien fait.

Certains champs d'action qui vous caractérisent. Indéniablement, vous êtes fait pour les affaires et le commerce. Les postes de direction vous attirent et vous fournissent l'occasion de démontrer vos talents d'organisateur, d'administrateur et de planificateur. Les arts vous attirent tout autant.

Vos forces. Votre brillante personnalité et votre nature de leader vous permettent d'accéder à de hauts niveaux. L'enthousiasme qui vous anime étant très communicatif, vous jouissez d'une grande popularité.

Ce qui risque de jouer contre vous. N'allez pas croire que tout le monde est aussi loyal que vous. Ne vous fiez pas seulement à une simple poignée de main ou à une entente verbale; exigez des garanties sérieuses. Comme vous avez du mal à déléguer, vous risquez de vous faire avoir si vous vous associez.

Si votre clé est F

Vous cherchez sans cesse le sens de votre vie et peut-être perdez-vous un temps précieux avec toutes ces questions existentielles. Même chose avec les détails qui drainent un peu trop votre énergie et qui vous font perdre la vue d'ensemble. Si vous arrivez à conserver une vue globale de la situation, vous pourrez devenir fort productif et ainsi mieux gagner votre vie. Vous êtes un employé modèle qui accomplit sa tâche comme si l'entreprise lui appartenait. Toutes vos craintes vous empêchent souvent de profiter pleinement de ce qui s'offre à vous; faites-vous davantage confiance et vous en sortirez gagnant.

Certains champs d'action qui vous caractérisent. Tous les emplois qui requièrent de la minutie et de la méthode vous vont à ravir. Les aventures risquées ne sont pas pour vous, car vous préférez de loin la sécurité d'emploi. Les activités à caractère humanitaire, le secteur de la santé et les postes d'assistant sont également pour vous.

Vos forces. Votre souci du détail et votre loyauté envers votre employeur sont des qualités que l'on apprécie au plus haut point. Votre intelligence pratique fait des merveilles lorsqu'il s'agit de trouver des solutions concrètes.

Ce qui risque de jouer contre vous. Attention à votre manie de la perfection, qui freine vos progrès au lieu de les favoriser. Cessez de vous demander l'impossible. En travaillant votre estime de vous-même, vous pourrez aller encore plus loin.

Si votre clé est G

Le moins que l'on puisse dire, c'est que vous avez des sentiments fort partagés au sujet de l'argent. Vous adorez le dépenser, mais vous avez du mal à vous astreindre à le gagner. En effet, vous craignez les engagements professionnels à long terme, qui risqueraient de brimer votre liberté. La clé du bonheur, pour vous, réside sans doute dans une carrière comportant différentes facettes et des activités variées afin de couper la monotonie. Vous ne fonctionnez pas très bien seul, car le fait de prendre des initiatives vous étouffe; vous êtes beaucoup plus à l'aise au sein d'une équipe où vous vous sentez encadré. Votre sens inné de la justice vous pousse à toujours traiter les autres avec rectitude; il est tout à fait normal que vous attendiez la même chose en retour.

Certains champs d'action qui vous caractérisent. Le secteur juridique ou parajuridique, les arts et tout ce qui a trait à l'esthétisme (architecture, décoration, jardinage) vous conviennent à merveille. Peu importe le domaine, le plus important est que vous soyez entouré; la solitude vous enlève toute envie de travailler.

Vos forces. Vous savez trouver les personnes idéales pour créer un environnement stimulant. Excellent médiateur, vous arrivez à composer avec des personnalités très différentes et devenez même celui qui facilite les échanges. On apprécie votre charme et votre délicatesse.

Ce qui risque de jouer contre vous. Vous remettez sans cesse les choses à plus tard, ce qui risque de vous faire perdre la maîtrise de la situation. La ponctualité et le sens de l'économie ne sont pas nécessairement vos points forts; ce serait à développer.

Si votre clé est H

Cette signature planétaire révèle que vous faites tout avec une intensité peu commune, et vos activités professionnelles n'y échappent pas: avec vous, c'est tout ou rien. Vous gérez vos affaires avec sérieux et de façon presque secrète; en effet, vous vous confiez très peu sur les questions d'argent. Au fait, personne ne sait vraiment combien vous avez en banque. Votre sens critique, votre jugement sûr et votre flair constituent des outils précieux pour assurer votre avenir. Ajoutons qu'en affaires, vous ne faites confiance à personne. Au cours de votre existence, il se peut que vous fassiez un changement majeur sur le plan professionnel. Après avoir œuvré pendant des années dans un certain domaine, plusieurs d'entre vous décideront de recommencer à zéro et d'embrasser une toute nouvelle carrière, surtout si la première ne comporte plus cet élément de passion dont vous avez tant besoin.

Certains champs d'action qui vous caractérisent. Tous les emplois requérant une aptitude pour la recherche, l'investigation ou les fouilles vous fournissent une belle occasion de vous réaliser. Les secteurs où l'on procède à la transformation de matières premières, au recyclage et à la récupération constituent d'autres bons choix, tout comme l'industrie de la chimie pétrolière, entre autres. Vous n'avez pas votre pareil pour la discipline et pour faire régner l'ordre.

Vos forces. Vous excellez dans votre métier, car vous allez au fond des choses. Vous vous investissez à 100 %; avec vous, pas de demi-mesure! La puissance de votre volonté est un autre atout majeur.

Ce qui risque de jouer contre vous. Vous manquez parfois de recul et vous vous montrez trop intransigeant. En jouant un peu plus souvent la carte de la souplesse, vous arriverez à de meilleurs résultats.

Si votre clé est I

Vous en avez de la chance! Cette configuration planétaire est l'une des meilleures qui soient pour l'argent. Les offres d'emploi viennent à vous, tout comme les propositions alléchantes. Votre plus grande priorité est d'acquérir votre indépendance financière le plus tôt possible. Vous êtes un gagnant, et les défis ne vous font pas peur. En règle générale, vous abordez la vie avec optimisme et conduisez vos affaires avec brio. Vous ne pouvez pas rester longtemps au même endroit; la routine vous étouffe, et vous avez constamment besoin d'élargir vos horizons. On dirait que vous êtes né avec un parachute: chaque fois qu'une situation menace de devenir désespérée, quelque chose vient vous sortir du pétrin.

Certains champs d'action qui vous caractérisent. Les emplois qui demandent du mouvement, des déplacements et de constants défis vous siéent à ravir. Le transport, l'exportation, le tourisme, les loisirs et le sport, le contact avec les animaux ainsi que le monde des affaires en général vous conviennent.

Vos forces. Votre optimisme inébranlable et votre grande confiance en vous jouent en votre faveur. Ajoutons qu'une nature ambitieuse combinée à un sens du *timing* hors du commun sont fréquemment responsables de vos succès impressionnants.

Ce qui risque de jouer contre vous. En étant trop indépendant, vous laissez filer de belles occasions. Évitez de trop vouloir imposer votre point de vue, soyez davantage à l'écoute des autres.

Si votre clé est J

Vous cherchez toujours à faire bonne impression, et il en va de même sur le plan professionnel. Vous mettez la barre bien haute, cherchant constamment à vous dépasser, ce qui devient bien épuisant à la longue. Comme l'insécurité vous tenaille, vous faites de nombreux compromis pour ne pas mettre votre situation en péril. Trop souvent, hélas, ça se retourne contre vous. Dans votre jeunesse, vous aviez du mal à supporter l'autorité; vous ne le montriez que rarement, vous contentant la plupart du temps de ronger votre frein. En vieillissant, vous apprenez à vous faire davantage confiance et, par le fait même, vous ne vous laissez plus manipuler par autrui. Vos débuts dans la vie sont souvent modestes, mais vous finissez toujours par vous élever. Pas de coups d'éclat en vue, mais plutôt un travail opiniâtre, qui se révèle très payant à long terme.

Certains champs d'action qui vous caractérisent. La comptabilité, la gestion, la politique ou les emplois à caractère humanitaire sont faits pour vous. Une fonction au sein du gouvernement ou dans l'immobilier présente d'autres possibilités intéressantes.

Vos forces. Votre vision à long terme et le fait que vous ne craignez pas de consacrer de longues heures à vos activités professionnelles augmentent vos chances de réussite.

Ce qui risque de jouer contre vous. N'allez pas croire qu'il n'y a que la carrière qui détermine ce que vous êtes; il faut apprendre à dissocier qui l'on est vraiment de nos accomplissements. N'acceptez pas de travailler pour une bouchée de pain; vous valez trop pour cela.

Si votre clé est K

Vous ne faites rien comme tout le monde. Plusieurs d'entre vous tendent véritablement à se détacher du peloton, cherchant des domaines inhabituels où ils peuvent donner libre cours à leur grande originalité. Vous abordez souvent la vie professionnelle comme un jeu et, même si vous ne vous prenez pas au sérieux, vous atteignez de hauts sommets. Vous avez le tour de vous faire aimer; ce n'est donc pas étonnant que l'on vous retrouve fréquemment à la tête de vos collègues. Vous voulez innover, vous cherchez à parfaire vos méthodes de travail. Ce n'est pas parce qu'une tâche s'effectue de la même façon depuis toujours que vous ferez de même. Original et inventif de nature, vous cherchez à découvrir une nouvelle manière de procéder et, plus souvent qu'à votre tour, vous la trouvez.

Certains champs d'action qui vous caractérisent. Tous les emplois qui sortent de l'ordinaire vous attirent. Votre fascination pour le modernisme peut vous faire embrasser une carrière en informatique, en aéronautique ou en liaison avec les nouvelles technologies. Grand communicateur, vous êtes également attiré par les médias et les arts.

Vos forces. Vous êtes doué pour la communication et savez vous faire des amis partout où vous passez. Clients, collègues et patrons apprécient votre jovialité. Votre approche progressiste vous pousse à tout réinventer.

Ce qui risque de jouer contre vous. En faisant fi des conventions, vous risquez de vous attirer les foudres de certains. Vous êtes parfois trop détaché par rapport à l'argent; l'idéalisme l'emporte alors sur le sens pratique.

Si votre clé est L

Vous avez une imagination du tonnerre; malheureusement vous ne vous en servez pas toujours à des fins très utiles. Vous rêvassez plutôt que de vous consacrer à votre travail. Pourtant, en canalisant cette créativité vers des objectifs précis, vous pourriez accomplir mer et monde. Docile et généreux, vous êtes un employé modèle; dommage que l'on abuse aussi souvent de vous... Votre intuition est un guide précieux; n'hésitez pas à l'écouter. Cela vous permettra de saisir au vol de bonnes occasions et aussi de ne pas tomber dans les pièges que certaines personnes mal intentionnées risqueraient de vous tendre. Vous vous comportez en véritable psychologue avec votre entourage professionnel; tous se confient à vous.

Certains champs d'action qui vous caractérisent. Vous excellez dans les relations d'aide ainsi que dans toute activité philanthropique. Le domaine de la santé morale ou physique, les médecines douces et la parapsychologie sont d'autres secteurs où vous vous épanouirez.

Vos forces. À coup sûr, la générosité et la créativité constituent vos meilleurs atouts. Vous ressentez énormément de sympathie pour les autres et vous avez leur mieux-être à cœur.

Ce qui risque de jouer contre vous. Vous vous découragez trop facilement; soyez plus tenace, et vous finirez par atteindre vos buts. Évitez d'être trop passif et de dilapider votre argent. Ne faites pas confiance au premier venu: tout le monde n'a pas votre grandeur d'âme.

Spécial loteries et jeux de hasard pour 2006

Jupiter fournit également de précieux renseignements sur notre potentiel de chance dans les jeux de hasard. Pour découvrir quel est le vôtre cette année, il suffit de déterminer si votre groupe (consulter le tableau des pages 11 à 14) et votre signe de naissance ou ascendant apparaissent dans le tableau qui suit.

PÉRIODE	Signes ou ascendants TRÈS favorisés	Signes ou ascendants MOYENNEMENT favorisés	Signes ou ascendants LÉGÈREMENT favorisés
1er janvier au 17 février		Cancer, Scorpion, Poissons, surtout des groupes 2, 6, 10	Vierge, Capricorne, surtout des groupes 2, 6, 10
18 février au 13 avril		Cancer, Scorpion, Poissons, surtout des groupes 3, 7, 11	Balance, Verseau, surtout des groupes 3, 7, 11
14 avril au 3 juin	Cancer, Scorpion, Poissons appartenant aux groupes 4, 8, 12	Cancer, Scorpion, Poissons des groupes 1, 2, 3, 5, 6, 7, 9, 10, 11	
4 juin au 22 juillet		Cancer, Scorpion, Poissons, surtout des groupes 1, 5, 9	Bélier, Sagittaire, surtout des groupes 1, 5, 9
23 juillet au 7 septembre	Cancer, Scorpion, Poissons des groupes 4, 8, 12	Cancer, Scorpion, Poissons des groupes 2, 6, 8	Cancer, Scorpion, Poissons des groupes 1, 3, 5, 7, 9, 11
8 septembre au 23 octobre		Cancer, Scorpion, Poissons, surtout des groupes 3, 7, 11	Gémeaux, Verseau, surtout des groupes 3, 7, 11
24 octobre au 23 novembre	Cancer, Scorpion, Poissons appartenant aux groupes 4, 8, 12	Cancer, Scorpion, Poissons des groupes 1, 2, 3, 5, 6, 7, 9, 10, 11	
24 novembre au 5 décembre		Cancer, Scorpion, Poissons, surtout des groupes 4, 8, 12	Cancer, Scorpion, Poissons des groupes 1, 5, 9
6 décembre au 31 décembre	Bélier, Lion, Sagittaire des groupes 1, 5, 9	Bélier, Lion, Sagittaire des groupes 2, 3, 4, 6, 7, 8, 10, 11, 12	

Si votre signe **et** votre groupe se retrouvent dans ce tableau, vos chances sont meilleures que si votre signe seul est mentionné.

Par exemple, si vous êtes né le 2 décembre 1963, vous êtes un Sagittaire du groupe 1. Vos chances au jeu sont donc: **légères** du 4 juin au 22 juillet; **élevées** du 6 au 31 décembre.

Les mystères de la Lune

L a Lune et le Soleil exercent une influence déterminante sur notre planète et sur les êtres qui y vivent, que l'on parle des plantes, des animaux ou des êtres humains. En effet, l'attraction gravitationnelle de ces astres se fait sentir sur tous les éléments liquides, et toute vie est composée essentiellement d'eau, notamment le corps humain, qui en contient environ 70 %.

Le cycle lunaire

L a Lune possède un cycle de 28 jours divisé en quatre phases d'une semaine:

La lunaison constitue la première phase; c'est ce qu'on appelle communément la nouvelle lune. Invisible dans le ciel, elle est représentée par un cercle noir dans les calendriers. ●

Puis, le premier quartier de lune survient dans la deuxième phase, c'est-à-dire sept jours après la nouvelle lune. Cette fois, elle est illustrée par un croissant de lune en forme de D. Cette phase dure également sept jours. ☽

La troisième phase est sans contredit le moment le plus spectaculaire et celui dont on parle le plus: il s'agit de la pleine lune, représentée par un cercle blanc. ○

Puis, arrive la quatrième et dernière phase, le dernier quartier de lune, illustré par un croissant en forme de C. D'une durée d'une semaine également, cette phase précède la nouvelle lunaison. ☾

Les éclipses en quelques mots

A u cours des millénaires et selon les civilisations, les astres ont souvent fait figure de divinités. Par ailleurs, les éclipses étaient souvent sources de crainte. Ainsi, chez les Mayas, une éclipse était vécue comme un conflit entre les astres, et ce conflit impliquait un conflit social chez les hommes, annonçant une période de malheur.

Sur un plan étymologique, le mot éclipse vient du grec et signifie «abandon». Dans les civilisations antiques, l'éclipse était perçue comme l'expression du Soleil abandonnant la Terre.

Sachant que le Soleil est source de toute vie et qu'il réapparaît chaque jour, il est normal qu'on ait craint de le perdre lorsque se produisait une éclipse solaire. Ce phénomène ne pouvait être qu'une chose terrible.

De nos jours, c'est surtout l'émerveillement, et non la crainte, qui prévaut pendant une éclipse, même s'il s'agit essentiellement d'un phénomène optique. Si, pendant un moment, on ne voit plus le Soleil ou la Lune, cela est causé par l'interposition de la Terre qui leur fait de l'ombre. Une éclipse de Soleil se produit toujours durant la nouvelle lune; tandis qu'une éclipse de la Lune survient en phase de pleine lune.

Comment utiliser le pouvoir de la Lune

De tout temps, les êtres humains ont cherché à tirer parti des pouvoirs de la Lune. Nos grands-mères, femmes éclairées, et les cultivateurs, en relation étroite avec la nature et les phénomènes célestes, nous ont transmis croyances et astuces.

La semaine qui suit le jour de la nouvelle lune est propice pour trouver du travail et se lancer dans de nouveaux projets. On dit qu'un enfant né le premier jour de la nouvelle lune connaîtra une vie heureuse. Par contre, si quelqu'un tombe malade ce jour-là, il le restera durant toute la première phase de la lune. La lunaison est également la période idéale pour labourer, pour tailler ses plantes ou ses arbustes et pour enlever les mauvaises herbes. Si on souhaite que ses cheveux ou ses ongles repoussent avec davantage de vigueur, c'est le moment de les couper. Cette phase lunaire ne convient pas beaucoup aux questions amoureuses; par contre, elle est formidable pour amorcer une cure de nettoyage.

Le premier quartier annonce une semaine où le sommeil de beaucoup d'entre nous est plus léger. La chance sourira à ceux qui vendront un bien ou effectueront une transaction quelconque. D'autres connaîtront une motivation accrue dans leurs activités professionnelles et pourraient avoir une promotion. En règle générale, les relations interpersonnelles sont plus faciles. Les amoureux se rapprochent, font table rase des divergences d'opinion et prennent des engagements sérieux. La plupart des semis, à quelques exceptions près, doivent être effectués pendant la période de la lune croissante. Par ailleurs, les vieux jardiniers avaient coutume de dire que les légumes poussant au-dessus de la terre comme les choux et salades devaient être plantés au cours d'une phase de premier quartier de lune. Puisque les plantes sont en pleine période de croissance et demandent par conséquent un surcroît d'attention, c'est le moment de semer, de fertiliser, de diviser les plants et d'arroser davantage. Les ongles ou les cheveux profiteront également d'une bonne coupe. Une mise en garde cependant à ceux qui ont des problèmes émotionnels ou psychiques, ils risquent de faire durant cette période des gestes qu'ils regretteront.

○ La semaine qui suit le jour de la pleine lune est une période où règne un sentiment de confusion généralisé. Heureusement, cela ne dure pas. Les questions d'argent et de travail nous préoccupent davantage. En amour, les querelles se font plus nombreuses; toutefois, scènes romantiques et prises de bec alternent souvent. Sur le plan social, la vie se fait souvent plus intéressante. Pour les plantes, il s'agit d'une période très active, bourgeons et racines croissent plus rapidement. Les mycologues ont aussi remarqué qu'ils trouvaient plus de champignons quelques jours après la pleine lune. Toutefois, semer ou rempoter n'est pas conseillé, car cela pourrait interrompre la période de croissance des végétaux. Ceux qui détestent aller chez le coiffeur devraient choisir cette semaine pour se faire couper les cheveux, car ils repousseront moins rapidement. Cette période se révèle faste pour ceux qui désirent entreprendre un régime amaigrissant.

☾ Quant à la semaine du dernier quartier, il s'agit d'une période d'introspection; on se cherche sans toujours bien savoir où l'on va. C'est également une semaine où l'on découvre que la persévérance est récompensée. Les efforts entrepris portent fruit. En fait, les actions et les gestes faits dans le passé nous rattrapent. On récolte ce que l'on a semé. Si l'Amour avec un grand A devient plus important que l'amour de son partenaire, il est temps de revenir sur terre pour améliorer sa vie de couple. Cette phase lunaire en est une également marquée du sceau de la spiritualité, de l'intuition et de la vie sociale. Dans le jardin, il faut en profiter pour enlever les fleurs fanées, les feuilles jaunies et les mauvaises herbes. Un bon nettoyage s'impose. Il est recommandé de semer ou de planter pendant cette période de lune décroissante tout ce qui se développe dans la terre: oignons, carottes, pommes de terre, etc. On dit aussi que c'est la meilleure période pour faire des confitures, car le sucre ne remontera pas à la surface, ce qui préviendra tout risque d'acidité et de fermentation.

Les phases de la Lune en 2006

6 janvier	Premier quartier	☽
14 janvier	Pleine lune	○
22 janvier	Dernier quartier	☾
29 janvier	Nouvelle lune	●
5 février	Premier quartier	☽
12 février	Pleine lune	○
21 février	Dernier quartier	☾
27 février	Nouvelle lune	●
6 mars	Premier quartier	☽
14 mars	Pleine lune et éclipse lunaire annulaire	○
22 mars	Dernier quartier	☾
29 mars	Nouvelle lune et éclipse solaire totale	●
5 avril	Premier quartier	☽
13 avril	Pleine lune	○
20 avril	Dernier quartier	☾
27 avril	Nouvelle lune	●
5 mai	Premier quartier	☽
13 mai	Pleine lune	○
20 mai	Dernier quartier	☾
27 mai	Nouvelle lune	●
3 juin	Premier quartier	☽
11 juin	Pleine lune	○
18 juin	Dernier quartier	☾
25 juin	Nouvelle lune	●
3 juillet	Premier quartier	☽
10 juillet	Pleine lune	○
17 juillet	Dernier quartier	☾
24 juillet	Nouvelle lune	●
2 août	Premier quartier	☽
9 août	Pleine lune	○
15 août	Dernier quartier	☾

23 août	Nouvelle lune	●
31 août	Premier quartier	☽
7 septembre	Pleine lune et éclipse lunaire partielle	○
14 septembre	Dernier quartier	☾
22 septembre	Nouvelle lune et éclipse solaire annulaire	●
30 septembre	Premier quartier	☽
6 octobre	Pleine lune	○
13 octobre	Dernier quartier	☾
22 octobre	Nouvelle lune	●
29 octobre	Premier quartier	☽
5 novembre	Pleine lune	○
12 novembre	Dernier quartier	☾
20 novembre	Nouvelle lune	●
27 novembre	Premier quartier	☽
4 décembre	Pleine lune	○
12 décembre	Dernier quartier	☾
20 décembre	Nouvelle lune	●
27 décembre	Premier quartier	☽

La carte du ciel en 2006

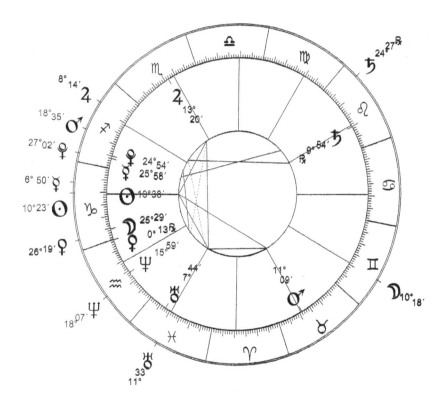

La position des planètes en 2006

Chacune de ces planètes exerce une influence sur vous et sur votre destinée, même si elle n'évolue pas directement dans votre signe. Le chapitre concernant vos prévisions annuelles et mensuelles vous donne une explication détaillée de chaque transit. Il vous renseigne également sur l'influence du Soleil, de la Lune et des éclipses.

Jupiter passera la majeure partie de l'année en Scorpion.
Le 23 novembre à 23 h 44, il entrera en Scorpion où il restera jusqu'au 31 décembre.

Saturne demeurera en Lion.

Uranus transitera par les Poissons.

Neptune passera toute l'année en Verseau.

Pluton poursuivra sa visite du Sagittaire.

Mars visitera successivement le Taureau, les Gémeaux, le Cancer, le Lion, la Vierge, la Balance, le Scorpion et le Sagittaire.

Vénus transitera par tous les signes.

Mercure fera aussi le tour des 12 signes.

L'influence des planètes

Chaque planète possède ses attributs, ses caractéristiques et son symbolisme propre; elle exerce des effets particuliers sur l'existence humaine. Ces effets ont été étudiés et voici, en résumé, ce qu'on peut dire pour chacune d'entre elles, sans se lancer dans un long cours d'astrologie.

Le Soleil   Il représente la personnalité, la force vitale; le désir de briller, la réussite sociale, l'élément masculin. Pour une femme, il s'agira de son conjoint ou de son père. C'est la position du Soleil dans le zodiaque qui détermine à quel signe on appartient.

La Lune   Symbole de l'émotivité par excellence, elle exerce son influence sur les sentiments et les émotions, elle évoque les changements, l'intuition, les petits déplacements, la famille, la mère. Pour un homme, elle représentera son épouse ou sa conjointe.

Mercure   Il s'agit de la planète des enfants, de la jeunesse, mais aussi de l'intelligence, de la logique, du désir d'apprendre, des études, des communications et du commerce. Pour une personne en particulier, elle représentera ses propres enfants.

Vénus   Évidemment, il s'agit de la planète qui régit les amours, les sentiments, le bonheur, la vie de couple, le goût des belles choses, les arts et l'apparence.

Mars   Nommée en l'honneur du dieu romain de la guerre, elle est l'énergie, la force, l'extériorisation, le travail. Mais elle régit aussi les conflits, les blessures, les accidents et les opérations chirurgicales.

Jupiter   Planète de la vie matérielle, elle influence nos biens matériels, notre richesse, notre optimisme, nos honneurs. On l'associe souvent aux appuis gouvernementaux, aux relations avec la loi et aux contacts avec l'étranger.

Saturne   De tout temps, elle a représenté la sagesse et l'évolution, mais aussi les restrictions, les épreuves et les pertes. Elle régit également la détermination, la patience, l'économie, le désir de sécurité et la fin de vie.

Uranus   Planète des changements brusques, elle joue un rôle sur l'imprévisible, l'originalité, l'esprit d'invention, les nouvelles technologies, la parapsychologie et les grands idéaux qui caractérisent un individu.

Neptune   Génie créatif, inspiration, vie émotive, croyances mystiques, secrets, mystères, dépendances et illusions sont les domaines placés sous l'influence de cette planète.

Pluton   Lorsque des changements profonds et radicaux, des transformations, des catastrophes, des nouveaux départs surviennent, c'est que cette planète agit avec force. Elle régit aussi la sexualité.

Au moment de notre naissance, les planètes se situent à un endroit particulier du zodiaque. Leurs influences se font donc sentir simultanément, mais différemment, pour chacun d'entre nous. Ainsi, deux personnes peuvent avoir le même signe et le même ascendant, mais subir les influences planétaires de manière différente.

Par exemple, si le Soleil se trouvait en Bélier lors de votre naissance, vous serez un Bélier énergique et vif... Toutefois, vous pouvez en même temps avoir Vénus en Poissons, ce qui vous rend sensible et sentimental en amour. Si Jupiter se trouve en Capricorne, vous serez, en plus, prudent et avisé en affaires, etc. Votre thème de naissance, qu'on appelle également carte du ciel, permet donc de définir ce qui vous différencie des autres natifs du même signe.

Prévisions mondiales pour 2006

Pendant la majeure partie de l'année, nous subirons encore la quadrature de Saturne à Jupiter, un aspect planétaire qui se traduit souvent par de nombreux bouleversements. L'équilibre tant sociétal, économique que climatique risque d'être lourdement compromis. Nous devrons fréquemment nous ajuster à toutes sortes d'imprévus et de conflits. L'incertitude plane dans de nombreux domaines, engendrant un sentiment de peur et de malaise généralisé.

La planète continue de se réchauffer, et nous en ressentons de plus en plus les effets; les saisons sont toutes mêlées. Des séismes, des ouragans, des éruptions volcaniques, des explosions ainsi que des incendies presque impossibles à maîtriser font les manchettes et laissent plusieurs populations dans la misère. Hélas, des accidents écologiques se produisent trop souvent; les cours d'eau sont de plus en plus pollués, et nous serons dans l'obligation d'adopter des mesures sévères et surtout de les faire respecter.

Le fanatisme religieux et idéologique demeure présent et le terrorisme reste menaçant; toutefois certaines organisations reçoivent des coups durs et s'en trouvent affaiblies. On assiste à l'apparition de nouveaux gourous; les sectes se multiplient et l'on sent que les gens sont de plus en plus fragiles dans leur quête spirituelle. Les affrontements entre les mouvements d'extrême droite et de gauche se poursuivent de plus belle, donnant lieu à des débats enflammés et à de puissants rassemblements. Les minorités revendiquent leurs droits avec une ferveur et une conviction sans précédent, pas étonnant qu'elles marquent des points significatifs.

Chez nous, les dirigeants politiques sont en perte de popularité flagrante. Difficile de leur faire confiance après leurs nombreuses bêtises et leur manque de transparence. Leurs décisions soulèvent non seulement la controverse, mais entraînent aussi des manifestations d'envergure. Enfin, on se réveille! D'ailleurs, le mécontentement du peuple, entre autres face à la gestion des fonds publics, se manifeste de manière plus évidente que par le passé. Fini le temps où les gouvernements pouvaient couper aux mauvais endroits et fermer les yeux sur le gaspillage éhonté! Les scandales continuent de faire surface; la population ne se laisse plus berner, elle veut plus que de belles paroles, elle exige qu'on lui rende des comptes.

Plusieurs nations tentent de se libérer de l'occupation qui les brime depuis longtemps; bon nombre d'entre elles y parviennent. On réclame haut et fort la reconnaissance de son identité propre, on a soif de liberté. Toutefois, chez nous, rien ne change. Des bouleversements considérables guettent nos voisins du Sud, qui n'ont d'autre choix que de faire preuve d'une plus grande humilité et d'adopter des politiques plus souples.

De belles percées sont prévisibles dans le secteur scientifique, particulièrement dans le domaine de la santé. En sortant des sentiers battus et en explorant de nouvelles avenues, on trouve des solutions importantes.

Le monde des arts est lui aussi en pleine expansion. De nouveaux courants font leur apparition, on consacre de nouvelles superstars. Même chose pour la mode qui cherche à mettre de la fantaisie et de la couleur dans un univers où le gris domine trop souvent.

Bien qu'elle soit chancelante, on arrive à conserver la paix mondiale. Certains leaders font preuve d'une bonne volonté qu'on ne leur connaissait pas auparavant.

L'harmonie entre les signes

Êtes-vous en harmonie?

S'il est une question qui revient souvent, c'est bien celle-ci: mon signe s'accorde-t-il bien avec tel ou tel autre? Répondre à une telle question, qui semble anodine, n'est pas si facile, et surtout la réponse ne peut être catégorique. C'est comme me demander si une personne aux yeux bleus peut s'entendre avec une autre ayant les yeux verts... La réponse demeure: «Ça dépend...»

La carte du ciel d'une personne est un système complexe où plusieurs éléments entrent en ligne de compte et non seulement le signe astrologique. L'ascendant, les planètes, les maisons et les aspects influencent plus ou moins la personnalité des individus. Il ne suffit pas de se baser sur le signe pour déterminer les affinités ou les antagonismes entre deux personnes.

Si toutefois la question vous préoccupe, et si vous connaissez votre ascendant et celui de l'être cher, vous pouvez constater, grâce au tableau qui suit, non seulement si vos signes sont compatibles, mais également si vos ascendants sont en harmonie. Vous pouvez voir si le signe de l'un a des affinités avec l'ascendant de l'autre, et vice versa. Cela vous permettra de juger de vos possibilités d'entente.

Puisque cela m'est demandé très souvent et que connaître les compatibilités entre les différents signes vous intéresse, je vous propose de découvrir les tendances générales. N'oubliez jamais que rien n'est définitif. Si vous avez rencontré l'homme de votre vie ou la femme de vos rêves, même si son signe ne semble pas être en totale harmonie avec le vôtre, dites-vous que la vie sera votre meilleur juge.

Mon petit test instantané

	BÉLIER	TAUREAU	GÉMEAUX	CANCER	LION	VIERGE
Bélier	1	6	5	3	2	6
Taureau	6	1	6	5	3	2
Gémeaux	5	6	1	6	5	3
Cancer	3	5	6	1	6	5
Lion	2	3	5	6	1	6
Vierge	6	2	3	5	6	1
Balance	4	6	2	3	5	6
Scorpion	6	4	6	2	3	5
Sagittaire	2	6	4	6	2	3
Capricorne	3	2	6	4	6	2
Verseau	5	3	2	6	4	6
Poissons	6	5	3	2	6	4

	BALANCE	SCORPION	SAGITTAIRE	CAPRICORNE	VERSEAU	POISSONS
Bélier	4	6	2	3	5	6
Taureau	6	4	6	2	3	5
Gémeaux	2	6	4	6	2	3
Cancer	3	2	6	4	6	2
Lion	5	3	2	6	4	6
Vierge	6	5	3	2	6	4
Balance	1	6	5	3	2	6
Scorpion	6	1	6	5	3	2
Sagittaire	5	6	1	6	5	3
Capricorne	3	5	6	1	6	5
Verseau	2	3	5	6	1	6
Poissons	6	2	3	5	6	1

Quel nombre avez-vous obtenu?

1 – Puisque vous êtes tous les deux du même signe, les points communs entre vous ne manquent pas. Vous vous ressemblez comme deux vieux copains, vous vous comprenez sans vous dire un mot. Vous avez les mêmes qualités… mais aussi les mêmes défauts, et c'est là que, parfois, les étincelles surgissent. Vos travers se retrouvent chez l'autre et vous agacent. Vos propres points faibles vous sautent au visage. Toutefois, puisque vous avez en commun les mêmes buts, les mêmes idéaux, les mêmes opinions sur plusieurs sujets, cette connivence naturelle vous rapproche. Attention, par contre, car il peut s'agir d'une arme à double tranchant: vous vous connaissez tellement bien – vous êtes tirés du même moule – que rien ne vous étonne en l'autre, et vous risquez ainsi de percer tous ses mystères. Laissez-lui son jardin secret, et surtout ne le tenez pas pour acquis. Tâchez de le surprendre au moment où il s'y attend le moins; vous pourrez ainsi vivre tous deux une relation passionnante empreinte de complicité.

2 – Vos deux signes relèvent du même élément. Vous avez la même sensibilité, la même façon d'aborder l'existence et le quotidien, la même intensité dans vos relations interpersonnelles; c'est d'ailleurs très probablement ce qui vous a plu chez l'autre. Malgré tout, vous possédez chacun votre individualité, vos différences. Au quotidien, l'entente est bonne, et la relation, vraiment harmonieuse. Votre façon d'agir, de résoudre les problèmes est à peu près la même. En règle générale, ensemble, c'est le paradis sur terre… Mais tout n'est pas parfait, loin de là. Vous avez tous deux le même entêtement, et il est impossible à l'un ou à l'autre de prendre le dessus. Lorsque les choses tournent mal, vous vous isolez chacun de votre côté, ce qui ne règle rien. Les discussions, les divergences d'opinion ou d'avis font partie du vécu de chaque couple. Apprenez à rester amis même lorsque vous n'êtes pas d'accord et à vous respecter mutuellement… Lorsque vous travaillez de concert, rien n'est impossible pour vous. Votre relation pourrait être tout simplement magnifique si vous savez travailler l'un avec l'autre et non chacun de votre côté.

3 – Vos deux signes se retrouvent «en carré» ou en croix. Malgré des traits communs, vos personnalités sont très différentes l'une de l'autre; cette différence vous a intrigué, attiré au départ, souvenez-vous-en. Même vos objectifs et votre sens des valeurs sont différents; pourtant vous raisonnez de la même manière. Lorsque tout va bien, tout est merveilleux, mais en cas de conflit, ça peut chauffer. Les divergences d'opinion, les situations délicates ne manquent pas entre vous. S'il est normal de ne pas être toujours du même avis sur tout, il est cependant essentiel d'apprendre à s'écouter pour éviter les malentendus. Ce qui vous a séduit chez l'autre, c'est justement sa vision différente de la vie. Il est donc important d'allier respect et compréhension si vous voulez éviter les heurts. La passion entre vous est très importante, mais attention de ne pas vous enflammer à tout bout de champ. Laissez l'autre s'exprimer. Vous coupez facilement la parole à l'autre sans toujours vous rendre compte qu'un peu d'écoute et d'attention serait tellement plus profitable. Ouvrez votre cœur… et vos oreilles! Vous pourrez vivre une relation très enrichissante ensemble.

4 – Vos deux signes sont en opposition; vous êtes aux antipodes l'un de l'autre… peut-être est-ce qui vous a fait vibrer lors de votre première rencontre. Même si vous êtes très différents, vous vous complétez magnifiquement, malgré quelques petites escarmouches sans conséquence. Puisque les forces de l'un comblent les points faibles de l'autre, vous avez l'impression de voir votre propre image, comme le négatif d'une photo. Votre conjoint vous permet de découvrir des horizons que vous n'imaginiez pas, de voir le monde sous un jour totalement différent, de vous surpasser. Votre conjoint vous permet aussi de percevoir vos faiblesses. Sans vous l'avouer, ce qui vous agace en lui (ou en elle) met en lumière vos propres défauts. Une telle perception des choses peut créer des frictions, mais vous sentez bien que votre union est très originale et particulière, et vous réussissez à surmonter vos problèmes. Votre couple est équilibré, complémentaire et harmonieux; vous vous apportez beaucoup l'un à l'autre, et vos chances qu'une stabilité et qu'un enrichissement mutuel s'installent dans votre couple sont excellentes.

5 – Vos deux signes se trouvent en sextile: vos éléments sont donc compatibles. Votre union sera facile, agréable et sans problème insurmontable. Vous n'avez peut-être pas eu de coup de foudre l'un pour l'autre, et la passion ne vous a pas littéralement emportés. Mais avec le temps vous avez appris à vous connaître et à vous apprécier, et c'est là l'essentiel. Votre affection est profonde. L'amitié qui vous unit, votre compréhension et votre communication exceptionnelles vous permettent de dialoguer sans heurts et de vous expliquer: comme on dit, vous êtes sur la même longueur d'onde. Si votre vision des choses diffère, d'autres éléments et d'autres caractéristiques vous réunissent. Vos sensibilités et vos désirs se rejoignent. Par le dialogue, les petites difficultés s'aplanissent toujours. Le rire et l'humour vous rapprochent l'un de l'autre. Avec un minimum d'efforts, votre relation sera douce, tendre et revigorante. Vous irez là où vos pas vous porteront, main dans la main.

6 – Seriez-vous étranger l'un à l'autre? Pour trouver des points communs entre vous, il faut bien chercher. Souvent, vous avez même l'impression de ne pas parler la même langue. Et pourtant... vous pourriez vous entendre, avec un peu d'efforts de part et d'autre. Le plus amusant est que cette différence peut se révéler un précieux atout au cours d'activités communes, dans vos loisirs ou même au travail. Le manque de communication dans votre couple est flagrant; vous le déplorez et aurez parfois l'impression que votre conjoint ne vous comprend pas et ne répond pas à vos attentes. Vos valeurs et vos objectifs divergent du tout au tout parfois. Dans de telles conditions, votre vie de couple repose sur vos efforts. Il est inutile d'essayer de changer votre partenaire. Acceptez-le, sans condition. Pour rendre votre vie à deux plus harmonieuse, vous pourriez jouer sur le romantisme. Sachez surprendre votre partenaire en proposant des sorties en amoureux, des dîners aux chandelles à l'improviste et des surprises de toutes sortes. Si votre partenaire n'arrive pas à cerner complètement votre personnalité, cela peut être un plus. Alliez cette carte «mystère» à la carte «romantisme» et, à coup sûr, vous ferez battre son cœur. Des liens psychiques très forts peuvent être tissés entre vous deux; une compréhension au-delà des mots, voire de la télépathie, n'est pas impossible. Voilà une autre énigme dont vous pourrez jouer pour stimuler votre couple.

Trouver son ascendant, c'est facile!

Vous ne connaissez pas votre ascendant? Nous allons vous donner une méthode très simple pour le trouver.

De quoi avez-vous besoin?

De votre heure de naissance, c'est tout.

Comment faire?

1. prenez votre heure de naissance;
2. ajoutez le temps sidéral;
3. additionnez le tout.

Vous voyez, ce n'est pas bien compliqué.

Dans les lignes qui suivent, nous vous donnons:

1. quelques renseignements sur votre **heure de naissance**;
2. le **temps sidéral** qui correspond à votre **date de naissance**;
3. des **indications** pour additionner l'un à l'autre.

Avant d'aller plus loin, lisez donc les paragraphes qui suivent; vous serez sûr de ne pas faire d'erreur.

1 — Votre heure de naissance

L'ascendant se calcule à partir de l'heure de naissance; il faut donc que vous sachiez à quelle heure vous êtes né pour le calculer.

> **NOTE:** **Si vous ne connaissez pas votre heure de naissance**, seul un astrologue expérimenté pourrait trouver votre ascendant. Mais **informez-vous**: des parents, des proches, des frères ou sœurs, voire l'hôpital où vous êtes né peuvent vous renseigner sur votre heure de naissance.

Si votre heure de naissance est imprécise, vous pouvez essayer quand même. Évidemment, l'ascendant que vous obtiendrez alors sera imprécis, lui aussi.

Donc, vous savez maintenant que votre ascendant se calcule à partir de votre heure de naissance. Rappelez-vous cependant deux petites choses:

Si vous êtes né en après-midi ou en soirée, il faut que vous preniez votre heure en **système de 0 à 24 heures**. Donc, au lieu d'écrire 2 h de l'après-midi, vous écrivez 14 h; au lieu de 9 h du soir, vous écrivez 21 h.

C'est bien important, ne l'oubliez pas!

En effet, si vous êtes né en soirée ou en après-midi, vous n'aurez pas le même ascendant que si vous étiez né le matin.

En astrologie, il faut toujours prendre **l'heure réelle** et non pas l'heure avancée. Vous ne voulez pas calculer l'ascendant de quelqu'un qui serait né une heure plus tard que vous!

Savez-vous si vous êtes né pendant une période d'heure avancée? C'est facile: dans les lignes qui suivent, vous le verrez aisément.

Tableau de l'heure avancée

Avant 1918, il n'y avait pas d'heure avancée.

> **Si vous êtes né entre les dates suivantes, enlevez une heure à votre heure de naissance pour avoir votre heure réelle de naissance.**

En 1918, du 14 avril au 31 octobre, dans toute la province de Québec.

De 1919 à 1927 inclusivement, l'heure était avancée à **Montréal seulement:**

- en 1919, du 31 mars au 25 octobre*;
- en 1920, du 2 mai au 3 octobre*;
- en 1921, du 1er mai au 2 octobre*;
- en 1922, du 30 avril au 1er octobre*;
- en 1923, du 13 mai au 30 septembre*;
- en 1924, du 18 mai au 28 septembre*;

- en 1925, du 3 mai au 27 septembre*;
- en 1926, du 2 mai au 26 septembre*;
- en 1927, du 1er mai au 25 septembre*.

* À Montréal seulement — pas dans le reste du Québec.
Donc, si vous êtes né entre ces dates à Montréal, enlevez une heure. Si vous êtes né ailleurs dans la province, laissez votre heure telle quelle.

À partir de 1928, l'heure est avancée **à Montréal et dans tout le reste de la province** entre les dates suivantes:
- en 1928, du 29 avril au 30 septembre;
- en 1929, du 28 avril au 29 septembre;
- en 1930, du 27 avril au 28 septembre;
- en 1931, du 26 avril au 27 septembre;
- en 1932, du 24 avril au 25 septembre;
- en 1933, du 30 avril au 24 septembre;
- en 1934, du 29 avril au 30 septembre;
- en 1935, du 28 avril au 29 septembre;
- en 1936, du 26 avril au 27 septembre;
- en 1937, du 25 avril au 26 septembre;
- en 1938, du 24 avril au 25 septembre;
- en 1939, du 30 avril au 24 septembre;
- en 1940, du 28 avril au 31 décembre*;
- en 1941, TOUTE L'ANNÉE*;
- en 1942, TOUTE L'ANNÉE*;
- en 1943, TOUTE L'ANNÉE*;
- en 1944, TOUTE L'ANNÉE*;
- en 1945, du 1er janvier au 30 septembre*.

* L'heure fut avancée continuellement, hiver comme été, durant la guerre.

- en 1946, du 28 avril au 29 septembre;
- en 1947, du 27 avril au 28 septembre;
- en 1948, du 25 avril au 26 septembre;
- en 1949, du 24 avril au 25 septembre;
- en 1950, du 30 avril au 24 septembre;
- en 1951, du 29 avril au 30 septembre;
- en 1952, du 27 avril au 28 septembre;
- en 1953, du 26 avril au 27 septembre;
- en 1954, du 25 avril au 26 septembre;
- en 1955, du 24 avril au 25 septembre;
- en 1956, du 29 avril au 30 septembre;
- en 1957, du 28 avril au 27 octobre;

- en 1958, du 27 avril au 26 octobre;
- en 1959, du 26 avril au 25 octobre;
- en 1960, du 24 avril au 30 octobre;
- en 1961, du 30 avril au 29 octobre;
- en 1962, du 29 avril au 28 octobre;
- en 1963, du 28 avril au 27 octobre;
- en 1964, du 26 avril au 25 octobre;
- en 1965, du 25 avril au 31 octobre;
- en 1966, du 24 avril au 30 octobre;
- en 1967, du 30 avril au 29 octobre;
- en 1968, du 28 avril au 27 octobre;
- en 1969, du 27 avril au 26 octobre;
- en 1970, du 26 avril au 25 octobre;
- en 1971, du 25 avril au 31 octobre;
- en 1972, du 30 avril au 29 octobre;
- en 1973, du 29 avril au 28 octobre;
- en 1974, du 28 avril au 27 octobre;
- en 1975, du 27 avril au 26 octobre;
- en 1976, du 25 avril au 31 octobre;
- en 1977, du 24 avril au 30 octobre;
- en 1978, du 30 avril au 29 octobre;
- en 1979, du 29 avril au 28 octobre;
- en 1980, du 27 avril au 26 octobre;
- en 1981, du 26 avril au 25 octobre;
- en 1982, du 25 avril au 31 octobre;
- en 1983, du 24 avril au 30 octobre;
- en 1984, du 29 avril au 28 octobre;
- en 1985, du 28 avril au 27 octobre;
- en 1986, du 27 avril au 26 octobre;
- en 1987, du 5 avril au 25 octobre;
- en 1988, du 3 avril au 30 octobre;
- en 1989, du 2 avril au 29 octobre;
- en 1990, du 1er avril au 28 octobre;
- en 1991, du 7 avril au 29 octobre;
- en 1992, du 5 avril au 25 octobre;
- en 1993, du 4 avril au 31 octobre;
- en 1994, du 3 avril au 30 octobre;
- en 1995, du 2 avril au 29 octobre;
- en 1996, du 7 avril au 27 octobre;
- en 1997, du 6 avril au 26 octobre;
- en 1998, du 5 avril au 25 octobre;
- en 1999, du 4 avril au 31 octobre;

- en 2000, du 2 avril au 29 octobre;
- en 2001, du 1ᵉʳ avril au 28 octobre;
- en 2002, du 7 avril au 27 octobre;
- en 2003, du 6 avril au 26 octobre;
- en 2004, du 4 avril au 31 octobre;
- en 2005, du 3 avril au 28 octobre;
- en 2006, du 2 avril au 29 octobre.

Donc, si vous êtes né entre les dates que nous venons de donner, n'oubliez pas d'enlever une heure à votre heure de naissance pour obtenir votre heure réelle de naissance.

2 — Le temps sidéral

Comme nous l'avons vu précédemment, pour calculer l'ascendant, il suffit d'additionner votre heure réelle de naissance au temps sidéral qui correspond à votre journée de naissance.

Le temps sidéral est une heure qui correspond à une seule journée de l'année. Chaque journée a le sien; il n'y a pas deux journées qui ont le même temps.

Pour calculer votre ascendant, vous avez donc besoin de connaître le temps sidéral qui correspond au jour de votre fête. Comment faire? Rien de plus simple.

Aux pages 52 et 53, vous trouverez un tableau: à la première ligne du tableau figurent les 12 mois de l'année, chacun correspondant à une colonne. La première colonne comporte des chiffres allant de 1 à 31. Ces chiffres correspondent, bien sûr, aux quantièmes (jours) des mois.

Il vous suffit maintenant de trouver, dans la colonne qui correspond à votre mois de naissance, la ligne de votre jour de fête, et le tour est joué.

PAR EXEMPLE: Si vous êtes né le 1ᵉʳ janvier, vous cherchez sous janvier, à la première ligne, et vous voyez 6 h 36. Le temps sidéral qui correspond à votre jour de naissance est donc **6 h 36**.

De même, si vous êtes né le 14 mai, vous allez voir, sous la colonne de mai, la ligne qui correspond au 14, et vous trouvez votre temps sidéral, qui est **15 h 24**.

NOTE: Pour vous faciliter la tâche, les tableaux des pages 52 et 53 indiquent le temps sidéral corrigé et simplifié.

Suivez la ligne qui correspond à votre jour de fête jusqu'à la colonne de votre mois de naissance: vous avez maintenant le temps sidéral qui correspond à votre jour de naissance.

---

3 — Et puis, vous additionnez

Vous avez donc maintenant votre heure réelle de naissance et le temps sidéral qui correspond à votre journée de naissance: il vous suffit de faire une toute petite addition. Bien sûr, vous avez pris soin de vous assurer que votre heure de naissance est inscrite **en système de 0 à 24 heures,** surtout si vous êtes né en après-midi ou en soirée.

ATTENTION: Vous avez des heures et des minutes. Vous savez qu'il y a **60 minutes** dans une heure et **24 heures** dans une journée.

Donc si, en additionnant, vous avez un total de minutes supérieur à 60, vous soustrayez 60 du nombre des minutes et vous ajoutez 1 au nombre des heures.

De même, si, en additionnant, vous avez un total d'heures supérieur à 24, vous soustrayez 24.

Vous avez maintenant un total en heures et en minutes; vous n'avez plus qu'à consulter le petit tableau de la page 46, à trouver la section qui correspond à la vôtre et à LIRE votre ascendant.

Voici un exemple pour illustrer cette méthode. Supposons qu'une personne soit née le 24 juin 1967, à 2 h 25 de l'après-midi.

Nous savons que, pour calculer l'ascendant, il faut utiliser l'heure en système de 0 à 24 heures. Donc, 2 h 25 de l'après-midi, c'est en réalité 14 h 25. Comme l'heure était avancée (voir tableau de l'heure avancée), il faut donc soustraire 1 heure, ce qui donne 14 h 25 – 1 h 00 = 13 h 25.

Maintenant que nous avons l'heure réelle de naissance, faisons le calcul:

Heure réelle de naissance	13 h 25
Temps sidéral (du 24 juin)	+ 18 h 06
Total	31 h 31

Comme le nombre des heures est supérieur à 24, nous soustrayons 24 heures à 31 h 31, ce qui donne:

$$
\begin{array}{r}
31 \text{ h } 31 \\
- \ 24 \text{ h } 00 \\
\hline
7 \text{ h } 31
\end{array}
$$

En consultant la **Table des ascendants** (en page 54), on voit bien que l'ascendant de cette personne est Balance.

Faites vous-même vos calculs

1   Inscrivez votre heure de naissance   _____ h _____
    (en système de 0 à 24 heures)

2   Enlevez 1 heure   (- 1 heure)
    mais seulement si vous êtes né
    en période d'heure avancée   = _____ h _____

Ceci vous donne votre heure
de naissance réelle

3   Inscrivez le temps sidéral qui
    correspond à votre jour de naissance   + _____ h _____

4   Additionnez les deux lignes
    précédentes   = _____ h _____

5   Si le nombre des minutes dépasse 60,
    enlevez 60 minutes et ajoutez 1 heure;
    sinon, laissez tel quel.

    Si le nombre des heures dépasse 24,
    enlevez 24 heures; sinon, laissez tel quel.

Vous obtenez   _____ h _____

*Maintenant, consultez la table des
ascendants et trouvez le vôtre.*

Temps sidéral

Du 1er janvier au 30 juin

JR	JANV.	FÉVR.	MARS	AVRIL	MAI	JUIN
1	6 h 36	8 h 38	10 h 33	12 h 36	14 h 33	16 h 36
2	6 h 40	8 h 42	10 h 37	12 h 40	14 h 37	16 h 40
3	6 h 44	8 h 46	10 h 40	12 h 44	14 h 41	16 h 43
4	6 h 48	8 h 50	10 h 44	12 h 48	14 h 45	16 h 47
5	6 h 52	8 h 54	10 h 48	12 h 52	14 h 49	16 h 51
6	6 h 56	8 h 58	10 h 52	12 h 55	14 h 53	16 h 55
7	7 h 00	9 h 02	10 h 56	12 h 58	14 h 57	16 h 59
8	7 h 04	9 h 06	11 h 00	13 h 02	15 h 01	17 h 03
9	7 h 08	9 h 10	11 h 04	13 h 06	15 h 05	17 h 07
10	7 h 12	9 h 14	11 h 08	13 h 10	15 h 09	17 h 11
11	7 h 15	9 h 18	11 h 12	13 h 14	15 h 13	17 h 15
12	7 h 19	9 h 22	11 h 16	13 h 18	15 h 17	17 h 19
13	7 h 23	9 h 26	11 h 20	13 h 22	15 h 21	17 h 23
14	7 h 27	9 h 30	11 h 24	13 h 26	15 h 24	17 h 27
15	7 h 31	9 h 33	11 h 28	13 h 30	15 h 28	17 h 31
16	7 h 35	9 h 37	11 h 32	13 h 34	15 h 32	17 h 34
17	7 h 39	9 h 41	11 h 36	13 h 38	15 h 36	17 h 38
18	7 h 43	9 h 45	11 h 40	13 h 42	15 h 40	17 h 42
19	7 h 47	9 h 49	11 h 44	13 h 46	15 h 44	17 h 46
20	7 h 51	9 h 53	11 h 48	13 h 50	15 h 48	17 h 50
21	7 h 55	9 h 57	11 h 52	13 h 54	15 h 52	17 h 54
22	7 h 59	10 h 01	11 h 55	13 h 58	15 h 56	17 h 58
23	8 h 03	10 h 05	11 h 58	14 h 02	16 h 00	18 h 02
24	8 h 07	10 h 09	12 h 02	14 h 06	16 h 04	18 h 06
25	8 h 11	10 h 13	12 h 06	14 h 10	16 h 08	18 h 10
26	8 h 15	10 h 17	12 h 10	14 h 14	16 h 12	18 h 14
27	8 h 19	10 h 21	12 h 14	14 h 18	16 h 16	18 h 18
28	8 h 23	10 h 25	12 h 18	14 h 22	16 h 20	18 h 22
29	8 h 26	10 h 29	12 h 22	14 h 26	16 h 24	18 h 26
30	8 h 30		12 h 26	14 h 29	16 h 28	18 h 30
31	8 h 34		12 h 30		16 h 32	

Temps sidéral

Du 1er juillet au 31 décembre

JR	JUIL.	AOÛT	SEPT.	OCT.	NOV.	DÉC.
1	18 h 34	20 h 37	22 h 39	0 h 37	2 h 39	4 h 38
2	18 h 38	20 h 41	22 h 43	0 h 41	2 h 43	4 h 42
3	18 h 42	20 h 45	22 h 47	0 h 45	2 h 47	4 h 46
4	18 h 46	20 h 49	22 h 51	0 h 49	2 h 51	4 h 50
5	18 h 50	20 h 53	22 h 55	0 h 53	2 h 55	4 h 54
6	18 h 54	20 h 57	22 h 59	0 h 57	2 h 59	4 h 57
7	18 h 58	21 h 00	23 h 03	1 h 01	3 h 03	5 h 01
8	19 h 02	21 h 04	23 h 07	1 h 05	3 h 07	5 h 05
9	19 h 06	21 h 08	23 h 11	1 h 09	3 h 11	5 h 09
10	19 h 10	21 h 12	23 h 14	1 h 13	3 h 15	5 h 13
11	19 h 14	21 h 16	23 h 18	1 h 17	3 h 19	5 h 17
12	19 h 18	21 h 20	23 h 22	1 h 21	3 h 23	5 h 21
13	19 h 22	21 h 24	23 h 26	1 h 25	3 h 27	5 h 25
14	19 h 26	21 h 28	23 h 30	1 h 29	3 h 31	5 h 29
15	19 h 30	21 h 32	23 h 34	1 h 32	3 h 35	5 h 33
16	19 h 34	21 h 36	23 h 38	1 h 36	3 h 39	5 h 37
17	19 h 38	21 h 40	23 h 42	1 h 40	3 h 43	5 h 41
18	19 h 42	21 h 44	23 h 46	1 h 44	3 h 47	5 h 45
19	19 h 46	21 h 48	23 h 50	1 h 48	3 h 50	5 h 49
20	19 h 49	21 h 52	23 h 54	1 h 52	3 h 54	5 h 53
21	19 h 53	21 h 56	23 h 58	1 h 56	3 h 58	5 h 57
22	19 h 57	22 h 00	0 h 02	2 h 00	4 h 02	6 h 01
23	20 h 02	22 h 04	0 h 06	2 h 04	4 h 06	6 h 05
24	20 h 06	22 h 08	0 h 10	2 h 06	4 h 10	6 h 09
25	20 h 10	22 h 12	0 h 14	2 h 12	4 h 14	6 h 13
26	20 h 14	22 h 16	0 h 18	2 h 16	4 h 18	6 h 17
27	20 h 18	22 h 20	0 h 23	2 h 20	4 h 22	6 h 21
28	20 h 22	22 h 24	0 h 26	2 h 24	4 h 26	6 h 24
29	20 h 26	22 h 27	0 h 30	2 h 28	4 h 30	6 h 28
30	20 h 30	22 h 31	0 h 34	2 h 32	4 h 34	6 h 32
31	20 h 33	22 h 35		2 h 36		6 h 36

Table des ascendants...
Quel est le vôtre?

Comparez le total obtenu en additionnant votre heure de naissance réelle au temps sidéral du jour de votre naissance, aux tranches d'heures ci-dessous pour connaître votre ascendant.

Heures:	Ascendants:
- de 0 h 00 à 0 h 34	Cancer
- de 0 h 35 à 3 h 21	Lion
- de 3 h 22 à 5 h 59	Vierge
- de 6 h 00 à 8 h 40	Balance
- de 8 h 41 à 11 h 18	Scorpion
- de 11 h 19 à 13 h 43	Sagittaire
- de 13 h 44 à 15 h 35	Capricorne
- de 15 h 36 à 16 h 58	Verseau
- de 16 h 59 à 17 h 59	Poissons
- de 18 h 00 à 19 h 04	Bélier
- de 19 h 05 à 20 h 24	Taureau
- de 20 h 25 à 22 h 22	Gémeaux
- de 22 h 23 à 24 h 00	Cancer

Définition des ascendants

Bélier: ce signe prédispose à l'impulsivité et même à l'agressivité. Vous êtes franc, mais vous vous faites souvent des ennemis, car votre entourage n'est pas toujours prêt à admettre la vérité. Vous êtes essentiellement un être dynamique; toutefois, il vous arrive fréquemment de commencer mille et un projets et de n'en terminer aucun. Vos sentiments sont vifs et entiers. Nous devons souligner ici que vous détenez le record des accidents.

Taureau: vous êtes tenace, persévérant, mais bien souvent têtu. Vous allez toujours au bout de ce que vous entreprenez. Vous refusez les échecs et vous vous battez jusqu'à la mort pour réussir.

L'argent est essentiel à votre bien-être, et vous avez toujours peur d'en manquer. Vous êtes lent à vous attacher, mais vos sentiments sont d'une profondeur et d'une stabilité peu communes. Il est vrai que vous n'êtes pas bavard, mais, quand vous parlez, on sait toujours à quoi s'en tenir.

Gémeaux: j'ai surnommé ce signe le «courant d'air». Effectivement, vous bougez sans cesse, vous êtes partout à la fois et vous ne voulez rien manquer. C'est d'ailleurs pour cette raison que vous avez tellement tendance à vous éparpiller. Vos réflexes et vos réactions sont très rapides. Vous adorez parler et communiquer; voilà pourquoi vous êtes si doué pour travailler avec le public. Même si vous parlez beaucoup, vous n'exprimez pas toujours facilement vos sentiments.

Cancer: cet ascendant confère une nature très maternelle ou paternelle, selon le cas. Vous avez énormément besoin de vous sentir aimé. Vous dorlotez les vôtres et vous comblez leurs besoins avant même qu'ils ne les aient exprimés. Votre hypersensibilité et votre naïveté vous jouent bien souvent de vilains tours. Pour vous, l'amour, l'amitié et la famille sont sacrés. D'ailleurs, les sentiments sont votre meilleur carburant.

Lion: vous êtes le roi des animaux et, effectivement, vous ne détestez pas régner sur votre entourage. Vous n'acceptez pas de passer inaperçu et, finalement, vous avez presque toujours besoin d'un public. Il y a cependant une exception: quand vous êtes triste ou déprimé, vous ne voulez plus voir personne. Vous partagez facilement vos gains et vos succès, mais vous ne voulez aucun témoin de vos chagrins. Assurément, vous êtes doué pour l'administration... et pour le vedettariat.

Vierge: cet ascendant rend méthodique, méticuleux, logique et rationnel. Avouons toutefois que vous êtes souvent maniaque des détails, de l'hygiène et de la propreté. On peut vous compter parmi les êtres les plus responsables et les plus dévoués du zodiaque. Malheureusement, vous vous sentez toujours coupable de tout et vous estimez que vous n'en avez jamais assez fait. Votre mémoire est davantage axée sur les mauvais souvenirs que sur les bons. Si je peux me permettre de vous donner un conseil, je vous dirais de moins penser et de mettre plus de fantaisie dans votre vie.

Balance: votre charme est incontestable, vous trouvez tout beau et, avec vous, rien n'est jamais totalement négatif. Vous détestez la solitude et vous éprouvez constamment le besoin d'être entouré, que ce soit au travail ou dans votre vie privée. Vous ne pouvez supporter ni le mensonge, ni l'hypocrisie, ni l'injustice. Le seul problème que vous ayez, c'est quand il s'agit de prendre une décision: vous n'en finissez plus de balancer.

Scorpion: vous avez bien mauvaise réputation et, pourtant, elle n'est absolument pas fondée. Il n'y a pas de bons ni de mauvais signes; chacun a ses qualités et ses défauts. Ces rumeurs qui circulent sur votre compte viennent sûrement d'un astrologue qui n'aimait pas les Scorpion; moi, je vous aime bien. N'oublions pas que vous êtes méfiant et que vous ne laissez pas facilement paraître vos sentiments. Vous êtes un travailleur acharné et votre mémoire est phénoménale. D'ailleurs, ne vous souvenez-vous pas toujours de ce qu'on vous a fait?

Sagittaire: votre indépendance frise souvent les extrêmes. Vous ne voulez rien devoir à personne et vous remettez toujours au centuple les faveurs qu'on vous fait. Vous avez la bougeotte, vous ne tenez pas en place et vous adorez voyager. La nature et les animaux vous attirent énormément. Un emploi sédentaire ne vous convient pas tellement; cependant, s'il est question de mouvement au travail, vous serez parfaitement satisfait.

Capricorne: vous êtes comme le bon vin: plus vous vieillissez, plus vous prenez de la force et du piquant. Et puisque vous vous bonifiez avec le temps, la deuxième partie de votre vie est toujours bien meilleure que la première. Il est vrai que vous mettez sans cesse les bouchées doubles lorsqu'il s'agit de travail et que vous êtes plutôt perfectionniste. Vous parlez peu et, souvent, votre entourage vous reprochera d'être renfermé et replié sur vous-même.

Verseau: vous êtes très humain, mais votre bonté se retourne facilement contre vous. En effet, vous êtes souvent victime de profiteurs, de parasites et de faux amis qui abusent carrément de vous. Apprenez à dire non et vous serez gagnant. Vous jugez d'après vous-même et vous êtes constamment déçu. Votre intuition est pourtant surprenante: vous auriez intérêt à vous y fier davantage.

Poissons: de tous les signes, vous êtes le plus sensible et le plus vulnérable. Vous vous découragez facilement et vous abandonnez la lutte après le premier échec. Par peur de la solitude, vous vous entourez de gens qui vous causent beaucoup plus de chagrin que de joie. Attention! Vous avez une âme de missionnaire et vous êtes incapable de refuser quoi que ce soit à votre prochain. Les paradis artificiels et les croyances utopiques exercent beaucoup d'attraction sur vous.

IMPORTANT: il n'existe pas de signes purs; ainsi, il est impossible d'être un pur Bélier, un pur Taureau, etc. L'influence de votre ascendant et celle des positions planétaires à votre naissance sont tout aussi importantes. J'ai constaté que l'influence de l'ascendant est de plus en plus forte avec le temps. En vieillissant, c'est l'ascendant qui prédomine et, dans la deuxième partie de la vie, il prend une valeur significative. Toutefois, on compte deux exceptions: l'ascendant Capricorne et l'ascendant Vierge, qui obéissent à la règle inverse.

Les 12 signes et les 36 décans

Signe	1er décan	2e décan	3e décan
Bélier 21 mars au 20 avril	21 mars au 31 mars	1er avril au 10 avril	11 avril au 20 avril
Taureau 21 avril au 20 mai	21 avril au 29 avril	30 avril au 10 mai	11 mai au 20 mai
Gémeaux 21 mai au 21 juin	21 mai au 1er juin	2 juin au 11 juin	12 juin au 21 juin
Cancer 22 juin au 23 juillet	22 juin au 1er juillet	2 juillet au 12 juillet	13 juillet au 23 juillet
Lion 24 juillet au 23 août	24 juillet au 3 août	4 août au 13 août	14 août au 23 août
Vierge 24 août au 23 septembre	24 août au 3 septembre	4 septembre au 13 septembre	14 septembre au 23 septembre
Balance 24 septembre au 23 octobre	24 septembre au 3 octobre	4 octobre au 13 octobre	14 octobre au 23 octobre
Scorpion 24 octobre au 22 novembre	24 octobre au 2 novembre	3 novembre au 12 novembre	13 novembre au 22 novembre
Sagittaire 23 novembre au 20 décembre	23 novembre au 2 décembre	3 décembre au 12 décembre	13 décembre au 20 décembre
Capricorne 21 décembre au 20 janvier	21 décembre au 31 décembre	1er janvier au 10 janvier	11 janvier au 20 janvier
Verseau 21 janvier au 19 février	21 janvier au 31 janvier	1er février au 10 février	11 février au 19 février
Poissons 20 février au 20 mars	20 février au 29 février	1er mars au 10 mars	11 mars au 20 mars

Les subtilités de votre décan

On entend souvent parler des différents décans, et vous connaissez probablement le vôtre. Pourtant la plupart des gens ne savent pas trop ce que c'est ni à quoi cela correspond.

Vous avez dû constater que les natifs de votre signe sont loin d'être tous comme vous. En fait, chaque décan a une influence bien particulière et renseigne sur votre personnalité, mais aussi sur vos tendances, vos goûts et vos besoins.

Dans les lignes qui suivent, signe par signe, vous trouverez quelle est l'influence du décan et comment il touche votre façon d'être.

Bélier (du 21 mars au 20 avril)

Ce que vous avez en commun avec les autres natifs de votre signe

Vous êtes actif et dynamique, vous avez constamment quelque chose en tête et, comme vous n'aimez pas attendre, vous allez droit au but. Ardent, compétitif, vous êtes très stimulé par les défis, ce qui vous pousse à commencer un tas de choses; pourtant lorsque ça démarre votre motivation baisse, et vous vous attaquez à un autre projet. Franc mais brusque, vous dites tout ce que vous pensez, ce qui crée parfois des frictions. Vous ne supportez pas la contrariété, vous piquez des colères terribles, mais vous n'êtes pas rancunier pour deux sous. En amour, vous êtes fougueux: c'est la passion et rien d'autre qui vous attire.

Quelle sorte de Bélier êtes-vous?

• **Bélier du 1er décan** (du 21 au 31 mars)

Votre vitalité est incroyable, vous êtes une vraie dynamo. Vous vous sentez vivre lorsque vous êtes dans le feu de l'action, vous avez donc constamment besoin de bouger, d'accomplir quelque chose. Les obstacles ne vous font pas peur, vous avez même tendance à les oublier, ce qui joue parfois contre vous, dans les questions matérielles notamment. Rapide en tout, vous ne supportez pas qu'on vous fasse attendre: sur la route, vous faites des excès, ce qui peut vous occasionner accidents et contraventions. Leader de nature, vous avez tendance à diriger les gens autour de vous: les collègues, parfois même les supérieurs. Vous contrôlez, vous donnez des ordres, mais n'aimez pas en recevoir.

• **Bélier du 2ᵉ décan** (du 1ᵉʳ au 10 avril)
Décidément, on vous remarque de loin! Vous avez une personnalité éclatante, vous aimez les vêtements luxueux, le beau: vous attachez beaucoup d'importance à votre image. Pour vous, réussir est la priorité: vous vous arrangez pour y arriver, vous gardez votre direction. Votre attitude reflète la confiance, ce qui vous aide beaucoup sur le plan professionnel. Dans votre petit univers comme dans votre bande d'amis, c'est vous le roi, pourtant vous êtes très généreux avec ceux qui vous entourent. Vous êtes droit et fier de nature, mais vous ne pardonnez pas lorsqu'on vous critique ou qu'on vous met en boîte.

• **Bélier du 3ᵉ décan** (du 11 au 20 avril)
Vous êtes le plus affectueux des Bélier. Vous bouillonnez d'énergie, mais vous avez un peu de mal à prendre des décisions et fonctionnez mieux en équipe que seul. Les tensions interpersonnelles et la chicane vous indisposent au plus haut point; heureusement, votre sens de la diplomatie vous permet d'éviter bien des affrontements. Vous êtes très habile sur le plan humain, ce qui vous aide à atteindre vos buts. Votre vie sociale est remplie, mais le centre de votre existence, ce sont vos amours. Votre vie de couple est très importante pour vous, vous êtes passionné, aimant, mais vos attentes ne sont pas toujours réalistes.

Taureau (du 21 avril au 20 mai)
Ce que vous avez en commun avec les autres natifs de votre signe
Votre sens pratique est incroyable. Déterminé et travailleur, vous atteignez presque toujours les buts que vous vous êtes fixés. Vous êtes prudent, vous pesez le pour et le contre avant de vous décider, mais une fois que votre idée est faite, vous n'en changez plus. Il faut dire que vous êtes un peu anxieux, que les changements et les risques ne vous plaisent pas du tout. Un peu casanier, vous appréciez la nature, le calme et les bonnes choses de la vie. Sur le plan interpersonnel, vous êtes plutôt timide, mais en amour comme en amitié, vous êtes fidèle et loyal.

Quelle sorte de Taureau êtes-vous?

• **Taureau du 1er décan** (du 21 au 29 avril)

De tous les Taureau, c'est vous le plus rapide et le plus curieux, votre esprit est vif, votre sens du commerce incroyable. Vous ne perdez jamais vos intérêts de vue. Vous êtes très communicatif, vous parlez beaucoup (quoique vous soyez assez discret sur vous-même), vous savez vous attirer des sympathies, surtout vous avez le don de convaincre les autres. En affaires, vous jouez habilement vos cartes, vous réussissez toujours à obtenir l'aide ou les faveurs nécessaires pour atteindre vos buts. Assez mondain, vous aimez les sorties, rencontrer du monde: vous connaissez beaucoup de gens, mais ce sont davantage des relations sociales que de vrais amis.

• **Taureau du 2e décan** (du 30 avril au 10 mai)

Vous avez vraiment le sens de la famille, vous misez beaucoup sur votre petit monde, vous faites de gros efforts pour votre partenaire et vos jeunes. Même avec vos amis, vous êtes un papa gâteau ou une maman poule. Plutôt inquiet de nature, vous vous tracassez pour ceux que vous aimez, vous cherchez constamment à les protéger. Généreux, hospitalier, vous aimez recevoir et gâter ceux qui sont à votre table. On vous apprécie beaucoup et avec raison. Assez rêveur par moments, vous avez de fortes émotions et une grande sensibilité.

• **Taureau du 3e décan** (du 11 au 20 mai)

Vous avez le sens du pratique, le tangible est très important pour vous. Sage, prévoyant, vous prenez votre temps, ce qui vous évite bien des erreurs, en affaires notamment. Assez matérialiste, vous êtes très avisé dans les questions d'argent et vous pensez à long terme; vous avez toujours de petites réserves en cas de besoin, et votre compte en banque est certainement plus rondelet que vous ne le dites. Avec les autres, vous êtes discret, vous parlez peu, pourtant vos gestes en disent long et on peut toujours compter sur vous.

Gémeaux (du 21 mai au 21 juin)

Ce que vous avez en commun avec les autres natifs de votre signe

Votre intelligence est remarquable, votre esprit aussi. Curieux, vous vous intéressez à un tas de choses, vous allez spontanément vers les gens, vous nouez des amitiés, voire des flirts, mais vous êtes un peu changeant, et ce qui vous intéresse un jour peut vous ennuyer le lendemain. Intellectuel, brillant, vous avez presque toujours le dernier mot. Vos champs d'intérêt sont variés, vous connaissez un tas de choses quoique pas toujours en profondeur. Très mondain, vous raffolez des sorties, des réunions sociales. Vous êtes constamment «sur la trotte».

Quelle sorte de Gémeaux êtes-vous?
• **Gémeaux du 1er décan** (du 21 mai au 1er juin)
La réussite compte beaucoup à vos yeux, vous aimez les belles choses, vous avez des goûts luxueux, et vous savez que cela prend des sous pour vous les offrir. Vous aimez bien être le centre d'attraction, être admiré, et vous misez beaucoup sur la réussite professionnelle ou sociale. Communicatif et plein d'entrain, vous avez le talent d'aller chercher les appuis ou les faveurs et, en affaires, vous avez un flair incroyable. Vous avez donc toutes les chances de finir vos jours bien à l'aise.

• **Gémeaux du 2e décan** (du 2 au 11 juin)
Vous êtes pétillant, vous aimez bouger, vous avez constamment envie de faire quelque chose, de vous investir dans un projet. Que ce soit dans vos loisirs ou sur le plan professionnel, votre esprit compétitif vous pousse constamment à vous surpasser. Démonstratif, franc, vous n'avez pas peur de dire ce que vous pensez, même si cela peut blesser vos interlocuteurs. Vous êtes très chaleureux, vous prenez les devants dans votre groupe d'amis, d'ailleurs vous ne supportez pas qu'on vous contredise. En amour, quand vous voulez quelque chose, rien ne peut vous arrêter.

• **Gémeaux du 3e décan** (du 12 au 21 juin)
Quelle vedette vous êtes! Que ce soit dans votre cercle d'amis ou avec des inconnus, on apprécie votre esprit, votre humour et votre intelligence. Vous rayonnez sur votre entourage, vous ne dérogez jamais à votre sens des valeurs. Confiant, vous aimez bien qu'on remarque votre intelligence, votre humour, votre allure; vous prenez spontanément la première place, que ce soit dans votre milieu de travail, dans votre cercle d'amis ou dans votre couple. Très mondain, hyper-séduisant, vous avez le don de charmer les gens, et on ne vous résiste pas très longtemps. Comédien-né, confiant, voire un brin snob, vous ne passez jamais inaperçu.

Cancer (du 22 juin au 23 juillet)
Ce que vous avez en commun avec les autres natifs de votre signe
Vous êtes né sous le signe des émotions et de la famille: vous êtes donc sensible, fragile, même si vous vous faites une carapace en société.

Doux, affectueux, un peu rêveur, vous avez du mal à supporter qu'il y ait de la chicane autour de vous. Votre petite famille est le centre de votre vie; vous adorez votre conjoint, vos enfants. Généreux, accueillant, vous êtes bien chez vous, entouré des vieux copains et des vôtres. Vous avez une nature d'artiste et une très grande créativité.

Quelle sorte de Cancer êtes-vous?

• **Cancer du 1er décan** (du 22 juin au 1er juillet)
Vous avez soif d'harmonie et de tendresse, vous êtes un grand romantique, mais vous avez bien du mal à passer aux actes, à faire des choix. Être bien entouré est essentiel à votre équilibre; vous avez besoin de rapports agréables avec les gens. La dispute et l'injustice vous horripilent. Votre gentillesse et votre charme font qu'on vous apprécie, mais vous avez souvent du mal à vous affirmer par peur des conflits. La vie sentimentale est très importante à vos yeux, vous rêvez tellement d'aimer et d'être aimé.

• **Cancer du 2e décan** (du 2 au 12 juillet)
Quel esprit vous avez! Très communicatif, vous éprouvez de fortes émotions, mais vous dites ce que vous ressentez, vous exprimez vos opinions, vous faites valoir vos arguments avec brio. Votre vie sociale est bien remplie; vous avez de nombreuses activités, un tas d'amis et vous vous déplacez beaucoup. Indépendant de nature, même si vous adorez votre conjoint, vous aimez bien avoir vos propres occupations, vos relations, votre métier… et surtout votre propre compte en banque.

• **Cancer du 3e décan** (du 13 au 23 juillet)
Votre sensibilité est vraiment à fleur de peau. Très généreux, toujours aux aguets, vous cherchez constamment à faire plaisir à votre petit monde, à dorloter ceux que vous aimez et à les protéger, car vous êtes un peu inquiet de nature. Hyper-maternel ou paternel, vous en faites beaucoup pour les vôtres, un peu trop même; vous avez du mal à établir vos limites, à dire non. Vous changez constamment d'humeur, d'idée: prendre des décisions est parfois un tour de force pour vous. Par bonheur, vous êtes très souple et vous vous adaptez bien aux circonstances.

Lion (du 24 juillet au 23 août)

Ce que vous avez en commun avec les autres natifs de votre signe
Vous avez une personnalité forte, vous vous affirmez, que ce soit parmi vos intimes ou avec des inconnus. Sûr de vous, vous mettez

beaucoup d'énergie pour gravir des échelons, vous voulez réussir tant sur le plan social que financier. Tout semble facile pour vous, et pourtant vous y mettez beaucoup d'efforts. On vous remarque, on vous estime, et cela fait parfois l'envie de certaines personnes de votre entourage. Vous êtes d'une très grande générosité, toutefois vous avez horreur de l'hypocrisie. En amour, vous donnez beaucoup mais vous exigez beaucoup aussi.

Quelle sorte de Lion êtes-vous?

• **Lion du 1er décan** (du 24 juillet au 3 août)
Vous êtes le plus sage, mais en même temps le plus ambitieux des Lion. Vous êtes responsable, sérieux. Votre diplomatie et votre sens politique servent vos intérêts. Vous êtes habile avec les gens, vous pouvez même les manipuler au besoin. Côté sous, vous êtes très prévoyant, vous misez sur le solide, sur le long terme, et cela finit toujours par rapporter. Perfectionniste, malgré vos réalisations, vous voulez toujours faire plus, faire mieux. En amour et sur le plan personnel, vous êtes très entier, très stable, mais il faut que le partenaire soit à la hauteur.

• **Lion du 2e décan** (du 4 au 13 août)
On vous remarque de loin, vous êtes tellement flamboyant! Votre optimisme fait plaisir à voir. Confiant, chef-né, vous prenez des initiatives, vous donnez forme à vos projets. Même en affaires, le risque ne vous fait pas peur; en général, cela vous avantage, mais il ne faut pas sous-estimer les difficultés ou donner votre confiance trop facilement. En général, c'est seul que vous maximiserez vos chances de réussite. Vous régnez dans votre milieu de travail, dans votre cercle d'amis, à la maison et même en amour.

• **Lion du 3e décan** (du 14 au 23 août)
Vous êtes le plus intrépide des Lion, vous avez une énergie prodigieuse, rien ne vous arrête ni ne vous résiste. Les défis ne vous font pas peur; vous surmontez les obstacles, mais parfois vous allez trop vite, ce qui vous expose à des erreurs coûteuses. Une bonne planification vous permettrait d'atteindre plus rapidement vos objectifs ambitieux. Vous êtes très entier en amour comme en amitié. Vous êtes franc, direct, quoique parfois un peu trop contrôlant avec votre entourage. Laissez un peu plus de place aux autres, vos rapports humains n'en seront que plus agréables.

Vierge (du 24 août au 23 septembre)

Ce que vous avez en commun avec les autres natifs de votre signe

Vous avez soif de perfection. Votre intelligence est vive; vous raisonnez beaucoup, un peu trop même. Pratique, minutieux, vous êtes prévoyant, et ce, dans toutes les sphères de votre vie. Travailleur, assidu, responsable, sans faire de bruit vous faites votre chemin. Souvent d'ailleurs votre timidité vous empêche de prendre vraiment le crédit de vos réalisations. Avec votre entourage, vous avez peur de déplaire, de faire de la peine; cela fait en sorte que vous n'arrivez pas toujours à imposer des limites. Votre sens du dévouement est remarquable.

Quelle sorte de Vierge êtes-vous?

• **Vierge du 1er décan** (du 24 août au 3 septembre)

Très logique, vous raisonnez bien, vous savez faire passer vos opinions, vos idées sans qu'on s'en rende compte. Votre entourage se fie d'ailleurs beaucoup sur votre jugement. Votre bon sens et votre esprit constructif peuvent vous mener très loin, d'ailleurs vous êtes un excellent administrateur. Économe, prudent, vous réussissez à vous imposer sur le plan professionnel et à avoir un compte en banque bien garni. Vos amis sont peu nombreux, mais leur fidélité est à toute épreuve. En amour, vous savez ce que vous voulez: très entier, vous vous investissez beaucoup dans votre couple.

• **Vierge du 2e décan** (du 4 au 13 septembre)

Vous êtes le plus affectueux des Vierge. Sur le plan professionnel, vous êtes travailleur, organisé, mais vous manquez un peu d'initiative. Tranquille, discret, vous avez soif de romantisme et vous rêvez de l'Amour parfait. Conciliant, vous faites beaucoup de compromis et d'efforts pour que tout aille bien dans votre couple. Vous avez même tendance à esquiver les discussions tant vous avez peur de la chicane; pourtant certaines sont nécessaires. Avec les années, vous vous affirmerez davantage, ce qui sera pour le mieux.

• **Vierge du 3e décan** (du 14 au 23 septembre)

Que vous êtes sociable! Vous recherchez les contacts humains, vous raffolez des sorties et des réceptions, vous faites bonne impression sur les gens que vous croisez. Votre logique est brillante; vous avez un sens de l'humour bien à vous. Dans vos activités, on apprécie votre sens critique, votre esprit d'équipe et votre efficacité. Habile communicateur, vous avez la bosse du commerce et gardez toujours vos intérêts en tête. Le renouveau vous stimule, et vous avez certainement une allure beaucoup plus jeune que votre âge.

Balance (du 24 septembre au 23 octobre)

Ce que vous avez en commun avec les autres natifs de votre signe

Votre désir de plaire vous ouvre bien des portes! Votre gentillesse et votre côté humain charment ceux que vous rencontrez. Positif, sociable, vous aimez beaucoup les rapports interpersonnels. Vous appréciez les arts, la beauté, l'harmonie; d'ailleurs la chicane vous déplaît tellement que, parfois, vous avez du mal à vous affirmer. Votre sens de la justice est marqué; à vrai dire vous recherchez la perfection en tout, ce qui vous rend parfois indécis, hésitant. Vous êtes hyper-romantique, et l'amour occupe une place très importante dans votre cœur. La solitude vous fait peur, une vie à deux agréable et sereine est donc essentielle à votre bonheur.

Quelle sorte de Balance êtes-vous?

• **Balance du 1er décan** (du 24 septembre au 3 octobre)

Vous êtes d'une sensibilité extrême; c'est vous le plus tendre des Balance. Imaginatif, romanesque, vous êtes constamment à la recherche du partenaire idéal. Cela peut même vous empêcher de vous engager avec un être en chair et en os. C'est dommage, car vous avez vraiment soif d'amour et de tendresse. Vous avez des attentions délicieuses pour ceux qui vous entourent, vous cherchez à faire plaisir à tous; cela fait en sorte que vous hésitez à établir vos limites, à dire non. Sur le plan professionnel, vous avez une grande créativité et beaucoup de potentiel, mais vous manquez d'initiative et vous attendez trop, ce qui peut parfois retarder vos réalisations.

• **Balance du 2e décan** (du 4 au 13 octobre)

Vous êtes le plus sage et le plus sérieux des Balance. Idéaliste, vous recherchez la perfection en tout. Cela fait en sorte que vous avez toujours peur de commettre des erreurs. Vous cherchez constamment à en faire plus, à vous surpasser. Dans les questions financières, vous vous trompez rarement; économe, vous misez sur le long terme, vous finissez toujours par atteindre vos objectifs matériels. Sur le plan affectif, vous avez soif de stabilité; vous n'êtes pas très démonstratif, pourtant vos actes parlent pour vous. Vous êtes tendre, fidèle et dévoué. Vous vous investissez pleinement dans votre vie intime et, avec le temps, vous trouverez le bonheur dont vous rêvez.

• **Balance du 3e décan** (du 14 au 23 octobre)

Vous avez une personnalité expansive, vous prenez votre place, vous vous affirmez. Optimiste, vous avez des goûts artistiques, vous appréciez les belles choses, le luxe, et vous dépensez sans compter. Heureusement que vous avez des aptitudes pour gagner de l'argent! Votre tact et votre diplomatie vous aident sur le plan professionnel, vous permettent de trouver des appuis. Vous aimez la vie mondaine, les rencontres, les belles sorties: vous avez beaucoup de charme et vous en êtes conscient. Pourtant, lorsque vous aimez, vous devenez très stable, très aimant et vous déployez beaucoup d'efforts pour que votre couple fonctionne.

Scorpion (du 24 octobre au 22 novembre)

Ce que vous avez en commun avec les autres natifs de votre signe
Vous avez un charme mystérieux qui fait tourner bien des têtes. Votre charisme est fort, mais les gens ne savent pas trop comment réagir avec vous. Vous êtes passionné, entier et vous ne faites aucune concession. Émotif, vous vous cachez derrière une carapace, vous testez les gens. Vous devinez même ce qu'ils ont derrière la tête. Vous avez une mémoire d'éléphant, vous ressassez longtemps ce qu'on vous a fait. Vous êtes déterminé, volontaire et très tenace; lorsque vous voulez quelque chose, aucune difficulté ne vous rebute. Pas surprenant qu'on vous trouve un peu mystérieux.

Quelle sorte de Scorpion êtes-vous?
• **Scorpion du 1er décan** (du 24 octobre au 2 novembre)
Quel caractère! Lorsque vous vous fâchez, ce n'est pas drôle. Vous savez ce que vous voulez, vous n'avez pas peur des affrontements, vous dites ce que vous pensez. Vos sentiments sont d'une intensité incroyable, que ce soit de l'amour ou de la haine. Dans vos occupations, les défis vous stimulent; vous déployez une telle volonté que vous surmontez les obstacles: votre volonté est étonnante. Vous avez toutefois peu de vrais amis. Sur le plan intime, vous recherchez la passion: vous être impulsif, ardent, mais jaloux avec ceux que vous aimez.

• **Scorpion du 2e décan** (du 3 au 12 novembre)
Vous avez une personnalité très «magnétique». Même si vous ne vous en rendez pas compte, vous faites tourner bien des têtes. Vous êtes très généreux avec votre entourage, vos proches notamment, mais vous ne supportez pas qu'on essaie d'abuser de vous ou qu'on vous mente. En amour, vous donnez sans compter, mais vous êtes possessif: la fidélité est très importante à vos yeux. Vous avez du flair en affaires. Intense dans tout ce que vous faites, vous vous

engagez beaucoup dans vos activités professionnelles, vous planifiez, vous savez utiliser les gens qui vous entourent; vous avez donc tous les atouts pour atteindre les plus hautes cimes.

• **Scorpion du 3ᵉ décan** (du 13 au 22 novembre)
Vous êtes le plus doux et le plus sociable des Scorpion. Très sensible, vous placez votre vie intime au centre de votre existence: vous savez faire naître et maintenir la passion dans votre couple. Les sacrifices ne vous font pas peur lorsqu'il s'agit de faire plaisir à ceux que vous aimez. Perspicace, vous devinez tout. Votre intuition est phénoménale et vous permet de deviner ce qu'on voulait vous cacher. Côté carrière, vous savez vous faire aimer et apprécier de vos collaborateurs, et vous utilisez votre pouvoir de séduction. En société, vous êtes aimable, charmant en apparence, quoique toujours un peu sur vos gardes. Très observateur, vous voyez tout.

Sagittaire (du 23 novembre au 20 décembre)
Ce que vous avez en commun avec les autres natifs de votre signe
Quel entrain vous avez! Vous êtes confiant, positif, vous bougez constamment. Ouvert à tout, aux autres cultures, aux gens, vous êtes toujours bien entouré. Très indépendant, vous dites ce que vous pensez, vous ne supportez pas qu'on vous empêche d'agir; conseils et contraintes vous font horreur, en ce qui concerne vos finances notamment. Le renouveau vous stimule, d'ailleurs vous rêvez constamment de voyages, de nouvelles activités; vous appréciez beaucoup les plaisirs, la bonne bouffe. Sur le plan sentimental, vous êtes fougueux, passionné, mais vous tenez beaucoup à votre autonomie.

Quelle sorte de Sagittaire êtes-vous?
• **Sagittaire du 1ᵉʳ décan** (du 23 novembre au 2 décembre)
Vous êtes le plus communicatif et le plus spirituel des Sagittaire. Enjoué, amusant, vous parlez beaucoup, vous vous faites spontanément des amis, mais vous en changez souvent. En fait, vous êtes tellement changeant qu'on a du mal à vous suivre. Cela ne vous empêche pas d'avoir beaucoup de plaisir en société, de vous faire remarquer. Vos sentiments sont vifs quoique pas toujours profonds. Très doué pour les affaires ou le commerce, vous avez beaucoup d'aptitudes à gagner des sous, mais vous dépensez libéralement; avec vous l'argent roule, et étrangement vous vous en sortez toujours brillamment.

- **Sagittaire du 2ᵉ décan** (du 3 au 12 décembre)

C'est vous le plus sensible et le plus affectueux des Sagittaire. Vous avez une énergie incroyable quoique fluctuante: tantôt vous déplacez des montagnes, tantôt vous restez passif, sans bouger. Les gens vous stimulent. Vous adorez les déplacements, les sorties, les voyages, en fait vous seriez toujours prêt à partir. Recevant, hospitalier, votre maison est continuellement pleine de monde, et votre table, bien garnie. Votre petite famille est très importante pour vous; vous adorez votre conjoint et vos enfants.

- **Sagittaire du 3ᵉ décan** (du 13 au 20 décembre)

De tous les Sagittaire, c'est vous le plus stable, le plus raisonnable. Vous misez sur l'avenir, vous avez des idées constructives, et surtout la ténacité nécessaire pour les mettre à exécution. Dans les questions d'argent, vous calculez tout, vous finissez toujours par tirer avantage de toutes les situations. Tant mieux parce que vous appréciez les bonnes choses, les plaisirs et les voyages, et cela prend des sous. Votre indépendance financière est essentielle pour vous; vous mettez beaucoup d'efforts pour réussir sur le plan professionnel et, tôt ou tard, vous y arrivez. Socialement, vous êtes chaleureux, plein d'entrain, pourtant vous gardez une certaine réserve. Vous savez ce que vous voulez. Avec votre petit monde et votre partenaire, votre loyauté ne fait aucun doute.

Capricorne (du 21 décembre au 20 janvier)

Ce que vous avez en commun avec les autres natifs de votre signe

Sans faire de bruit, vous finissez toujours par atteindre vos objectifs. Très jeune, vous étiez déjà sage, mûr et intelligent. Votre ténacité et votre détermination vous permettent d'atteindre vos objectifs, lentement mais sûrement. Prévoyant, vous mettez beaucoup de cœur dans ce que vous faites, et vos résultats sont spectaculaires, sur le plan matériel notamment. Le temps travaille toujours pour vous et vous finirez vos jours à l'abri du besoin. Vous êtes pourtant bien discret, timide même, mais très stable, tant en amitié qu'en amour. Vos proches savent qu'ils peuvent vraiment compter sur vous. Étrangement, vous rajeunissez avec les ans.

Quelle sorte de Capricorne êtes-vous?

- **Capricorne du 1ᵉʳ décan** (du 21 au 31 décembre)

Vous êtes enthousiaste, votre optimisme fait plaisir à voir. Capable de vous vendre, de faire passer vos idées, vous travaillez fort pour atteindre le succès professionnel et financier. Avec le temps, vous dépassez même vos objectifs, et un certain facteur chance peut vous avantager épisodiquement. Votre sens des valeurs est fort, vous respectez l'ordre, les traditions, et vous avez la faculté de trouver des gens qui vous aident à réaliser vos projets. Vous aimez les plaisirs de la vie, mais avec modération. Sur le plan interpersonnel, vous êtes enjoué, affectueux et stable.

- **Capricorne du 2ᵉ décan** (du 1ᵉʳ au 10 janvier)
Vous êtes le plus énergique des Capricorne, le plus pétillant. Votre tête est pleine de projets, d'idées, et en même temps vous avez tout ce qu'il faut pour les mener à terme. Vous ne perdez pas une minute, les défis vous stimulent, et vous êtes d'ailleurs assez compétitif: cela vous permet de vous hisser assez haut dans votre sphère d'activité. En finances, vous prenez des risques bien calculés, ce qui sert vos intérêts. Malgré votre diplomatie naturelle, vous n'hésitez pas à affirmer vos idées. Sur le plan affectif, vous êtes ardent, intense, mais vous misez sur la stabilité et le long terme.

- **Capricorne du 3ᵉ décan** (du 11 au 20 janvier)
Bien des têtes se retournent sur votre passage, et cela ne vous déplaît pas. Votre bon goût vous permet d'apprécier les belles choses, les objets luxueux, mais vous demeurez discret. Cela fait en sorte qu'on vous trouve parfois un peu froid. Vous faites beaucoup d'efforts pour que les gens qui vous entourent soient heureux, vous êtes exceptionnellement loyal dans vos affections. À la fois ambitieux et déterminé, vous finirez par connaître la réussite tant sociale que matérielle: les deux comptent beaucoup à vos yeux. En fait, vous finissez toujours par atteindre vos buts, si élevés soient-ils.

Verseau (du 21 janvier au 19 février)

Ce que vous avez en commun avec les autres natifs de votre signe
Il n'y a pas à dire, vous êtes quelqu'un d'original, vous avez vos idées, vos valeurs bien à vous, et cela ne vous dérange pas de choquer les bien-pensants. Avant-gardiste, un peu artiste, vous avez une allure qu'on remarque. Vous appréciez le changement, les technologies de pointe. Vous avez des éclairs de génie, mais côté pratique vous manquez d'assiduité, vous remettez à plus tard, ce qui vous empêche de donner forme à vos projets. Dans les questions de sous, vous manquez de persévérance. Les contacts humains comptent beaucoup pour vous, vos amis passent avant tout. Côté cœur, vous êtes fougueux mais un peu volage: chose certaine, les conventions, ce n'est pas pour vous.

Quelle sorte de Verseau êtes-vous?

• **Verseau du 1ᵉʳ décan** (du 21 au 31 janvier)

Vous êtes un rêveur, vous idéalisez l'amour, vous cherchez le conjoint idéal, l'âme sœur. Vos attentes ne sont pas toujours réalistes. Cela vous fait papillonner d'un partenaire à l'autre, jusqu'au jour où vous comprenez que la perfection n'existe pas. Hyper-sociable, vous adorez rencontrer des gens, vous vous faites des amis de toutes sortes; ceux que vous côtoyez apprécient beaucoup vos qualités humaines. Côté carrière, vous êtes créatif, vous avez de bonnes idées, quoique la ténacité vous fasse parfois défaut.

• **Verseau du 2ᵉ décan** (du 1ᵉʳ au 10 février)

Vous êtes le plus intellectuel et le plus vif des Verseau. Vous comprenez rapidement les concepts et les théories, vous donnez l'impression de tout savoir, vous êtes dangereusement convaincant. Vous avez soif d'apprendre, il y a constamment de nouveaux champs d'intérêt qui vous stimulent. En affaires, vous avez le sens de l'opportunité et vous jouez bien vos cartes. Votre vie sociale est trépidante, votre réseau social s'élargit constamment, toutefois vos relations interpersonnelles demeurent souvent un brin superficielles.

• **Verseau du 3ᵉ décan** (du 11 au 19 février)

Votre sensibilité est grande, vos émotions vous gouvernent constamment. Sur le plan intime, vous êtes plein d'amour pour votre conjoint, pour vos jeunes, pourtant vos relations avec eux sont loin d'être traditionnelles: c'est la complicité qui compte pour vous. Très sociable, vous adorez rencontrer des gens, vous êtes très sensible aux ambiances, vous ressentez les problèmes des autres avec beaucoup d'intensité, un peu trop même. Généreux, accueillant, vous rêvez de vous engager socialement, d'être utile dans votre milieu.

Poissons (du 20 février au 20 mars)

Ce que vous avez en commun avec les autres natifs de votre signe

Vous vivez au rythme de vos émotions, vous êtes hypersensible. En fait, vous avez de très belles valeurs humaines, vous êtes compatissant, vous cherchez constamment à faire plaisir, à aider ceux qui vous entourent. Intuitif, vous devinez bien des choses, mais vous avez tendance à rêver plutôt qu'à agir, et certaines facettes de votre vie en pâtissent. Sur le plan matériel notamment, vous êtes négligent. Cela ne vous empêche pas d'être toujours prêt à dépanner ceux qui sont dans le besoin, et il y en a probablement beaucoup dans votre entourage. Vous adorez vos amis, votre famille et votre partenaire, vous cherchez à les dorloter, à les gâter, bref, vous avez bien du mal à dire non.

Quelle sorte de Poissons êtes-vous?

• **Poissons du 1ᵉʳ décan** (du 20 au 29 février)

Vous êtes beaucoup plus structuré que les autres Poissons. Certes, vous êtes souple sur le plan humain, mais lorsque vous avez un but, vous savez être tenace, ce qui vous sert tant sur le plan professionnel que dans les questions d'argent. Vous êtes bon gestionnaire, économe, mais votre grand cœur vous coûte parfois cher. Sur le plan intime, vous êtes sérieux, tendre, vous en faites beaucoup pour ceux que vous aimez, un peu trop même. Plutôt anxieux, vous attendez avant de donner votre confiance ou votre cœur, mais lorsque vous le faites, c'est pour la vie. Avec le temps, vous vous affirmerez davantage, vous serez plus ferme, et votre existence n'en sera que plus agréable.

• **Poissons du 2ᵉ décan** (du 1ᵉʳ au 10 mars)

Vous êtes la générosité en personne, vous cherchez constamment à faire le bonheur des autres. Boute-en-train et optimiste, vous adorez les contacts humains, les sorties, les voyages, vous profitez des bonnes choses. À vrai dire la modération n'est pas votre fort. Dans vos activités vous faites plus que votre part; sur le plan matériel par contre, vous auriez avantage à calculer plus, à être plus prudent. Heureusement, vous avez souvent beaucoup de flair, et de bonnes occasions peuvent vous tirer d'embarras à la dernière minute. Parfois des personnes influentes peuvent vous donner un petit coup de pouce. En amour, vous êtes exalté, vous vous donnez sans réserve.

• **Poissons du 3ᵉ décan** (du 11 au 20 mars)

Il n'y a pas à dire, vous êtes le plus actif et le plus dynamique des Poissons. Lorsque vous êtes en forme, vous pouvez déplacer des montagnes, vous élaborez des projets, vous entraînez les gens à vous suivre. Si les défis vous stimulent, la petite routine a tôt fait de vous ennuyer: vous devenez alors négligent, vous avez la tête ailleurs. Vous avez des qualités humaines exceptionnelles, mais l'organisation et la prévoyance ne sont pas votre fort: cela joue souvent contre vous en affaires. Vous avez des émotions à fleur de peau; vous dites ce que vous avez sur le cœur, quoique souvent vous le regrettiez après coup. Côté cœur, vous êtes amoureux, insatiable même: la passion vous donne des ailes.

BÉLIER

du 21 mars au 20 avril

Dynamisme, énergie, tels sont les qualificatifs qui décrivent le mieux votre signe. Entreprendre ne vous fait pas peur, et vous n'hésitez pas un instant à aller de l'avant dans mille et un projets. En fait, vous êtes infatigable.

Tout comme la nature qui se réveille après un long hiver dans votre signe, votre activité est débordante. Avec autant d'idées en tête et d'envie de bouger, il n'est pas étonnant de vous voir mettre plusieurs projets en marche simultanément. Toutefois, comme il est presque impossible de tout mener de front, vous ne pouvez tout réaliser, et ce sont souvent les autres qui terminent votre travail ou en tirent profit.

Chez vous, les demi-mesures n'existent pas. Vous aimez ou vous détestez; c'est clair et net. Le mot compromis ne fait pas partie de votre vocabulaire. Vous n'avez pas un tempérament qui vous porte à faire des courbettes aux gens qui vous irritent ou dont le comportement vous déplaît; votre franchise est parfois bien mal perçue et peut créer des froids ou des inimitiés. Mais ce n'est sûrement pas cela qui vous fera changer d'avis ou de façon d'être.

Homme ou femme d'action, seule l'inactivité parvient à vous perturber. N'avoir rien à faire ou devoir attendre vous met les nerfs à fleur de peau: vous trépignez, vous ne tenez pas en place, vous vous rongez les sangs en pensant à tout ce que vous pourriez faire au lieu d'attendre, et vous n'en pouvez plus. Non, la patience n'est pas votre fort.

Votre dynamisme et votre ardeur au travail font de vous un être sensationnel pour amorcer ou même lancer les activités, et, dans les sprints de dernière minute, personne ne vous égale. Mais le revers de la médaille d'une telle énergie, c'est qu'elle n'est pas éternelle. Votre intérêt commence à s'émousser dès qu'une autre idée prend forme. Les travaux de longue haleine, les projets à long terme et les études poussées ne vous conviennent pas très bien. Pour vous, il n'y a que le changement qui soit un véritable défi.

Évidemment, le plan émotif n'est pas en reste. Encore une fois, il vous faut de l'action; vos sentiments ne sont pas mitigés, loin de là. Il n'est pas rare de vous voir piquer une crise terrible pour une bagatelle; heureusement, la rancune n'est pas un trait de votre caractère, et vous ne restez pas fâché longtemps. La personne à qui vous en vouliez tant peut devenir celle que vous aimez le plus en quelques minutes. Direct, franc, vous ne mâchez pas vos mots, notamment envers les gens qui tardent à se décider et qui hésitent. Ils vous mettent les nerfs en boule, et vous ne vous gênez pas pour le leur faire savoir. Attendre, c'est déjà difficile, mais attendre à cause des autres, c'est carrément insupportable.

Avec un caractère aussi net, la petite vie de «pépère pantoufle», un travail routinier et le petit train-train quotidien ne sont décidément pas pour vous. Que l'on parle défis de taille, choses à accomplir, gens à convaincre, voilà qui vous plaît et vous passionne.

En amour, que vous soyez homme ou femme, c'est vous qui choisissez votre partenaire, et plus l'entreprise vous semble difficile, plus la personne vous attire. Vous avez un tempérament ardent et entreprenant, et rien ne vous empêchera de défendre ceux que vous aimez, au risque de vous mettre vous-même en danger.

Quant à la colère, même si elle vous submerge facilement, avec vos fameux coups de tête, et qu'il ne faut pas vous prendre avec des pincettes dans ces moments-là, vous avez un cœur d'or et savez vous faire pardonner.

Comment se comporter avec un Bélier?

Le meilleur moyen de bien s'entendre avec un Bélier est de ne pas le contrarier. Puisqu'il a l'esprit de contradiction, il suffit de dire blanc pour qu'il dise noir. Donc, en se rangeant à son avis, on évite bien des problèmes. Il pourrait même piquer une de ses célèbres colères sous prétexte de défendre son point de vue; dans ce cas, attendre que l'orage soit passé est encore la meilleure attitude à adopter. Si vous tentez de le raisonner sur le coup, à force d'arguments logiques, vous ne ferez qu'attiser sa colère. Lorsque la tempête se sera apaisée, il sera temps de discuter.

N'oubliez pas que le Bélier est extrêmement actif. Alors ne tentez pas de lui demander de vous attendre toute une soirée, assis à ne rien faire. Rester tranquille, se reposer sont des choses qu'il ne peut faire. Pour développer une relation agréable avec lui, il faut le

stimuler, lui trouver des activités, l'appuyer dans tous ses projets...
et ne pas se décourager s'il abandonne après avoir commencé.

En somme, il vous faudra de la patience pour deux, mais comme il
a de l'énergie pour quatre, sinon plus, vous ne vous ennuierez jamais.

Ses goûts

Ses vêtements sont plutôt voyants et de couleur vive. Il porte de
gros bijoux, et en grande quantité. Son intérieur est chargé, co-
loré, parfois hétéroclite aux yeux des autres, mais cela lui plaît; c'est
le plus important, après tout!

Ses goûts le portent vers ce qui se voit, va vite ou fait du bruit.
Il aime montrer ce qu'il possède et n'hésite pas à faire étalage de
ses possessions en public.

Ce n'est pas un fin gastronome: on le voit plus souvent fréquenter les endroits de restauration rapide que les salles de nouvelle cuisine. Il mange rapidement, avale sans mastiquer. Si c'est lui
qui prépare le repas, gare aux casseroles brûlées, car évidemment,
pour gagner du temps, il ne fera pas mijoter les petits plats à feu
doux mais les fera plutôt cuire à gros bouillons.

Son potentiel

Comme il s'agit d'un être rempli d'énergie, débordant d'idées, il
est toujours en train de commencer quelque chose. Par contre,
quand il est question de fignoler, il préfère confier la finition à
quelqu'un d'autre. Il n'a pas la patience qu'il faut pour remettre
cent fois son ouvrage sur le métier.

Son raisonnement est surtout logique et pratique; ce n'est pas lui
qui pourra disserter sur la philosophie taoïste. Très habile de ses
mains, le Bélier fera des merveilles avec le métal, le feu, la soudure, le
génie et la chirurgie. Il est aussi très doué pour la politique et ferait un
excellent stratège militaire, dans le domaine de la défense. Son dynamisme et ses nombreuses idées lui permettent également d'ouvrir sa
propre entreprise, mais comme il a du mal à penser à long terme, cela
pourrait ne pas durer éternellement. Son caractère autoritaire en fait
un chef naturel; il est donc bien placé pour commander... et déléguer.

Ses loisirs

Puisque c'est le dynamisme qui l'anime, le Bélier adore les activités qui
lui permettent de se mesurer aux autres. Il sera donc naturellement

attiré par les sports de compétition. Mais il y a tant de disciplines qui le fascinent qu'il aura bien des difficultés à s'en tenir à une seule, il en changera souvent. Dès qu'il maîtrise les rudiments d'une activité, qu'il sait comment elle fonctionne et qu'il s'est mesuré aux autres, cela l'intéresse moins et il s'envole pour aller voir ailleurs. Puisque c'est la rapidité qui l'intéresse, on le verra plus souvent au volant d'une formule 1 que derrière une table pour une partie d'échecs. On ne le verra pas non plus assis avec un livre, mais plus souvent en train de s'élancer d'une falaise en deltaplane. Puisqu'il est superactif et ne semble pas rebuté par le danger, au grand désespoir de ceux qui l'aiment, il optera pour la course automobile (il conduit vite «naturellement»), le saut en parachute, l'alpinisme ou le saut à l'élastique... Il n'est donc pas étonnant de le voir revenir couvert de plaies et de bosses, qui ne vont certes pas le ralentir! Si vous voulez le retenir à la maison pour la soirée, proposez-lui de visionner le plus récent film d'action et non un film philosophique japonais.

Sa décoration

Ça brille, ça attire le regard, alors c'est pour lui. Pour son décor, proposez-lui des objets aux couleurs franches, gaies, et même vives; par exemple, le rouge franc que les décorateurs hésitent à utiliser ne lui fait pas peur. Les teintes pastel et les nuances subtiles ne sont pas franchement de son goût; ça le déprime même. Il choisira son mobilier dans le style moderne ou contemporain. Il aime aussi les objets inusités, les meubles imposants, et les accessoires et bibelots en grand nombre. Chez lui, le décor est plutôt surchargé, et il n'hésite pas à le renouveler de fond en comble. Les souvenirs l'encombrent. Il ne faut donc pas s'étonner de trouver le vieux fauteuil de grand-père au fond du garage ou pire, dans la remise au bout de la cour. Bref, son décor lui ressemble. On aime ou on n'aime pas, mais une chose est sûre, il ne laisse personne indifférent.

Son budget

Puisque le Bélier démarre au quart de tour et agit souvent sur un coup de tête, il ne faut certes pas lui demander de faire preuve de prévoyance, pas même sur le plan financier. De temps en temps, il décidera de faire un budget et d'économiser. Vous serez très étonné, car il le fera... durant quelques jours! Mais il est tellement sujet aux coups de foudre qu'il finit souvent par vider son compte en banque pour un objet qui attirera son attention dans un magasin, pour de nouveaux vêtements à la mode, pour des appareils qui lui feront gagner du temps... bref, il videra son portefeuille et n'hésitera pas longtemps à surcharger ses cartes de crédit. Et, bien entendu, il attendra de recevoir les «derniers rappels» avant de remettre de l'ordre dans ses affaires. Devant un tel comportement, on est toujours étonné de constater qu'il arrive à s'en sortir sans trop de problème.

Quel cadeau lui offrir?

Il n'est pas facile d'offrir un cadeau à une personne qui se procure elle-même tout ce qui lui tente et qui semble posséder tout ce qu'il lui faut. Le meilleur cadeau est donc celui qui le surprendra. Il adore les nouveautés. Soyez aux aguets pour dénicher des articles dernier cri, ceux qui viennent de sortir et qu'il n'a pas encore vus. Vous pouvez aussi orienter votre choix sur le modèle «revu et amélioré». Un vêtement dernier cri, un gros bijou, un accessoire énorme, et bien sûr tout cela dans les couleurs les plus vives, le ravira. N'essayez pas de lui offrir un casse-tête ou un jeu d'échecs; allez-y plutôt avec le plus récent jeu vidéo, mais pas un jeu d'énigmes à résoudre. Il appréciera plus une course de formule 1. Il aime que ça aille vite, que ça fasse du bruit et que ça se voie. N'oubliez jamais que c'est un être impatient. S'il lui faut commander un article et attendre de 4 à 8 semaines avant de le recevoir, il ne tiendra pas en place; faites-lui la surprise, commandez-le pour lui.

Les enfants Bélier

Les enfants Bélier marchent et parlent souvent plus tôt que les autres enfants du même âge. Ils courent, bougent, sautent, grimpent, rien ne les effraie; ils sont même un peu casse-cou. Ils ont peu conscience du danger, ne regardent pas souvent où ils posent leurs pieds et, pour cela, sont les champions des accidents. Leurs parents doivent se montrer très vigilants avec eux. Attention aussi aux allumettes: ils adorent jouer avec le feu. Ils sont étourdissants; il faut avoir des yeux tout autour de la tête pour les surveiller. Ce sont aussi des chefs de bande qui aiment commander et prendre des initiatives. Colériques, batailleurs et parfois hyperactifs, ils ont besoin d'activités qui leur permettront de dépenser leur surplus d'énergie. En classe, le jeune Bélier, qui a un esprit vif, sera porté à s'intéresser à tout. Il faudra donc redoubler d'efforts pour capter son intérêt et l'amener à se concentrer sur un seul sujet à la fois. Autant à l'école qu'à la maison, il faut l'encourager à terminer ce qu'il entreprend, lui inculquer la patience et la détermination, deux qualités qu'il n'a pas naturellement, mais qui lui permettront d'aller très loin s'il sait les utiliser.

L'ado Bélier

L'élément qui régit ton signe est le feu, ce qui te donne une énergie puissante, le goût d'entreprendre, de bouger. On remarque souvent ton enthousiasme, tes idées du tonnerre, ton courage et même ta témérité. Ton entourage te reproche de ne pas réfléchir, d'aller trop vite, de commencer mille et une choses sans rien terminer, tout simplement parce que tu aimes expérimenter, essayer, relever de nouveaux défis et ne pas t'attarder sur ce qui prend trop de temps. Tu n'aimes pas la routine, le train-train, mais avoue que ce qui te demande des efforts ne te plaît guère non plus. Tu as tendance à te démotiver et à t'ennuyer rapidement; il te faut toujours du nouveau.

Tu aimes les sports qui te permettent de bouger, de démontrer ta force et ton endurance. Tu as besoin de te défouler, de te dépenser physiquement, car tu es rempli d'énergie. Mais tu fais tout très rapidement, même manger. Tu avales trop vite et n'importe quoi. N'oublie pas que tu es en pleine croissance et qu'il te faut de bons aliments sains pour renouveler toute l'énergie que tu dépenses sans compter. Méfie-toi aussi des accidents, car tu agis souvent sans réfléchir, et cela peut te causer des problèmes.

Ta spontanéité et ta franchise sont de belles qualités, mais il faut savoir les utiliser avec discernement. Tu ne mâches pas tes mots lorsque tu as quelque chose à dire, et parfois cela blesse tes proches. Pourtant, ta sincérité est aussi très appréciée par tes amis.

Tes études

Tu aimes que ça bouge; il te faut donc trouver des projets à court terme qui te permettront de franchir les étapes avec rapidité. Tu seras fier lorsque tu les réussiras. Par contre, tu as tendance à te décourager lorsque tu es confronté à des travaux à long terme; tu as l'impression de piétiner et tu voudrais rapidement faire autre chose. Pour tes études, il faudra trouver un programme court qui débouche rapidement sur un emploi concret, rapidement accessible. Ne te lance pas dans de longues années d'études; tu ne le supporterais pas.

Ton orientation

Un métier où il y a du nouveau, où ça bouge te conviendra parfaitement. Les métiers qui demandent des idées et un esprit vif t'attireront, que ce soit la vente, la publicité, le marketing, les affaires, la mécanique, la justice, les forces policières, les soins dentaires, le journalisme, les emplois où l'on travaille le métal ou avec le feu, bref tout ce qui demande de l'initiative et un esprit d'entreprise te passionnera. Tu pourrais même avoir l'idée de créer ta propre entreprise et d'être ton propre patron. Tu es un chef-né.

Tes rapports avec les autres

Puisque tu ne restes jamais en place, tu rencontreras beaucoup de gens et connaîtras beaucoup de personnes; c'est ce que tu recherches. Tu aimes confronter tes idées à celles des autres, mais tu cherches toujours à avoir le dernier mot. En fait tu n'es pas très réceptif aux idées des gens; ce que tu aimes surtout, c'est la compétition. Tu as beaucoup d'amis, mais tu en changes souvent. Dans ton groupe, tu chercheras toujours à diriger. Tu seras un meneur. Cela t'exposera aussi à des conflits de personnalité, et tu pourrais perdre de très bons amis.

Rosie O'Donnel, Elton John, Aretha Franklin, Janette Bertrand, Diana Ross, Charles Dumont, Roch Voisine, Richard et Marie-Claire Séguin, Warren Beatty, Céline Dion, Marlon Brando, Marie Denise Pelletier, Eddie Murphy, René Homier-Roy, Jacques Brel, Jean-Paul Belmondo, Jacques Villeneuve, Donald Pilon, Robert Toupin, Francine Grimaldi, Francine Ruel, Francis Reddy, Charlie Chaplin, Michèle Richard, David Lahaie, Alain Choquette, Mariah Carey, France D'Amour.

Pensée positive pour le Bélier

Je reçois les cadeaux de la vie avec reconnaissance et je les partage dans la joie. Plus je donne et plus je reçois.

Pensée positive spéciale pour 2006

J'ai pleinement confiance en cette nouvelle étape de ma vie. L'abondance existe pour tout le monde et je remercie la Vie.

Le subconscient nous dirige toujours selon nos pensées. En répétant le plus souvent possible ces pensées conçues tout spécialement pour vous, vous vous attirerez plein de belles choses.

Signe: Bélier

Élément: Feu

Catégorie: Cardinal

Symbole: ♈

Points sensibles: Dents, vertèbres cervicales, fièvre, blessures et accidents, à la tête, notamment.

Planète maîtresse: Mars, planète de l'énergie.

Pierres précieuses: Sanguine, rubis, diamant.

Couleurs: Rouge, orange, jaune; les teintes vives.

Fleurs: Tulipe, marguerite, œillet.

Chiffres chanceux: 4-7-13-16-20-24-31-36.

Qualités: Énergique, actif, dynamique, entreprenant, courageux.

Défauts: Imprudent, égocentrique, pas assez tenace.

Ce qu'il pense en lui-même: Je n'ai pas de temps à perdre...

Ce que les autres disent de lui: Quelle bombe d'énergie... Impossible de le suivre!

Prédictions annuelles

Un ciel parfaitement dégagé d'influences négatives vous permet d'envisager une année fort constructive. Vous avez la voie libre et, pour peu que vous mettiez la main à la pâte, vous êtes assuré d'obtenir des résultats probants. Mieux encore, les bons aspects de Saturne envers votre signe vous permettent de faire des projets à long terme; ce que vous entreprendrez au cours des prochains mois aura donc des répercussions et des retombées pendant longtemps. La maturité que vous avez acquise au cours des dernières années vous servira à souhait; vous prendrez des décisions éclairées, vous ferez des choix judicieux, et ce, sur tous les plans. Bravo, vous avez un sacré potentiel en 2006!

Santé – Vous avez de la volonté comme jamais, mais le plus beau c'est que vous possédez désormais suffisamment de motivation pour demeurer fidèle à vos bonnes résolutions. Le moment est donc parfaitement choisi pour vous débarrasser d'une mauvaise habitude ou d'une dépendance, pour dire adieu à vos kilos superflus ou pour, tout simplement, mettre de l'ordre dans votre vie. Moralement, vous dites adieu au passé, vous n'avez plus envie de ruminer d'anciennes querelles ou déceptions; ce qui presse maintenant, c'est de profiter de l'existence au maximum.

Sentiments – Vous êtes en pleine découverte de vous-même; vous concevez plus clairement ce qui est susceptible de faire votre bonheur. On dirait que tout vous apparaît d'une limpidité incroyable. Pas étonnant que vous vous apprêtiez à faire du ménage parmi vos relations pour ne conserver que celles qui correspondent à vos critères. Vous avez même le courage nécessaire pour couper les liens avec une personne qui faisait partie de votre vie depuis longtemps. Toujours aussi sociable, vous continuez à rencontrer de nouvelles gens, mais vous ne laissez plus n'importe qui s'approcher de trop près.

Affaires – Un autre domaine où vous apprenez à mieux définir vos objectifs, ce qui vous permet de vous concentrer sur ce qui en vaut le coup. Bonne année pour penser à long terme, pour envisager un poste permanent ou une carrière solidement assise; vos efforts en ce sens seront couronnés de succès. Ainsi, plusieurs dénicheront un emploi à la hauteur de leurs aspirations, alors que d'autres amorceront la première étape d'un recyclage professionnel. La stabilité, voire la sécurité sont accessibles, à vous d'en profiter... à moins que votre esprit de conquérant ne vous fasse emprunter un chemin plus risqué et nettement plus ardu. Par contre, 2006 ne convient ni au *gambling* ni aux investissements périlleux; côté finances, mieux vaut jouer sûr!

Janvier

D	L	M	M	J	V	S
1	2	3	4	5	6	7
8	9	10	11	12D	13D	14○D
15F	16F	17	18	19	20	21
22	23	24	25F	26F	27D	28D
29●	30	31				

○ Pleine lune		●	Nouvelle lune
F Jour favorable		D	Jour difficile

Santé – Entre le 3 et le 23, vous tirez un peu de la patte. Rien de bien sérieux, mais vous ne vous sentez pas au mieux tant sur le plan physique que moral. Au lieu de vous écraser dans votre coin, bougez un peu plus, ça vous remettra sur le piton; mieux encore, mettez le nez dehors. La dernière semaine vous retrouve absolument plus énergique et plus solide.

Sentiments – La communication ne passe pas toujours avec votre entourage. On interprète vos gestes et vos paroles de travers, on fait la sourde oreille lorsque vous demandez quelque chose. Bref, vous avez l'impression qu'on ne vous aime pas. Inutile de vous torturer, ce n'est qu'un vilain petit nuage et, dès le mois prochain, ça ira plus rondement. D'ici là, un enfant risque de vous en faire voir de toutes les couleurs.

Affaires – Ici aussi des tiraillements se font sentir. Vous n'avancez pas au rythme que vous souhaitez, les retards et les pépins s'accumulent. Piquer une crise ne donnerait rien de bon, cela risquerait même de jouer contre vous. Essayez plutôt de prendre tout ça avec un grain de sel en vous disant que le temps joue en votre faveur. Il ne faut surtout pas brusquer les choses en ce mois. Non, le magasinage n'est pas la solution à vos misères!

Février

D	L	M	M	J	V	S
			1	2	3	4
5	6	7	8	9D	10D	11F
12○F	13F	14	15	16	17	18
19	20	21F	22F	23D	24D	25
26	27●	28				

○ Pleine lune		● Nouvelle lune	
F Jour favorable		D Jour difficile	

Santé – Est-ce parce que les journées rallongent que êtes plus énergique? Peu importe, vous avez meilleure mine que le mois passé et vous semblez beaucoup plus dynamique. Vous sortez de votre coquille, enfin on vous reconnaît. Excellent mois pour rattraper le temps perdu, pour vous occuper de vous et vous reprendre en main. Le moral lui aussi remonte, la meilleure preuve en est votre beau sourire.

Sentiments – Vous vous décidez enfin à faire les premiers pas, à prendre l'initiative, ce qui transforme radicalement vos relations interpersonnelles. Une fois de plus, le destin vous démontre que si vous attendez après les autres il ne se passe pas grand-chose et que c'est à vous de prendre les devants. L'important n'est pas de savoir si c'est juste ou non, mais tout simplement de comprendre que ça fonctionne mieux quand c'est vous qui prenez les devants.

Affaires – Du moment que vous vous tenez loin des investissements risqués, des affaires trop belles pour être vraies, des achats précipités ou des prêts consentis sans réfléchir, vous avez de bonnes chances de reprendre votre situation en main. Votre flair vous permettra de présenter vos demandes au moment le plus propice et de marquer des points.

Mars

D	L	M	M	J	V	S
			1	2	3	4
5	6	7	8D	9D	10F	11F
12F	13	14○	15	16	17	18
19	20F	21F	22F	23D	24D	25
26	27	28	29●	30	31	

○ Pleine lune et éclipse lunaire annulaire   ● Nouvelle lune et éclipse solaire totale
F   Jour favorable   D   Jour difficile

Santé – En plus d'avoir la larme à l'œil, vous vous énervez pour des riens. Ce sont certainement les éclipses qui vous perturbent, mais vous pouvez contrecarrer leur influence. Changez-vous les idées, sortez, voyez du monde et gardez-vous occupé, ce sont les meilleurs antidotes à cette grisaille morale. Physiquement, vous donnez l'impression de rajeunir; raison de plus de ne pas laisser vos états d'âme assombrir ce joli tableau.

Sentiments – Du 5 mars au 6 avril, Vénus évolue dans un secteur privilégié de votre ciel. Les anciens copains et les nouveaux amis vous témoignent beaucoup d'attention. Les couples se rapprochent, tandis que les solitaires s'engagent dans une belle amitié amoureuse susceptible de transformer leur existence.

Affaires – Vous avez la voie libre et pouvez faire de fulgurants progrès à la condition de ne pas laisser votre impulsivité prendre le dessus. Respectez votre plan d'action, ne sautez aucune étape et vous verrez que tout ira pour le mieux. Une nouvelle agréable ou une démarche qui aboutit plus vite que prévu vous ravit.

Avril

D	L	M	M	J	V	S
						1
2	3	4D	5D	6D	7F	8F
9	10	11	12	13○	14	15
16	17F	18F	19D	20D	21	22
23/30	24	25	26	27●	28	29

○	Pleine lune	●	Nouvelle lune
F	Jour favorable	D	Jour difficile

Santé – Jusqu'au 14, tout baigne dans l'huile. Vous continuez d'afficher une mine resplendissante, et votre psychisme semble nettement plus solide. Par la suite, vous devez être davantage sur le qui-vive, si vous ne voulez pas vous infliger une blessure. Vous risquez de vous faire mal en voulant aller trop vite ou en manquant de concentration. Soyez sur vos gardes!

Sentiments – La première semaine demeure entraînante, vous ne voyez pas le temps passer. Le reste du mois s'annonce plus tranquille, mais votre partenaire devrait trouver de bonnes astuces pour vous désennuyer. Au cours de la seconde quinzaine, un membre de la famille pourrait vous causer certaines inquiétudes. Établissez vos limites.

Affaires – Si vous comptez mettre un projet en branle ou entreprendre une démarche importante, mieux vaut agir dans la première moitié du mois, puisque c'est à ce moment que vos chances de réussite sont les plus élevées. Bonne période également pour les déplacements et les achats. Par après, vous devrez travailler d'arrache-pied pour arriver à un résultat similaire.

Mai

D	L	M	M	J	V	S
	1	2D	3D	4F	5F	6F
7	8	9	10	11	12	13 ○
14F	15F	16D	17D	18	19	20
21	22	23	24	25	26	27 ●
28	29D	30D	31F			

○	Pleine lune		●	Nouvelle lune
F	Jour favorable		D	Jour difficile

Santé – La planète Mars évolue toujours dans un secteur délicat de votre thème astrologique; voici pourquoi vous devez à tout prix demeurer vigilant afin d'éviter les accidents bêtes. Une attitude prévoyante vous gardera également à l'abri des malaises et des infections. Moralement, on note des hauts et des bas d'ici le 20, puis tout se stabilise.

Sentiments – Contrairement à Mars, la douce Vénus vous fait de l'œil. Grâce à elle, vous pourriez resserrer les liens qui vous unissent à votre chéri ou encore combler le vide de votre existence si vous êtes seul. Les invitations arrivent de tous les côtés; vous n'avez pas le temps de vous morfondre! Seule ombre au tableau, ce membre de la famille qui vous tracasse.

Affaires – Même si ça ne marche pas rondement, vous demeurez philosophe et vous avez parfaitement raison. Au lieu d'encombrer votre esprit de pensées négatives, vous apprenez à faire la part des choses et même à vous relaxer. Cet état d'esprit finit par jouer pour vous: vous aurez une idée de génie entre le 20 et le 31 grâce à laquelle tout se mettra à débloquer.

Juin

D	L	M	M	J	V	S
				1F	2F	3
4	5	6	7	8	9	10F
11○F	12D	13D	14D	15	16	17
18	19	20	21	22	23	24
25●D	26D	27D	28F	29F	30	

○	Pleine lune	●	Nouvelle lune
F	Jour favorable	D	Jour difficile

Santé – Quatre jours encore et la planète Mars cesse de vous empoisonner la vie. Mieux encore, elle se met à exercer une influence positive, ce qui vous permet de remonter la pente à pas de géant. Vous avez de l'énergie à revendre et une vitalité qui fait l'envie de plusieurs. Bon temps pour régler tout ce qui accrochait et repartir du bon pied. Pour que tout soit parfait, évitez de regarder en arrière.

Sentiments – Vous avez parfois du mal à communiquer avec vos proches; pourtant, en faisant quelques efforts, vous ferez certainement passer votre message. En société, c'est différent, vous brillez de tous vos feux, on boit littéralement vos paroles. Vous impressionnez vivement les gens que vous rencontrez; ceci pourrait se révéler un gros atout pour les célibataires.

Affaires – Des situations qui stagnaient se mettent à débloquer, des réponses qui tardaient vous parviennent enfin, tandis que des projets qui vivotaient entament une phase d'expansion. Bref, on peut dire que ça bouge en grand. Vous vous détachez du peloton et, il n'y a pas l'ombre d'un doute, vous êtes en train de faire votre marque. Allez de l'avant, c'est le temps ou jamais.

Juillet

D	L	M	M	J	V	S
						1
2	3	4	5	6	7	8F
9F	10○D	11D	12	13	14	15
16	17	18	19	20	21	22
23D/30	24●D/31	25F	26F	27	28	29

○	Pleine lune	●	Nouvelle lune
F	Jour favorable	D	Jour difficile

Santé – Votre dynamisme ne faiblit pas, bien au contraire! Vous avez le vent dans les voiles et rien ne semble pouvoir freiner vos ardeurs. Ceux qui ont eu des ennuis de santé traversent une période de récupération, alors que les autres trouvent des moyens ingénieux pour parfaire leur forme physique. Psychologiquement, essayez de ne pas accorder trop d'importance aux peccadilles entre le 11 et le 28.

Sentiments – Les trois premières semaines promettent d'être enlevantes. Les nouvelles rencontres se révèlent stimulantes, pendant que les relations déjà existantes gagnent en profondeur. Par la suite, si vous savez bien choisir vos mots et si vous évitez de monter en épingle la moindre petite histoire, tout devrait continuer de bien aller. Un jeune qui fait le blanc-bec pourrait vous faire sortir de vos gonds.

Affaires – Vous avez tous les atouts en main pour réussir. Vous avez le don de vous mettre en valeur, ce qui vous sert très bien pour arriver à vos fins. Quelques retards ne sont pas impossibles, mais vous finirez certes par avoir le dernier mot. Un conseil cependant, ne faites pas confiance au premier venu surtout s'il tente de vous faire investir une somme importante. Léger démêlé avec l'autorité ou la justice en vue, mais rien de grave n'en découle.

Août

D	L	M	M	J	V	S
		1	2	3	4F	5F
6D	7D	8	9○	10	11	12
13	14	15	16	17	18	19D
20D	21F	22F	23●F	24	25	26
27	28	29	30	31F		

○	Pleine lune	●	Nouvelle lune
F	Jour favorable	D	Jour difficile

Santé – Bien que la première semaine ne s'annonce pas mal du tout, vous devriez vous sentir mieux par après. En effet, vous arriverez alors à vous débarrasser de vos angoisses ainsi que de cette tendance à tout remettre en question qui vous habite depuis quelque temps. Physiquement, vous vous débrouillez fort bien même si vous n'êtes pas aussi exubérant qu'au cours des dernières semaines. Bon mois pour faire le point, pour vous retrouver.

Sentiments – C'est entre le 13 et le 31 que vous vivez les plus beaux instants. Votre destinée amoureuse vous réserve de belles surprises, alors que votre vie mondaine s'annonce tourbillonnante. Les tracas occasionnés par un enfant ou un parent se résorbent enfin. Un petit cadeau, des paroles empreintes de tendresse, voire une déclaration témoignent à quel point on tient à vous.

Affaires – Le mois commence avec quelques lenteurs, mais le rythme a tôt fait de s'accélérer. Vos idées brillantes, les solutions ingénieuses que vous trouvez à vos problèmes, mais aussi à ceux des autres, vous assurent la victoire en tout. Personne n'ose vous contredire ni contrecarrer vos initiatives. Vous travaillez dur, c'est vrai, mais les résultats sont tangibles et cela vous motive.

Septembre

D	L	M	M	J	V	S
					1F	2F
3D	4D	5	6	7○	8	9
10	11	12	13	14	15D	16D
17D	18F	19F	20	21	22●	23
24	25	26	27	28F	29F	30D

○ Pleine lune et éclipse lunaire partielle   ● Nouvelle lune et éclipse solaire annulaire
F Jour favorable   D Jour difficile

Santé – Ce ne sont pas tant les éclipses que certaines oppositions planétaires qui risquent de compromettre votre bonne forme entre le 8 et le 30. Toutefois, en redoublant de prudence, vous pourrez éviter une blessure ou une série de malaises. La témérité et la distraction pourraient vous jouer des tours; soyez sur vos gardes! La tension nerveuse est palpable; vous auriez donc tout intérêt à vous relaxer et à vous aérer l'esprit.

Sentiments – La première semaine se déroule encore de manière suave, tant à la maison qu'à l'extérieur. On vous adore et on vous le fait sentir. Le reste du mois exige davantage de doigté; vous ne pouvez plus tout tenir pour acquis et devez par conséquent mettre de l'eau dans votre vin. En étant trop sûr de vous, trop arrogant, vous risquez de compromettre l'harmonie autour de vous.

Affaires – Ici c'est pareil; le mois commence en beauté mais vous pourriez hélas voir l'atmosphère s'alourdir en cours de route. Misez donc sur la diplomatie et le respect afin de ne pas envenimer les choses. N'essayez pas non plus d'aller trop vite en affaires ou de brûler les étapes. Bientôt vous serez à nouveau en position de force, mais d'ici là, mieux vaut mettre la pédale douce.

Octobre

D	L	M	M	J	V	S
1D	2	3	4	5	6○	7
8	9	10	11	12D	13D	14D
15F	16F	17	18	19	20	21
22●	23	24	25F	26F	27D	28D
29	30	31				

○	Pleine lune	●	Nouvelle lune
F	Jour favorable	D	Jour difficile

Santé – Un amas planétaire se situe toujours à l'opposé de votre signe, vous rendant plus vulnérable tant sur le plan physique que nerveux. Ne relâchez pas votre vigilance avant le 24, sans quoi vous risquez de vous retrouver sur le carreau; une négligence pourrait en effet être la cause d'un accident ou d'une maladie. La dernière semaine s'annonce infiniment moins perturbée.

Sentiments – Ne vous débarrassez pas trop vite de vos gants blancs, vous en aurez besoin pour négocier avec vos proches qui ne sont pas très accommodants. En plus des caprices de l'entourage, vous devez composer avec les difficultés que rencontre un rejeton ou un parent. L'atmosphère est tendue, j'en conviens. Par chance, un ami sait vous encourager et vous remonter le moral.

Affaires – Voici un autre secteur où vous devez opter pour la sagesse et la circonspection, puisqu'en agissant de la sorte vous éviterez bien des embûches et des inimitiés. Vers la fin du mois, vous sentez que les tensions commencent à se résorber; vous pouvez enfin souffler et mettre de l'ordre dans vos affaires. En attendant, laissez faire les achats impulsifs.

Novembre

D	L	M	M	J	V	S
			1	2	3	4
5○	6	7	8	9D	10D	11F
12F	13F	14	15	16	17	18
19	20●	21	22F	23F	24D	25D
26D	27	28	29	30		

○	Pleine lune	●	Nouvelle lune
F	Jour favorable	D	Jour difficile

Santé – Il était temps que le ciel se dissipe! Vous entamez un cycle de rétablissement durant lequel vous aurez tôt fait de retrouver votre vigueur physique ainsi que votre solidité morale. Le moment est venu de miser sur votre bien-être, de prendre de bonnes résolutions et de vous débarrasser une fois pour toutes de ce qui accrochait.

Sentiments – Du 17 novembre au 11 décembre, vous pouvez compter sur un transit particulièrement avantageux de Vénus non seulement pour trouver une solution à vos problèmes mais aussi pour donner un nouvel élan à votre vie affective. Des retrouvailles, de belles rencontres et d'anciennes querelles qui trouvent une issue positive sont autant d'événements heureux au programme. Vous avez un pouvoir de séduction à tout casser.

Affaires – Le vent tourne dans ce secteur également. Fini le temps où vous piétiniez sur place ou, pis encore, où vous perdiez du terrain. Vous avez l'attitude d'un conquérant, et j'avoue qu'il n'y a plus grand-chose qui puisse vous résister. À compter du 23, Jupiter, la grande planète bénéfique, deviendra une alliée précieuse, et ce, pour plus d'un an. Vous avez bien raison de voir grand!

Décembre

D	L	M	M	J	V	S
					1	2
3	4○	5	6D	7D	8F	9F
10F	11	12	13	14	15	16
17	18F	19F	20●F	21D	22D	23
24/31	25	26	27	28	29	30

○	Pleine lune	●	Nouvelle lune
F	Jour favorable	D	Jour difficile

Santé – Assurément, les choses vont de mieux en mieux! Vous vous sentez bien dans votre peau et ça paraît. Pas étonnant que vous receviez autant de compliments! Votre vitalité semble à toute épreuve, les virus n'ont aucune prise sur vous, sans compter que vous avez des nerfs d'acier. Bref, vous êtes dans une forme splendide; ça fait plaisir à voir.

Sentiments – Vénus vous choie encore jusqu'au 11, tout vient à vous comme par enchantement. Le reste du mois n'annonce rien de vilain, bien au contraire, puisque vous avez suffisamment d'intuition et de doigté pour transformer toutes vos relations en autant d'occasions de félicité. Vous mettez de la gaieté partout où vous passez et, croyez-moi, on vous en sera extrêmement reconnaissant.

Affaires – La chance se range de votre côté, si bien qu'à partir du 6 vous pourriez même rafler un prix dans un tirage. Tout vous réussit et, à vrai dire, il suffit que vous touchiez à quelque chose pour que ça se transforme en or. Le mois se déroule sous le thème du renouveau et du progrès. Bon temps pour les voyages d'affaires ou d'agrément.

TAUREAU
du 21 avril au 20 mai

☉

Quand on parle des taureaux, on pense bien souvent à ceux qui hantent les arènes d'Espagne, des animaux vifs et combatifs. Décidément, ils ont peu de choses en commun avec vous, qui êtes un être lent et tranquille. En fait de taureau, vous ressembleriez plutôt à cette bonne vache de campagne qui broute paisiblement, sans se compliquer l'existence.

Amoureux de la nature, de la campagne, de la verdure, vous trouvez le moyen d'avoir une boîte à fleurs ou un jardinet même au cœur de la ville. Il vous faut absolument un espace vert pour égayer votre paysage.

Ce qui frappe au premier abord, lorsqu'on vous rencontre, c'est votre fidélité et votre stabilité. Vous n'êtes pas du genre à déménager tous les ans et à vous faire de nouveaux amis toutes les semaines. Votre domicile, vos biens, vos amis, vous y tenez et vous les gardez précieusement. Le temps qui passe n'émousse pas vos sentiments: au contraire, il les renforce. Pour vous, vos petites habitudes, vos vieilles pantoufles, vos vieux amis et vos bons voisins sont très importants, et vous n'êtes pas prêt à tout chambarder. En amour, c'est la même chose. Vous ne recherchez pas la passion dévorante, mais plutôt un attachement, une grande amitié et une forte complicité avec l'élu de votre cœur. Vous vous montrez dévoué et sincère, mais vous avez aussi le souvenir tenace et la mémoire longue. Vous n'acceptez ni le mensonge ni la tromperie, et s'il arrivait que vous subissiez ces outrages, vous vous en souviendriez longtemps. D'ailleurs, votre mémoire est remarquable.

Vous savez retrouver la moindre de vos petites choses: les papiers, les petits cadeaux que les enfants vous ont faits trois ans plus tôt, ce que votre patron vous a dit au téléphone le mois précédent. Peu importe ce dont il s'agit, vous oubliez fort peu de choses.

Les mauvaises langues se moqueront de cette faculté en disant que vous avez un esprit lent, que vous mettez du temps à comprendre les explications ou les raisonnements et que, pour cette raison, vous apprenez tout par cœur. Laissez-les parler! Chez vous, il n'y a pas de place pour la désorganisation: tout est classé, rien ne se perd. Vous êtes méthodique, responsable et déterminé... un peu têtu, parfois! L'important, c'est d'arriver au but, pas à pas, lentement mais sûrement. Vous connaîtrez parfois des retards, des délais parce qu'il vous faudra surmonter des obstacles; mais en prenant votre temps, vous réussirez à éviter l'échec.

Ce dont vous avez une sainte horreur, c'est d'être poussé dans le dos. Vous ne fonctionnez bien qu'en allant à votre propre rythme. Les délais trop courts et les situations urgentes vous déplaisent; vous connaissez vos capacités et vos limites, et vous savez que travailler dans l'urgence vous empêche d'exprimer tout votre talent.

En fait, vous détestez les changements trop radicaux. Que ce soit au boulot ou à la maison, qu'il s'agisse d'implanter un système informatique, d'être muté dans le quartier voisin, de changer de couvre-lit ou de déménager, tout cela crée un petit sentiment de panique en vous. Pourtant, une fois habitué à votre nouvelle réalité (ça prend un petit bout de temps), vous reconnaîtrez que ce changement en a valu la peine. Mais sur le coup, vous ne trouvez pas ça drôle ni attrayant.

Vous avancez lentement mais sûrement, ce qui vous permet d'atteindre votre but, même si c'est parfois long. Vous avez une patience d'ange, mais puisque vous vous montrez craintif, vos peurs peuvent vous empêcher d'agir ou miner votre moral.

Ce n'est pas parce que vous prenez tout votre temps que vous n'appréciez pas les plaisirs de la vie, au contraire. Vous avez un faible pour la bonne chère, les vins capiteux, les belles choses. Sérieux et prévoyant, vous savez exactement ce qu'il faut faire pour vous les procurer. Comme vous souffrez d'insécurité, vous savez aussi prévoir les coups durs et vous vous ménagez des portes de sortie. Vous êtes rarement pris au dépourvu et vous savez faire de petites économies pour les jours plus difficiles.

Vous êtes une personne terre à terre qui attache une certaine importance à l'univers matériel. Cet aspect de la vie n'est pas sans vous causer quelques inquiétudes qui font sourire vos proches. Petit à petit, vous faites votre nid et vous parvenez sans grand sacrifice à vivre avec une certaine aisance. Et évidemment, c'est là que les cigales qui ont chanté tout l'été viennent voir le Taureau, qui a su se faire fourmi.

Comment se comporter avec un Taureau?

Le Taureau possède un esprit très cartésien. Avec lui, un plus un, ça fait toujours deux. Il refuse les généralités, les on-dit ou les «je pense bien», les «peut-être que»; lorsque vous discutez avec un Taureau, il vaut mieux être sûr de ce que vous dites. Oubliez aussi les théories métaphysiques vaseuses. Il comprend mieux ce qu'il voit que ce qu'il entend. Donc, si vous le pouvez, prouvez vos assertions par A+B, et autant que possible par écrit.

Ne tentez pas de l'entraîner dans des projets à peine ébauchés ou fantaisistes. De toute façon, il sera incapable de prendre une décision sur-le-champ; il lui faudra peser le pour et le contre et il s'assurera d'avoir tout bien compris avant de se décider. Il doit y penser et se faire une idée, ce qui, vous le constaterez, peut demander un temps fou. De bonnes occasions lui passent ainsi sous le nez, mais il ne s'en formalise pas.

Le Taureau est quelqu'un de méthodique qui ne peut pas partir sur les chapeaux de roue. Ce sera à vous de l'encourager et de l'aider à se lancer. Mais une fois parti, vous verrez qu'il ira loin. Il appréciera votre aide, mais surtout pas qu'on le pousse dans le dos. S'il se sent pressé et obligé d'agir à la hâte, il refusera tout simplement d'avancer.

Vos relations avec un Taureau seront harmonieuses si vous évitez tout conflit. N'oubliez pas qu'il possède une mémoire phénoménale et qu'il n'oublie jamais rien, que ce soit le bien ou le mal qu'on lui a fait. En respectant son besoin essentiel de calme et de sécurité, vous développerez une bonne relation avec lui.

Si vous voulez qu'il vous suive dans une activité qui vous plaît mais qui n'est pas forcément de son goût, essayez le «donnant-donnant» avec lui; normalement, ça marche toujours très bien avec un Taureau. Après tout, un plus un, ça fait deux.

Ses goûts

On l'a vu, le Taureau adore la campagne et la nature. S'il n'y habite pas, il la recréera chez lui avec des plantes, des meubles anciens ou rustiques. Être propriétaire de sa maison est une autre de ses priorités. Il aime porter des vêtements sobres et classiques. Ce n'est décidément pas quelqu'un qui suit la mode de près; il préfère garder ses vêtements longtemps.

À table, le Taureau fait honneur à la bonne chère. N'hésitez pas à lui servir des portions généreuses. Les plats en sauce, les salades et les produits laitiers lui plaisent beaucoup. Il savoure, il déguste; cela fait plaisir à voir. Par contre, il a tendance à abuser et à manger trop.

Son potentiel

Pas à pas, le Taureau va son petit bonhomme de chemin, avec détermination et sans se laisser arrêter par quoi que ce soit. Il n'est pas un être vif et il réagit mal sous la pression et les urgences. Le court terme, ce n'est pas dans ses cordes. Mais dans les projets à longue échéance, il se révèle fantastique. Il ne prend pas de risques, mais il ne commet pas d'erreurs.

On l'a dit, le Taureau est matérialiste. Pour cette raison, il est imbattable dans les métiers de gestion, d'administration, de la construction, de l'ébénisterie et de l'immobilier. Il réussira également bien dans l'artisanat, l'esthétique, la coiffure, l'alimentation et la restauration. Il a beau être craintif, il ne perd pas de vue ses intérêts personnels. Avec un dollar, il est capable d'en faire 10.

Ses loisirs

C'est un être terre à terre. Il préférera donc les loisirs paisibles et rentables: il peut s'occuper en bricolant ou en réparant un objet utile. Vous voulez lui faire plaisir? Alors proposez-lui de réparer le robinet qui coule, de construire une terrasse ou de coudre des rideaux pour la chambre d'amis plutôt que de l'emmener danser. Et imaginez les économies ainsi réalisées; lui, il y a déjà pensé! C'est une personne très habile de ses mains pour construire, pour fabriquer; il n'est peut-être pas rapide, mais ce qu'il fait est bien fait, et c'est du solide! Au jardin aussi, il connaît la réussite. Le Taureau aime la nature et a le pouce vert.

Les jours de pluie, le Taureau aime jouer à des jeux de société où son sens de la stratégie et son intelligence seront mis au défi. Il apprécie les jeux de cartes, le bridge et les échecs, où il se révèle un excellent stratège. De tels loisirs lui permettent de mettre sa timidité de côté pour socialiser avec des partenaires de jeu.

À la cuisine, homme ou femme, le Taureau consacrera des heures à mijoter des petits plats que vous n'oublierez pas de sitôt. Pour lui, cuisiner est un véritable plaisir, et même un art.

Le natif du Taureau a de nombreux talents dans différents domaines: artisanat, poterie, céramique. Bref, il sait produire de ses propres mains. Comme le signe du Taureau correspond à la gorge, beaucoup d'entre eux chantent et ont une très belle voix.

Paradoxe de sa nature, au cinéma ou en lecture, il préfère des œuvres d'aventures ou de comédie, malgré sa personnalité pantouflarde. Peut-être préfère-t-il vivre la grande aventure à travers des personnages de fiction?

Sa décoration

L e Taureau aime être à l'aise dans son environnement. Il dispose d'un intérieur très confortable: de gros fauteuils moelleux, des meubles solides et, bien souvent, une table de salle à manger de grandes dimensions (il aime tant manger). En tant qu'amoureux de la campagne, le Taureau optera souvent pour un mobilier rustique.

En général, il s'entoure d'objets anciens, mais sans pour cela sacrifier son confort; une belle armoire ancienne lui conviendra, mais une chaise qui branle, ce n'est guère pour lui.

Signe de terre, le Taureau est très attaché aux possessions matérielles; il préfère avoir sa propre maison, qu'il considère comme un bon investissement. Il la choisira solide, agréable et entourée d'un lopin de terre verdoyant, dans la mesure du possible. La céramique, le bois, la brique et la pierre sont les matériaux qu'il préfère, et il les utilise, même si sa résidence se situe en plein centre-ville. À peine la porte de sa demeure franchie, on s'y sent comme à la campagne. Le Taureau n'est pas non plus du genre à tout chambouler. Les meubles changent rarement de place et bien que son intérieur ne soit pas très moderne, il est très chaleureux.

Son budget

L e Taureau est un être sérieux qui a le sens de l'économie et qui est très habile de ses mains. Donc, sur le plan financier, il pourrait être avantagé par rapport à d'autres. Néanmoins, on l'entend souvent dire que les temps sont durs, que les taxes sont élevées, que les enfants dépensent trop. Bref, le Taureau n'a pas d'argent à jeter par les fenêtres. Il compte et recompte chaque sou. Et même s'il vient de gagner le gros lot, n'ayez crainte, ce n'est pas lui qui aura la folie des grandeurs et qui dilapidera sa fortune sans réfléchir.

Toutefois, il n'est pas non plus comme un écureuil qui engrange sans dépenser. Il sait saisir au vol d'excellentes occasions, et peu de bonnes affaires lui passent sous le nez. Pour lui, l'épargne est un mode de vie. Sage au travail, sage en amour, pourquoi serait-il différent lorsqu'il pense à son porte-monnaie? L'argent ne se trouve pas le long des trottoirs, et il en est pleinement conscient. C'est un être prévoyant, mais qui semble souffrir un peu d'insécurité. On ne sait jamais ce qui peut arriver. Il aurait même tendance à exagérer sur ce point: la famine et la disette rôdent… Bien sûr, rien de cela n'arrive, mais il s'inquiète et ne se laissera jamais surprendre dans une mauvaise posture financière. Ses proches le taquinent même sur son côté pingre… tout en sachant très bien à quelle porte frapper lorsqu'eux-mêmes sont dans le besoin.

Notre Taureau a probablement un petit bas de laine bien gonflé; il ne l'avouera jamais, mais il trouvera toujours quelques dollars cachés çà et là, si le besoin s'en fait sentir.

Quel cadeau lui offrir?

Puisqu'il a le sens pratique, offrez-lui quelque chose d'utile, tout simplement. Son petit côté bricoleur sera servi si vous lui donnez des outils ou du matériel pour faire travailler ses dix doigts. Jardinage, couture ou artisanat sont aussi des passe-temps qui l'occupent; ce sont donc de bonnes pistes à explorer pour lui faire plaisir.

Offrez-lui un portefeuille, un logiciel de comptabilité personnelle, une boîte ouvragée pour classer ses certificats de placement ou un petit coffre-fort: soyez assuré qu'il s'en servira, puisque l'argent compte beaucoup pour lui.

On l'a vu, le Taureau a une bonne fourchette et il ne résistera pas à un bon vin, du caviar, des gâteaux raffinés ou encore à un dîner gastronomique. Un parfum bien choisi peut également le mettre en joie, car le Taureau est très sensible aux odeurs.

Les enfants Taureau

Sages, très sages, les bébés Taureau sont dociles, souriants, faciles à vivre et beaux à croquer! Ils le resteront même en grandissant. Il suffit de discuter avec eux, de leur expliquer les choses et de les prendre avec douceur, et tout se passera bien. S'ils sont contrariés, ils boudent et ils peuvent bouder longtemps, car même très jeunes, ils ont déjà une bonne mémoire et n'oublient rien.

Manquant parfois d'assurance et de confiance en eux, ces enfants Taureau ont besoin d'être entourés, aimés et soutenus par leurs proches. Sur le plan scolaire, quelques difficultés peuvent surgir, car ils ne sont pas très rapides et demandent beaucoup d'explications. Par contre ce sont des élèves appliqués et motivés lorsqu'ils savent qu'on les soutient. Ils feront leur chemin dans la vie si, très jeunes, on les habitue à des changements, car ils cherchent plutôt la stabilité. On leur donnera ainsi une meilleure confiance dans leurs moyens et on les incitera à repousser leurs limites.

L'ado Taureau

Tu es un être réfléchi, sérieux et prudent. Tu ne peux évoluer que dans le calme et la stabilité, et tu es très perturbé dès que l'on te bouscule ou que tu te sens menacé dans ta tranquillité.

Même si certaines personnes te disent que tu es trop lent, tu leur prouveras que tu fais rarement des erreurs, car tu réfléchis beaucoup avant d'entreprendre quoi que ce soit, et avec ton talent, tu deviens très doué pour réussir tout ce que tu fais. D'ailleurs, tu peux tout accomplir, du moment que tu n'es pas dérangé et que tu as tout ton temps pour analyser la situation avant de te lancer dans une entreprise quelconque. Tes goûts musicaux et tes talents artistiques sont importants, et tu adores tout ce qui se rapporte à l'art.

Tu es également un être très près de la nature, ce qui te permet de te ressourcer et de faire le point. Tu aimes te retrouver à la campagne pour préparer tes plans, mais surtout pour oublier les petits tracas quotidiens. Par contre, un imprévu, un chambardement, un changement brusque, et te voilà bien ennuyé. Tu supportes mal le stress et tu ne te sens pas bien lorsqu'il y a trop de transformations autour de toi.

Tu es têtu, et il est bien difficile de te faire changer d'idée. Mais tu es aussi quelqu'un de loyal et d'honnête, sur qui l'on peut compter. Par contre, tu es sensible; alors, prends garde de ne pas te faire manipuler. Sur le plan financier, puisque tu es raisonnable, ne t'en fais pas, tu iras loin.

Tes études

Tu es très assidu et appliqué, donc il n'y a pas grand-chose à ton épreuve. Tes travaux sont généralement faits bien longtemps d'avance, tu révises bien pour réussir tes examens et tu planifies tes études et ton avenir. Tu possèdes la détermination et la persévérance nécessaires pour mener tes projets à terme. Tu es aussi prudent, et tu sais où tu t'en vas... Ne t'inquiète pas, le temps travaille pour toi; tu réussiras à atteindre tous les buts que tu t'es fixés et ceux que tu te fixeras dans l'avenir.

Ton orientation

Ton choix de carrière peut surprendre, mais ton bon jugement est ton meilleur atout. Il s'agit de ta vie, tu connais tes capacités et tu sais ce que tu peux faire. Puisque tu as de la suite dans les idées, les métiers liés à la planification, à la comptabilité, à l'administration, à la psychologie, au commerce et à l'immobilier te conviendront très bien. Le chant, la musique, l'art, la terre, le travail manuel sont aussi des domaines qui t'attirent et dans lesquels tu réussiras. L'aspect financier de ta vie d'adulte t'inquiète, mais n'aie aucune crainte, tu te prépares un bel avenir.

Tes rapports avec les autres

Les gens que tu côtoies savent qu'ils peuvent compter sur toi, car tu es quelqu'un de sérieux. Tu as des idées bien arrêtées, et il est difficile de te les faire changer. Par contre, tu ne les imposes pas aux autres. Pour être à l'aise, il te faut un environnement stable. Tu as de bons copains avec qui tu t'entends très bien, souvent même mieux qu'avec les membres de ta famille. Tu aimes tes amis, tu les protèges, tu leur donnes beaucoup. Mais il serait bon aussi que tu saches recevoir!

Roy Dupuis, Serge Thériault, Barbra Streisand, Claude Dubois, Michel Barrette, Luc De Larochelière, Ginette Reno, Michelle Pfeiffer, Billy Joel, Salvador Dali, Pauline Lapointe, Louise Portal, Stevie Wonder, Gaston L'Heureux, Jean Leloup, Claude Michaud, Denise Filiatrault, Janet Jackson, Cher, Claude Blanchard, Dorothée Berryman, Guy Mongrain, Marie Plourde, Joëlle Morin, Suzanne Champagne, Patrick Huard.

Pensée positive pour le Taureau

J'avance avec confiance sur le chemin de ma vie. J'accepte tous les bienfaits futurs et présents, en me donnant le droit d'en profiter.

Pensée positive spéciale pour 2006

J'accueille avec positivisme toutes les nouvelles étapes de ma vie, car je suis convaincu que je suis un gagnant.

Le subconscient nous dirige toujours selon nos pensées. En répétant le plus souvent possible ces pensées conçues tout spécialement pour vous, vous vous attirerez plein de belles choses.

Signe: Taureau

Élément: Terre

Catégorie: Fixe

Symbole: ♉

Points sensibles: Gorge, sinus, nuque, thyroïde, seins, système glanduaire. Bonne résistance générale.

Planète maîtresse: Vénus, planète du bonheur intime.

Pierres précieuses: Émeraude, jade, corail.

Couleurs: Les couleurs pastel et les tons de vert.

Fleurs: Muguet, pivoine, toutes les fleurs des champs.

Chiffres chanceux: 3-9-13-18-23-36-39-45-49.

Qualités: Persévérant, méthodique, pondéré, d'une patience à toute épreuve.

Défauts: Anxieux, matérialiste, lent.

Ce qu'il pense en lui-même: Pourquoi vouloir changer quelque chose quand ça peut rester pareil?

Ce que les autres disent de lui: Si on ne le pousse pas, il sera encore à la même place dans dix ans!

Prédictions annuelles

La prochaine année s'annonce fertile en rebondissements. Je suis Taureau comme vous, et il est vrai que nous détestons que notre petite routine soit chambardée. Mais avec les aspects planétaires qui s'exercent dans notre ciel, nous devrons apprendre à être plus souples. Les grandes étapes de l'évolution d'un être sont rarement de tout repos; les crises et surtout les solutions que nous leur trouvons nous font grandir. Et, convenons-en, en bons Taureau, nous finissons toujours par trouver une solution. L'année 2006 marque une phase de redécouverte de vous-même, de remise en question, voire de grand ménage.

Santé – Saturne et Jupiter épient vos moindres gestes, prêts à vous rappeler à l'ordre au moindre manquement. Le moment serait bien mal choisi pour vous laisser aller, pour vous négliger. Par contre, si vous investissez dès aujourd'hui dans un mode de vie plus sain et si vous apprenez à respecter vos limites, vous pourrez poursuivre votre chemin sans problème. N'attendez pas que ça dégringole pour prendre de bonnes résolutions, faites-le sans tarder. Attention également à votre ligne, votre silhouette risque de s'épaissir si vous ne surveillez pas votre coup de fourchette.

Sentiments – Vous ne pouvez plus ignorer certaines difficultés relationnelles. Vous en avez assez qu'on abuse de vos largesses ou qu'on vous néglige. Vous ne sortez pas souvent de vos gonds mais là, la coupe est pleine! Une dose inhabituelle de courage vous permettra d'éloigner et même de mettre à la porte ceux qui ne correspondent plus à vos attentes. Le passé refait surface et tente de vous torturer à nouveau; cette fois, vous êtes mieux armé pour désamorcer le problème à la source. Des moments pénibles guettent un membre de la famille. Le monde extérieur offre davantage d'intérêt, vous vous apprêtez d'ailleurs à sortir plus souvent de votre tanière. Phénomène intéressant, puisqu'en plus de rencontrer des gens intéressants, vous découvrirez une foule de choses sur vous-même.

Affaires – Un autre secteur où vous ne voulez plus jouer à l'autruche. Certaines situations clochent et il est grand temps d'y remédier. Si vous ne le faites pas vous-même, le destin va s'en charger. Des bouleversements d'ordre professionnel pourraient vous forcer à revoir vos objectifs et peut-être aussi à changer complètement de direction. Cette année, vous pourriez vous trouver catapulté dans une sphère à laquelle vous n'aviez même pas songé. De nouveaux défis et responsabilités sont à prévoir. Les changements vous insécurisent, c'est connu, mais croyez-moi, de grands bienfaits découleront de tout ce brouhaha. Ne prenez aucun risque avec votre argent, et protégez vos biens contre le vol et les avatars de toutes sortes.

Janvier

D	L	M	M	J	V	S
1F	2D	3D	4	5	6	7
8	9	10	11	12	13	14○
15D	16D	17F	18F	19F	20	21
22	23	24	25	26	27F	28F
29●D	30D	31				

○	Pleine lune	●	Nouvelle lune
F	Jour favorable	D	Jour difficile

Santé – La présence de la planète Mars dans votre signe décuple vos énergies, particulièrement entre le 3 et le 24, mais elle risque également de vous valoir des ennuis de santé ou une blessure. Vous devez à tout prix faire davantage attention à vous et redoubler de prudence, tant dans vos déplacements que lorsque vous utilisez des objets avec lesquels vous pourriez vous couper ou vous brûler. En agissant de la sorte, vous pourrez faire tout ce qui vous trotte dans la tête.

Sentiments – La charmante Vénus vous offre d'innombrables occasions de vous divertir avec les autres, et ce, presque sur un plateau d'argent. Pourtant, vous avez tendance à tout saboter en boudant, en refusant de participer ou tout simplement en affichant une attitude déplaisante. Parlez-vous un peu, et surtout ne vous défoulez pas sur un innocent à cause des frustrations que vous éprouvez au travail ou avec la famille.

Affaires – Drôle de mois en perspective. Rien ne marche selon les plans que vous avez établis; votre horaire est constamment chambardé et vous nagez en pleine confusion. Pourtant, si vous restez ouvert au lieu de vous entêter, vous pourriez profiter d'une chance inattendue, et ainsi effectuer un virage très positif sur le plan professionnel.

Février

D	L	M	M	J	V	S
			1	2	3	4
5	6	7	8	9	10	11D
12○D	13D	14F	15F	16	17	18
19	20	21	22F	23F	24D	25D
26	27●	28				

○	Pleine lune	●	Nouvelle lune
F	Jour favorable	D	Jour difficile

Santé – Cette fichue planète Mars qui vous complique la vie depuis plusieurs mois s'apprête à quitter votre signe le 18; non seulement sentirez-vous les pressions se relâcher, mais vous aurez même l'impression de renaître. D'ici là, continuez à vous protéger contre les blessures de toutes sortes, veillez sur votre santé et respectez vos limites tant nerveuses que physiques.

Sentiments – La communication avec les proches ne passe pas toujours aisément durant la première moitié du mois. Par après, vous changez d'attitude, vous trouvez une meilleure façon de vous exprimer, et tout s'arrange. Ce serait la période idéale pour pardonner aux autres et surtout à vous-même. Les couples se rapprochent, tandis que les célibataires pourraient croiser quelqu'un de très compatible au cours d'une sortie.

Affaires – Ici aussi, la première quinzaine laisse à désirer. Vous avez le sentiment d'être ballotté, voire dépassé par les événements. Certains ont même l'impression qu'ils ne s'en sortiront jamais, et pourtant le reste du mois regorge de promesses. Une nouvelle voie s'offrira à vous; vous trouverez d'ailleurs des solutions ingénieuses à vos ennuis tant professionnels que financiers.

Mars

D	L	M	M	J	V	S
			1	2	3	4
5	6	7	8	9	10D	11D
12D	13F	14○F	15	16	17	18
19	20	21	22	23F	24F	25D
26D	27	28	29●	30	31	

○ Pleine lune et éclipse lunaire annulaire   ● Nouvelle lune et éclipse solaire totale
F   Jour favorable   D   Jour difficile

Santé – Vous appartenez aux rares signes qui ne sont pas directement touchés par les éclipses de ce mois. Pour peu que vous soyez raisonnable, la remontée se poursuivra tant du côté de votre vitalité que de votre résistance nerveuse. Parlant d'être raisonnable, sachez qu'en ce mois, vos excès de table se traduiront rapidement par un engorgement ou une prise de poids soudaine; pensez-y à deux fois!

Sentiments – En amitié, vous connaissez d'énormes satisfactions; le dialogue est productif et sincère. Même chose avec la marmaille qui semble adopter une attitude plus respectueuse. En amour, tout baigne dans l'huile dans la première semaine; toutefois, ça risque de se corser par la suite si vous n'y mettez pas un peu du vôtre.

Affaires – Malgré un certain climat d'instabilité ou d'incertitude, vous arrivez à naviguer plutôt adroitement. On pourrait vous aider à atteindre certains de vos objectifs ou encore vous refiler un tuyau susceptible d'améliorer votre sort. Vous commencez à gagner du terrain, vous avez quelques bons coups à votre actif. Un conseil néanmoins: ne vous en vantez pas trop, ça risque de déplaire à certains.

Avril

D	L	M	M	J	V	S
						1
2	3	4	5	6	7D	8D
9F	10F	11F	12	13○	14	15
16	17	18	19F	20F	21D	22D
23/30	24	25	26	27●	28	29

○	Pleine lune	●	Nouvelle lune
F	Jour favorable	D	Jour difficile

Santé – Plus le temps avance, plus vous devenez solide. Vous pourriez même accélérer les choses en choisissant d'investir dans votre bien-être. Des habitudes alimentaires plus saines, une meilleure hygiène de vie, un programme d'exercice physique ou de relaxation sont autant d'éléments qui contribueraient à maximiser votre bonne forme. Adieu la paresse et le laisser-aller, on se prend en main!

Sentiments – Ne misez pas trop sur la première semaine pour vous faire dorloter ou pour régler vos petits conflits. Par contre, le reste du mois s'annonce joyeux et plein de promesses. De belles sorties vous permettent de vous divertir et, qui sait, de rencontrer la perle rare si vous êtes seul. Votre chéri retombe amoureux de vous; vous avez parfois l'impression de rêver.

Affaires – Dans ce domaine aussi les progrès se font sentir davantage, et chaque semaine qui passe apporte quelque chose de plus. Du 14 au 30, les influences planétaires sont propices aux démarches, aux déplacements, aux recherches d'emploi ou de nouveau logis. Vous avez énormément de flair; écoutez votre intuition, vous ne serez pas déçu. Si de bonnes occasions se présentent, sautez dessus, car si vous attendez trop, elles vous fileront entre les doigts.

Mai

D	L	M	M	J	V	S
	1	2	3	4D	5D	6D
7F	8F	9	10	11	12	13○
14	15	16F	17F	18D	19D	20
21	22	23	24	25	26	27●
28	29	30	31D			

○ Pleine lune   ● Nouvelle lune
F Jour favorable   D Jour difficile

Santé – À part une flambée de tension nerveuse entre le 5 et le 25, vous n'avez pas grand-chose à redouter en ce mois. Vous continuez à faire preuve d'une énergie et d'une vigueur remarquables. La vitesse de vos réflexes vous permet d'éviter de justesse un accident bête. Excellente période pour faire de la marche, du sport ou encore pour vous mettre au régime.

Sentiments – N'essayez pas d'imposer votre point de vue et ne vous lancez pas non plus dans des interrogatoires à n'en plus finir si vous souhaitez sauvegarder l'harmonie dans vos relations, particulièrement vers le milieu du mois. Un enfant, un frère ou une sœur vous donne un peu de fil à retordre et risque même de vous faire sortir de vos gonds. Au moins, votre partenaire sait se montrer fort compréhensif.

Affaires – Les démarches et les recherches demeurent avantageuses, mais vous risquez encore une fois de manquer le bateau si vous tergiversez trop. Vous vous exprimez avec brio, ce qui joue en votre faveur tant dans les affaires professionnelles que lorsque vous présentez vos requêtes. Vous faites bonne impression; pas étonnant que les autres vous accordent si aisément leur confiance.

Juin

D	L	M	M	J	V	S
				1D	2D	3F
4F	5	6	7	8	9	10
11○	12F	13F	14F	15D	16D	17
18	19	20	21	22	23	24
25●	26	27	28D	29D	30F	

○	Pleine lune	●	Nouvelle lune
F	Jour favorable	D	Jour difficile

Santé – Attention, la planète Mars arrive dans un secteur déjà fragilisé par Saturne et Jupiter! En adoptant une attitude préventive et en respectant les règles élémentaires du gros bon sens, vous pourrez contrecarrer ces influences négatives. Le moment serait donc bien mal choisi pour jouer au casse-cou ou abuser de vos forces. Moralement, vous tenez très bien le coup, bravo!

Sentiments – Vénus traverse votre signe, ce qui pourrait se traduire par une rencontre excitante pour les solitaires. Ceux qui sont déjà en couple traversent une période décisive. Le temps des mises au point est arrivé et, pour plusieurs, les discussions ont des retombées favorables, débouchant même sur un réel rapprochement. Hélas, pour d'autres, l'issue semble moins rose, et il pourrait être question de rupture.

Affaires – Chose certaine, vous n'êtes jamais à court d'arguments. Que ce soit pour vendre vos idées, pour négocier ou pour revendiquer, vous savez parfaitement vous faire entendre. Ça tombe bien, vous aurez besoin de toute cette verve lorsque se produira une série d'irrégularités au travail. Fiez-vous à votre logique et à votre sérieux habituel plutôt qu'à l'impulsivité lorsque vous brassez des affaires, que vous faites des investissements ou que vous effectuez un achat important.

Juillet

D	L	M	M	J	V	S
						1F
2F	3	4	5	6	7	8
9	10 ○ F	11F	12D	13D	14	15
16	17	18	19	20	21	22
23/30	24 ● /31	25D	26D	27F	28F	29F

○	Pleine lune	●	Nouvelle lune
F	Jour favorable	D	Jour difficile

Santé – Mars, Saturne et Jupiter sont toujours dans le décor, et leur influence risque de se révéler fort dérangeante si vous ne prenez pas quelques précautions. Demeurez vigilant dans vos déplacements et lorsque vous manipulez des objets avec lesquels vous pourriez vous faire mal. N'abusez pas non plus de vos forces et revenez à un mode de vie plus sain. Jusqu'au 23, une once de prévention vaudra bien mieux qu'une tonne de remèdes.

Sentiments – C'est entre le 19 et le 31 que vous vivrez les plus beaux moments tant sur le plan intime que social; votre cote d'amour sera à la hausse, et l'on cherchera à vous faire plaisir plus souvent qu'à votre tour. Votre conjoint vous confie ses problèmes professionnels ou de santé, et votre intervention se révèle fort utile. Du côté familial, le mois risque d'être plus compliqué; la santé d'un parent ou le comportement d'un proche vous cause des tracas.

Affaires – Les trois premières semaines s'annoncent franchement ardues. Quand ce ne sont pas les tuiles qui vous tombent dessus, ce sont les ajournements et les retards qui vous empêchent de fonctionner à plein. Heureusement que vous êtes à la fois tenace et inventif; ça vous permet de réagir brillamment et de respecter vos échéanciers. Un cycle prometteur commence à compter de la nouvelle lune, le 24.

Août

D	L	M	M	J	V	S
		1	2	3	4	5
6F	7F	8D	9○D	10	11	12
13	14	15	16	17	18	19
20	21D	22D	23●D	24F	25F	26
27	28	29	30	31		

○ Pleine lune   ● Nouvelle lune
F   Jour favorable   D   Jour difficile

Santé – Le climat planétaire est nettement moins lourd. Votre santé s'améliore et vous pouvez enfin faire ce qui vous tente sans risquer de vous blesser. Votre remontée est évidente, seulement la gourmandise et les excès menacent de la compromettre. Du point de vue psychologique, on décèle une vague d'agitation entre le 11 et le 28; vous dormez moins bien, vous vous posez énormément de questions, bref, vous pensez trop.

Sentiments – La première quinzaine s'annonce idyllique. Vous voyez plein de monde et vous entretenez des liens harmonieux avec tous. Vous arrivez même à mieux communiquer avec un enfant et à faire la paix avec un proche. Si vous souhaitez éviter que les situations de ce genre ne se reproduisent, pesez bien les mots que vous emploierez pendant le reste du mois; ne cherchez pas non plus à avoir raison coûte que coûte.

Affaires – Vous voici dans un cycle beaucoup plus constructif. Vous mettez un point final à certaines situations qui n'avaient pas de chance d'aboutir; vous semblez prêt à en faire votre deuil. En plus d'avoir une action libératrice, ce changement d'attitude ouvre la porte à de nouvelles possibilités. Un nouvel emploi, un transfert ou un changement d'orientation vous permet enfin de vous épanouir.

Septembre

D	L	M	M	J	V	S
					1	2
3F	4F	5D	6D	7○	8	9
10	11	12	13	14	15	16
17	18D	19D	20F	21F	22● F	23
24	25	26	27	28	29	30F

○ Pleine lune et éclipse lunaire partielle
F Jour favorable

● Nouvelle lune et éclipse solaire annulaire
D Jour difficile

Santé – Si plusieurs signes risquent d'être très bousculés par les éclipses, vous faites partie de la minorité qui évoluera sans trop être perturbée. Les règles du gros bons sens vous garderont à l'abri des contretemps et des défaillances. Ajoutons que le moment serait bien choisi pour mettre de l'ordre dans votre vie, pour vous débarrasser d'une vilaine habitude ou, tout simplement, pour vous refaire une beauté.

Sentiments – À partir du 6, vous jouissez d'un transit favorable de Vénus susceptible de donner un nouvel élan à votre destinée amoureuse. Une belle rencontre, des retrouvailles, une déclaration ou un tendre rapprochement sont au menu. Socialement, vous êtes très en demande: vous nouez de nouvelles amitiés tout comme vous fraternisez avec d'anciens copains.

Affaires – Le mois s'annonce constructif, et vous ne devriez pas perdre un seul instant. Mettez-vous à la tâche: démarrez vos projets, faites des démarches, exprimez vos idées avec conviction; l'heure est à la réussite. N'attendez pas après les autres et foncez! Bonne période également pour les négociations, les déplacements ainsi que l'immobilier.

Octobre

D	L	M	M	J	V	S
1F	2D	3D	4	5	6○	7
8	9	10	11	12	13	14
15D	16D	17F	18F	19F	20	21
22●	23	24	25	26	27F	28F
29D	30D	31D				

○ Pleine lune   ● Nouvelle lune
F Jour favorable   D Jour difficile

Santé – Jusqu'au 24, tout devrait aller comme sur des roulettes. Vous avancez sans rencontrer d'obstacles et pourriez même trouver une solution à un problème que vous traînez depuis un certain temps. Psychiquement, ce sont votre aplomb et votre sens de l'analyse qui sont mis en relief. La dernière semaine risque d'être plus chaotique, soyez donc sur vos gardes.

Sentiments – Que vous êtes grave! C'est bien beau de prendre vos relations affectives au sérieux; évitez tout de même de verser dans la froideur ou la méfiance extrême. Vos proches ont droit à des interrogatoires serrés, ça n'en finit plus. D'autre part, vous avez tellement peur de vous faire avoir que vous mettez de côté la générosité et la gentillesse qui vous caractérisent habituellement. N'écoutez pas que votre tête; votre cœur aussi a droit de parole.

Affaires – Les prochaines semaines s'annoncent hyper occupées. À certains moments, vous ne saurez plus où donner de la tête. Des heures supplémentaires, un deuxième emploi, des responsabilités accrues ou un petit à-côté bien rémunéré sont autant de scénarios possibles. Un conseil toutefois: ne défiez ni la loi ni l'autorité au cours de la dernière semaine, ça risquerait de vous coûter cher.

Novembre

D	L	M	M	J	V	S
			1	2	3	4
5○	6	7	8	9	10	11D
12D	13D	14F	15F	16	17	18
19	20●	21	22	23F	24F	25F
26D	27D	28	29	30		

○	Pleine lune	●	Nouvelle lune
F	Jour favorable	D	Jour difficile

Santé – Vous traversez une phase de vulnérabilité accrue. Toutes les oppositions planétaires que vous subissez présentement minent vos énergies morales et physiques en plus de vous prédisposer aux accidents. On note une attitude de négligence, de laisser-aller, alors que c'est justement le contraire qu'il faudrait privilégier. Un peu de modération à table, un peu plus d'exercice physique vous conviendraient. Sur la route, conduisez de manière préventive.

Sentiments – Vous avez intérêt à mettre un peu d'eau dans votre vin, car votre manque de souplesse risque de nuire à votre bonheur. Ça ne prendrait pas grand-chose pour mettre le feu aux poudres, surtout que vos proches ne semblent pas toujours bien disposés. Un parent ou un enfant traverse une période trouble, ce qui ajoute à votre stress. Les bonnes nouvelles maintenant: un ami fait tout en son pouvoir pour vous aider et votre conjoint vous réserve une surprise entre le 17 et le 30.

Affaires – Inutile de bousculer les événements ou de brusquer les gens, vous devez vous résoudre à prendre les choses comme elles viennent. La pondération et la patience demeurent vos meilleures alliées en attendant une conjoncture plus favorable, qui devrait débuter incidemment dès le mois prochain. D'ici là, ne prenez pas de risques avec vos sous ni vos biens.

Décembre

D	L	M	M	J	V	S
					1	2
3	4○	5	6	7	8D	9D
10D	11F	12F	13	14	15	16
17	18	19	20●	21F	22F	23D
24D/31	25	26	27	28	29	30

○ Pleine lune   ● Nouvelle lune
F Jour favorable   D Jour difficile

Santé – Bravo! À partir du 7, il n'y a plus une seule opposition planétaire! Vous ressentirez instantanément une impression de liberté; votre énergie et votre vitalité reviendront en force tout comme votre résistance nerveuse. Vous tournerez certaines pages et commencerez aussitôt une nouvelle tranche de vie. D'ici là cependant, la prudence et la rigueur demeurent de mise.

Sentiments – Les choses commencent à se replacer dès le début du mois. Puis, à partir du 11, vous entamez une période exquise durant laquelle les satisfactions ne cesseront de se multiplier. Vos amours vous procurent beaucoup de bonheur et on peut même annoncer une belle rencontre aux solitaires. Votre cote de popularité est très forte et on réclame votre présence de tous les côtés.

Affaires – La remontée se dénote dans ce secteur également. Vous commencez à y voir plus clair, ce qui vous permet de prendre d'excellentes décisions. De plus, vous avez suffisamment de cran pour mettre un terme à certaines situations qui ne correspondaient plus à vos attentes. Vous changez votre fusil d'épaule, vous tentez votre chance ailleurs... et ça marche à merveille.

GÉMEAUX
du 21 mai au 21 juin

Ⅱ

Les deux personnages que votre signe représente sont tout à fait significatifs de votre double personnalité. Vous pouvez rapidement passer d'un extrême à l'autre, et même faire les choses en double.

Vous ne passez pas inaperçu: toujours actif, toujours à gesticuler et à discuter vivement, vous donnez parfois l'impression d'être une vraie tornade.

Vous êtes aussi un habile communicateur, qui peut donner son opinion sur une multitude de sujets, même lorsque vous en ignorez les tenants et les aboutissants. Personne ne peut vous prendre en défaut, tellement vous donnez l'impression de tout connaître.

Vous êtes un être qui a besoin de contacts humains pour s'épanouir pleinement. La solitude et l'isolement vous donnent froid dans le dos. Vous avez besoin de donner votre point de vue et d'avoir un public pour l'écouter. Vous êtes quelqu'un de très populaire, de bien entouré; vous avez besoin d'une vie sociale bien remplie.

Parfois, on vous pense frivole et léger. À première vue, vos amitiés peuvent sembler superficielles, et vous êtes un touche-à-tout qui ne peut s'arrêter pour développer un aspect particulier de ses relations ou de ses connaissances. En fait, vous fuyez simplement l'ennui. Qui pourrait vous en vouloir pour cela?

Mais vous possédez surtout d'énormes dons pour œuvrer en communication, dans les médias, en journalisme, dans la vente ou dans l'enseignement. La nouveauté est votre moteur. Chaque jour qui passe vous permet d'apprendre et de découvrir de nouvelles facettes de l'existence, d'essayer une multitude de choses, de relever de nouveaux défis. Il faut que votre vie bouge, et vous n'avez pas de temps à perdre avec des questionnements inutiles et stériles. D'ailleurs, avec un esprit aussi vif et curieux, vous vous ouvrez de larges horizons; vos champs d'intérêt sont variés et nombreux, et vous ne pouvez vous limiter à ne faire qu'une chose à la fois.

Vous êtes capable de mener deux ou trois activités de front, à la surprise de tous. Vous pouvez téléphoner tout en écrivant un texte à votre ordinateur, vous raser en conduisant, préparer un repas en aidant les enfants à faire leurs devoirs, regarder la télévision en faisant des exercices, bref, vous êtes étourdissant! Ce que vous faites dans une journée demanderait plusieurs jours à n'importe qui d'autre, et évidemment votre agenda est plus que rempli: sorties, amis à rencontrer, cours du soir, invitations de dernière minute, travail, passe-temps préférés, bref, vous essayez de tout faire, de ne rien manquer dans la vie.

Évidemment, vous êtes une personne un peu stressée, voire nerveuse. On le serait à moins. Vous avez une âme d'adolescent et, physiquement, vous ne faites pas votre âge. Vous représentez tellement la jeunesse éternelle que vieillir vous fait peur. Pourtant, vous garderez toujours votre cœur de 20 ans, même quand vous en aurez 90; alors, ne vous tracassez pas trop pour cela.

En amour aussi, butiner ne vous fait pas peur. On pourrait même croire à certains moments que c'est votre passe-temps préféré. Pourtant, vous êtes attaché à votre partenaire. Mais vous pensez qu'il n'y a pas de mal à regarder ailleurs, simplement pour voir. C'est sans doute un Gémeaux qui a inventé le flirt, car vous adorez vous amuser. En véritable paon que vous êtes, vous déployez vos charmes, faites des yeux de biche et savez séduire comme personne. Mais lorsque votre proie se rend et succombe, vous filez à toute vitesse… Vous vous rappelez soudainement que vous aviez un autre rendez-vous.

Vous garder à la maison, vous empêcher de sortir et de voir des gens est impossible. Vous êtes un courant d'air et avez besoin de votre liberté.

Comment se comporter avec un Gémeaux?

Puisque le Gémeaux est le signe de la liberté, l'imprévu sera toujours la norme. Changer d'activités, d'amis ou même d'humeur, souvent sans raison, n'est pas une exception dans son cas, mais bien la règle. Un Gémeaux peut se dire fatigué et avoir envie de passer une soirée tranquille à regarder la télévision, puis se lever brusquement pour aller faire la foire dans la boîte de nuit la plus proche de son domicile.

Avec lui, une existence de tout repos n'est pas possible. L'ennui le gagne rapidement et l'horripile. Pour le rendre heureux, il faut absolument lui concocter un programme époustouflant, avec une multitude d'activités et de gens. Le mieux est de le déstabiliser, de jouer de multiples personnages, de fuir la conformité et de le surprendre. Ce n'est qu'ainsi qu'il sera heureux et ravi.

Pour se ressourcer, il doit absolument se dépenser et s'étourdir avec des activités à l'extérieur, sans vous, et rencontrer beaucoup de gens différents. Ouvrez-lui la porte, et il en profitera au maximum avant de vous revenir avec mille et une histoires à vous raconter. Chercher à le retenir, c'est le perdre à coup sûr.

Pour se faire apprécier d'un Gémeaux, il faut être prêt à parler, à discuter, à se livrer et surtout à le contredire parfois, car il adore argumenter et convaincre. Si vous cherchez à avoir le dernier mot, il sera ravi, car il aime les gens qui savent lui tenir tête et qui ont un esprit vif et inventif.

Pour gagner son estime, montrez-lui votre indépendance, ayez vos propres occupations, rencontrez vos amis. Il ne cherche pas la docilité chez son partenaire, car pour lui la docilité devient vite de l'ennui, et l'ennui le fait fuir.

Alors, sortez, intéressez-vous à de multiples sujets et, lorsque vous le croiserez entre la cuisine et le salon, entre deux portes, vous aurez plein de trucs surprenants à lui raconter; vous éveillerez ainsi son intérêt, vous l'intriguerez, et il cherchera à se rapprocher de vous. Il sera là pour vous écouter d'une oreille attentive et pour discuter de tout ce que vous aurez découvert.

Ses goûts

Le Gémeaux s'intéresse à tout et à tous. Par contre, il ne peut fixer son attention très longtemps sur un sujet, et dès qu'il a découvert le pourquoi du comment, il passe à autre chose. Il peut se passionner pour la biologie moléculaire le lundi, l'histoire du vélo le mardi et finir la semaine en se demandant quelle est la philosophie qui sous-tend le système politique de la Corée du Nord en plein XXIe siècle. Bref, le sujet l'intéresse, mais en connaître les détails, très peu pour lui. Il survole pour se faire une idée, mais va rarement au fond des choses.

Sa demeure n'est pas non plus une petite maison conventionnelle de banlieue; elle est plutôt à son image, décontractée et grouillante d'activité. Chez lui, c'est presque portes ouvertes. Sa silhouette d'adolescent est mise en valeur par ses vêtements décontractés. La cravate ou les talons aiguilles, très peu pour le Gémeaux. D'ailleurs, il se crée son propre style, qui n'est jamais le même, et évolue au jour le jour, au gré de son humeur, mais surtout pas selon les circonstances. On le remarquera... N'est-ce pas ce qu'il recherche de toute façon?

Comme il est toujours pressé, il est un habitué des établissements de restauration rapide. Il mange vite, sans goûter, car souvent il fait une autre activité en même temps qu'il se nourrit. Il n'a pas de temps à perdre à savourer. Mais il aime les repas à plusieurs services. D'ailleurs, il n'est pas rare de le voir picorer dans l'assiette des autres pour varier son menu; mais si vous faites la même chose, il vous fera les gros yeux.

Son potentiel

Le Gémeaux est une personne intelligente qui manie très bien les idées et les concepts; malheureusement, parce qu'il s'intéresse à trop de choses, il est aussi superficiel et ne parvient pas à s'intéresser en profondeur à quoi que ce soit.

Il est le candidat idéal pour les entreprises de communication et de relations publiques, pour les médias, le journalisme en particulier, mais aussi pour la vente, l'enseignement, l'animation et la comédie. D'ailleurs, quoi qu'il fasse, il est toujours en représentation. Il aime se montrer et s'amuser. Il est brillant, très habile de ses mains, et sa dextérité est légendaire.

Quelle que soit son occupation, il s'arrangera toujours pour organiser des activités et des sorties de toutes sortes. Il aime raconter des anecdotes, planifier des rencontres avec des compétiteurs, discuter de ce qu'il y a à faire… Bref, faites-lui confiance pour vous divertir et vous organiser un emploi du temps des plus variés et chargés. Car s'il peut tout faire en même temps, il pense que les autres sont aussi aptes que lui à mener plusieurs activités de front.

Ses loisirs

On l'a vu, le Gémeaux se désintéresse rapidement d'une activité lorsqu'il la maîtrise bien. Le changement, le renouveau et de nouvelles découvertes sont nécessaires pour lui éviter l'ennui. Il lui faut à tout prix passer à autre chose. Ses loisirs doivent être stimulants et non répétitifs, car il en changera.

Intelligent et curieux, il adore apprendre: il n'est pas rare de le voir s'inscrire à plusieurs cours en même temps, et souvent bien différents les uns des autres. Qu'il s'agisse de cuisine méditerranéenne ou de mécanique automobile, tout l'intéresse… enfin, jusqu'à ce qu'il en comprenne les rudiments; après, il voudra passer à une autre chose qui le captivera aussi. Il aime acquérir de nouvelles connaissances, et la lecture lui permet d'apprendre et de s'évader. Il est doué pour l'écriture, car il a une imagination très féconde.

Le Gémeaux aime par-dessus tout les contacts humains, il est particulièrement attiré par les activités mondaines ou sociales. Il n'est pas rare de le voir dans un lancement de livre, à une première au théâtre, même après une épuisante journée de travail. Il déborde d'énergie lorsqu'il est question d'être en société. Il peut même accepter deux ou trois invitations la même journée. Ça l'emballe de courir d'un endroit à l'autre, de communiquer, de discuter, de parler, de voir du monde, bref, de se montrer et de nouer des relations, même fugaces.

Il a un côté intellectuel très développé, mais il aime aussi beaucoup faire marcher ses dix doigts, car il se sait fort habile. Le piano, les activités manuelles et les arts sont les domaines qui lui plaisent le plus, et il peut exceller dans la danse, le massage ou la graphologie. Pas un domaine ne le rebute et tout l'intéresse vraiment, mais son intérêt s'émousse rapidement. Il cherche constamment de nouvelles sources d'intérêt, de nouvelles passions qui sauront l'emporter et le faire vibrer.

Au cinéma, il vaut mieux lui proposer une nouveauté, car il aura sans doute vu tous les films à l'affiche depuis quelques semaines. Emmenez-le voir le dernier succès dont tout le monde parle, celui qui fait scandale ou encore un spectacle qui l'étonnera. Par la suite, un souper au restaurant sera de mise, bien entendu pour discuter de ce qu'il vient de voir.

Sa décoration

L e Gémeaux a un décor qui ressemble bien à sa personnalité, c'est-à-dire changeant. Et on ne parle pas de juste bouger les meubles. Non. Il n'hésitera pas à renouveler toute sa décoration de fond en comble. Ainsi, il pourrait avoir un intérieur japonais avec des meubles laqués et, d'un seul coup, se retrouver avec un ameublement digne d'un film de science-fiction, avec de l'acier inoxydable et blocs de verre dans tous les coins. En fait, à y regarder de plus près, on constatera que quelle que soit sa décoration, il préférera un style dépouillé et plutôt moderne, mais il ne faut jurer de rien avec lui, car on ne sait jamais… Par contre, comme il s'agit d'un signe d'air, notre fameux courant d'air appréciera les fenêtres, la lumière et les pièces à aires ouvertes. Il se choisira souvent une résidence ou un appartement aux étages supérieurs, pour avoir une vue imprenable sur le monde.

Il n'est pas du genre à se terrer à la campagne, car il a besoin d'une vie sociale trépidante, de recevoir et de voir beaucoup de gens. La vie citadine lui convient bien, et surtout les tours d'habitation d'où il peut contempler le monde à ses pieds.

Assurément, ses goûts le portent vers le contemporain; les nouveautés et l'exclusivité exercent un attrait puissant sur lui. Ce qui brille l'attire particulièrement, notamment les miroirs qui multiplient les espaces, les couleurs pâles, les teintes nuancées et rares, presque indéfinissables, le verre qui joue avec la lumière. Son intérieur fait jaser ceux qui le voient, et c'est justement l'effet recherché.

Son budget

Sur le plan financier aussi, le Gémeaux est bien changeant: c'est tout ou rien. Il peut se faire écureuil, économiser sou par sou, planifier son budget, choisir ses placements, puis tout flamber en une soirée ou lors d'une expédition de magasinage... Et il ne partait pas pour ça!

Évidemment, ses finances subissent des fluctuations: l'argent rentre mais sort souvent aussi rapidement. Il n'hésite jamais à dépenser pour acquérir un objet qui lui plaît, en se disant qu'il s'occupera des factures plus tard, en temps utile. Bien entendu, quand elles arrivent, il est parfois pris de court, mais il ne s'en fait pas pour si peu. Il jongle entre les rentrées d'argent et les sorties, les dettes et les surplus, et finit toujours par s'en sortir... jusqu'à la fois suivante.

Quel cadeau lui offrir?

Le meilleur cadeau est celui qui le surprendra et qui lui laissera un souvenir dont il pourra parler longtemps.

S'il s'agit d'un passionné de lecture, les récentes parutions l'intéressent toujours. Il a l'esprit ouvert, alors n'ayez pas peur de choisir un sujet qu'il ne connaît pas du tout: il adore découvrir et bientôt il vous donnera des leçons là-dessus.

Les œuvres ou les magazines qui traitent de nombreux thèmes lui plaisent bien; les revues sur la littérature ou le cinéma aussi. Du papier à lettres, des stylos (il les perd constamment!) seront aussi les bienvenus. Puisqu'il passe des heures au bout du fil, vous pourriez lui offrir un téléphone portable, ou encore un appareil de type Palm, ou un abonnement à Internet, pour qu'il garde contact avec tout le monde.

Certains Gémeaux sont des collectionneurs. Une pièce originale ou rare pour enrichir sa collection sera appréciée. Vous pouvez aussi lui offrir un gadget inutile mais surprenant qui l'intriguera et fera jaser lorsqu'il le montrera à ses amis.

Les enfants Gémeaux

Les petits Gémeaux sont curieux de tout. Ils posent mille et une questions. Ils sont vifs et brillants. Leur esprit est constamment en éveil. Avant même de savoir parler, ils gazouillent sans arrêt. En fait, ils en ont tellement à dire qu'ils apprennent à parler très tôt, et dès ce moment, la paix et la tranquillité de la famille sont perturbées.

Les questions s'enchaînent, et ils vous laissent à peine le temps de répondre que déjà de nouvelles interrogations surgissent. Très tôt, ils ont tendance à avoir le dernier mot. Ce n'est pas de tout repos, mais ils sont si adorables.

Ils sont également bien entourés; ils ont de nombreux amis qu'ils inviteront à dîner ou à dormir à la maison, sans vous prévenir. Rapidement, la maison se transformera en hall de gare; ils déborderont d'activités, et c'est tout juste s'il leur restera du temps pour aller à l'école et pour dormir... Comme ils sont toujours par monts et par vaux, il vous arrivera de les chercher, car une activité n'attend pas l'autre. On les croit occupés dans leur chambre à faire leurs devoirs, on se retourne et on les voit en train de jouer sur la pelouse.

Très habiles de leurs mains, les enfants Gémeaux bricolent, dessinent admirablement et sont très adroits. Avec eux, le donnant-donnant marche bien, car ils aiment négocier. S'ils nettoient leur chambre, vous devrez les conduire à leur match de soccer. Ne cédez pas rapidement à leurs demandes, parce qu'ils en profiteront pour quémander une autre faveur, et vous n'en sortirez plus. Avec eux, vous n'aurez jamais le dernier mot. Ils sont très vifs, ont un esprit brillant, même s'ils ont déjà une petite tendance à être superficiels.

Ils ne tiennent pas en place et sont vraiment très sociables. Apprenez-leur toutefois à planifier leur horaire, à déterminer leurs priorités, à concentrer leurs efforts et stimulez-les afin qu'ils aient le goût d'approfondir les choses au lieu de papillonner constamment de l'une à l'autre. S'ils aiment le sport, offrez-leur une activité qui demande une constante remise en question de leur capacité physique: la gymnastique acrobatique, par exemple.

L'ado Gémeaux

En astrologie ton signe correspond à l'adolescence. Éternellement jeune, tu conserveras toute ta vie l'idéalisme qui te caractérise maintenant. Tu as un signe d'air, ce qui te donne un intérêt pour de multiples activités. Ton entourage te reprochera peut-être de changer trop souvent d'idée, mais tu évolues rapidement et tu as besoin de relever constamment de nouveaux défis, d'apprendre de nouvelles choses, de tenter de nouvelles expériences.

Tu t'intéresses à tout, et cela t'ouvre des horizons et te permet de rencontrer beaucoup de gens très différents. Tu aimes t'exprimer, communiquer, côtoyer beaucoup de monde. Tu es bavard mais, finalement, tu parles peu de ce que tu ressens.

Polyvalent et spontané, tu as une soif d'apprendre immense, et ce besoin d'en savoir plus fait de toi quelqu'un de brillant et dont on recherche la compagnie. Fais attention toutefois de ne pas trop disperser tes énergies, car la superficialité te guette.

Avec toi, tout va vite. Tu mènes plusieurs projets et activités de front, et tu en as d'autres en vue. Tu es aussi un être émotif: tes opinions et tes goûts changent très rapidement, et peu de gens comprennent comment tu peux dire blanc un jour et noir le lendemain, mais, en réalité, tu es fidèle à toi-même.

Tes études

Tu t'intéresses à tellement de choses qu'il est difficile pour toi de te bâtir un programme d'études cohérent. Pense à long terme. Quels sont les domaines qui t'intéressent le plus? Concentre-toi sur ces sujets, quitte à suivre des cours complémentaires dans d'autres champs d'intérêt. Fixe-toi un objectif et essaie de ne pas le perdre de vue, même s'il y a tellement de choses intéressantes dans ce monde. Tu as tout le temps de les découvrir plus tard. Tu as une intelligence très vive, qui te permet de te débrouiller et d'avoir des résultats plus que convenables, mais il ne faut pas te demander de te concentrer pour travailler avec assiduité et application. Tu as plutôt tendance à étudier ou à faire tes travaux à la dernière minute, à survoler la matière pour en saisir les principes plutôt qu'à bien la comprendre, ce qui peut te jouer des tours.

Ton orientation

Choisir sa voie lorsqu'on s'intéresse à tellement de choses, lorsqu'on a des talents multiples peut devenir un vrai casse-tête. Tes projets d'avenir changent constamment, et tu ne parviens pas à te fixer définitivement. Le mieux pour toi est donc d'opter pour une carrière qui te permettra de déployer tes multiples talents. N'oublie pas que tu peux profiter de tes loisirs pour explorer de nombreux domaines. L'écriture, le journalisme, la traduction, la vente, le commerce, le tourisme, les relations publiques, le travail de bureau et la mécanique de précision sont des milieux professionnels qui pourraient te convenir, car le travail n'y est pas routinier. De plus, très souvent, les natifs de ton signe mènent de front deux carrières totalement différentes, tout en ayant de multiples activités en dehors; donc, ne t'inquiète pas, tu pourras essayer tout ce qui te tente, sans trop te limiter.

Tes rapports avec les autres

Les autres sont excessivement importants dans ta vie. Tu es très sociable et tu as besoin d'être entouré de nombreux amis pour échanger des idées et pour étaler tes connaissances, il faut bien l'avouer. En fait, tu réussis presque toujours à avoir le dernier mot, car tu connais une multitude de choses sur tout, ce qui te permet de donner ton opinion sur des sujets très variés. Tu te lies facilement, et ta vie sociale est trépidante. Tes amis sont très importants dans ta vie; il est donc important pour toi de bien les choisir, car ils pourraient exercer une grande influence sur toi.

Charles Aznavour, André Montmorency, Valérie Letarte, Corey Hart, Brooke Shields, Clint Eastwood, Marilyn Monroe, Jacques Duval, Macha Grenon, Rita Lafontaine, Tex Lecor, Danielle Ouimet, Paul McCartney, Francine Raymond, Benoit Brière, Alanis Morissette, Jacynthe René.

Pensée positive pour le Gémeaux

Je suis en paix avec toutes les facettes de ma personnalité; je suis en harmonie avec moi-même et j'ouvre la porte à de multiples bénédictions.

Pensée positive spéciale pour 2006

Je mérite parfaitement toute la chance qui est mienne. Je m'en sers pour mon plus grand bien et pour celui des autres.

Le subconscient nous dirige toujours selon nos pensées. En répétant le plus souvent possible ces pensées conçues tout spécialement pour vous, vous vous attirerez plein de belles choses.

Signe: Gémeaux

Élément: Air

Catégorie: Double

Symbole: II

Points sensibles: Poumons, bronches, bras, épaules, mains, tension, nervosité, insomnie.

Planète maîtresse: Mercure, planète du commerce.

Pierres précieuses: Topaze, cristal, aigue-marine.

Couleurs: Tous les bleus, gris, kaki.

Fleurs: Marguerite, jasmin, rose jaune.

Chiffres chanceux: 3-4-16-17-23-26-34-37-43-44.

Qualités: Intelligent, sociable, vif, concilliant, brillant, communicateur, expressif, habile, convaincant.

Défauts: Bavard, superficiel, frivole, instable, parfois un peu profiteur.

Ce qu'il pense en lui-même: Je peux parler de n'importe quoi.

Ce que les autres disent de lui: Il parle tellement! Réussirons-nous à placer un mot?

Prédictions annuelles

L'année s'annonce constructive, et on peut affirmer que vous êtes dans une phase particulièrement positive de votre existence. Ne laissez pas votre tendance au sabotage venir compromettre toutes les possibilités qui se présentent déjà à vous et qui continueront d'abonder au moins jusqu'à votre anniversaire. Profitez au maximum de ce que la vie vous envoie, sans trop vous poser de questions et, de grâce, cessez de croire que ce serait mieux autrement. C'est maintenant que le meilleur est accessible, alors jouissez-en au maximum. Si vous y regardez de plus près, vous serez forcé d'admettre que vous avez tout pour être heureux. Dommage que tant de gens envient votre sort, alors que vous ne réalisez pas toujours toute votre chance!

Santé – L'année 2006 est une période en or pour repartir du bon pied. Avec quelques efforts, vous pourrez trouver une solution à vos petits bobos et également adopter une attitude plus confiante, ce qui contribuera à maximiser votre bien-être. Les thérapies, les régimes ou tout simplement de saines habitudes de vie donneront des résultats du tonnerre. Vous péterez le feu et, de surcroît, aucun obstacle sérieux ne menace de freiner vos élans.

Sentiments – Votre cote de popularité se maintient. Vous voyez plein de beau monde et avez l'occasion de nouer de nouvelles amitiés et peut-être de trouver l'âme sœur si vous êtes seul. Pour les couples déjà formés, on peut parler de rapprochement, de complicité retrouvée et même d'une seconde lune de miel. Bref, les occasions de bonheur, de divertissement et de célébration ne manquent pas. Comme vous êtes plus sûr de vous, vos relations interpersonnelles sont faciles et saines; vous savez désormais garder à distance les trouble-fêtes et les profiteurs.

Affaires – D'ici la fin de juin, vous jouissez d'une veine peu commune, y compris dans les jeux de hasard. Tout ce que vous touchez ou à peu près se transforme en or. N'attendez pas et mettez vos projets en branle. Les affaires, les transactions, les recherches d'emploi et les démarches en général auront des conséquences favorables si elles sont amorcées pendant cette phase. Vos revenus augmentent, vous mettez des sous de côté. Bon temps pour voyager ou pour trouver une nouvelle résidence. Le reste de l'année ne s'annonce pas vilain du tout, c'est juste que vous ne pouvez pas compter uniquement sur la chance pour atteindre vos objectifs. Peu importe, vous êtes doué et vous trouverez certainement plusieurs façons géniales de maintenir votre prospérité.

Janvier

D	L	M	M	J	V	S
1	2F	3F	4D	5D	6	7
8	9	10	11	12	13	14○
15	16	17D	18D	19D	20F	21F
22	23	24	25	26	27	28
29●F	30F	31D				

○	Pleine lune	●	Nouvelle lune
F	Jour favorable	D	Jour difficile

Santé – Vous fonctionnez au ralenti. Rien de sérieux ne vous perturbe sur le plan physique, mais vous semblez blasé, amorphe. La routine vous pèse, et vous avez l'impression que le beau temps ne reviendra jamais. Bien sûr, un bon livre vous changerait les idées, mais le mieux serait de bouger un peu plus. Forcez-vous pour voir du monde et pour faire avec eux quelques activités physiques. La danse ou tout simplement la marche en plein air vous ravigoterait.

Sentiments – Ici aussi, vous vous ennuyez et vous vous morfondez à attendre après les autres. Pourtant, si vous preniez les devants, tout le monde serait enchanté de votre initiative, vous le premier. Jouer à la victime ou vous apitoyer sur votre sort ne donnera rien de bon; vous avez tout ce qu'il faut pour être heureux, il ne manque que votre bon vouloir.

Affaires – Un autre domaine où la passivité menace de vous jouer des tours. Votre inertie, voire votre laisser-aller donnent une longueur d'avance à vos compétiteurs. Le conte de fées, c'est pour le mois prochain, en attendant, mettez la main à la pâte. Bien que lentes à démarrer, les négociations et les démarches finissent par donner des résultats positifs.

Février

D	L	M	M	J	V	S
			1D	2	3	4
5	6	7	8	9	10	11
12○	13	14D	15D	16F	17F	18F
19	20	21	22	23	24	25F
26F	27●D	28D				

○	Pleine lune	●	Nouvelle lune
F	Jour favorable	D	Jour difficile

Santé – La première moitié du mois comporte encore de longues périodes d'indolence; vous restez dans votre coin à rêvasser ou pire encore à broyer du noir. La seconde quinzaine s'annonce plus active; vous retrouvez votre pep et votre motivation. Quelle joie de vous revoir à nouveau dans votre assiette! Un conseil cependant: cette période d'énergie renouvelée comporte un risque d'accident; soyez sur vos gardes!

Sentiments – Plus le temps passe, plus vous vous ouvrez au monde extérieur. Génial! Vous renouez avec vos amis qui déploraient que vous vous fassiez si rare, vous acceptez les invitations qu'on vous lance et vous rencontrez de nouvelles gens. En amour, c'est trop tranquille à votre goût... Au lieu d'attendre passivement, faites preuve d'initiative.

Affaires – À partir du 18, vous entamerez un cycle fortuné durant lequel tout vous réussira, vous aurez même de la chance au jeu. Vous marquerez de nets progrès sur le plan professionnel: un meilleur emploi, l'obtention d'un contrat alléchant ou une promotion vous fera sauter de joie. Bonne période aussi pour voyager ou pour chercher une maison. D'ici là, la routine continue.

Mars

D	L	M	M	J	V	S
			1	2	3	4
5	6	7	8	9	10	11
12	13D	14○D	15F	16F	17F	18
19	20	21	22	23	24	25F
26F	27D	28D	29●	30	31	

○ Pleine lune et éclipse lunaire annulaire   ● Nouvelle lune et éclipse solaire totale
F   Jour favorable   D   Jour difficile

Santé – Voici que les aspects planétaires sont nettement plus encourageants. Vous vous sentez renaître, vous arborez votre plus beau sourire, et votre énergie est contagieuse. Partout, on apprécie votre côté boute-en-train ainsi que votre joie de vivre; vous pourriez charmer les foules! Le danger de vous blesser demeure hélas présent, et ce ne sont pas les éclipses qui arrangent les choses. Ouvrez l'œil!

Sentiments – Dès le 5, vous constatez le retour de la tendresse sinon de la passion chez votre partenaire et vous ne vous en plaindrez certainement pas. Les solitaires, quant à eux, pourraient éprouver un solide coup de foudre pour un inconnu qui correspond à leurs attentes. Vous êtes de toutes les réunions mondaines, les invitations n'arrêtent pas. Seul un membre de la famille vous soucie un peu, mais rien de grave.

Affaires – C'est le temps de foncer, de mettre vos projets sur pied, de faire vos démarches et de négocier, puisque vous jouez gagnant sur tous les tableaux. Parlant de gagnant, n'oubliez pas de vous acheter un billet de loto ou de remplir les coupons de participation pour les tirages. Les voyages d'affaires ou de loisirs sont toujours favorables.

Avril

D	L	M	M	J	V	S
						1
2	3	4	5	6	7	8
9D	10D	11D	12F	13○F	14	15
16	17	18	19	20	21F	22F
23D/30	24D	25	26	27●	28	29

○	Pleine lune	●	Nouvelle lune
F	Jour favorable	D	Jour difficile

Santé – Les choses continuent de bien aller, même qu'à compter du 14 vous serez libéré des menaces d'accidents; d'ici là, il faut néanmoins demeurer vigilant. Vos réflexes sont lents, vous êtes plus indécis que d'habitude pendant la première quinzaine, mais vous retrouvez rapidement votre pif et votre célérité intellectuelle par la suite.

Sentiments – En amour, la première semaine est toujours sous l'influence d'aspects planétaires privilégiés; tous y trouvent leur compte. Par après, vous devez faire un peu plus attention afin de ne pas compromettre cette belle harmonie. Socialement, tout le mois est enlevant, et les occasions de fraterniser avec les copains ou de vous faire de nouveaux amis ne manquent pas. Avec la famille, ça devrait se tasser après le 17.

Affaires – Un autre mois très constructif en perspective. Vos projets démarrent de façon fulgurante et vos démarches aboutissent rapidement. Ajoutons que vous abattez des montagnes de travail sans que ça semble vous fatiguer le moindrement. Au cours de la seconde moitié du mois, un changement que vous espérez depuis longtemps pourrait commencer à se concrétiser.

Mai

D	L	M	M	J	V	S
	1	2	3	4	5	6
7D	8D	9F	10F	11F	12	13○
14	15	16	17	18F	19F	20D
21D	22D	23	24	25	26	27●
28	29	30	31			

○	Pleine lune	●	Nouvelle lune
F	Jour favorable	D	Jour difficile

Santé – Les astres jouent en votre faveur, vous n'avez pas grand-chose à redouter. De fait, en faisant quelques gestes bien ciblés, vous pourriez vous sentir encore mieux. Bon mois donc pour prendre une bonne résolution, pour améliorer votre hygiène de vie ou pour vous débarrasser d'une vilaine habitude. Le moment serait aussi idéal pour vous mettre au régime ou vous refaire une beauté.

Sentiments – Grâce à la présence de Vénus dans votre 11e secteur, vous pouvez donner un nouvel élan à votre destinée amoureuse. Vos rapports avec le conjoint sont plus joyeux, plus détendus. C'est comme si vous reviviez les premiers jours de votre union. Les solitaires voient une amitié amoureuse se transformer rapidement en quelque chose de plus profond. Et ce n'est pas tout, les copains se montrent eux aussi hyper charmants.

Affaires – Les transformations qui commençaient à poindre le mois passé deviennent de plus en plus évidentes, et vous en êtes enchanté. Vos revenus sont à la hausse; un contrat qui tombe du ciel, un achalandage accru de votre commerce, des heures supplémentaires ou une augmentation de salaire sont autant de possibilités.

Juin

D	L	M	M	J	V	S
				1	2	3D
4D	5F	6F	7F	8	9	10
11○	12	13	14	15F	16F	17D
18D	19	20	21	22	23	24
25●	26	27	28	29	30D	

○	Pleine lune	●	Nouvelle lune
F	Jour favorable	D	Jour difficile

Santé – Rien d'important à signaler, si ce n'est que vous êtes en parfaite forme et que vous avancez comme bon vous semble. Votre organisme vigoureux demeure imperméable aux infections et aux défaillances. Vous avez tellement d'énergie que votre entourage a parfois du mal à vous suivre, surtout quand vous faites deux ou trois choses à la fois!

Sentiments – Avec votre partenaire, les trois premières semaines se déroulent sous le thème de la douceur; les heures coulent, tendres et agréables. Un membre de l'entourage fait preuve davantage de maturité, ce qui vous soulage grandement. En société, ça repart de plus belle dès le 4, et vous ne voyez pas le temps passer. Les invitations, les propositions arrivent de tous les côtés, souvent de façon improvisée. Beaucoup de plaisir en perspective.

Affaires – Plusieurs possibilités s'offrent à vous et, comme vous savez exactement ce que vous voulez, vous n'avez aucune difficulté à faire votre choix. Vous continuez à avoir plus de travail que vous n'en espériez, mais votre ingéniosité combinée à votre dynamisme débordant font en sorte que vous accomplissez des miracles. À ce rythme-là, votre compte en banque se remplume drôlement.

Juillet

D	L	M	M	J	V	S
						1D
2D	3F	4F	5	6	7	8
9	10 ○	11	12F	13F	14D	15D
16	17	18	19	20	21	22
23/30F	24 ● /31F	25	26	27D	28D	29D

○	Pleine lune	●	Nouvelle lune
F	Jour favorable	D	Jour difficile

Santé – Jusqu'au 23, tout continue d'aller comme sur des roulettes, aucune raison de vous faire de souci. Le moral est robuste, tout comme le physique. La fin du mois exige cependant davantage de vigilance et de modération, car vous risquez de vous faire mal ou de vous retrouver sur le carreau. Prenez vos précautions et vous demeurerez à l'abri des contretemps.

Sentiments – Les trois premières semaines s'annoncent exquises tant sur le plan intime que social. Tout le monde est d'une gentillesse exemplaire, et vous conviendrez avec moi que l'on déploie des prouesses d'imagination pour vous faire plaisir. Par après, évitez de tenir toutes ces marques d'affection pour acquises; n'essayez pas non plus d'imposer votre point de vue.

Affaires – Ici, c'est pareil. N'attendez pas à la fin du mois pour lancer vos projets ou pour présenter vos requêtes. Vous avez tout intérêt à agir diligemment si vous souhaitez mettre toutes les chances de votre côté. En effet, si vous passez aux actes avant la nouvelle lune du 24, vous maximiserez grandement votre potentiel de réussite. Vous cognerez aux bonnes portes au bon moment et serez parfaitement en mesure de vous mettre en valeur.

Août

D	L	M	M	J	V	S
		1F	2	3	4	5
6	7	8F	9○F	10D	11D	12
13	14	15	16	17	18	19
20	21	22	23●	24D	25D	26F
27F	28F	29	30	31		

○ Pleine lune ● Nouvelle lune
F Jour favorable D Jour difficile

Santé – La planète Mars évolue actuellement dans un coin plus fragile de votre thème astrologique, et ce transit a des répercussions tant sur le moral que sur le physique. Demeurez vigilant dans vos déplacements et votre emploi d'objets potentiellement dangereux. Ne jouez pas non plus avec votre santé et méfiez-vous de la tendance à abuser de vos forces ou de la bonne chère.

Sentiments – Entre le 13 août et le 3 septembre, Vénus vous aide à communiquer aisément avec vos proches. Votre message est bien reçu, et en retour on vous fait toutes sortes de belles déclarations. Un parent traverse des moments difficiles et compte sur votre appui. Parfois ses attentes sont irréalistes, et il vous en demande beaucoup trop. Même si c'est difficile, il faut apprendre à dire non.

Affaires – Les succès fulgurants des derniers mois font place à un cycle plus terne durant lequel la lenteur des événements vous pèse. Vous n'atteignez pas vos objectifs du premier coup; vous vous heurtez à des retards et à des obstacles. On critique vos actions et on tente même de vous compliquer la vie. Prenez votre mal en patience, ça ne saurait durer: dans quelques semaines, vous triompherez sur toute la ligne.

Septembre

D	L	M	M	J	V	S
					1	2
3	4	5F	6F	7○D	8D	9
10	11	12	13	14	15	16
17	18	19	20D	21D	22●D	23F
24F	25	26	27	28	29	30

○ Pleine lune et éclipse lunaire partielle   ● Nouvelle lune et éclipse solaire annulaire
F Jour favorable   D Jour difficile

Santé – Les huit premiers jours sont encore marqués par ce transit contrariant de Mars. Les dangers de vous blesser, de souffrir d'un malaise ou d'une infection sinon d'un épuisement nerveux demeurent présents. Le reste du mois vous retrouve pimpant et animé d'une joie de vivre peu commune. Vous vous sentez plus fort physiquement, votre organisme résiste d'ailleurs beaucoup mieux au stress et aux virus.

Sentiments – La première semaine s'annonce magnifique sur le plan amoureux, mais elle risque d'être difficile dans les autres secteurs, entre autres sur le plan familial. Par après, les situations s'inversent. La communication s'améliore avec la marmaille et les parents, les amis refont surface, mais le conjoint semble sur les nerfs. Mettez des gants blancs, il n'est vraiment pas dans son assiette.

Affaires – Une fois la première éclipse passée (le 7), vous voyez les obstacles tomber les uns après les autres. Certaines situations qui stagnaient se mettent à débloquer, et on cesse de faire la sourde oreille quand vous exprimez vos demandes ou que vous voulez négocier. Vous faites des progrès évidents et pourriez même mériter un prix secondaire lors d'un tirage. La période serait d'ailleurs excellente pour changer d'air.

Octobre

D	L	M	M	J	V	S
1	2F	3F	4D	5D	6○	7
8	9	10	11	12	13	14
15	16	17D	18D	19D	20F	21F
22●	23	24	25	26	27	28
29F	30F	31F				

○	Pleine lune	●	Nouvelle lune
F	Jour favorable	D	Jour difficile

Santé – Les choses vont de mieux en mieux. Vous débordez de vitalité, ce qui vous pousse à participer à une foule d'activités. Toute cette frénésie vous réussit à merveille. Plus vous dépensez d'énergie, plus vous en avez, sans compter que votre moral s'en trouve grandement amélioré. Bravo! Vous avez trouvé la clé du bien-être!

Sentiments – Mercure, Vénus et Mars ne demandent pas mieux que de transformer votre destinée en conte de fées. Les solitaires pourraient combler le vide de leur existence, alors que les autres retomberont littéralement amoureux de leur chéri. La marmaille et les amis se mettent eux aussi de la partie et font d'innombrables efforts pour vous rendre heureux.

Affaires – Voici un autre secteur où la conjoncture joue en votre faveur; parlant de jouer, vous pourriez rafler un prix à la loterie. Votre carrière est en plein essor: une offre avantageuse ou tout simplement le fait qu'on reconnaisse vos mérites et votre talent vous propulse en tête du peloton. Bon mois pour chercher du travail, pour négocier une augmentation ou décrocher un contrat. Les voyages et les déplacements demeurent avantageux.

Novembre

D	L	M	M	J	V	S
			1D	2D	3	4
5 ○	6	7	8	9	10	11
12	13	14D	15D	16F	17F	18F
19	20 ●	21	22	23	24	25
26F	27F	28D	29D	30		

○ Pleine lune ● Nouvelle lune
F Jour favorable D Jour difficile

Santé – Même si vous n'êtes pas aussi exubérant que le mois dernier, vous gardez le parfait contrôle de la situation. Vous modérez vos transports sans toutefois verser dans l'inactivité. Les choses ont été tellement vite que vous faites bien de prendre quelques instants pour faire le point, pour voir où vous en êtes rendu. Attention quand même de ne pas vous poser trop de questions.

Sentiments – Vous êtes davantage enclin à l'introspection qu'aux mondanités; n'empêche que vos amis trouvent le moyen de vous faire sortir de votre tanière à l'occasion. Les discussions se veulent plus profondes, plus philosophiques; vous voulez tout comprendre. Un vieux problème veut refaire surface mais, cette fois, vous le réglez de façon définitive.

Affaires – Les négociations vont bon train, et vous n'êtes certes pas à court d'arguments. Votre logique ainsi que l'étendue de vos connaissances clouent le bec à plusieurs. Vous continuez de marquer des points, d'asseoir votre position. Vers la fin du mois, vous êtes tenté par une grosse dépense. Même si vous en avez les moyens, il reste à savoir si vous avez vraiment besoin de l'objet de votre convoitise ou s'il ne s'agit pas plutôt d'une petite folie...

Décembre

D	L	M	M	J	V	S
					1	2
3	4○	5	6	7	8	9
10	11D	12D	13F	14F	15F	16
17	18	19	20●	21	22	23F
24F/31	25D	26D	27	28	29	30

○	Pleine lune	●	Nouvelle lune
F	Jour favorable	D	Jour difficile

Santé – Jusqu'au 6, aucun problème en vue. Par la suite, vous êtes soumis à plusieurs oppositions planétaires, ce qui risque de vous malmener si vous ne prenez pas les précautions nécessaires. Tout d'abord, sachez résister aux excès de table, sans quoi c'est la migraine ou l'indigestion qui vous guette, sans compter les kilos indésirables. Ensuite, évitez d'être distrait ou de prendre des risques dans vos déplacements ou en manipulant des objets dangereux. En faisant attention, vous resterez sain et sauf.

Sentiments – Une prise de bec ou une déception semble assombrir la première quinzaine, mais tout s'arrange rapidement sans laisser de séquelles. Graduellement, vous sortez de votre cachette, vous reprenez goût aux réunions mondaines et aux sorties; tous s'en réjouissent, vous le premier. L'année se terminera dans la joie, sinon dans l'euphorie.

Affaires – D'ici le 9, vous avez toutes les chances de votre côté pour donner un nouvel élan à votre carrière, pour obtenir ce que vous voulez au moment de négociations ou de vos démarches. Le reste du mois a des allures de creux de vague sans toutefois comporter d'éléments négatifs majeurs. De toute façon, vous avez bûché assez dur cet automne. Vous pouvez bien vous permettre de prendre ça mollo pendant quelque temps.

CANCER
du 22 juin au 23 juillet

Comme l'indique la carapace de votre signe, représenté par un crabe, vous êtes un être solide, doux et tendre à l'intérieur. En fait, il y en a peu comme vous dans le zodiaque. Pour cette raison, vous êtes un excellent parent, c'est dans votre nature.

La Lune exerce une véritable influence sur votre signe; ses cycles et ses lunaisons se font sentir davantage dans votre cas. Toute votre vie est marquée au sceau des rayons lunaires, même votre humeur. Cela est si évident que certaines personnes vous qualifient de lunatique, car vous changez au fil de l'influence lunaire.

Votre imagination est si fertile qu'il n'est pas rare que vous soyez dans la lune, à vous laisser porter par vos rêveries.

Néanmoins, lorsqu'il est question de votre famille, de vos enfants, de votre entourage, vous êtes quelqu'un d'excessivement terre à terre, peut-être trop parfois. Vous êtes toujours prêt à dorloter, à gâter, à aider vos proches, mais surtout vos chers petits. Avec ces derniers, vous aurez tendance à vous montrer surprotecteur. Vous cherchez avant tout à les rendre heureux et vous vous inquiétez, bien souvent sans raison. Même lorsqu'ils seront adultes, ou vieux, vos enfants resteront vos enfants, et vous vous en ferez toujours pour leur bien-être, quitte parfois à les étouffer avec vos cajoleries.

Les Cancer sont les mamans poules et les papas gâteau par excellence. S'ils n'ont pas d'enfants, les Cancer jetteront leur dévolu sur ceux des autres, car pour eux une vie sans enfants n'est pas pensable. Les Cancer attirent les enfants, qui savent bien qu'il y a toujours une petite friandise à croquer dans leur garde-manger, un mot gentil ou un conseil désintéressé et sincère à recevoir.

Le drame du Cancer est qu'il a si peur de faire de la peine, de déplaire qu'il aura du mal à dire non, à trancher, à se décider. Cela est probablement dû à l'aspect féminin de ce signe, car même les hommes Cancer, persuadés de la supériorité du mâle, ont du mal à refuser quelque chose lorsqu'on sait les prendre.

Le Cancer a besoin de son cocon pour se sentir bien. Son logis devient alors un refuge, une forteresse, une carapace où il se sait en sécurité et heureux. Il n'est guère facile de le faire sortir de son antre. Le Cancer hésite, remet au lendemain, et il faut vraiment insister pour le forcer à bouger. Il trouve toujours un bon prétexte pour rester tranquillement dans son petit nid.

Par contre, si on le brusque, si on insiste, le Cancer finit par s'amuser et prendre plaisir aux activités qu'on l'a obligé à faire. Il restera réticent à mettre le nez dehors, même en sachant pertinemment ce qui l'attend et qu'il appréciera ce que vous lui proposerez. Par contre, si c'est son enfant qui a besoin de lui, alors le Cancer se précipitera pour lui apporter son aide; une armée entière ne saurait l'arrêter.

La vie du Cancer est rythmée par les repas. Savoureux, invitants, les petits plats qu'il propose enchantent les palais les plus fins. Il a toujours une nouveauté à faire goûter, un petit délice à proposer. Être invité chez un Cancer, c'est être convié à un banquet d'odeurs, de saveurs et de mets délectables. Bien sûr, la restauration, l'hôtellerie, l'alimentation sont des domaines qui lui conviennent tout à fait. D'ailleurs, même si vous n'en faites pas votre métier, manger est si important dans votre vie que vous trouverez toujours le moyen de concocter un petit plat pour vos amis... ou pour vous-même! Ce n'est pas un Cancer qui se laissera mourir de faim.

En plus de bien soigner son estomac, le Cancer sait également s'occuper de son esprit, et il ne manque pas d'inspiration. Le matin est la période idéale pour vous laisser aller à la rêverie. Vous n'arrivez pas à démarrer votre journée sans avoir pris le temps nécessaire pour vous réveiller.

Une fois que vous commencez votre journée toutefois, vous débordez d'énergie. L'influence de la Lune se fait encore une fois sentir, car vous êtes capable de durer et de durer encore. On se demande si vous avez besoin de dormir autant, ou si c'est pour rêver que vous paressez au lit le matin.

On l'a dit, vous n'hésitez jamais à venir à la rescousse de vos proches. Vous avez un cœur d'or. Votre conjoint, vos enfants, vos amis l'admettent. Pourtant, on vous reproche d'en faire un peu trop parfois. Vous êtes si dévoué que vos proches passent avant tout. Vous les chouchoutez jusqu'à saturation. Et vous vous rongez les sangs lorsqu'ils sont au loin: on ne sait jamais... si quelque chose leur arrivait! L'éventail de vos soucis, quand il s'agit de votre entourage, est vraiment très large. Vous vous en faites pour une bosse au front, un retard devient un accident dans votre imagination ou mille et une inquiétudes vous accaparent soudainement l'esprit pour un oui ou pour un non. Vos proches en rient... mais parfois jaune, car ils vous trouvent un peu exaspérant.

Vous dorlotez ceux que vous aimez jusqu'à ce qu'ils n'en puissent plus. Vous les enfermez, les couvez, les nourrissez, les suralimentez jusqu'à épuisement. Ils se plaignent de ne pas pouvoir respirer. Pourtant, dans le fond, ils aiment bien ça, car une maman, un papa, un conjoint ou un ami Cancer, c'est la félicité. Il prend souvent les tracas quotidiens sur ses épaules et facilite la vie de tous au maximum.

Comment se comporter avec un Cancer?

Le mieux est de le laisser s'occuper de vous. Il veillera à ce que vous ne manquiez de rien: «As-tu faim? T'as pas un petit creux?» Il sera toujours disposé à vous prêter une oreille attentive et s'il pense que vous lui cachez vos tracas, il s'imaginera le pire. Dans ces conditions, il vaut mieux vous confier pour éviter qu'il ne s'en fasse avec des riens.

La pure logique n'est guère son fort; il préférera s'en remettre à ses émotions, même lorsqu'il discute avec vous. Intuitif, il peut rapidement déceler que quelque chose vous pose problème. Vous aurez beau tenter de lui prouver par A plus B qu'il s'en fait pour rien, il se fiera davantage à son intuition qu'à vos arguments.

Le Cancer est rongé par l'insécurité; il a besoin d'être constamment rassuré, et il faut lui donner confiance en lui, car sur ce plan, le déficit est grand. Il apprécie la moindre de vos petites attentions; il est donc primordial qu'il se sente aimé et épaulé. Faites-lui savoir que vous l'aimez.

Si vous ne parvenez pas à le convaincre d'entreprendre telle ou telle activité, ou de vous accompagner pour telle ou telle visite, il suffit de lui dire que sa présence fera plaisir aux enfants, et vous le verrez vite enfiler sa plus belle tenue pour vous suivre sans plus poser de questions. Ça marche presque à tous les coups.

Pour éviter qu'il ne pense qu'à ses soucis, réels ou imaginaires, il faut l'inciter à sortir, à voir des gens, à pratiquer des activités à l'extérieur. Il ne le fera pas de lui-même. Insistez: il ne sait pas dire non, et vous pourrez l'emmener où vous voudrez. Par la suite, il vous remerciera.

Ses goûts

Chez le Cancer, les plaisirs de la table priment. C'est au milieu de son petit monde qu'il est le plus heureux. Il vous offrira un repas copieux et délicieux. Le Cancer savoure sa nourriture comme d'autres savourent la vie; pour lui, les deux sont intimement liées. Il a le sens de l'hospitalité, et vous pouvez frapper à sa porte, de jour comme de nuit, elle est toujours ouverte pour ses amis, sa famille et surtout ses enfants. Évidemment, une bonne assiette les y attend.

Son antre est un nid chaleureux, rempli d'objets aux formes invitantes et de souvenirs. On s'y sent bien et on a l'impression que les ennuis quotidiens y sont absents. Lui-même apprécie son repaire, voilà pourquoi il ne veut pas en sortir. Souvent, le Cancer est propriétaire de sa petite maison, car elle fait partie de sa carapace; c'est son élément de protection, l'endroit où il aime se retrouver.

Si votre vieille voisine court derrière les petits enfants de la rue pour leur offrir les biscuits qu'elle vient de faire, c'est certainement une belle grand-maman Cancer.

Son potentiel

Le Cancer est d'un altruisme exacerbé. C'est dans sa nature. Il n'est donc pas rare de le voir œuvrer comme infirmière ou responsable du service à la clientèle de son entreprise.

Sa nature gourmande sera également bien servie dans l'alimentation, l'épicerie, la restauration (quel cordon-bleu!) et l'hôtellerie. Il aime également la psychologie, les soins à autrui, l'éducation, les services de garderie et la comptabilité.

Son côté protecteur le pousse souvent à gagner sa vie dans un domaine où il pourra laisser libre cours à son désir d'aider l'humanité tout entière. S'il a choisi un métier moins lié au service au public, il demeurera néanmoins attentif au bien-être d'un collègue, d'un confrère ou d'un employé qui a des problèmes. Il ne peut s'empêcher de s'inquiéter pour les autres.

Ses loisirs

Le Cancer a besoin de sentir tout son petit monde autour de lui pour être vraiment bien. Il préférera donc avoir des activités familiales plutôt que des sorties dans les boîtes de nuit à la mode... Si vous avez besoin de son aide pour garder le petit dernier, pour préparer un repas alors que vous êtes alité, appelez-le, il arrivera en moins de temps qu'il n'en faut pour le dire.

D'ailleurs, notre Cancer aime bien cuisiner. Il est gourmand, d'accord, mais c'est aussi pour lui un bon moyen de réunir autour de lui tous ceux qu'il aime. Il n'hésitera pas à passer des heures dans la cuisine pour vous concocter des petits plats. Et si vous discutez recettes avec lui, alors ce super cordon-bleu vous éblouira par ses talents et ses connaissances culinaires.

Son esprit de famille est très développé et, pour cette raison, l'histoire et la généalogie sauront l'attirer. Très attaché aux souvenirs, aux objets anciens ou aux bricolages des enfants, il pourrait même devenir collectionneur.

Si vous décidez de l'emmener au cinéma ou de lui acheter un roman, n'hésitez pas à cultiver son côté fleur bleue. Les grandes histoires de tendresse et de romantisme sauront le ravir, surtout si la fin consiste en une envolée lyrique sur fond de retrouvailles, de mariage ou d'amour passionné.

Sa décoration

On sait que le Cancer aime bien se protéger sous sa carapace et offrir un refuge aux membres de sa famille. Son intérieur sera donc confortable, chaleureux et douillet. Son petit nid lui permet de se retrancher d'un monde qui va trop vite et qui se fait trop stressant. Chez lui, vous vous sentirez en sécurité, protégé et choyé.

Sa décoration peut sembler hétéroclite, car il aime les objets et il en a accumulé au fil des ans. Il y en a partout. Cet adepte du cocooning s'est créé un cocon douillet où l'histoire de sa petite famille peut se lire au moyen des nombreux souvenirs qui y sont exposés: des photos, le premier soulier de l'aîné, les trophées sportifs du benjamin, un beau dessin de sa cadette, qui aura bientôt 50 ans... mais qu'à cela ne tienne, le Cancer a tout conservé. Si un membre de sa famille cherche un document familial, il est à peu près assuré de le retrouver dans les nombreux souvenirs entreposés chez lui.

La Lune gouverne son signe. Le Cancer aura donc tendance à s'entourer de rondeur. On constate cela en examinant les meubles anciens qu'il aime: les sièges profonds, les consoles et les commodes aux formes rebondies. Chez lui, aucune arête; tout accentue le sentiment de douceur et de bien-être, qui frappe dès qu'on arrive chez lui. On se sent tellement bien chez lui qu'il est souvent bien difficile de s'en aller... Les enfants le savent bien.

Son budget

Le Cancer est un être sage. On pourrait même le qualifier de peureux. Il ne risquera pas ses économies sur un coup de tête.

Avec lui, le mot modération a tout son sens. Il pèse sans cesse le pour et le contre avant de délier les cordons de sa bourse. Si une dépense peut attendre, s'il n'est pas sûr, il y réfléchira deux fois. Et s'il se sent pressé de prendre une décision, il se rebellera et se renferma bien vite dans sa carapace.

Ce n'est pas un être pingre, mais il connaît bien la valeur des choses. Il mise sur la qualité plutôt que la quantité. Sa voiture, même chère, durera longtemps et lui assurera la sécurité qu'il recherche. Sa maison sera solide et située dans un quartier où sa valeur augmentera avec les années.

Il sait investir dans des obligations ou des actions stables; ce n'est pas lui qui courra un risque à la Bourse. Il préfère y aller d'un train pépère, mais arriver à bon port. D'ailleurs, il se décide lentement, mais ne se trompe pas. Son avenir est planifié, et sa retraite, bien préparée. C'est un être sage qui ne mettra pas sa sécurité en péril.

Pour dépanner un être cher, voilà quelqu'un sur qui on peut compter. Il accourra, et souvent avec les bras chargés d'une multitude de solutions... quand ce ne sera pas de présents.

Quel cadeau lui offrir?

Il est relativement facile de faire plaisir à un Cancer. Puisque son intérieur a tellement d'importance à ses yeux, un petit quelque chose pour sa maison, un bibelot, un souvenir ou un objet sera grandement apprécié, surtout si cela ajoute encore un peu de rondeur à son environnement.

Puisque la cuisine est sa passion, n'hésitez pas à lui offrir des livres de recettes, des ustensiles, de la vaisselle, des accessoires pour sa table, ou un grand gueuleton dans un bon restaurant.

En fait, c'est plus le geste en lui-même qui comptera à ses yeux; donc vous n'aurez pas besoin de vous ruiner pour lui faire plaisir. Par exemple, un objet fait de vos mains, ou mieux encore par un enfant, le ravira.

Un dessin, une poterie, une peinture, un coussin au crochet, un pull tricoté de vos mains, une vieille photographie de vos ancêtres communs agrandie et encadrée, voilà ce qu'il appréciera. Et n'ayez crainte, votre cadeau occupera une place de choix parmi ses plus chers souvenirs.

Les enfants Cancer

Un bébé Cancer est un bébé facile. On ne l'entend jamais, il fait ses nuits, dort beaucoup et ne pleurniche pas, à moins justement qu'on l'ait empêché de faire un gros dodo.

Ce sera aussi un petit glouton qui aimera bien le sein de sa maman, plus que le biberon d'ailleurs.

Affectueux, sensible et obéissant, ce formidable bout de chou cherchera toujours à faire plaisir. Les petits garçons sont très attachés à leur maman et le resteront toute leur vie. Il faut donc leur apprendre à voler de leurs propres ailes et ne pas trop les couver, car ils pourraient s'accrocher à vous et ne pas prendre leur envol.

L'enfant Cancer gardera toute sa vie un indéfectible souvenir de la maison de son enfance et de sa famille. Il faudra le pousser hors du nid lorsque le temps sera venu, sinon il pourrait bien continuer à y trouver refuge à la moindre inquiétude. En fait, il reviendra souvent vers vous pour chercher sa dose de tendresse.

L'enfant Cancer a un cœur d'or; il pourrait donner tout ce qu'il a à ses petits camarades moins bien lotis. Il devra apprendre à être plus réaliste, à ne pas trop dépendre des autres, à ne pas trop chercher à surprotéger ses frères ou ses sœurs pour s'épanouir dans la vie.

L'ado Cancer

En tant que signe d'eau, le jeune Cancer a une sensibilité à fleur de peau. Tu ressens l'influence de ton milieu familial, et ta mère occupe une place prépondérante dans ta vie, parfois même à ton insu.

Affectueux, tranquille et plutôt réservé, tu as une imagination très féconde qui te porte à la rêverie. Le plus important pour toi est de te sentir aimé, et tu te montres prévenant et aimable avec tous ceux qui t'entourent, allant même parfois au-devant de leurs désirs, avant qu'ils les aient exprimés. Lorsque quelqu'un se montre intransigeant avec toi, ou si tu penses qu'on s'en prend à un membre de ta famille, tu deviens dur et tu ne te laisses pas faire.

Ta sensibilité te rend un peu timide; tu ne donnes pas ta confiance facilement et, dans un nouveau groupe, tu as tendance à rester à l'écart. Pourtant, lorsque tu es entouré de ceux qui t'aiment, tu t'ouvres: tu te sens vraiment à l'aise.

À l'instar de la Lune qui gouverne ton signe, tu es quelqu'un de changeant. On te trouve parfois capricieux, voire girouette. La raison de ta versatilité est que ta vie émotive guide tes états d'âme. L'avenir t'inquiète un peu, mais tu dois apprendre à apprécier tout ce que la vie met de bon sur ton chemin, sans trop t'arrêter à ses aspects les moins jolis!

Tu es profondément humaniste et généreux, tu as un très grand cœur, un sens profond de la famille. La fidélité et la loyauté ne sont pas les moindres de tes qualités. Tu attends le grand amour, car tu accordes beaucoup de valeur aux sentiments. Tu rêves même d'une petite famille bien à toi, que tu pourras aimer, protéger et gâter.

Tes études

Pour que tu donnes un bon rendement, il te faut un environnement d'études chaleureux. Les polyvalentes géantes et les cégeps impersonnels t'effraient. Malgré tout, comme tu es doué et travailleur, tu réussis à te débrouiller. Décider de ton orientation est par contre un véritable casse-tête. Que choisir? Tu as tellement d'aptitudes et de talents. Mais tu es un peu lent. Tu veux être sûr de faire le bon choix, de ne pas te lancer à l'aveuglette dans un domaine qui ne te plaira pas à 100 %. Prends ton temps, fais confiance à tes capacités et à tes qualités, et tout ira bien. Une fois que ton choix sera fait, ce sera sans aucun doute le bon.

Ton orientation

Musique, écriture et poésie, peinture, tous les arts te plaisent. Tes talents artistiques sont variés et immenses. Même si tu décides de ne pas les utiliser pour en faire ta carrière, il te faut les développer car ils seront une bonne base de ressourcement. Tu as une imagination fertile et si tu sais bien l'utiliser, elle te permettra de mieux canaliser ton émotivité. L'alimentation ou le travail avec les enfants sont d'autres secteurs qui pourraient te plaire. Les techniques de garderie, l'enseignement, l'histoire, la géographie, la diététique, la restauration, l'hôtellerie, les services de traiteur, le cinéma, les soins infirmiers, la médecine, la gestion, la décoration, le jardinage, l'immobilier, la plomberie, le commerce, les antiquités sont autant de domaines qui te permettront d'exprimer tes capacités. Tu vois: tu as le choix.

Tes rapports avec les autres

Tu pressens les événements et les situations. Si un de tes proches est en difficulté, ton intuition te préviendra. Tu as du flair, mais tu ne t'y fies pas assez. Très sensible à l'opinion de tes amis, tu seras ton plus dur critique. Bien sûr, tu es le meilleur juge, mais ne te laisse pas influencer, forge-toi ta propre opinion sans te ranger à celle du voisin par commodité.

Tu es un ami formidable; ta générosité, tes attentions et ta gentillesse font de toi une personne très recherchée. Et en plus, on te sait très fidèle en amitié comme en amour. Il est à peu près sûr que tu as gardé tes meilleurs amis depuis l'école maternelle ou primaire.

Meryl Streep, Jean-Pierre Ferland, Robert Charlebois, Garou, George Michael, Claire Lamarche, Sylvie Tremblay, Charles Biddle jr, Renée Claude, Sylvester Stallone, Ringo Starr, Nathalie Simard, Tom Hanks, Michel Louvain, Yves Corbeil, Carlos Santana, Marie-Josée Taillefer, Michel Tremblay, Tom Cruise, Isabelle Adjani, Joanne Prince.

Pensée positive pour le Cancer

Je vais de l'avant en toute confiance. Je suis libéré de mon passé et je deviens réceptif à tout ce que la vie et les autres veulent me donner de bon.

Pensée positive spéciale pour 2006

Je mérite parfaitement tout ce que la vie a de meilleur. La santé, le bonheur et l'aisance matérielle sont sur ma route.

Le subconscient nous dirige toujours selon nos pensées. En répétant le plus souvent possible ces pensées conçues tout spécialement pour vous, vous vous attirerez plein de belles choses.

Signe: Cancer

Élément: Eau

Catégorie: Cardinal

Symbole: ♋

Points sensibles: Appareil digestif, foie, estomac, rate, pancréas, seins, glandes mammaires. Dyspepsie, digestion lente, besoin de beaucoup de sommeil.

Planète maîtresse: La Lune, qui représente l'émotivité.

Pierres précieuses: Perle, onyx, pierre de lune

Couleurs: Blanc, gris, argent, toutes les couleurs pastels.

Fleurs: Rose blanche, lys, nénuphar.

Chiffres chanceux: 3-8-11-15-23-29-33-35-46-48

Qualités: Sensible, esprit de famille, dévoué, hospitalier, bienveillant, tenace, très maternel.

Défauts: Indécis, peureux, rêveur, lent à démarrer, accroché à sa mère, dépressif, vit dans ses souvenirs et dans le passé.

Ce qu'il pense en lui-même: Qu'est-ce que je pourrais faire pour faire plaisir aux enfants?

Ce que les autres disent de lui: Les enfants d'abord, les autres ensuite.

Prédictions annuelles

Vous voici à l'orée d'une année particulièrement promet-
teuse. À vrai dire, il y a longtemps que vous n'avez béné-
ficié d'influences aussi bénéfiques. Le cycle négatif est loin
derrière vous alors, de grâce, n'y pensez plus. C'est véritablement une nouvelle vie qui s'amorce. Je comprends vos craintes
face à l'inconnu, vous vous sentez tellement plus à l'aise en terrain connu;
pourtant si vous osez ouvrir la porte à toutes les expériences favorables qui
sont sur le point de se présenter, vous en retirerez énormément de satisfaction. Le temps joue en votre faveur. Au fur et à mesure que s'écouleront les
mois, vous vous sentirez de plus en plus fort, de plus en plus confiant.

Santé – Vous avez été sérieusement ébranlé aussi bien physiquement que moralement. Pour certains, tout s'est mis à mal aller en même temps. Dieu merci,
cette période noire est révolue, et vous avez désormais tous les atouts pour régler
ce qui accrochait et ainsi remonter la pente. Les thérapies, les soins de santé que
vous recevrez ou les efforts que vous fournirez pour améliorer votre état donneront des résultats extraordinaires. Ne vous accrochez pas au passé et regardez
plutôt en avant; je vous assure qu'il y a plein de belles choses qui s'en viennent.

Sentiments – Les dernières années ont comporté plus que leur lot de chagrins et de déceptions; pourtant c'est bel et bien fini. Comme un animal
blessé, vous vous cachez au fond de votre tanière et n'avez guère le goût de
vous aventurer à l'extérieur. Toutefois, l'année 2006 est remplie de promesses, et vous êtes sur le point de rencontrer plein de gens des plus intéressants.
Des proches qui vous aiment sincèrement font des pieds et des mains pour
vous sortir de chez vous; ça vous tape sur les nerfs, et vous êtes sur le bord
de piquer une crise quand soudainement vous vous apercevez qu'ils avaient
raison. Je vous le répète, de belles rencontres vous attendent; les solitaires
pourraient même dénicher la perle rare.

Affaires – Les six premiers mois de l'année seront consacrés à la remontée
professionnelle et financière. Vous récupérerez ce que vous aviez perdu et
possiblement plus. Bonne période pour chercher de l'emploi, pour obtenir
une permanence, une promotion ou un poste convoité. À partir de votre
anniversaire, vous entamez un cycle d'un an extrêmement fortuné. Tout
marche comme sur des roulettes; vos projets avancent à vive allure, sans
compter que vous gagnez beaucoup d'argent. Au fait, vous aurez de très
intéressantes possibilités dans les jeux de hasard, l'immobilier et le commerce. D'heureux concours de circonstances, et parfois des coups de
chance inespérés, vous permettront d'asseoir votre avenir confortablement.
Bonne année pour voyager, pour entreprendre une nouvelle carrière, pour
déménager et pour étudier. Que voulez-vous de plus?

Janvier

D	L	M	M	J	V	S
1	2	3	4F	5F	6D	7D
8	9	10	11	12	13	14○
15	16	17	18	19	20D	21D
22F	23F	24F	25	26	27	28
29●	30	31F				

○	Pleine lune	●	Nouvelle lune
F	Jour favorable	D	Jour difficile

Santé – L'opposition de Mercure à votre signe est largement compensée par les bons aspects que Mercure reçoit; c'est donc dire que vous avez la force nécessaire pour chasser les pensées accablantes et même pour vous prendre en main. Le fait de bouger un peu plus produit des effets remarquables, tant sur votre psychisme que sur votre vitalité. Somme toute, un début d'année encourageant, qui laisse entrevoir plein de promesses.

Sentiments – Vous avez toujours peur de déranger, d'être de trop. C'est très dommage, car plein de gens ne demandent pas mieux que d'être avec vous. Faites donc les premiers pas; je vous assure que vous serez ébahi par l'accueil qu'on vous réservera. Un ami en particulier vous démontre à quel point il tient à vous; vous passez ensemble des moments stimulants et bienfaisants. Ça vous donne même envie de récidiver. Bravo!

Affaires – Bon mois pour consolider ce que vous détenez déjà, que ce soit sur le plan professionnel ou financier. Des placements sérieux, une implication plus poussée dans votre milieu de travail ou d'études se révéleront particulièrement judicieux. Par contre, les gestes précipités, les achats impulsifs ou les investissements risqués pourraient rapidement se retourner contre vous.

Février

D	L	M	M	J	V	S
			1F	2D	3D	4
5	6	7	8	9	10	11
12○	13	14	15	16D	17D	18D
19F	20F	21	22	23	24	25
26	27●F	28F				

○	Pleine lune	●	Nouvelle lune
F	Jour favorable	D	Jour difficile

Santé – Les trois premières semaines se déroulent sans anicroche. Vous déployez une belle vigueur, sans parler que vous continuez à faire de gros progrès sur le plan moral. La dernière semaine marque un moment de vulnérabilité; soyez vigilant afin de ne pas tomber ni contracter une petite infection. Pas facile de résister à la gourmandise... Le froid, le manque de lumière semblent vous aiguiser l'appétit.

Sentiments – Vos proches paraissent préoccupés; voilà sans doute ce qui explique leur distance, voire leur apparente froideur. À partir du 9, ils commencent à trouver des solutions à leurs problèmes personnels et reviennent dans le décor, tout souriants comme avant. On vous fait d'agréables propositions, mais vous avez du mal à sortir de chez vous. Renversez l'invitation, organisez une soirée, une petite fête; tout le monde s'amusera, vous le premier!

Affaires – Dès le 13, vous êtes dans un cycle positif pour donner un nouvel élan à vos activités. Bonne période pour chercher du travail ou changer d'emploi, pour vous inscrire à un cours ou pour entreprendre des démarches. Les déplacements d'affaires ou de loisirs donnent d'heureux résultats. Petites chances au jeu et dans les tirages.

Mars

D	L	M	M	J	V	S
			1D	2D	3	4
5	6	7	8	9	10	11
12	13	14○	15D	16D	17D	18F
19F	20	21	22F	23F	24D	25D
26	27	28	29●	30	31	

○ Pleine lune et éclipse lunaire annulaire   ● Nouvelle lune et éclipse solaire totale
F Jour favorable   D Jour difficile

Santé – Les éclipses de ce mois n'ont guère d'impact sur vos états d'âme, vous arrivez à conserver votre optimisme, et lorsque la déprime menace de s'installer, vous la chassez sans tarder. Physiquement, par contre, les éclipses ont tendance à saper vos énergies. Vous êtes indolent et, si vous vous écoutiez, vous dormiriez tout le temps. Continuez à vous protéger contre les microbes, restez loin des personnes contagieuses.

Sentiments – Une relation tendue se met à évoluer favorablement. Le dialogue devient plus facile, on cesse de constamment chercher la bête noire. De votre côté, vous n'avez plus besoin de marcher sur des œufs. Quel soulagement! Quant au reste, tout va très bien; on vous traite avec tous les égards que vous méritez. Bref, vous êtes drôlement bien entouré.

Affaires – Votre ingéniosité et votre intuition sont des atouts précieux. Grâce à elles, vous contournez les obstacles et savez tirer profit des occasions qui se présentent. Les retards et contretemps ne vous démolissent pas; au contraire, ils vous stimulent et vous fournissent l'occasion de démontrer votre savoir-faire. Un conseil, dites non si l'on veut vous emprunter des sous ou vous faire investir une somme rondelette. En revanche, vous avez encore de petites chances au jeu.

Avril

D	L	M	M	J	V	S
						1
2	3	4	5	6	7	8
9	10	11	12D	13○D	14F	15F
16F	17	18	19	20	21	22
23F/30	24F	25D	26D	27●	28	29

○	Pleine lune	●	Nouvelle lune
F	Jour favorable	D	Jour difficile

Santé – La première quinzaine se déroule exactement comme le mois précédent: le moral est bon, mais vous n'êtes pas la vaillance personnifiée. Par après, vous devenez beaucoup plus énergique, vous avancez à pas de géant et vous affichez une motivation presque délirante. Pas toujours reposant! En allant trop vite, vous risquez de vous faire mal. Vous n'êtes pas invulnérable, faites donc attention aux imprudences et aux distractions.

Sentiments – Entre le 6 et le 30, vous jouissez d'une conjoncture exceptionnelle sur le plan affectif. Vos amours repartent de plus belle, les célibataires ressentent un électrisant coup de foudre. En société, votre indice de popularité se met à monter de manière vertigineuse. Tout cela suscite de l'envie chez un membre de la famille; envoyez-le donc promener!

Affaires – La chance devient de plus en plus présente. Elle donne un boum après le 6 et un autre après le 14. Tout vous réussit, le travail, les affaires et même les jeux de hasard. Bon *timing* pour la recherche d'emploi, les promotions, les transactions, les démarches, les investissements ainsi que les négociations. Bien entendu, vos revenus iront en augmentant.

Mai

D	L	M	M	J	V	S
	1	2	3	4	5	6
7	8	9D	10D	11D	12F	13○F
14	15	16	17	18	19	20F
21F	22F	23D	24D	25	26	27●
28	29	30	31			

○	Pleine lune	●	Nouvelle lune
F	Jour favorable	D	Jour difficile

Santé – La planète Mars évolue dans votre signe, vous conférant une vitalité et une énergie à tout casser. Vous ne tenez pas en place deux secondes, vous vous intéressez à une foule de choses; on ne vous reconnaît plus! Ceux qui ont eu des ennuis de santé trouvent une solution à leurs problèmes, et la remontée se manifeste rapidement. Tout n'est pas parfait cependant; ce transit augmente le risque de blessures de toutes sortes; soyez prévenant.

Sentiments – Votre brillante personnalité ne laisse personne indifférent. On est fortement attiré par vous, on vous admire et l'on ne cesse de solliciter votre présence à gauche et à droite, ce qui ne fait pas toujours l'affaire de votre partenaire qui a l'impression de passer en deuxième. Entre le 5 et le 20, un enfant, un frère ou une sœur vous apprend une excellente nouvelle.

Affaires – La chance continue de vous sourire, y compris dans les tirages. Vos efforts en vue d'améliorer votre situation professionnelle ou pécuniaire donnent rapidement des résultats. Ne remettez pas à plus tard les projets que vous pourriez mettre sur pied en ce moment. À compter du 5, vous bénéficiez de bons aspects pour dénicher une nouvelle résidence, pour voyager, pour acheter un véhicule ou pour investir.

Juin

D	L	M	M	J	V	S
				1	2	3
4	5D	6D	7D	8F	9F	10
11○	12	13	14	15	16	17F
18F	19D	20D	21	22	23	24
25●	26	27	28	29	30	

○	Pleine lune	●	Nouvelle lune
F	Jour favorable	D	Jour difficile

Santé – Vous vous sentirez moins survolté à partir du 5; c'est également à compter de cette date que les dangers d'accident disparaîtront. Votre cadence ralentira quelque peu, mais au moins vous avancerez sans rencontrer d'obstacles. Par ailleurs, le moral, la motivation et le goût de mordre dans la vie demeurent très vifs.

Sentiments – Vous avez vraiment le don de plaire, ce qui pourrait incidemment transformer la vie des solitaires. Si vous êtes déjà en couple, vous vivez une seconde lune de miel avec votre partenaire. Les amis, anciens et nouveaux, se montrent on ne peut plus gentils, et même la marmaille se met de la partie pour vous faire vivre un mois du tonnerre.

Affaires – Le cycle fortuné se poursuit de plus belle. Un emploi à la hauteur de vos aspirations, une nomination, une augmentation de salaire ou de votre chiffre d'affaires sont autant de scénarios possibles. Vous vous découvrez des talents de négociateur et d'administrateur que vous ne pensiez pas avoir. Les déplacements, démarches et achats importants restent avantageux.

Juillet

D	L	M	M	J	V	S
						1
2	3D	4D	5F	6F	7F	8
9	10○	11	12	13	14F	15F
16D	17D	18	19	20	21	22
23/30D	24●/31D	25	26	27	28	29

○	Pleine lune	●	Nouvelle lune
F	Jour favorable	D	Jour difficile

Santé – Après avoir connu une alternance d'abattements et de frénésies, voici que vous gérez parfaitement vos réserves d'énergie. Vous êtes un véritable modèle d'équilibre, vous savez quand vous dépenser sans jamais dépasser vos limites. Votre résistance nerveuse est exceptionnelle; vous gérez les petits stress de la vie avec doigté. Avec toutes ces bonnes dispositions, pas étonnant que vous soyez en beauté.

Sentiments – Entre le 19 juillet et le 13 août, vous recevez la visite de Vénus, planète du bonheur sentimental. Les couples retombent amoureux, alors que les solitaires rencontrent une personne correspondant à leurs espérances. Votre vie sociale devient endiablée; cela vous fournit l'occasion de fraterniser avec de vieilles connaissances et même de vous faire de nouveaux amis. Pas un seul nuage à l'horizon.

Affaires – Si vous évitez les investissements risqués, les prêts d'argent et les gestes irréfléchis, vous pourrez continuer à profiter de votre bonne fortune. C'est simple: ne faites pas confiance au premier venu! Du 11 au 28, une bonne nouvelle viendra récompenser une démarche ou un effort que vous avez fait. Au jeu, vous faites des jaloux au cours de la seconde quinzaine.

Août

D	L	M	M	J	V	S
		1D	2F	3F	4	5
6	7	8	9○	10F	11F	12D
13D	14	15	16	17	18	19
20	21	22	23●	24	25	26D
27D	28D	29F	30F	31		

○	Pleine lune	●	Nouvelle lune
F	Jour favorable	D	Jour difficile

Santé – La conjoncture demeure favorable, et vous avancez sans difficulté; vous affichez une vigueur et une confiance en vous inébranlables. Le plein air vous insuffle de l'énergie; vous avez une mine splendide, et l'on dirait même que vous rajeunissez. Bon mois par conséquent pour vous refaire une beauté, pour actualiser votre style ou pour perdre quelques kilos.

Sentiments – N'oubliez pas que la première quinzaine est toujours sous l'égide de Vénus et que vous avez tout ce qu'il faut pour jouir d'une destinée amoureuse formidable. Le reste du mois ne laisse rien envisager de vilain, au contraire. Ce sera probablement moins excitant, mais la douceur du quotidien vous conviendra parfaitement. Vous étiez tellement sur la trotte que vous ne détesterez pas vous réinstaller dans vos affaires.

Affaires – Vous vous exprimez brillamment, ce qui vous donne une longueur d'avance sur les autres lorsqu'il s'agit de négocier. Au boulot, vous travaillez d'arrache-pied et vous accomplissez des prouesses. Un contrat ou des heures supplémentaires vous permettront de gagner encore plus d'argent. Quant à la chance au jeu, elle sera très présente au cours de la première quinzaine.

Septembre

D	L	M	M	J	V	S
					1	2
3	4	5	6	7○F	8F	9D
10D	11	12	13	14	15	16
17	18	19	20	21	22●	23D
24D	25F	26F	27F	28	29	30

○ Pleine lune et éclipse lunaire partielle   ● Nouvelle lune et éclipse solaire annulaire
F Jour favorable   D Jour difficile

Santé – Les éclipses de ce mois combinées à un transit délicat de Mars risquent de vous rendre plus vulnérable à compter du 7, et ce, sur tous les plans. Votre organisme résiste moins bien aux infections, votre corps vous rappelle à l'ordre lorsque vous le négligez, et la crise de nerfs vous guette si vous ne prenez pas le temps de vous relaxer. Tant qu'à faire, prémunissez-vous contre les accidents bêtes. En faisant attention, vous pourrez éviter tous ces pépins.

Sentiments – Au moins de ce côté vous n'êtes pas trop malmené, si ce n'est par les problèmes personnels ou le comportement d'un membre de la famille. Votre partenaire et vos amis sont non seulement d'une gentillesse exceptionnelle, mais ils sont toujours disponibles lorsque vous avez besoin d'eux. Bon mois pour fraterniser.

Affaires – Durant la première semaine, tous les espoirs sont permis et vous devriez continuer d'avancer à vive allure. La carrière progresse, les démarches aboutissent rapidement, tandis que vos finances sont florissantes. Par après, votre route semble plus cahoteuse. L'incompétence ou la mauvaise foi de certains vous agace royalement. Les retards s'accumulent, et le contrôle de la situation vous échappe momentanément.

Octobre

D	L	M	M	J	V	S
1	2	3	4F	5F	6○D	7D
8	9	10	11	12	13	14
15	16	17	18	19	20D	21D
22●F	23F	24F	25	26	27	28
29	30	31				

○	Pleine lune	●	Nouvelle lune
F	Jour favorable	D	Jour difficile

Santé – Finies les éclipses! Toutefois Mars et Mercure continuent de vous compliquer la vie jusqu'au 24. Demeurez sur le qui-vive afin de ne pas vous blesser, respectez une bonne hygiène de vie et surtout gardez-vous quelques moments pour vous détendre ou mieux encore pour vous dorloter. Dans la dernière semaine tout s'arrangera; vous vous porterez beaucoup mieux, et ceux qui ont eu des ennuis amorceront un cycle de rétablissement.

Sentiments – N'attendez pas trop après les autres d'ici la nouvelle lune du 22. Vos intimes ne sont pas disponibles ou n'ont pas de temps; vous avez même l'impression qu'on cherche à se débarrasser de vous. Malgré leurs maladresses, vos proches vous aiment sincèrement; vous en aurez d'ailleurs plusieurs belles preuves vers la fin du mois. Une agréable surprise est possible.

Affaires – Armez-vous de patience et de ténacité, vous allez en avoir besoin pendant les trois premières semaines. Rien ne marche à votre goût, soit que ça traîne en longueur, soit que ça se met à évoluer différemment de ce que vous aviez prévu. Un gros nuage... mais sans plus. Dès le 24, on assiste au retour éclatant de la chance dans tous les domaines.

Novembre

D	L	M	M	J	V	S
			1F	2F	3D	4D
5○	6	7	8	9	10	11
12	13	14	15	16D	17D	18D
19F	20●F	21	22	23	24	25
26	27	28F	29F	30D		

○	Pleine lune	●	Nouvelle lune
F	Jour favorable	D	Jour difficile

Santé – Toutes les influences négatives ont disparu; elles ont même fait place à une conjoncture particulièrement bénéfique. Excellent mois pour vous attaquer à ce qui clochait, pour aller chercher de l'aide, pour mettre de l'ordre dans votre vie, bref pour revenir au sommet de votre forme. La marche, la danse, l'exercice en général profitent à votre physique comme à votre moral. Votre silhouette s'affine, votre sourire est radieux.

Sentiments – Comme nous venons de le mentionner, vous êtes en beauté. Votre conjoint se remet à vous courtiser et, si vous êtes seul, vous avez assurément tout ce qu'il faut pour séduire qui vous voulez. Dans les réunions mondaines, vous volez la vedette plus souvent qu'à votre tour. Un proche vous demande de lui pardonner ses manquements passés, alors qu'un enfant adopte une conduite dont vous avez tout lieu d'être fier.

Affaires – Les choses repartent en grand. Vous maîtrisez à nouveau la situation; plus rien ne vous échappe. Certains projets qui stagnaient se mettent à débloquer; vous recevez également des nouvelles positives concernant une démarche ou une demande effectuée dans le passé. Votre cote de popularité étant à la hausse, on vous fait quelques bonnes propositions. Vous avez davantage de latitude avec le budget et pourriez même rafler un beau prix dans un tirage.

Décembre

D	L	M	M	J	V	S
					1D	2
3	4○	5	6	7	8	9
10	11	12	13D	14D	15D	16F
17F	18	19	20●	21	22	23
24/31	25F	26F	27D	28D	29	30

○	Pleine lune	●	Nouvelle lune
F	Jour favorable	D	Jour difficile

Santé – Une légère infection, une chute ou une blessure mineure pourrait facilement être évitée entre le 6 et le 31 si vous prenez quelques précautions. À vrai dire, c'est souvent la distraction, la nervosité ou la frustration qui est à l'origine de vos ennuis. Alors, c'est simple, gardez l'œil ouvert et cultivez un état d'esprit positif; ainsi tout ira rondement.

Sentiments – La première semaine s'annonce splendide. Les marques d'attention, les paroles aimables, voire les déclarations semblent surgir de partout. Le reste du mois pourrait être tout aussi génial, pour peu que vous évitiez d'être trop critique ou de vouloir tout contrôler. Changez d'attitude: en vous immisçant trop dans les affaires de vos proches, vous risquez de compromettre l'harmonie.

Affaires – Vous travaillez dur et vous avez entièrement raison d'être fier de vous. Vous cherchez sans cesse à satisfaire vos patrons ou vos clients; vous leur en donnez même plus qu'ils n'en demandent. Au moins, on apprécie votre extraordinaire dévouement et on trouve différents moyens bien tangibles de vous le montrer. Votre budget résiste à une grosse folie que vous êtes sur le point de faire.

LION
du 24 juillet au 23 août

En bon Lion que vous êtes, vous régnez sur votre petit monde, et cela se voit. Vous êtes la vedette de votre cercle amical ou familial, et vous appréciez que les têtes se tournent sur votre passage. On vous remarque, et tout en vous contribue à cela: vos vêtements, vos attitudes, votre démarche, bref votre allure générale est féline et ne passe pas inaperçue.

Vous voulez être à la tête de la meute, partout et dans tout. Votre intérieur doit être le mieux tenu, votre carrière doit atteindre des sommets, vous devez remporter le plus important trophée sportif, vous devez diriger une multinationale, bref que ce soit pour récurer les chaudrons ou pour diriger une banque, vous ne jouerez jamais les seconds violons.

On ne peut pas dire que vous soyez mauvais perdant; vous êtes plutôt un gagnant qui a du panache, et qui sait se montrer débonnaire et généreux avec autrui. La victoire vous va bien, il n'y a pas de doute là-dessus. Et souvent, vous la méritez. Énergique, ambitieux, ayant du cœur à l'ouvrage, vous vous donnez à 100 % ou, plutôt, à 200 %. Vous vous concentrez sur votre but, et votre ardeur est remarquable. Rien ne semble trop difficile à vos yeux, quitte à redoubler d'efforts pour atteindre votre but. Qu'il s'agisse d'un poste de direction, de l'aménagement de votre demeure, de vos cours de piano, tout est mis en œuvre pour contribuer à votre triomphe. Le résultat est remarquable et remarqué, et c'est le but que vous vous étiez fixé. Vous ne supportez pas l'indifférence.

Et bien sûr, quand on ne laisse pas indifférent, certains admirateurs nous soutiennent et d'autres nous envient. Vous serez donc souvent l'objet de jalousie et de critiques acerbes. Vous occupez toute la scène, et certains vous reprocheront de jouer à la star; ne vous en faites pas avec ces mesquineries, car dans le fond ces gens vous envient et vous admirent. En fait, tout vous réussit si bien qu'on pourrait croire que vous parvenez à votre but sans effort, que tout vous tombe du ciel, et pourtant, vous travaillez d'arrache-pied pour obtenir tout ce que vous possédez… Vous savez si bien cacher vos efforts qu'on dirait que votre succès va de soi; vous avez tellement l'air d'être au-dessus de vos affaires.

Il en va de même sur le plan personnel. Vous dissimulez vos soucis, vos inquiétudes et votre chagrin; vous dites que tout va bien, même lorsque vous êtes désemparé. Vous êtes tellement habile pour cacher vos tracas que même vos proches n'y voient que du feu… et vous vous sentez bien seul dans ces moments-là.

Vous régnez sur votre entourage, certes, mais vous n'êtes ni un être arrogant ni un avare. Vous êtes un roi qui veille attentivement sur ses sujets et vous savez vous montrer très généreux.

Démonstratif et ardent comme vous l'êtes, vous vivez vos amours sous le signe de la passion, et vous recherchez un partenaire qui vous fera honneur. Si en plus cette personne se montre indifférente ou est inaccessible, le défi n'en est que plus attirant pour le Lion, qui se lancera alors dans une véritable chasse.

En tant que maître du monde, vous avez un sens de la justice très élevé. Vous êtes une personne entière, honnête et droite, et vous demandez la même chose de votre entourage. Hélas! tout le monde ne vous ressemble pas. Ainsi, si vous vous associez, cette union sera profitable… à vos partenaires, car vous mettrez tout votre cœur et beaucoup de passion à votre travail, ce qui rapportera beaucoup à ceux qui en feront moins et qui vous laisseront agir. Vous donnez de bon cœur, mais vous ne pardonnez pas de sitôt la duperie et le mensonge. Dans ces cas-là, le Lion en vous se réveille et gronde.

Comme leurs homologues des savanes, les femmes Lion seront souvent reines de leur foyer et pourront mener sans problème une carrière parallèle à leur vie domestique. Elles vont «chasser» pour rapporter de la nourriture.

Votre signe est celui du commandement, de la gestion, et, même si vous commencez au bas de l'échelle, vous finirez par obtenir un poste de direction. Vous avez un goût inné pour l'autorité; vous aimez décider de tout, choisir le film que votre conjoint veut voir, organiser les activités des enfants et jusqu'à donner votre avis sur la maison que votre sœur veut acquérir.

Vous êtes là pour tout organiser, tout diriger, et il ne faut certainement pas que les autres viennent se mêler de vos affaires et vous dire quoi faire!

Votre point faible serait sûrement votre petit côté orgueilleux et vaniteux. Vous aimez la flatterie, et cela peut vous jouer de vilains tours. Tout semble facile pour vous, et on a souvent tendance à croire que tout vous arrive sans effort alors que avez certainement travaillé très dur pour en arriver là et pour surmonter de nombreux obstacles. Mais une fois que vous avez réussi, avouez quand même que vous gonflez votre crinière d'orgueil!

Comment se comporter avec un Lion?

Le meilleur moyen de s'entendre avec un Lion est de ne pas s'opposer à lui. Il n'appréciera pas que vous le remettiez en question et pourrait en faire une affaire personnelle. Que vous vous mettiez en colère, que vous criiez, que vous tempêtiez n'y changera rien; au contraire, il s'entêtera. Par contre, le Lion n'est pas insensible à la logique et au bon sens; c'est donc la carte qu'il faut jouer pour le convaincre. Pour obtenir ce que vous désirez, vous pouvez aussi faire appel à ses émotions, à ses bons sentiments. C'est un être généreux qui ne vous tournera pas le dos en cas de besoin. Exposez-lui la situation et laissez-lui le plaisir de proposer son aide. Il aura l'impression que ça vient vraiment de lui et sera d'autant plus heureux de vous donner un bon coup de main.

Le Lion a une haute opinion de lui-même; il aime bien qu'on fasse attention à lui. Au restaurant, à la maison ou en société, n'hésitez pas à lui laisser prendre la première place; il vous en sera reconnaissant... De toute façon, il la prendra, alors autant la lui laisser rapidement pour éviter les heurts. Le Lion aime s'afficher, se faire remarquer. Il aime les activités qui lui permettront de se montrer en public. Invitez-le au théâtre, dans des premières et des lancements officiels. Par contre, vous devrez l'accompagner, car il a besoin de sa petite cour et déteste être seul.

Si vous avez des reproches à lui faire, attendez un tête-à-tête. Ne le faites jamais, au grand jamais, devant une tierce personne ou pire — quel outrage! — en public. Humilié, notre Lion ne vous le pardonnerait jamais. Et même s'il a tort, ne le contredisez pas devant les autres: soutenez-le, quitte à rétablir les choses en privé, lorsqu'il sera mieux disposé à vous écouter. Si vos propos sont sensés et logiques, ou s'il pense vous faire plaisir, il rentrera ses crocs et, en bon gros minet généreux, il se laissera convaincre.

Le Lion soigne particulièrement son image publique; donc, ne lui faites jamais un affront devant les autres, car son âme de fauve saura vous le faire payer cher. Si vous réussissez à lui faire croire que vos idées sont les siennes, si vous ne le prenez pas à rebrousse-poil mais plutôt en jouant la carte de la douce caresse, le félin rugissant deviendra le plus gentil des chats et vous mangera dans la main... Ceci reste entre nous, bien entendu!

Ses goûts

Évidemment, le Lion a des goûts royaux. Il apprécie tout ce qui contribue à le mettre en valeur. Ses vêtements sont élégants, généralement griffés, un peu voyants mais classiques, souvent de teintes claires, beiges ou dorées. Il affiche des bijoux de prix, des pierres véritables, des fourrures bien choisies. Sa maison se remplit de beaux objets, généralement précieux, de dorures et surtout de miroirs qui reflètent ses atours. Il aimera un décor lumineux et luxueux.

À table, la mise en scène l'attire: l'argenterie, un chandelier, une table bien dressée. Dans la nature, le lion est un carnassier. Notre Lion aime aussi les viandes et les sauces raffinées. Il déguste avec élégance, se soucie du décorum et a de belles manières. Ce n'est pas lui qui vous fera honte à table, au contraire, sa présence rehaussera vos repas.

Son potentiel

Ce personnage royal ne se contentera sûrement pas d'un poste de subalterne. Le Lion veut toujours faire mieux que les autres; il consacre donc beaucoup de temps et d'énergie à sa carrière. L'avancement et les promotions, voilà ce qu'il recherche. Par contre, il n'hésitera jamais à commencer en bas de l'échelle, car il sait que son ardeur, ses talents et ses efforts le mèneront rapidement vers les plus hauts sommets de son entreprise. Le balayeur deviendra président de la compagnie.

Le Lion excellera dans les postes de commandement, l'administration, la gestion, la politique, le gouvernement, la finance, les affaires, la haute fonction publique, les postes de responsabilité, les grades les plus élevés de l'armée. Quoi qu'il fasse, il obtiendra un poste clé en peu de temps. D'ailleurs, les Lion sont d'excellents entrepreneurs et démarrent souvent leur propre entreprise ou travaillent à leur compte. Ils aiment dominer mais surtout pas se faire dominer.

Comme ils aiment se mettre en avant pour étaler leur allure féline, leur petit côté théâtral sera bien servi s'ils décident de monter sur les planches; il n'est pas rare de constater que bon nombre d'artistes, notamment des acteurs, sont du signe du Lion. Ce sont des stars dans l'âme.

Ses loisirs

Même si c'est parfois à son insu, le Lion choisit des activités où il pourra briller. Ce n'est pas lui qui passera son temps le nez dans un moteur automobile; il risquerait de s'y salir. Par contre, demandez-lui de conduire une voiture de course, et il sera heureux d'afficher ses qualités. Le Lion aime les sports nobles: le golf, l'équitation, le tennis, le polo ou ceux qui donnent du prestige, comme la formule 1. La victoire leur va très bien. Alors si en plus ils réussissent à devancer leurs adversaires, ils seront les plus heureux du monde.

Le Lion aime déployer ses talents, surtout devant un public. Le théâtre, qu'il a dans le sang, et le chant lui conviennent tout à fait. Sous les feux de la rampe, il s'illumine; c'est une vraie vedette. Il aime aussi assister et se montrer à des spectacles haut de gamme.

Il a une vie mondaine brillante et n'hésite jamais à se faire remarquer. Si un photographe de presse est dans le coin, il s'arrangera pour figurer en bonne place sur les clichés. Et si, par hasard, il se retrouve à la une des journaux, il ne se tiendra plus de joie.

En fait, le Lion évolue toujours comme si les caméras de télévision étaient braquées sur lui en permanence. Quoi qu'il fasse, cuisiner, planter un clou ou passer l'aspirateur dans le salon, il le fera sourire aux lèvres. Même ses vêtements de travail seront impeccables. Tout lui réussit, et le voir évoluer avec autant de brio fait les délices de ses admirateurs.

Sa décoration

Le Lion, en bon roi, n'habite pas une maison comme vous et moi, mais plutôt un palais. Il a des goûts grandioses; ce qu'il y a de mieux et de plus luxueux trouve toujours place dans son intérieur, et la dépense ne lui fait pas peur.

Des tapis épais et moelleux, probablement très pâles, blancs ou ivoire, vous accueillent à l'entrée de son antre. Ce qui frappe au premier coup d'œil, ce sont les miroirs: ils sont magnifiques et disposés de manière à refléter les bibelots précieux, les dorures, les objets de cristal. Des meubles très chers et des tentures imposantes viennent compléter une décoration riche et luxueuse. Le Lion possède un goût inné pour le beau. Il sait choisir les plus belles matières, le meilleur bois, les tissus les plus luxueux; il aime l'opulence, et ça se voit. C'est d'ailleurs l'effet recherché.

Il se passionne pour les œuvres d'art, les meubles ayant beaucoup de style, les objets luxueux et n'hésite pas à s'en procurer, même à prix faramineux… Heureusement, malgré un décor chargé, il choisit des couleurs claires: crème, blanc ivoire, jaune doré, or brillant, ce qui crée un ensemble lumineux et impressionnant sans être oppressant. Le Lion adore aussi les mises en scène; s'il vous invite pour un petit goûter à l'improviste, les porcelaines, les dentelles délicates, les vases de cristal seront tout naturellement de la partie. Ce n'est pas la demeure de n'importe qui, et ça se voit.

Son budget

Avec un tel goût pour le luxe, on pourrait croire que le Lion se moque de son budget et pourrait allégrement se ruiner pour un bel objet. C'est vrai qu'il ne regarde pas à la dépense et qu'il aime les belles choses, mais c'est aussi un excellent administrateur qui sait planifier ses achats. Il sait comment se procurer ce dont il a envie, sans pour cela mettre en péril ses finances. Tout un art!

Ses revenus sont aussi bien gérés que son intérieur. Ses placements sont judicieux, et s'il vous donne des conseils financiers, soyez assuré qu'il sait de quoi il parle. Il n'est pas du genre à mettre tous ses œufs dans le même panier et il diversifie fort bien ses investissements: les valeurs mobilières et immobilières, la Bourse n'ont guère de secrets pour lui. Même avec un budget minuscule, il fera des merveilles et réussira à économiser tout en s'offrant de petits luxes, un véritable tour de force qui en impressionne plus d'un.

Les natifs du Lion ont un sens de la gestion bien aiguisé et ils aiment être leur propre maître. Donc, plutôt que de travailler pour autrui, la plupart décideront de se lancer en affaires, ce qui leur permettra d'exploiter plusieurs talents, sans avoir de comptes à rendre. Ils travaillent très fort pour parvenir au succès. Pourtant, tout semble si facile pour eux que plusieurs les envient.

Quel cadeau lui offrir?

Le Lion est un amateur de beaux objets. Tout le monde n'a pas les moyens de lui offrir un voyage autour du monde en paquebot de luxe ou une Ferrari, mais en respectant une petite règle toute simple, on peut lui faire un plaisir incommensurable, même si on ne lui offre qu'un t-shirt ou un bibelot: n'achetez que des articles de première qualité. Choisissez ce qu'il y a de mieux: une veste griffée, un vase de cristal, des fleurs de première qualité. Il appréciera davantage cela qu'une multitude de cadeaux sans valeur.

Le Lion aime qu'on fasse attention à lui; donc, votre présent sera considéré comme un hommage que vous lui rendez. Ne lui offrez donc pas d'argent; il en serait offensé. Notre Lion n'est pas à vendre! Il aura l'impression qu'il n'a pas d'importance à vos yeux; il appréciera plus un cadeau choisi avec amour qu'un chèque lui permettant d'acheter lui-même ce qui lui plaît.

Le cadeau idéal est un bijou: les diamants sont toujours appréciés. Mais si votre budget ne vous le permet pas, des parfums importés, des objets de luxe ou rares, des vêtements élégants (et préférablement griffés) ou des billets pour un spectacle couru sauront lui plaire. Quoi que vous décidiez de lui offrir, soignez particulièrement la présentation de votre cadeau (du papier de soie, un emballage élégant, un ruban doré), car son plaisir en sera décuplé.

Les enfants Lion

Dans un groupe d'enfants, le plus photogénique sera un petit Lion. Même s'il ne sait pas encore dire deux mots, dès que vous sortez un appareil photo, il affiche son plus beau sourire, prêt à vous charmer.

Même lorsqu'il est un bout de chou, le petit Lion fait des mimiques, prend des poses, sourit aux anges. Il a déjà du magnétisme et sait comment être le centre d'intérêt de son entourage. Ce n'est pas un enfant qui s'amuse seul dans son coin; il a besoin d'un public. À la garderie, à l'école, dans la ruelle avec ses copains, il continuera de voler la vedette. Il a besoin de briller et demande beaucoup d'attention. C'est un chef de groupe qui sait se faire respecter.

Avec un enfant Lion, il faut être présent. Vous devez lui manifester de l'affection, même quand il se trompe ou lorsqu'il perd. Vous devez alors lui expliquer que d'autres aussi peuvent gagner et qu'un échec ne signifie nullement qu'il n'est bon à rien. Il doit comprendre qu'il ne peut pas être le premier partout, qu'il n'est pas nécessaire d'être toujours parfait en toute chose. Dites-lui que, malgré ses échecs occasionnels, vous l'aimez tout autant. Les enfants Lion sont brillants, intelligents, travailleurs; vous serez très fier d'eux.

L'ado Lion

Ton signe fait honneur au roi des animaux. Comme lui, tu te fais remarquer, et cela te plaît énormément. Tu as tendance à gonfler ta crinière, à te pavaner un peu, sans méchanceté. Tu ne supportes pas d'être le deuxième; tu dois absolument être le premier en tout. Tu as une nature noble et généreuse, et tu es né pour diriger. Dans ton cercle d'amis, c'est probablement toi qui mènes, et lorsque ce n'est pas le cas, tu peux sortir tes griffes de fauve.

Tu t'exprimes facilement, tu donnes ton point de vue, parfois même lorsqu'on ne t'a pas demandé ton avis. En fait, tu as une assez haute estime de toi.

Quand tu ne te sens pas en forme, tu t'isoles dans ton coin jusqu'à ce que ça aille mieux; tu penses sûrement que c'est mieux pour ton image. Tu n'es pas du genre à raconter tes problèmes. Tu n'aimes pas te faire consoler; tu es bien trop indépendant pour cela. Tu cherches à préserver cette force de caractère que tu affiches en tout temps.

Par contre, lorsque ça va bien, tu n'hésites pas à te montrer et à briller de mille feux. Tu es intelligent, tu as bon cœur et tu es conscient de toutes tes capacités. Tu es fier aussi; si on te critique en public, si on te dénigre, cela te blesse profondément. L'opinion des autres compte beaucoup pour toi; tu cherches toujours à te mettre en valeur et à être au mieux de ta forme. Tu aimes les honneurs, mais reste sur tes gardes: ce monde est rempli de flatteurs qui pourraient te manipuler facilement.

Les beaux vêtements et le luxe sont ce que tu préfères, et tu réussis à te les offrir. Tu as des projets ambitieux et toute la volonté qu'il faut pour les réaliser. On dirait que tout vient aisément à toi, que tu n'as qu'à te pencher un peu pour récolter. Pourtant, on oublie tous les efforts que tu as faits pour parvenir à ton but. Tu mérites amplement ton succès, car tu travailles dur pour l'obtenir.

Tes études

Ton signe est fixe; lorsque ton choix est fait, la réussite te sourit. Les efforts ne te font pas peur, et tu es prêt à mettre toute l'énergie nécessaire pour atteindre tes objectifs qui, il faut bien le dire, sont assez grands. Tu aimes être le premier, et la compétition te stimule. Les concours, les examens ne te troublent pas outre mesure; tu les prends comme de nouveaux défis. En équipe, tu dois apprendre à laisser un peu de place aux autres et à leur accorder le mérite de leurs bonnes idées. Cette façon de faire te permettra de diriger le groupe tout en sachant motiver tes troupes pour atteindre le succès.

Ton orientation

L'ambition est probablement ce qui te caractérise le plus. Tu as mille et un projets. Ils sont parfois bien farfelus aux yeux des autres, mais laisse-les sourire et poursuis ta route sans te retourner. Tu connais tes capacités, tu peux juger de tes limites et tu es déterminé. Donc, rien ne peut te résister lorsque tu te mets en tête d'atteindre tes objectifs. Tu es un chef-né, un leader. Choisis une sphère d'activité où tu pourras t'épanouir. L'administration, la gestion, la finance, la politique, le génie, les relations publiques, les arts, le cinéma, le droit et la fonction publique sont des domaines où tu pourrais exprimer toutes tes qualités. Tu peux réussir dans n'importe quoi, si tu sens que tu peux montrer qui est le meilleur, c'est-à-dire toi. Un Lion ne peut se contenter d'un emploi subalterne, et il est rare qu'il demeure un employé toute sa vie. Il commence parfois au bas de l'échelle, mais à force de travail, il finira par être au sommet de la hiérarchie. Les Lion pensent souvent à créer leur entreprise, peut-être est-ce déjà dans tes plans d'avenir?

Tes rapports avec les autres

Tu agis souvent comme le «chef de la bande», et tes amis occupent une place prépondérante dans ta vie sociale. Tu aimes rencontrer de nouveaux visages, surtout quand ils te permettent de te faire valoir. Par contre, tu es très attaché à tes amis; tu les aides, tu les défends et si tu sais t'imposer, tu sais aussi les protéger. Tu as une sainte horreur du mensonge, et lorsque tu retires ta confiance à quelqu'un, il devra travailler fort pour la regagner. L'élément le plus faible chez toi, c'est que tu n'oses pas demander. Quémander n'est pas dans ta nature. Si ça ne va pas dans ta vie, tu préfères t'isoler et faire croire que tout va bien plutôt que de demander de l'aide. Tu es foncièrement honnête et tu t'attends à ce que tout le monde qui t'entoure le soit aussi.

Claude Barzotti, Mick Jagger, Sandra Bullock, Pascale Montpetit, Charles Lafortune, Martha Stewart, Arnold Schwartzenegger, Yvon Deschamps, Félix Leclerc, André Gagnon, Marjolaine Morin, Maurice Richard, Carole Laure, Julie Snyder, Dustin Hoffman, Bruno Pelletier, Whitney Houston, Louise Forestier, Judy Richards, Michel Jasmin, Napoléon, Madonna, Marc Messier, Sean Penn, Laurence Jalbert, Luce Dufault, Lynda Lemay, Martin Drainville.

Pensée positive pour le Lion

Je rayonne sur les autres, et les nombreux bienfaits que je leur offre me sont rendus au centuple. Je suis un soleil bienfaisant.

Pensée positive spéciale pour 2006

J'accepte de lâcher prise, sachant que le meilleur s'en vient pour moi. J'ouvre la porte aux changements, car il en découlera des choses fantastiques.

Le subconscient nous dirige toujours selon nos pensées. En répétant le plus souvent possible ces pensées conçues tout spécialement pour vous, vous vous attirerez plein de belles choses.

Signe: Lion

Élément: Feu

Catégorie: Fixe

Symbole: ♌

Points sensibles: Cœur, système cardiovasculaire, taux de cholestérol, tension artérielle, infarctus, colonne vertébrale, maux de dos.

Planète maîtresse: Le Soleil, source de la vie.

Pierres précieuses: Diamant, brillant, rubis.

Couleurs: Les nuances du soleil et de l'or, jaune, beige.

Fleurs: Rose rouge, pensée, coquelicot.

Chiffres chanceux: 5-9-10-14-25-26-30-35-41-46.

Qualités: Noble, fier, généreux, énergique, doué de magnétisme, vedette, juste.

Défauts: Orgueilleux, autoritaire, goût exagéré du luxe, vaniteux, en impose aux autres.

Ce qu'il pense en lui-même: Il faut absolument que je fasse mieux que les autres.

Ce que les autres disent de lui: Voilà notre vedette qui arrive!

Prédictions annuelles

Les aspects planétaires présents dans votre ciel indiquent une période de profondes transformations. Vous sentez que vous arrivez au terme d'une étape, qu'il vous faut prendre d'importantes décisions même si elles ne sont pas toujours faciles. Vous réorganisez votre existence, vous avez parfois à composer avec des situations que vous n'aviez pas prévues. Heureusement, votre force de caractère se révélera un atout précieux dans tout ce remue-ménage, et vous passerez assurément au travers. Si je peux me permettre un conseil, n'essayez pas de faire comme si de rien n'était. Mettez votre orgueil de côté et parlez de ce que vous vivez. Vous serez surpris de l'écoute attentive qu'on vous réservera, et même de l'aide que l'on vous offrira dans certains cas. Serez-vous capable de marcher sur votre fierté un brin et d'accepter?

Santé – Avec Saturne dans votre signe, mieux vaut adopter une saine hygiène de vie. Cette planète qui symbolise la sagesse récompense tous ceux qui respectent les règles du gros bon sens, mais elle rappelle souvent à l'ordre ceux qui se laissent aller. De fait, elle nous oblige à faire face aux conséquences de nos actions — ce qui signifie que l'évolution de votre état dépend entièrement de vous. Faites un effort: en investissant dans votre santé, en coupant les excès et en gérant mieux vos réserves, ce transit ne vous dérangera même pas.

Sentiments – Après vous être tant occupé des autres, et ce, pendant d'interminables années, vous devez désormais penser davantage à vous. Un ménage s'impose tant dans vos relations interpersonnelles que dans votre mode de vie. Vous ressentez la nécessité de vous ressourcer, et pour y arriver vous prendrez des distances par rapport à certaines personnes. Il y en a même que vous mettrez carrément à la porte. Adieu donc les profiteurs, les éternels plaignards, les menteurs et les sapeurs d'énergie! Vous apprendrez à être bien avec vous-même, ce qui éventuellement débouchera sur un cycle fort positif durant lequel vous rencontrerez de nouvelles gens, enfin à la hauteur de vos attentes. La santé d'un aîné risque de vous tracasser.

Affaires – Forcément, dans ce domaine aussi c'est le branle-bas de combat. De profondes transformations sont à prévoir sur le plan professionnel. Dans certains cas, elles arriveront sans prévenir ou sans que vous en soyez l'instigateur. C'est donc une année de changement, de réorientation et de nouveaux défis qui s'amorce. Vous détestez que le contrôle de la situation vous échappe, mais je vous garantis qu'en 2006 vous avez tout intérêt à vous montrer souple et à ne pas imposer vos vues coûte que coûte. Faites comme le roseau plutôt que comme le chêne, ajustez-vous; ainsi vous ne gaspillerez ni temps ni ressources. Ce n'est qu'une question de temps, puisqu'en novembre vous amorcerez un cycle de chance inouïe, y compris dans les jeux de hasard.

Janvier

D	L	M	M	J	V	S
1	2	3	4	5	6F	7F
8D	9D	10	11	12	13	14○
15	16	17	18	19	20	21
22D	23D	24D	25F	26F	27	28
29●	30	31				

○ Pleine lune   ● Nouvelle lune
F Jour favorable   D Jour difficile

Santé – Avec tout ce qui se trame dans votre thème astrologique, mieux vaut faire preuve de discernement. Ne négligez pas les signaux que votre corps vous envoie, arrêtez de vous mettre à plat en en prenant trop sur vos épaules et gardez l'œil ouvert afin de ne pas vous blesser. En agissant ainsi, vous pourrez contrecarrer les influences planétaires et même chasser le cafard.

Sentiments – Vos relations interpersonnelles sont difficiles. Certains tentent de vous marcher sur les pieds, alors que d'autres n'en font qu'à leur tête et ignorent complètement vos recommandations. Quand vous essayez de parler, on coupe court à la conversation ou, pis encore, on vous tombe dessus à bras raccourcis. En ce mois plus que jamais, le silence est d'or. Bientôt, tout va se replacer.

Affaires – Voici un autre secteur où vous devez vous montrer philosophe, puisqu'un coup de tête risque de vous coûter cher. N'envoyez pas tout promener sous l'effet de la colère et ne lâchez pas non plus la proie pour l'ombre. Misez sur les valeurs sûres et protégez vos acquis. Essayez de temporiser en vous disant que dans quelques semaines vous recouvrerez votre liberté d'action.

Février

D	L	M	M	J	V	S
		1	2F	3F	4D	
5D	6	7	8	9	10	11
12○	13	14	15	16	17	18D
19D	20F	21F	22	23	24	25
26	27●	28				

○	Pleine lune	●	Nouvelle lune
F	Jour favorable	D	Jour difficile

Santé – Tenez le coup jusqu'au 18, car vous êtes toujours soumis à la conjoncture du mois dernier. Les mêmes recommandations vous préserveront des complications. Par après, le ciel se dégage; vous sentez vos forces revenir et commencez à remonter la pente. Vous pourriez même trouver le remède ou la thérapie appropriée pour un problème que vous traînez depuis un moment déjà.

Sentiments – Les tensions diminuent, juste à temps pour la Saint-Valentin. Vos proches sont moins agressifs et moins désagréables; certains vous présentent même leurs excuses. Votre pouvoir de séduction est particulièrement fort, ce qui devrait mettre du piquant dans votre vie de couple ou vous permettre de faire la conquête de quelqu'un si vous êtes seul.

Affaires – À compter du 20, vous avez la voie libre et pouvez enfin vous sortir de l'impasse où vous étiez. Un nouvel emploi, de meilleures conditions de travail ou l'obtention d'un contrat vous permettront de repartir à neuf. Le budget cesse également de vous donner des maux de tête. D'ici là, par contre, votre destinée professionnelle semble sens dessus dessous, et ça ne sert à rien de tout bousculer. La souplesse s'impose.

Mars

D	L	M	M	J	V	S
			1F	2F	3D	4D
5D	6	7	8	9	10	11
12	13	14○	15	16	17	18D
19D	20F	21F	22F	23	24	25
26	27	28	29●F	30F	31D	

○ Pleine lune et éclipse lunaire annulaire
F Jour favorable

● Nouvelle lune et éclipse solaire totale
D Jour difficile

Santé – Les deux éclipses de ce mois ne devraient pas vous causer de préjudice; au contraire elles pourraient vous inciter à mettre de l'ordre dans votre vie. Bon temps donc pour vous débarrasser d'une mauvaise habitude, pour apprendre à vous alimenter plus sainement, pour bouger davantage ou pour entreprendre une thérapie.

Sentiments – Si vous jouez la carte de la gentillesse, si vous donnez sans trop calculer, vous vivrez des moments formidables. Vos relations interpersonnelles prendront alors une nouvelle tangente dont vous aurez tout lieu de vous réjouir. Socialement, vous rencontrez beaucoup de gens et, même si ça demeure un peu superficiel, vous avez au moins l'occasion de vous divertir et de briser la routine.

Affaires – Il y a du renouveau dans l'air, et cela sert vos intérêts. Un cours pour parfaire vos connaissances, une nouvelle sphère d'activité, voire un emploi dans un secteur totalement différent vous permet de gagner du terrain. Un ami pourrait vous refiler un excellent tuyau. Certaines démarches pour redresser votre situation professionnelle donnent des résultats rapides et concrets.

Avril

D	L	M	M	J	V	S
						1D
2	3	4	5	6	7	8
9	10	11	12	13○	14D	15D
16D	17F	18F	19	20	21	22
23/30	24	25F	26F	27●D	28D	29

○	Pleine lune	●	Nouvelle lune
F	Jour favorable	D	Jour difficile

Santé – La première quinzaine est fantastique sur le plan physique: la phase de récupération s'intensifie. Si vous voulez que ça se poursuive, évitez d'abuser de vos forces par la suite; vous risqueriez de tomber en panne d'énergie. Moralement, c'est entre le 17 et le 31 que vous fonctionnez le mieux; vous voyez clair en vous, vous prenez d'excellentes décisions.

Sentiments – La vie sociale demeure active. Les nouvelles gens que vous rencontrez vous stimulent. Une belle amitié, peut-être une rencontre amoureuse pourrait voir le jour dans la seconde moitié du mois. À la même époque, vous connaîtrez de grandes satisfactions avec un enfant qui vous confiera une nouvelle des plus encourageantes.

Affaires – Le *timing* demeure propice pour faire une recherche d'emploi ou pour améliorer vos conditions de travail. Vous vous exprimez avec conviction tout en demeurant à l'écoute de vos interlocuteurs, ce qui ne manquera pas de porter des fruits. Négociations et démarches vous avantagent. La seconde quinzaine serait bien choisie pour un voyage d'affaires ou d'agrément.

Mai

D	L	M	M	J	V	S
	1	2	3	4	5	6
7	8	9	10	11	12D	13○D
14F	15F	16	17	18	19	20
21	22	23F	24F	25D	26D	27●
28	29	30	31			

○ Pleine lune		●	Nouvelle lune
F Jour favorable		D	Jour difficile

Santé – Vous êtes beau comme un cœur, mais on décèle malgré tout chez vous une bonne dose de fatigue et une propension à l'anxiété. N'hésitez pas à vous reposer, cessez de sauter des repas ou de manger sur le coin de la table, car à ce rythme-là vous risquez l'épuisement; même votre moral en pâtirait. Votre intuition est particulièrement forte; pas moyen de vous cacher quoi que ce soit.

Sentiments – Entre le 3 et le 30, vous jouissez d'un transit exceptionnel de Vénus, la planète des amours. Vous pourriez insuffler un nouvel élan à votre vie de couple ou rencontrer quelqu'un de bien si vous êtes seul. Vous allez d'ailleurs manquer de temps pour accepter toutes les invitations qu'on vous lance. N'est-ce pas agréable de se sentir si sollicité et d'avoir l'embarras du choix?

Affaires – Creux de vague possible entre le 5 et le 20; mieux vaut vous y préparer. Le reste du mois semble franchement plus avantageux; vous pourrez alors réussir ce que vous entreprendrez et faire un pas en avant. Comme il y a de la jalousie autour de vous, évitez de trop parler de vos succès ou de faire étalage de vos possessions. On ne sait jamais à qui l'on a affaire!

Juin

D	L	M	M	J	V	S
				1	2	3
4	5	6	7	8D	9D	10F
11○F	12	13	14	15	16	17
18	19F	20F	21D	22D	23	24
25●	26	27	28	29	30	

○ Pleine lune		● Nouvelle lune	
F Jour favorable		D Jour difficile	

Santé – L'arrivée de la planète Mars dans votre signe vous aide à sortir de cette léthargie dans laquelle vous vous trouviez depuis quelques semaines. Vous devenez nettement plus dynamique, vous bouillonnez d'idées. Hélas, ce transit n'a pas que du bon, il prédispose aussi aux accidents et aux malaises. En vous montrant vigilant, vous pourrez éviter ses effets négatifs et profiter de cette belle forme.

Sentiments – Vous trouvez qu'on manque de transparence, qu'on ne vous dit pas tout; par-dessus le marché, vos proches ne vous consacrent pas tout le temps dont vous auriez besoin, du moins d'ici le 24. Un membre de la famille risque d'éprouver des problèmes de taille. Heureusement, les attentions, voire les agréables surprises de la dernière semaine vous feront tout oublier.

Affaires – Des imprévus surviennent au travail et, bien entendu, vous êtes dans tous vos états comme chaque fois que le contrôle vous échappe. La meilleure attitude serait la souplesse, mais c'est beaucoup vous demander ces temps-ci... vous avez le goût de rugir! Un conseil, ne décidez rien à la légère et ne prenez aucun risque avec votre argent. Méfiez-vous des escrocs et des voleurs.

Juillet

D	L	M	M	J	V	S
						1
2	3	4	5D	6D	7D	8F
9F	10○	11	12	13	14	15
16F	17F	18D	19D	20	21	22
23/30	24●/31	25	26	27	28	29

○	Pleine lune	●	Nouvelle lune
F	Jour favorable	D	Jour difficile

Santé – Mars demeure dans le décor jusqu'au 23; voilà pourquoi il vous faut rester sur le qui-vive. Soignez vos bobos sans tarder, ne dérogez pas aux règles du gros bon sens et prenez vos précautions quand vous vous déplacez ou que vous utilisez des objets avec lesquels vous pourriez vous blesser. Par la suite, le ciel se dégagera et vous pourrez agir à votre guise.

Sentiments – Entre le 1er et le 19, vous avez l'occasion de vous rapprocher de votre conjoint et de vous mettre d'accord sur certains points qui accrochaient. Si vous êtes célibataire, attendez-vous à une belle amitié amoureuse. Les problèmes familiaux persistent encore quelque temps, pourtant vous devriez ressentir une importante accalmie au courant de la dernière semaine.

Affaires – Quand Mars quittera votre signe le 23, vous retrouverez votre liberté d'action. Petit à petit vous reprendrez la situation en main; vous serez donc en mesure de gérer votre destinée à votre goût, et même d'effectuer certains changements qui s'imposent. En attendant, mieux vaut vous faire discret et patient. Profitez-en pour peaufiner votre plan d'attaque.

Août

D	L	M	M	J	V	S
		1	2D	3D	4F	5F
6	7	8	9○	10	11	12F
13F	14D	15D	16D	17	18	19
20	21	22	23●	24	25	26
27	28	29D	30D	31F		

○	Pleine lune	●	Nouvelle lune
F	Jour favorable	D	Jour difficile

Santé – Les influences planétaires sont plus clémentes; il ne reste qu'un brin de fragilité nerveuse ou de déprime que vous pouvez chasser en vous changeant les idées. Voir du monde ou faire un peu d'exercice améliorerait votre moral, mais ferait également le plus grand bien à votre physique. Une nouvelle tête ou un changement d'allure vous vaudrait des compliments.

Sentiments – Vénus vous rend visite entre le 13 août et le 6 septembre. Votre charme est alors si puissant que vous pourriez reconquérir votre partenaire ou encore séduire un bel inconnu si vous êtes seul. Attendez-vous également à une période très joyeuse en amitié et en société. Les soucis d'ordre familial disparaissent; seul un enfant fait encore des siennes, mais pas pour bien longtemps.

Affaires – Même si ça ne fonctionne pas nécessairement du premier coup, soyez tenace et vous arriverez à vos fins. Vos efforts pour redresser votre situation professionnelle ou pour renflouer votre budget donneront des résultats encourageants. Au travail, vous hésitez entre deux options et ne savez à quel saint vous vouer. Écoutez votre intuition, tout ira pour le mieux.

Septembre

D	L	M	M	J	V	S
					1F	2F
3	4	5	6	7○	8	9F
10F	11D	12D	13	14	15	16
17	18	19	20	21	22●	23
24	25D	26D	27D	28F	29F	30

○ Pleine lune et éclipse lunaire partielle   ● Nouvelle lune et éclipse solaire annulaire
F Jour favorable   D Jour difficile

Santé – Pas grand-chose à craindre des éclipses de ce mois. Quant aux transits planétaires, ils se font de moins en moins contraignants, si bien qu'avec un minimum de bonne volonté vous pourrez passer un mois du tonnerre. Excellente période pour vous soigner, pour augmenter vos réserves d'énergie et votre vitalité. Moralement aussi, vous êtes beaucoup plus solide.

Sentiments – Vénus continue de vous sourire au cours de la première semaine, vos amours vous transportent au septième ciel. Le reste du mois n'apporte ni chagrin ni déception, il est tout simplement un peu plus routinier. Si à la maison c'est tranquille, il n'en est pas de même sur le plan mondain, puisqu'à partir du 8, vous entrez dans une phase virevoltante. Sorties, réceptions et rencontres excitantes sont au programme.

Affaires – Entre le 11 septembre et le 24 octobre, vous bénéficiez d'une excellente conjoncture pour un renouveau professionnel. C'est le temps ou jamais de chercher de l'emploi, de décrocher un contrat alléchant ou de négocier de meilleures conditions salariales. Les commerçants et ceux qui sont à leur compte évoluent eux aussi dans des conditions plus faciles.

Octobre

D	L	M	M	J	V	S
1	2	3	4	5	6○F	7F
8D	9D	10	11	12	13	14
15	16	17	18	19	20	21
22●D	23D	24D	25F	26F	27	28
29	30	31				

○ Pleine lune		●	Nouvelle lune
F Jour favorable		D	Jour difficile

Santé – Vous avez tout ce qu'il faut pour profiter de la vie: une attitude positive, des nerfs d'acier et une bonne dose d'énergie vitale. Vous avez envie d'élargir vos horizons, vous auriez le goût d'entreprendre de nouvelles choses et d'explorer d'autres avenues. Par-dessus le marché, vous avez une allure fantastique; on dirait que vous rajeunissez.

Sentiments – Vous voici en pleine phase d'ouverture sur le monde extérieur; pas étonnant que vous cherchiez à élargir votre cercle de relations. Ça tombe bien, avec toutes les invitations et les sorties qu'on vous propose. Vous allez faire des rencontres électrisantes. Parlant de rencontre, les solitaires pourraient avoir la surprise de leur vie. Quant à ceux qui sont déjà en couple, ils auront l'impression de retomber amoureux.

Affaires – Magnifique mois pour aller de l'avant, pour mettre vos projets en branle ainsi que pour présenter vos requêtes. N'hésitez pas à poser votre candidature pour un nouveau poste ou une permanence; vos chances de l'emporter sont excellentes. Des heures supplémentaires, un contrat ou un deuxième emploi contribuent à la consolidation de votre budget.

Novembre

D	L	M	M	J	V	S
			1	2	3F	4F
5○D	6D	7	8	9	10	11
12	13	14	15	16	17	18
19D	20●D	21F	22F	23	24	25
26	27	28	29	30F		

○	Pleine lune		●	Nouvelle lune
F	Jour favorable		D	Jour difficile

Santé – Voici que Mars refait des siennes! Afin de contrecarrer son influence, vous n'avez pas le choix, il faut agir avec discernement. Prenez soin de votre santé et surtout cessez de remettre les bonnes résolutions à plus tard. Par ailleurs, on note un léger risque d'accident; ce n'est pas le temps de jouer au casse-cou ou de prendre des risques sur la route.

Sentiments – La première quinzaine laisse vraiment à désirer: votre entourage manque d'égards, la marmaille se rebiffe et un parent vous impose sans le vouloir ses problèmes personnels. Heureusement que tout s'arrange par la suite. On peut même affirmer que le vent tourne carrément et que vous vous apprêtez à entrer dans un cycle de bonheur au cours duquel les surprises agréables se multiplieront.

Affaires – Le 23 marque une date fort significative. Jupiter, planète de l'abondance et de la réussite, cesse de jouer contre vous; elle devient même une alliée précieuse, vous procurant de la chance dans tous les domaines, y compris au jeu. Cette influence extrêmement favorable durera plus d'un an, ce qui est très prometteur. Un soupçon de patience encore, votre tour s'en vient!

Décembre

D	L	M	M	J	V	S
					1F	2
3	4○	5	6	7	8	9
10	11	12	13	14	15	16F
17F	18D	19D	20●D	21	22	23
24/31	25	26	27D	28D	29F	30F

○ Pleine lune		●	Nouvelle lune
F Jour favorable		D	Jour difficile

Santé – Dès le 7, vous êtes débarrassé de presque tous les transits négatifs qui vous touchaient. Vous vous sentez renaître tant physiquement que moralement. Très vite, vous recouvrez votre ardeur et votre vitalité habituelle. La métamorphose est radicale et visible: plusieurs vous le souligneront. C'est le retour des beaux jours.

Sentiments – Les célibataires pourraient terminer l'année en charmante compagnie, alors que les autres vivront un important rapprochement avec l'être cher. Les projets d'avenir planent, et tout est pour le mieux dans le meilleur des mondes. De nombreuses réunions mondaines sont à prévoir. Vous revoyez d'anciens amis avec qui vous évoquez de bons souvenirs; vous vous liez également avec de nouvelles personnes ayant plein de choses en commun avec vous. La marmaille cesse de vous inquiéter, on vous apprend d'ailleurs d'excellentes nouvelles.

Affaires – La chance est de retour, et vous le sentez nettement après le 6. Votre carrière cesse de stagner pour connaître un nouveau départ fulgurant; les soucis financiers font place à la bonne fortune, vous pourriez même rafler un prix intéressant dans un tirage. Bonne période pour régler ce qui accroche, pour faire des démarches, pour négocier et pour voyager. Bref, tout vous réussit, et ça ne fait que commencer!

VIERGE
du 24 août au 23 septembre

♍

Si vous recherchez la perfection jusque dans les plus petits détails, alors il faut confier votre travail à un natif de la Vierge. Vous ne serez pas déçu.

La Vierge a un grand sens pratique. C'est un être travailleur, attentif, minutieux, parfois un peu lent à cause justement de sa grande conscience professionnelle qui l'incite à fignoler le moindre travail. La Vierge ne peut se dépêcher. Elle est méticuleuse et a en horreur le mot brouillon. Quand une Vierge se met à la tâche, vous pouvez être sûr qu'elle s'appliquera, ce qui évidemment demande du temps. Mais n'ayez crainte, le résultat sera parfait. Ce n'est pas du travail, c'est une œuvre d'art.

Évidemment, si vous mettez des heures à nettoyer votre poignée de porte avant de sortir, vous n'aurez plus le temps d'aller bien loin. Mais votre poignée sera la plus brillante en ville!

La Vierge manque parfois de confiance, et, le plus surprenant, de confiance dans la vie; elle est de tempérament craintif. Elle redoute par-dessus tout la maladie, la contamination, les guerres, la pollution et même de manquer de travail, d'argent… Bref, tout est source de craintes pour elle.

Sur le plan financier, la Vierge est sage et économe. Les coups de tête dans les magasins, très peu pour elle. Elle préfère faire des placements sûrs, contribuer chaque année à son REÉR, et les dépenses non planifiées ne sont décidément pas à son programme.

Pour caricaturer sa prévoyance: une Vierge ira jusqu'à comptabiliser le prix d'un litre de lait dans un petit calepin pour être sûre de se conformer à son budget. Vos amis et même votre famille vous traitent de Séraphin. Pourtant, ils sont les premiers à faire la queue devant votre porte pour vous emprunter quelques dollars lorsque leur compte en banque frise l'apoplexie.

En toute chose, la Vierge essaie d'atteindre la perfection; les détails sont fignolés, rien n'est laissé au hasard. Une secrétaire Vierge pourra passer des heures à trouver le bon endroit pour placer une virgule dans un texte. Un comptable Vierge ne réussira pas à dormir s'il s'est glissé une erreur de 2 ¢ dans les comptes de la société qui l'emploie; il voudra trouver à tout prix l'origine de cette perte de capitaux. Une maman Vierge fera des kilomètres pour retrouver un ruban tombé des cheveux de la petite, deux jours plus tôt au parc... Bref, une Vierge aurait tout intérêt à se faire payer à l'heure et pas au contrat ou à la pièce: c'est à son avantage!

L'esprit de la Vierge est à son image, d'une logique purement cartésienne. Les concepts abstraits ne lui font pas peur, et on la voit évoluer à l'aise dans les sciences pures, les mathématiques. Malheureusement, sa timidité l'empêche souvent de tirer le meilleur parti de ses coups d'éclat. Souvent quelqu'un d'autre tirera profit de ses efforts, parce qu'elle hésite à se mettre au premier plan pour revendiquer ses réussites.

La Vierge accorde une importance parfois exagérée au moindre problème de santé. Elle y pense énormément et fait des montagnes de tout petits riens; pourtant, elle n'a pas de quoi s'en faire. Elle se nourrit bien, mène une vie calme et rangée, prend soin de son hygiène et de sa santé, mais malgré tout, un petit malaise l'inquiète. Avec elle, un rhume devient une pleurésie avec complications et un comédon le symptôme d'un cancer de la peau. Le pharmacien du coin la connaît bien.

La Vierge peut sembler un personnage froid, austère. En fait, elle extériorise peu ses sentiments. Mais c'est quelqu'un sur qui on peut compter, car elle est dévouée et ressent le besoin d'aider son prochain. Il n'est pas rare de rencontrer une Vierge dans les organismes humanitaires. Tout ce qui demande un dévouement sans limites est fait pour elle, du moment qu'il s'agit d'une bonne cause. Si elle en fait plus que ce qu'on lui demande, elle reste par contre dans l'ombre, car elle n'aime pas se retrouver sous les feux de la rampe. Elle a un caractère timide, mais elle contribue beaucoup au bien-être de ses semblables, satisfaisant en cela son âme de missionnaire. La Vierge agit pour les autres et non pas pour la gloire qu'elle pourrait en tirer.

D'ailleurs, la Vierge vit beaucoup en fonction des autres et de leurs besoins. Elle est toujours prête à sauver le monde, un frère dans le besoin, une sœur malheureuse, un parent débordé. Toutefois, peu à peu, elle se rend compte que la majorité des gens qu'elle aide sont plutôt égoïstes, et cela la force à penser un peu plus à elle-même plutôt qu'aux autres. Vous changerez surtout dans la seconde partie de votre vie, et ceux qui justement vous conseillent de faire plus attention à vous viendront se plaindre que vous faites moins attention à eux... Ils ne réussissent plus à vous manipuler, et cela les irrite. Tant pis pour eux. Vous avez dépassé le stade de la culpabilité, et c'est tant mieux pour vous!

Comment se comporter avec une Vierge?

La Vierge est une personne facile d'accès et accommodante. Toutefois, elle a généralement la tête dure et défend ses idées point par point. Pour réussir à la convaincre, vous devrez développer une argumentation logique, avec des textes, des photos, de la vidéo, des citations ou une source de référence solide pour appuyer vos propos. Armez-vous de patience, car même en lui faisant la preuve par 10 que vous avez raison, elle mettra du temps à l'admettre… et encore, l'admettra-t-elle vraiment?

En fait, il ne faudra pas vous surprendre si quelques semaines plus tard, vous l'entendez affirmer le contraire de ce que vous aviez eu tant de mal à lui faire comprendre plus tôt. Et si vous le lui faites remarquer, elle vous soumettra d'autres références qui appuient ses arguments. Bref, elle aura toujours le dernier mot.

Si vous tenez à ce qu'un natif de la Vierge fasse quelque chose pour vous, le mieux est de le prendre par les sentiments. Son sens du devoir et la crainte de décevoir sont ses points faibles. En tenant compte de cela, vous réussirez à lui faire faire n'importe quoi de raisonnable. Si vous voulez l'entraîner dans des activités loufoques, oubliez ça tout de suite; peu importent vos arguments, vous n'arriverez à rien avec elle.

La Vierge est d'un caractère un peu taciturne, renfermé, et il faut aller au-devant d'elle pour réussir à établir un contact. Elle ne communique pas facilement et peut même sembler froide, mais surtout dure et intransigeante avec elle-même. Elle ne se permet aucune erreur, ne s'en pardonne aucune non plus, et l'idée que les autres se font d'elle est très importante à ses yeux… Son incroyable crainte de déplaire à autrui refait toujours surface.

La Vierge est minutieuse et prend tout son temps. Il faut donc lui mettre des balises, des délais à respecter, sinon rien n'avance. Quand elle fait le ménage, elle ira dénicher la moindre poussière dans le plus petit interstice; alors il n'est pas étonnant si cela lui prend la journée… Et tant qu'à faire, elle se mettra à laver les rayonnages du vaisselier et à replacer les petits plats dans les grands, les couteaux et les fourchettes en ordre de grandeur…

La Vierge ne supporte pas tellement la pression, mais un échéancier lui permettra de mieux gérer son travail; celui-ci sera remis à temps et souvent mieux fait que celui des autres.

Les natifs de ce signe ont un besoin constant d'être sécurisés. Il faut leur dire que vous appréciez leur travail; cela leur donnera confiance, et ils en seront tout heureux. Une Vierge demande beaucoup de réconfort et de soutien. En la réconfortant, vous vous gagnez sa confiance et sa reconnaissance éternelles.

Ses goûts

Les goûts de la Vierge sont à son image… raisonnables. Les teintes sobres, neutres, les couleurs de terre notamment ont sa préférence. Ses tenues sont plutôt classiques (les mauvaises langues disent démodées) et faites de fibres naturelles. Si vous visitez sa penderie, vous y trouverez des vêtements qui datent de plusieurs années; elle les garde très longtemps et dans un très bon état. La Vierge n'accueille pas facilement les visiteurs. Si elle vous reçoit, soyez conscient que c'est un privilège. Son décor est dépouillé, et l'esthétique n'est pas dans ses priorités. Elle se concentre surtout sur le côté pratique des objets et des meubles… même l'éclairage est strictement fonctionnel. Ce qui frappe surtout, c'est la propreté… pas un grain de poussière à l'horizon!

Si vous voulez lui faire plaisir, optez plutôt pour des objets pratiques dont elle a besoin, car la frivolité n'est pas dans ses goûts. Recevoir une cafetière, un couvre-couette ou un bon et solide poêlon antiadhésif fera son bonheur.

Le natif de la Vierge fait attention à tout, même au nombre de calories contenues dans le plus succulent des mets. En fait, avant de s'exclamer sur la beauté du plat, sur les saveurs et les couleurs, elle analysera le contenu pour en déterminer le taux de gras ou de sucre, avant de l'avaler. La Vierge se classe première au palmarès des adeptes de régimes amaigrissants. Avant de l'inviter à passer à votre table, essayez de savoir si elle n'est pas dans une de ses périodes de restriction.

Son potentiel

La Vierge se trouve souvent sous les ordres de patrons qui recherchent un employé modèle… qui acceptera un salaire de crève-la-faim et fera en plus le travail de plusieurs personnes.

Minutieux, méthodique et silencieux, le natif de la Vierge excelle dans le classement, la paperasse, les chiffres, les mathématiques, la recherche en laboratoire ou les travaux en solitaire. Dans le service au public, c'est la perle rare! En fait, elle doit absolument mettre son sens de la minutie en action pour s'épanouir.

Logique et consciencieuse, la Vierge peut abattre une montagne de travail sans jamais se plaindre ou laisser échapper un mot de découragement. Après la trentaine par contre, elle commence à se rendre compte que certains abusent d'elle et elle tente de mieux définir sa place dans la société, sans toutefois que son zèle, son efficacité et son perfectionnisme en souffrent.

Ses loisirs

La Vierge ne s'amuse pas sans but. Il lui faut des loisirs qui rapportent, que ce soit de l'argent ou des connaissances. Ses loisirs ont toujours un but précis, car elle n'aime pas gaspiller son temps.

Parmi ses loisirs de prédilection, il y a évidemment la lecture, notamment d'ouvrages techniques, qui l'aideront dans son travail et lui permettront de prendre de l'avance dans ses études ou de poursuivre son cheminement personnel. Les biographies, les livres de référence sont souvent ses livres de chevet. À la télévision, elle choisira de s'installer devant le petit écran pour voir des documentaires ou des émissions éducatives.

La Vierge n'est pas une grande joueuse. Mais si son esprit, ses connaissances ou son intelligence sont mis à contribution, elle appréciera énormément les jeux de société, par exemple Quelques arpents de pièges, le Scrabble, Docte Rat. Du côté stratégie, elle choisira le Risk ou les échecs.

Si vous envisagez une sortie avec une Vierge, il n'est pas nécessaire de vous précipiter sur le plus récent film, car il ne l'intéressera peut-être pas. Une conférence ou les documentaires des *Grands Explorateurs* ont plus de chance d'attirer son attention et de la captiver.

Les natifs de Vierge sont placés sous le signe du bénévolat. Beaucoup d'entre eux consacrent quelques heures chaque semaine à une œuvre qui leur tient à cœur. Ils s'occupent de personnes âgées ou d'enfants en difficulté, par exemple.

Sa décoration

Notre Vierge a des goûts simples où le pratico-pratique est en vedette. Pour elle, le superflu est vraiment superflu. Avec de telles dispositions d'esprit, elle choisira un mobilier adapté à ses besoins. Les effets esthétiques, très peu pour elle.

Les teintes de son intérieur sont plutôt sages et neutres. Le gris, le grège, le beige et le blanc lui plaisent… la couleur du bois naturel l'attire. Ses meubles sont fonctionnels avant tout. Sans hésiter, elle optera pour ceux qui sont le plus susceptibles de se conformer à ses besoins au détriment de ceux qui sont plus beaux et à la mode. La Vierge aime le dépouillement. Si elle vit seule, il y a de fortes chances de ne trouver qu'une seule chaise dans la cuisine, qu'un seul fauteuil dans le salon. Après tout, on ne peut pas s'asseoir sur deux chaises à la fois!

L'esthétique de la décoration n'est pas sa priorité. Un mur vide demeurera dénudé. Tableaux, laminages, encadrements ne sont pas utiles, donc elle s'en passe très bien. Son intérieur étant d'une propreté inpeccable, on pourrait manger sur le plancher.

Son budget

Le mot préféré de notre sage Vierge est prévoyance. Courir des risques avec son argent, jamais au grand jamais! Les spéculations et les placements hasardeux, la Bourse, ce n'est certes pas sa tasse de thé. Les investissements sûrs, qui rapporteront peut-être moins mais qui n'engloutiront pas ses économies, voilà de quoi conforter notre Vierge dans ses décisions et la rassurer.

La Vierge n'achète jamais sur un coup de tête; elle ne succombe pas aux coups de foudre. Lorsqu'elle délie les cordons de sa bourse, c'est parce qu'elle sait exactement ce qu'elle veut et la valeur de ce qu'elle achète. Peu importent ses revenus, même modestes, un natif de la Vierge réussit toujours à mettre de côté une partie de son argent, en cas de besoin. Anxieux de nature, il veille à tout prévoir: une maladie, une dépense soudaine, sa retraite. Ses raisons d'économiser sont nombreuses et toujours justifiées.

Toute sa vie, la Vierge aura peur de manquer d'argent, ce qui ne se produira sans doute jamais, car elle est si sérieuse, si sage, si prévoyante… mais elle s'inquiète; c'est dans sa nature.

Quel cadeau lui offrir?

Notre Vierge est résolument attirée par le côté pratique des objets; il est donc inutile de vouloir l'éblouir avec des babioles sans utilité ou des articles de luxe. Le mieux est de vous renseigner sur les objets utiles qui lui manquent encore, par exemple dans la cuisine ou pour son travail. Ce n'est pas la peine de lui offrir une assiette de collection en porcelaine si son aspirateur est en panne. Non seulement la superficialité de votre cadeau lui sautera aux yeux, mais en plus elle sera rongée de culpabilité en songeant à l'argent que vous avez dépensé pour un objet dont elle ne saura que faire.

Si vous envisagez, lui offrir un livre, vous rejoignez ses goûts, mais assurez-vous de lui donner une biographie, un recueil de trucs santé, un guide pratique, un livre de référence utile pour la maison ou le travail. Ne sombrez pas dans la frivolité.

Un petit appareil ménager, par exemple un presse-agrumes, une centrifugeuse, un mélangeur, un ouvre-boîtes électrique, un appareil pour sceller les sachets comblera une Vierge, alors qu'un collier de perles a toutes les chances de finir oublié dans le fond d'un tiroir.

Du côté des vêtements, évitez les extravagances de la mode. Choisissez plutôt une veste en fibres naturelles: lin, coton ou laine. Ses goûts sont classiques, sobres même. Le beige, le café au lait, le gris et le noir lui plaisent beaucoup, et vous serez assuré que votre veste sera portée, soigneusement entretenue et qu'elle la gardera longtemps.

Les enfants Vierge

Souvent chétifs à la naissance, les bébés Vierge demandent des soins constants de leurs parents durant leurs premières années d'existence. Tout ce qui passe, ils l'attrapent. Il faudra donc veiller à bien les protéger des maladies. Par ailleurs, ce sont des enfants obéissants, dociles, sages; ils ne sont pas bruyants, ne font pas de mauvais coups et peuvent s'amuser tout seuls dans un coin.

En fait, ils ont les défauts de leurs qualités: ce sont des timides. Les parents devront donc veiller à leur faire rencontrer d'autres enfants, à les emmener souvent dans des endroits qui ne leur sont pas familiers. Les enfants Vierge développent des petites phobies; il faut donc savoir les apprivoiser et les rassurer. Pour eux, prendre l'ascenseur, dormir dans le noir, s'approcher d'une chenille ou rencontrer les nouveaux petits voisins de l'autre côté de la rue peut se révéler une montagne à gravir. Vous devrez renforcer leur confiance en eux. Une autre de leur qualité, qui peut rapidement devenir un défaut, est leur grand perfectionnisme, qui a tendance à les ralentir. Entraînez-les à fonctionner un peu plus rapidement ou fixez-leur des délais; vous verrez qu'ils les respecteront sans problème.

Les enfants Vierge ont d'énormes qualités et un fabuleux potentiel, qu'ils ignorent bien souvent. C'est à leur entourage de leur ouvrir les yeux et de les guider.

L'ado Vierge

Tu es timide et réservé. Te faire remarquer sans raison n'est vraiment pas dans ta personnalité. Cela te met très mal à l'aise, surtout lorsque tu dois rencontrer des gens que tu ne connais pas. Tu préfères rester à l'écart. C'est dommage, car les autres ne voient pas toujours ton potentiel et tes qualités.

Toi, tu préfères observer le monde de loin, tu as un sens critique très développé, et lorsque tu ouvres la bouche, ce n'est certes pas pour dire n'importe quoi. Tu sais de quoi tu parles et tu peux en dire beaucoup sur les sujets qui t'intéressent.

Tu as beaucoup de qualités que certains voient comme des défauts. En fait, tu accordes beaucoup d'importance à l'ordre et à la propreté, ce qui pourrait devenir une véritable obsession si tu n'y prends pas garde. Tu es perfectionniste, et ton esprit d'analyse est très développé. Tu te fais ta propre idée sur beaucoup de sujets. Ton opinion est toujours bien fondée; tu as tous les arguments en main pour prouver que tu as raison. Malheureusement, tu as aussi tendance à voir les bibites des autres et à négliger leurs qualités.

Tu agis presque toujours par logique, ce qui peut te faire paraître froid à première vue. Tu réfléchis énormément et tu ne laisses guère de place à l'impulsivité, aux coups de tête... Cette façon de faire t'évite bien des ennuis: tu sais où tu t'en vas. Malgré les délais ou les embûches, tu t'arranges toujours pour parvenir à bon port. Tu es travailleur et tu as développé une méthode et une façon de fonctionner qui t'assurent de toujours réussir ce que tu entreprends.

Ton point faible, sur lequel tu dois travailler, c'est ta crainte de tous et de tout. Tu as tendance à te ronger les sangs pour un oui ou pour un non, et même quand tu n'es pas directement impliqué. Ainsi, si tu te tracasses pour ton avenir et ta santé, tu penses aussi à la planète, à l'environnement qui se détériore sans cesse, tu t'inquiètes même de l'opinion que les autres ont de toi... bref, un rien te fait craindre le pire.

Mais finalement, ton défaut principal est celui de ne pas reconnaître ton potentiel. Tu sous-estimes tes capacités. Tu es souvent encore plus intransigeant et sévère avec toi que tu ne l'es avec les autres, ce qui te porte à toujours voir le côté noir des choses et des situations. N'oublie jamais que rien n'est tout noir ou tout blanc. Ouvre tes yeux, fais-toi confiance, et tu verras que ta vie s'améliorera grandement.

Tes études

Puisque tu brilles d'intelligence, ton esprit intellectuel sera souvent mis à contribution. Tu te montres appliqué, studieux, voire zélé dans tes études. Tu as aussi un solide sens critique qui te permet de bien analyser les événements et les situations, mais ton immense talent ne compense pas tes hésitations. Tu t'attardes tellement aux moindres détails que tes coéquipiers, lorsque tu travailles en groupe, ne peuvent s'empêcher de te taquiner à ce propos. Par contre, tu leur permets d'obtenir de très bons résultats; alors on recherche ta compagnie et ta collaboration. D'ailleurs, tu as souvent l'impression qu'on te laisse faire les travaux tout seul, ce qui ne te déplaît pas. Par contre, lorsqu'on annonce les résultats, tout le groupe est présent. N'oublie pas de prendre le mérite qui te revient, car les autres pourraient s'attribuer tout ton travail sans t'en accorder le bénéfice.

Ton orientation

Tu penses souvent à ton avenir… avec inquiétude. Tu connais tes points forts et tu n'as pas peur d'effectuer des stages ou d'entreprendre de longues années d'études pour réussir à atteindre tes objectifs. Tu n'as pas peur de travailler seul ou de fournir beaucoup d'efforts, car tu es très appliqué et minutieux. Les domaines de la recherche scientifique, la médecine, les sciences de la santé, la diététique, les médecines douces, les services sociaux, l'alimentation, la pharmacie, la chimie, la fonction publique, le secrétariat, l'édition, l'éducation et la comptabilité te conviennent parfaitement. Il ne te reste qu'à faire un choix.

Tes rapports avec les autres

Tu es une personne généreuse, toujours prête à aider les autres, à dépanner ceux qui sont moins bien lotis que toi. Par contre, lorsque c'est à ton tour d'avoir besoin d'un petit coup de main, tu te rends compte que tu es bien seul. Souvent, les gens te tiennent pour acquis et t'apprécient parce que tu fais beaucoup de choses pour eux; il va falloir que tu apprennes à renverser cette tendance et que tu t'entoures de gens qui t'apprécient, toi, et non ce que tu peux faire pour eux. En fait, les personnes à problèmes se tourneront facilement vers toi, car tu es sensible et tu as peur de blesser les autres en leur disant non. Le sentiment d'insécurité qui t'habite en est la cause: tu ne veux pas décevoir.

Avec tes amis, c'est la même chose, tu leur laisses occuper toute l'avant-scène, pendant que toi, tu travailles dur. Parfois, ce sont eux qui récoltent les lauriers de la gloire à ta place. Tu ne dis pas toujours ce que tu penses; c'est dommage, car tu gagnerais à t'entourer de gens qui te stimulent et t'aiment vraiment.

Geneviève Brouillette, Claudia Schiffer, Louise Marleau, Normand Brathwaite, Michael Jackson, France Castel, Gilles Latulippe, Mitsou, Gloria Estefan, Nicole Leblanc, Guy A. Lepage, France Beaudoin, Claude Meunier, Paul Piché, Frenchie Jarraud, Joe Bocan, Patrick Norman, Brian De Palma, Michel Drucker, Agatha Christie, David Copperfield, Stéphane Rousseau, Greta Garbo, Lise Dion, Andrée Boucher, Johanne Blouin, Stephen King, Paul Houde.

Pensée positive pour la Vierge

J'ai confiance en mes merveilleuses possibilités. Je suis sur la terre pour apprendre la joie et la cultiver. Enfin, je suis récompensé.

Pensée positive spéciale pour 2006

Je suis la personne la plus importante de ma vie. En cultivant mon bonheur, je rayonne sur ceux qui m'entourent.

Le subconscient nous dirige toujours selon nos pensées. En répétant le plus souvent possible ces pensées conçues tout spécialement pour vous, vous vous attirerez plein de belles choses.

Signe: Vierge

Élément: Terre

Catégorie: Mutable

Symbole: ♍

Points sensibles: Intestins, phobies, appendicite, dépression, constipation, maladies psychosomatiques, angoisses.

Planète maîtresse: Mercure, planète de l'intelligence.

Pierres précieuses: Agate, marcassite, aigue-marine.

Couleurs: Beige, brun, marine, les teintes de terre.

Fleurs: Pétunia, lavande, belle-de-jour.

Chiffres chanceux: 4-8-11-17-23-28-30-35-40-44.

Qualités: Sage, sérieux, prudent, minutieux, ordonné, propre, discret, économe, travailleur.

Défauts: Peureux, manque de sécurité, timide, refoulé, angoissé, nerveux, manque de confiance.

Ce qu'il pense en lui-même: Qu'est-ce que les autres vont penser de moi?

Ce que les autres disent de lui: Pour une mission impossible, c'est lui qu'il faut demander: il fait des miracles!

Prédictions annuelles

Vous entamez une année exempte de difficultés. Les seuls problèmes que vous pourriez rencontrer seraient ceux que vous créeriez vous-même. Si vous ne voulez pas d'emmerdements, ne laissez personne vous manipuler. Trop de gens savent qu'en jouant sur votre sens des responsabilités ou sur votre culpabilité, on peut vous faire faire ce qu'on veut. Ne vous laissez pas manipuler. Faites-vous une carapace et pensez davantage à vous, il est temps. Vous ne pouvez pas régler les problèmes des autres à leur place et encore moins les rendre heureux de force. Le seul bonheur que vous pouvez cultiver, c'est le vôtre et, comme l'année s'y prête parfaitement, vous devriez en profiter. Branchez-vous sur vos propres besoins et, avec un minimum d'efforts, vous jouirez d'une année fantastique.

Santé – Grâce aux bons aspects de Jupiter, vous pouvez améliorer votre forme physique et consolider votre moral. Magnifique période pour vous prendre en main, pour vaincre certaines dépendances, entre autres affectives, pour mettre de la joie dans votre quotidien. Vous avez le goût de bouger, et c'est l'année idéale pour le faire. La danse, le sport, le yoga ou l'exercice donneront des résultats extraordinaires tant sur le plan corporel que psychique. Vous entrez dans un cycle de rajeunissement, ça promet!

Sentiments – D'une part, vous vous exprimez avec davantage de facilité. Vous arriverez à dire ce qui vous tente autant que ce qui vous déplaît, et cela améliore nettement vos relations interpersonnelles. D'autre part, vous traversez un cycle d'énorme popularité durant lequel vous rencontrerez une foule de nouvelles gens. Comme vous êtes à la fois mieux dans votre peau et plus ouvert, votre vie deviendra certainement beaucoup plus satisfaisante. Les célibataires auront l'occasion de trouver quelqu'un de bien. Quant à ceux qui sont déjà en couple, on peut leur annoncer le retour du romantisme, voire de la passion.

Affaires – Les choses se replacent d'elles-mêmes. Votre route devient plus facile et vos efforts portent des fruits sans que vous ayez à vous débattre. Le recyclage professionnel, les études et les nouvelles sphères d'activité vous permettent de vous épanouir et de vous rapprocher de votre idéal. Si vous cherchez du travail, si vous désirez une promotion ou une permanence, sachez que vos démarches seront couronnées de succès sous peu. L'année est d'ailleurs propice à l'achat ou à la construction d'une résidence, aux voyages et au commerce. On peut affirmer que vous amorcez une phase d'expansion à tous points de vue; la seule chose qu'on doive vous recommander, c'est de ne pas vous éparpiller. En voulant trop en faire en même temps, vous risquez de perdre votre direction.

Janvier

D	L	M	M	J	V	S
1	2	3	4	5	6	7
8F	9F	10D	11D	12	13	14○
15	16	17	18	19	20	21
22	23	24	25D	26D	27F	28F
29●	30	31				

○	Pleine lune	●	Nouvelle lune
F	Jour favorable	D	Jour difficile

Santé – Quelle façon magistrale de commencer l'année! Toutes les planètes vous avantagent ou peu s'en faut. En plus d'être pimpant et jovial, vous disposez d'une résistance extraordinaire. Les microbes n'ont pratiquement aucune emprise sur vous. Bon mois pour vous entraîner, pour faire du sport ou pour effectuer une remise en beauté.

Sentiments – Le passage de Vénus dans votre cinquième secteur pourrait permettre aux solitaires de remplir le vide de leur existence. Pour les couples déjà formés, c'est le début d'une seconde lune de miel. Il n'y a pas que sur le plan intime que ça promet; votre vie sociale continue d'être enlevante, le téléphone ne dérougit pas et les amis sont adorables.

Affaires – Par où commencer puisque tout vous réussit? Les démarches pour un nouvel emploi, un transfert ou une augmentation de salaire seront couronnées de succès. Professionnellement, vous êtes en position de force. On vous respecte et on est même prêt à vous offrir de nombreux avantages pour vous garder. Bon mois pour les voyages, les investissements et les achats sérieux. Quelques chances au jeu d'ici le 15 février.

Février

D	L	M	M	J	V	S
			1	2	3	4F
5F	6D	7D	8D	9	10	11
12○	13	14	15	16	17	18
19D	20D	21F	22F	23	24	25
26	27●	28				

○ Pleine lune		● Nouvelle lune	
F Jour favorable		D Jour difficile	

Santé – Jusqu'au 18, tout continue de marcher comme sur des roulettes. L'énergie, l'ardeur ainsi que la résistance physique et morale se maintiennent parfaitement. Le reste du mois s'annonce un peu plus délicat. Un transit dérangeant de la planète Mars risque de provoquer une défaillance, un accident ou une crise de nerfs. À vous d'y voir!

Sentiments – On dirait que Vénus se plaît dans votre cinquième secteur, puisqu'elle y reste un autre mois, un phénomène inusité. Tant mieux pour vous. Les possibilités de rencontres demeurent très élevées pour les célibataires, alors que les autres filent le parfait amour. Socialement, vous avez toujours la vedette, au point que parfois vous ne savez plus où donner de la tête tant on vous propose d'activités différentes. Seule ombre au tableau: une légère dissension avec un enfant au cours de la seconde quinzaine.

Affaires – Si vous devez présenter une demande officielle ou si vous comptez mettre un important projet sur pied, agissez avant le 20, car c'est dans cette période que vos chances sont les meilleures. Ce n'est pas que le reste du mois soit pourri, mais il vous faudra déployer d'énormes efforts pour arriver à vos fins, et encore! ce n'est pas certain que ça fonctionnera du premier coup.

Mars

D	L	M	M	J	V	S
			1	2	3F	4F
5F	6D	7D	8	9	10	11
12	13	14○	15	16	17	18
19	20D	21D	22D	23F	24F	25
26	27	28	29●	30	31F	

○ Pleine lune et éclipse lunaire annulaire   ● Nouvelle lune et éclipse solaire totale
F   Jour favorable   D   Jour difficile

Santé – Avec les éclipses de ce mois, mieux vaut demeurer sur le qui-vive, d'autant plus que celle du 14 se produit dans votre signe. Vous vous sentez ébranlé, vos réflexes ne sont pas aussi vifs que d'habitude et un rien vous fait de la peine. Ajoutons que le danger de vous blesser, de contracter une infection ou d'éprouver un malaise sera accru. Si vous prenez vos précautions, je vous assure que vous déjouerez la conjoncture.

Sentiments – La première semaine est splendide: les amours et la vie mondaine dépassent vos attentes. Par après, c'est nettement plus calme, peut-être même un peu trop à votre goût. Vous êtes enclin à vous ennuyer, à trouver le temps long. Vous pourriez même aller jusqu'à vous imaginer qu'on vous aime moins ou qu'on se désintéresse de vous, ce qui est tout à fait faux. Ce sentiment de crainte risque de vous faire poser une foule de questions à vos proches. Mauvaise idée: si vous les harcelez, ils finiront par sortir de leurs gonds.

Affaires – C'est vrai que les choses ne vont pas tout à fait comme vous le souhaiteriez. Les retards, les contretemps et les petits conflits se succèdent et, puisque vous avez les nerfs à fleur de peau, vous risquez de verser à nouveau dans l'insécurité. Gardez votre sang-froid: il n'y a aucune catastrophe à l'horizon. Aucun danger que votre avenir soit compromis.

Avril

D	L	M	M	J	V	S
						1F
2D	3D	4	5	6	7	8
9	10	11	12	13○	14	15
16	17D	18D	19F	20F	21	22
23/30D	24	25	26	27●F	28F	29D

○	Pleine lune	●	Nouvelle lune
F	Jour favorable	D	Jour difficile

Santé – Encore deux semaines de vigilance et tout rentrera dans l'ordre. En effet, à partir du 15, vous serez à nouveau dans une forme splendide tant physiquement que moralement. D'ici là, vous vous sentez moche, vous traînez de la patte et vous semblez constamment fatigué. Prenez davantage soin de vous et arrêtez de vous mettre trop de pression sur le dos.

Sentiments – La première quinzaine laisse à désirer. Vos proches sont trop occupés pour vous consacrer tout le temps dont vous auriez besoin et ils manquent parfois de courtoisie. Vos rapports avec la marmaille ne sont pas évidents, bref, vous continuez à filer un mauvais coton. Puis, tout se calmera. On se montrera plus gentil, on fera davantage attention à vous et les amis referont surface.

Affaires – Un autre domaine où avril se divise en deux tranches bien distinctes. Après un début orageux, vous reprenez le contrôle de la situation, réglant un à un les problèmes que vous avez rencontrés au cours des dernières semaines. Vous commencez à voir les choses sous un nouvel angle, vous prenez du recul, ce qui aura des répercussions bénéfiques sur votre manière d'agir. Vous constatez qu'en vous y prenant différemment, tout fonctionne plus rondement.

Mai

D	L	M	M	J	V	S
	1	2	3	4	5	6
7	8	9	10	11	12	13 ○
14D	15D	16F	17F	18	19	20
21	22	23	24	25F	26F	27 ● D
28D	29	30	31			

○ Pleine lune   ● Nouvelle lune
F Jour favorable   D Jour difficile

Santé – L'arrivée des beaux jours a un effet stimulant. Vous pensez plus clairement, vous faites aisément la part des choses et devenez plus objectif. Vous constatez que vous vous êtes énervé pour bien peu et qu'en agissant de la sorte vous avez gaspillé pas mal d'énergie. Qu'à cela ne tienne, vous allez mieux et le moment est parfaitement choisi pour repartir du bon pied.

Sentiments – En plus d'avoir un charme fou, vous vous exprimez de manière vraiment convaincante. On vous admire, on boit vos paroles, bref, vous fascinez tant votre entourage immédiat que tous ceux que vous rencontrez. Un enfant regrette les gestes qu'il a faits et tente de se rapprocher de vous. Même chose pour un proche, qui revient lui aussi à de meilleurs sentiments.

Affaires – Ici aussi votre richesse d'argumentation, votre logique et votre personnalité brillante opèrent: on ne peut pratiquement rien vous refuser entre le 5 et le 20. La période est donc idéale donc pour chercher du travail, pour négocier ou pour régler un conflit qui traînait. Les déplacements d'affaires ou de loisir se révèleront fructueux. Au boulot, vous marquez des points. Bravo!

Juin

D	L	M	M	J	V	S
				1	2	3
4	5	6	7	8	9	10D
11○D	12F	13F	14F	15	16	17
18	19	20	21F	22F	23D	24D
25●	26	27	28	29	30	

○	Pleine lune	●	Nouvelle lune
F	Jour favorable	D	Jour difficile

Santé – Même si vous êtes habituellement plus vaillant et plus ardent, on ne peut pas dire que vous êtes mal en point. Ça fait tout simplement drôle de vous voir indolent, presque nonchalant. Rien ne semble vous déranger. Seriez-vous devenu philosophe? La dolce vita vous attire, vous vous payez du bon temps. Pourquoi pas? Vous qui êtes habituellement trop sage, vous faites bien de lâcher votre fou.

Sentiments – Vénus vous gâte jusqu'au 24. Une sortie pourrait fournir aux solitaires l'occasion de dénicher la perle rare, alors que les autres consolideront leur union. Les occasions de voir du monde, de vous divertir et de vous faire de nouveaux amis abondent. La famille et les copains vous traitent aux petits oignons. Cycle de réjouissance et de bonheur intense!

Affaires – Le rythme ralentit, mais il n'y a aucune raison de vous inquiéter. Vous devriez profiter de ce moment d'accalmie pour faire le point, pour réfléchir à vos projets d'avenir. Entre le 3 et le 29, vous aurez des idées de génie, un flair du tonnerre ainsi qu'une capacité à vous exprimer surprenante. Ce serait le moment propice pour présenter une demande, pour faire valoir vos droits ou tout simplement pour défendre votre point de vue.

Juillet

D	L	M	M	J	V	S
						1
2	3	4	5	6	7	8D
9D	10○F	11F	12	13	14	15
16	17	18F	19F	20D	21D	22D
23/30	24●/31	25	26	27	28	29

○	Pleine lune	●	Nouvelle lune
F	Jour favorable	D	Jour difficile

Santé – Vous demeurez quelque peu amorphe jusqu'au 23. Les mêmes influences que le mois dernier prévalent, et vous n'avez guère envie de vous tuer à la tâche ni de vous poser trop de questions. Par après, c'est une autre paire de manches. Vous changez du tout au tout, vous vous mettez à courir dans toutes les directions, vous avez des idées à ne plus savoir qu'en faire. Attention au déséquilibre.

Sentiments – Votre plus belle période s'étend entre le 19 et le 31. Vous vivez alors des moments privilégiés avec vos proches. Votre partenaire fait preuve d'une tendresse exceptionnelle, alors que vos copains font des pieds et des mains pour vous faire plaisir. Une amitié amoureuse est possible si vous êtes seul.

Affaires – La cadence demeure ralentie jusqu'au 23, et vous semblez fort bien vous en accommoder. La dernière semaine, par contre, s'annonce assez stressante. Tout arrive en même temps mais, comme vous êtes rempli d'une énergie bouillonnante, vous devriez être capable de faire face à la musique. Ce sont plutôt les autres qui risquent d'avoir du mal à vous suivre.

Août

D	L	M	M	J	V	S
		1	2	3	4D	5D
6F	7F	8	9○	10	11	12
13	14F	15F	16F	17D	18D	19
20	21	22	23●	24	25	26
27	28	29	30	31D		

○	Pleine lune	●	Nouvelle lune
F	Jour favorable	D	Jour difficile

Santé – S'il est vrai que le passage de la planète Mars dans votre signe vous confère une vitalité hors du commun, il risque également de vous valoir un accident. Vous allez tellement vite, tant de choses trottent dans votre tête que vous manquez parfois de prudence. Il va falloir faire davantage attention si vous voulez arriver à destination sain et sauf.

Sentiments – La première quinzaine est idyllique, tout le monde vous aime et cherche à vous faire plaisir. Les choses risquent de se corser par la suite si vous vous montrez trop directif ou intransigeant. Vos proches pourraient se rebeller et choisir de s'éloigner temporairement de vous. Un petit effort de votre part sauvegardera l'harmonie tout en vous gardant dans les bonnes grâces de votre entourage.

Affaires – Votre côté décidé joue pour vous dans ce domaine. Vous savez parfaitement ce que vous voulez et vous découvrez rapidement les moyens d'y parvenir. Rien ne vous arrête, tant pis pour les hésitants ou ceux qui tentent de freiner vos élans. Grâce à votre travail acharné, les finances sont à la hausse. Un petit coup de chance peut également vous réjouir.

Septembre

D	L	M	M	J	V	S
					1D	2D
3F	4F	5	6	7○	8	9
10	11F	12F	13D	14D	15	16
17	18	19	20	21	22●	23
24	25	26	27	28D	29D	30F

○ Pleine lune et éclipse lunaire partielle
F Jour favorable

● Nouvelle lune et éclipse solaire annulaire
D Jour difficile

Santé – Bien que les deux éclipses se produisent dans l'axe de votre signe, c'est surtout la première qui risque de vous donner du fil à retordre. Demeurez particulièrement vigilant jusqu'au 10. Ne prenez aucun risque, évitez les distractions et bannissez les excès. En agissant de la sorte, vous resterez à l'abri des problèmes et serez en parfaite forme pour profiter du reste du mois qui s'annonce plus clément.

Sentiments – Vénus entre dans votre signe le 6, et sa présence devrait améliorer votre destinée amoureuse. Ce transit pourrait se traduire par une réconciliation, un rapprochement, une belle déclaration, voire une rencontre électrisante pour les solitaires. En société, votre cote de popularité est à la hausse. De nombreuses invitations et propositions de sorties vous réjouissent.

Affaires – Vous avez l'étoffe d'un chef. Votre détermination déplaît à certains, pendant que d'autres se sentent menacés par votre perfectionnisme, ou craignent de ne pas être à la hauteur. Tant pis pour eux, vous êtes sur une excellente lancée. Rien ni personne ne devrait vous arrêter. Les finances sont florissantes, mais vous songez de plus en plus sérieusement à faire une grosse dépense.

Octobre

D	L	M	M	J	V	S
1F	2	3	4	5	6○	7
8F	9F	10D	11D	12	13	14
15	16	17	18	19	20	21
22●	23	24	25D	26D	27F	28F
29	30	31				

○ Pleine lune ● Nouvelle lune
F Jour favorable D Jour difficile

Santé – Finies les éclipses et les influences restrictives! Vous re-montez la pente à vue d'œil, tant psychologiquement que physi-quement. Le mois est idéal pour vous débarrasser de ce qui vous empêchait de fonctionner à plein et pour remettre l'équilibre à l'honneur. Tout cela fonctionnera si bien qu'à partir du 24, vous serez revenu au summum de votre forme.

Sentiments – Vous entretenez des rapports beaucoup plus harmo-nieux avec vos proches. Les petites querelles se dissipent, vous êtes enfin capables de vous parler sans élever le ton. Votre partenaire vous donne des preuves tangibles de son amour et s'engage de ma-nière plus évidente. Vous êtes si bien à la maison qu'il n'est pas fa-cile de vous faire quitter votre petit nid. Même les invitations les plus excitantes y arrivent difficilement.

Affaires – Vos priorités en ce mois sont la profession et les finances. Une autre raison pour laquelle les mondanités vous attirent moins. Vous préférez investir vos énergies dans votre vie matérielle et vous faites bien, car la conjoncture y est tout à fait propice. Excellent *timing* pour brasser des affaires, faire avancer votre cause ou relan-cer votre carrière.

Novembre

D	L	M	M	J	V	S
			1	2	3	4
5○F	6F	7D	8D	9	10	11
12	13	14	15	16	17	18
19	20●	21D	22D	23F	24F	25F
26	27	28	29	30		

○	Pleine lune	●	Nouvelle lune
F	Jour favorable	D	Jour difficile

Santé – Tout va pour le mieux dans le meilleur des mondes. Vous aimez la vie, et elle vous le rend bien. Vous disposez d'une énergie exceptionnelle, mais le plus beau c'est que vous vous en servez fort adéquatement. Vous respectez vos limites, sachant vous arrêter pour faire le point. Vous êtes beau comme tout, mais votre faiblesse pour les aliments riches ou sucrés menacent d'épaissir votre silhouette.

Sentiments – Vous avez davantage le goût de voir du monde et, croyez-moi, vous rattrapez le temps perdu! D'ici au 17, vous êtes constamment sur la trotte. Les activités sociales et les sorties se succèdent à un rythme effréné. Par la suite, c'est vous qui organisez des réceptions. Vos convives sont aux anges et ne tarissent pas d'éloges sur vos multiples talents. Avec chéri et les enfants, c'est le paradis.

Affaires – Vous n'arrêtez pas deux secondes. En plus d'avoir une montagne de travail devant vous, on vous propose des heures supplémentaires, un contrat, peut-être même un deuxième emploi. Je ne sais trop comment vous vous y prenez, mais vous arrivez à tout faire, et à la perfection de surcroît. L'argent rentre, vous êtes heureux.

Décembre

D	L	M	M	J	V	S
					1	2F
3F	4○D	5D	6	7	8	9
10	11	12	13	14	15	16
17	18D	19D	20●D	21F	22F	23
24/31D	25	26	27	28	29F	30F

○	Pleine lune	●	Nouvelle lune
F	Jour favorable	D	Jour difficile

Santé – La planète Mars occupe un secteur plus sensible de votre thème astrologique à partir du 6. Afin de minimiser son influence, je vous encourage à faire preuve de prudence dans vos déplacements et quand vous utilisez des objets coupants ou sources de chaleur. N'abusez pas trop des bonnes choses non plus si vous souhaitez éviter une migraine ou une indigestion.

Sentiments – Entre le 11 et le 31, Vénus, planète du bonheur amoureux et de la popularité, vous envoie ses meilleurs rayons. Votre destinée se transforme en un véritable conte de fées. Les marques d'attention, les paroles affectueuses et les cadeaux bien choisis seront autant de manifestations des sentiments qu'on vous porte. Vous terminez l'année dans l'allégresse la plus totale.

Affaires – D'ici le 10, vous battez tous les records. Votre ascension reste vertigineuse et rien ne peut venir freiner vos élans. Par la suite, il se peut que vous essuyiez un refus ou que vous vous heurtiez à un obstacle de taille. Au lieu de vous décourager, cela vous stimule; vous vous retroussez les manches et vous finissez par avoir le dernier mot. Félicitations!

BALANCE
du 24 septembre au 23 octobre

Il n'y a pas de doute lorsqu'on vous voit tergiverser avant de prendre une décision, on sait à qui on a affaire: une vraie Balance. Votre recherche de l'harmonie, de la beauté, de la justice est telle qu'il vous est souvent difficile de trancher. Prendre une heure pour choisir entre deux types de pain à la boulangerie, c'est vraiment vous! Et ça, c'est quand vous ne changez pas d'idée juste avant de passer la porte pour sortir.

Vous recherchez le parfait équilibre entre toutes choses. Vivre dans une ambiance harmonieuse où la bonne entente et la cordialité règnent, voilà ce qui vous motive. On remarque votre courtoisie avec tous, que vous vous adressiez à un président de compagnie, à la vieille dame d'en face, au clochard qui hante votre quartier ou au serveur de votre restaurant favori. Un mot gentil ou une attention délicate vient souvent ponctuer vos relations avec les autres. Votre politesse est exquise, ce qui est fort rare et apprécié.

Vous êtes un être sociable qui reçoit toujours des invitations pour un dîner, une sortie, une première, un lancement, un cocktail, ou même pour une balade entre amis. Avouez que vous adorez être l'objet de tant d'attentions. Votre bonne humeur, votre amabilité et votre optimiste sont contagieux, c'est la raison pour laquelle vous êtes si populaire auprès des gens. Quant à votre charme légendaire, il en fait craquer plus d'un.

Le point central de votre vie est l'amour; toute votre existence gravite autour de cet élément. Encore une fois, puisque vous recherchez ce qu'il y a de mieux, le grand amour, le partenaire parfait, ce n'est pas toujours facile. Alors, vous prenez votre temps, convaincu que la félicité vient à point à qui sait attendre.

Vous appréciez également la beauté; vous êtes un hédoniste et vous le revendiquez. Votre plaisir et votre satisfaction vous sont apportés par la beauté: un parterre de fleurs, le dessin du petit dernier. Votre automobile, votre intérieur, tout reflète votre surprenante recherche de l'esthétique. Vous êtes toujours tiré à quatre épingles, vous voulez être à la mode, très chic. On ne peut rien vous reprocher sur votre tenue vestimentaire. Vous y mettez beaucoup d'efforts et, bien entendu, les compliments pleuvent, ce qui ne manque pas vous plaire, avouez-le!

Votre sens de la justice et de l'équité est une autre de vos principales caractéristiques: ne représente-t-on pas la Justice par une femme aux yeux bandés portant un glaive et une balance? Qu'il s'agisse des affaires de l'État ou d'une querelle entre les enfants, d'une mésentente au bureau ou des conflits au Moyen-Orient, vous voudriez que la justice règne partout. Vous vous révoltez en pensant que les droits les plus élémentaires des individus sont bafoués partout dans le monde.

En toute circonstance, vous cherchez la paix et l'harmonie. La violence et l'agressivité vous répugnent. Lorsqu'un climat orageux tend à s'installer à l'endroit où vous êtes, vous préférez souvent partir plutôt que d'assister à des prises de bec. Pourtant, la solitude vous pèse. et vous ne restez jamais éloigné des autres trop longtemps. Mais vous savez choisir votre entourage, car la vulgarité vous blesse.

Votre humeur est remarquable, vous débordez d'optimisme et trouvez toujours le côté positif d'un événement ou d'une situation. Votre frère a perdu son emploi? Tant mieux, c'est l'élément déclencheur qu'il lui fallait pour réorienter sa carrière. Votre meilleure amie est malade? Eh bien, elle pourra ainsi se reposer, elle qui n'avait jamais le temps de souffler. Vous avez toujours le bon mot, mais surtout l'attitude appropriée, pour aider vos proches à surmonter leurs difficultés. Cette façon d'agir vous vaudra de nombreux compliments et plusieurs amitiés.

Ce que l'on remarque au premier regard, c'est votre douceur et l'harmonie de votre silhouette. Vos gestes sont élégants, votre démarche, sensuelle, et vous avez de petits tics tout à fait charmants, comme pencher la tête lorsque vous réfléchissez ou balancer la jambe quand vous êtes assis…

Évidemment, une telle recherche de la perfection et de la beauté en toutes choses ne vous permet pas de vous décider au quart de tour, et c'est là que le bât blesse parfois; vos compagnes de magasinage trépignent d'impatience, vos collègues ragent… mais ça prendra le temps qu'il faudra, vous voulez être sûr de faire le meilleur choix possible.

Comment se comporter avec une Balance?

La Balance est un être tout à fait charmant et d'abords agréables. Discuter avec un natif de ce signe est un charme, du moment qu'il a tous les éléments en main: le pour, le contre, les circonstances. Avant de rendre un verdict, il a souvent besoin de connaître le «qui-du-pourquoi-du-comment». Son processus pourra vous sembler bien long, car il se rappelle qu'il n'a pas pris tel élément en considération et que tel autre mériterait aussi qu'on s'y attarde. Bref, tous les aspects d'un problème sont mis dans la balance.

Qu'il siège à l'ONU ou qu'il compare les ingrédients de deux sauces tomate, c'est long! Son interlocuteur doit bien souvent s'armer de patience.

Dans un dilemme, proposant deux solutions opposées, il suggérera des compromis pour accommoder toutes les parties. La Balance ne se fâche que très rarement; en fait, elle se sert plutôt de la douceur pour convaincre et tempérer ses contradicteurs. Si vous voulez faire sortir une Balance de ses gonds, il faudra vraiment que vous y mettiez le paquet, et encore, c'est peut-être vous qui sortirez de vos gonds avant elle. Lorsqu'on discute avec un natif de ce signe, la courtoisie et le sang-froid sont de mise. Exposez calmement vos doléances ou votre point de vue, et n'ayez crainte, une de ses légendaires idées ingénieuses l'aidera à dénicher une solution équitable pour tous.

Pour cohabiter harmonieusement avec une Balance, il faut lui créer un environnement calme et paisible. Les chicanes continuelles et les discussions orageuses pour un rien ne contribuent certes pas à une ambiance qu'il appréciera. De toute façon, vous n'arriverez à rien avec un natif de la Balance en utilisant l'agressivité, les cris et les larmes; la douceur, le charme et la gentillesse vous permettront de tout obtenir sans difficulté.

La Balance est un tantinet lente, donc si vous voulez absolument qu'elle ne manque pas votre rendez-vous, fixez le moment de la rencontre une heure plus tôt que prévu, ainsi vous serez assuré qu'elle sera là à temps.

Une Balance est systématiquement en retard, car elle prend trop de temps à se décider: des chaussures bleues ou noires, une robe moulante ou un pantalon ample, une cravate ou un polo à col ouvert... bref, elle tergiverse des heures devant la porte de la garde-robe. Et, bien entendu, lorsqu'elle se montre enfin le nez, vous pouvez être sûr que ses raisons seront bonnes, et ses excuses, adorables. Une Balance à l'heure, c'est vraiment un hasard!

Ses goûts

Pour la Balance, ce qui compte, c'est le beau. Un natif de ce signe est très sensible à la beauté, à l'harmonie. Ses vêtements sont choisis avec beaucoup de goût, de raffinement. Il est d'une élégance peu commune: généralement, couleurs, textures, accessoires sont assortis, des sous-vêtements au parapluie, rien n'est laissé au hasard et la recherche est parfaite. Il ne faut donc pas s'étonner de voir une Balance fouiller dans tous les recoins d'un magasin pour dénicher le portefeuille, la ceinture, les boucles d'oreilles qui s'agencent parfaitement à ses tenues.

Pour les couleurs, une Balance s'en tient surtout aux teintes douces et tendres qui reflètent bien sa personnalité. Les textures, pour leur part, sont souvent soyeuses, fluides, confortables.

Si la Balance s'habille avec un profond souci du détail, que dire de sa demeure. Dans son petit nid, tout est recherché et étudié. Plantes, papier peint, peintures, bibelots, éclairages, tentures, rien ne détonne… On se demande comment elle fait, tellement tout est à sa place…

Lorsqu'une Balance vous convie à sa table, vous pouvez être assuré que le plaisir des yeux tout autant que celui de la bouche sera comblé: chandelles, belles assiettes, nappes et serviettes de table faites à la main, ustensiles ciselés, sa présentation est étudiée et raffinée. Les mets, pour leur part, seront à son image: recherchés. Elle est un fin gourmet. Elle ne résiste pas devant un dessert bien présenté. Mais n'ayez crainte, si vous l'invitez, un natif de ce signe se montrera toujours charmant, élégant et reconnaissant, même si vous l'accueillez à la bonne franquette.

Son potentiel

Le natif de la Balance n'est pas un être impulsif, il préfère soupeser, étudier, voir le pour et le contre; il ne faut donc pas lui confier un poste où les décisions se prennent rapidement. Par contre, si vous cherchez quelqu'un qui saura analyser le moindre aspect d'une tâche ou d'une décision avant de rendre son verdict, c'est le candidat qu'il vous faut.

Ses préférences le poussent à opter pour des activités dans le domaine des arts. C'est un artiste remarquable, un fin artisan: la beauté n'a plus aucun secret pour lui, et il atteindra des sommets inégalés si on lui confie des contrats où l'harmonie est le trait essentiel de sa production. Par exemple, il sera un architecte talentueux, mais excellera également en horticulture, en esthétique, en décoration, en étalagisme, en mode, en coiffure et en orfèvrerie. Si par hasard ses pas le conduisent dans une autre voie, il œuvrera par exemple en tant qu'avocat, juge, procureur, coroner, ou notaire; des tâches qui demandent un solide esprit d'analyse, mais qui viendront également combler son esprit de justice. Il pourrait aussi se distinguer en relations publiques ou dans la diplomatie.

Ses loisirs

Si notre Balance n'a pas choisi un métier du domaine artistique, il leur consacrera sans aucun doute ses loisirs et il aura l'embarras du choix, car c'est un être doué d'un talent remarquable: peinture, aquarelle, céramique, poterie, couture, broderie, tricot, création de sites Web, design d'intérieur, aménagement paysager, toutes les portes lui sont ouvertes.

En fait, tout ce que touche une Balance devient une œuvre d'art: qu'il s'agisse de se maquiller ou d'assortir les couleurs des coussins du salon, elle le fait avec goût et élégance.

La Balance aime également la nature, et surtout les fleurs et les plantes. Son intérieur en est probablement rempli. Donnez-lui un lopin de terre, vous verrez ce qu'elle en fera. Pour un natif de ce signe, avoir le pouce vert n'est pas une expression dénuée de sens. S'il habite en ville, son balcon sera fleuri, et il s'occupera même des carrés d'arbres de sa rue.

La Balance est également une personne très sociable. La solitude lui pèse vite, et rester seule trop longtemps la conduira tout droit à l'ennui. Des sorties, des réunions entre amis, des dîners au restaurant, des spectacles sont des éléments essentiels à son équilibre mental. La Balance est une personne agréable qui sait séduire et enjôler; elle ne reste donc jamais seule très longtemps.

Sa décoration

Son cocon est si douillet et si harmonieux qu'on pourrait avoir l'impression d'entrer dans un monde de rêve lorsqu'on y pénètre. Le temps et l'énergie que notre Balance a consacrés à son intérieur sont incalculables. Chez elle, rien ne dépasse: le tapis et les tentures se marient harmonieusement avec les meubles, et le moindre bibelot occupe la place qui lui convient exactement.

Son intérieur est une symphonie de couleurs subtiles et de formes délicates où tout est parfait, en équilibre. Il faut dire que le moindre élément a été sélectionné avec soin; on pourrait se croire dans les pages d'un magazine de décoration.

En fait, la Balance a un don inné pour la décoration, un goût sûr qui fait de son intérieur un écrin d'élégance et de beauté. Si vous avez des conseils de décoration à demander à quelqu'un, tournez-vous vers une Balance; vous ne serez jamais déçu.

Son budget

Évidemment, toute cette beauté a un prix, et notre Balance doit avoir un porte-monnaie bien rempli pour se permettre toutes ces dépenses. Eh bien, même si un natif de ce signe ne roule pas sur l'or, n'ayez crainte, c'est un excellent comptable… et un très bon consommateur qui sait magasiner, même s'il se laisse tenter facilement et dépense généreusement. En fait, une Balance qui a un budget restreint connaîtra les bons endroits où se faire plaisir à peu de frais, tout en satisfaisant ses goûts pour la beauté et l'esthétique.

Par contre, si le natif de ce signe est un peu plus à l'aise financièrement, il voudra mettre un peu d'argent de côté. Mais si la tentation est assez grande, il succombera et remettra l'épargne à plus tard. Il est rare qu'une Balance songe à investir dans un REÉR alors que sa garde-robe du printemps doit être renouvelée… ou le mobilier du salon, changé pour qu'il s'harmonise aux nouveaux tapis et aux nouvelles peintures qu'elle vient d'appliquer sur les murs.

Bref, pour une Balance, l'argent est un moyen d'acquérir de belles choses; ce n'est pas fait pour dormir dans un coffre-fort, et encore moins pour être investi dans des portefeuilles boursiers qui sont à ses yeux des comptes tout à fait virtuels.

La Balance possède une nature résolument optimiste et ne s'inquiète pas outre mesure quand les factures arrivent… En toutes circonstances, elle garde son sourire charmeur et règle les problèmes lorsqu'ils se présentent, sans anticiper.

Quel cadeau lui offrir?

Faire plaisir à un natif de ce signe est probablement la chose la plus aisée qui soit: il est toujours content.

Puisque notre Balance aime les beaux objets, les vêtements à la mode, les bijoux précieux, les œuvres d'art, les créations haute couture ou d'artisans, vous aurez l'embarras du choix.

Du matériel d'artiste, peinture, pastel, fusain, verrerie et étain pour vitraux, tapisserie aux petits points lui permettront de mettre en valeur son immense talent. En tant que mélomane avertie, elle appréciera le plus récent disque de son artiste favori. Vous pouvez également arriver chez elle avec des plantes plein les bras, des fleurs ou des parfums qui embaument; vous ne vous tromperez pas.

D'ailleurs, quel que soit le cadeau que vous lui offrirez, il sera sans doute apprécié, car notre Balance adore recevoir. Un bel emballage, un joli ruban et une carte de vos bons vœux la rendront folle de joie.

Les enfants Balance

Quels adorables chérubins! Ils sont mignons, souriants, enjoués et de bonne humeur. Par contre, il faut leur trouver des compagnons de jeu, car ils détestent rester seuls. S'ils sont enfants uniques, ils seront constamment dans les jambes de leurs parents.

Ce sont aussi des enfants charmeurs qui savent séduire avant même d'avoir prononcé leurs premiers mots. Leur sourire est enjôleur, et personne ne peut y résister. Ainsi, ils obtiennent souvent tout ce qu'ils veulent par un simple gazouillis… Ils choisiront la méthode douce pour vous amadouer; avec eux, pas de pleurs ni de cris.

Aimable, gentil, disposé à faire plaisir, l'enfant Balance est un compagnon de jeu agréable, et ses petits amis ne se trompent pas, c'est un bambin populaire auprès des autres.

En classe, il sera sûrement le boute-en-train de l'école, car il adore jouer; par contre, pour les études, il aura besoin d'être constamment motivé, car il y a tellement de choses à explorer dans ce vaste monde que son esprit vagabondera souvent bien loin de ses devoirs et de ses leçons.

Ses parents devront lui apprendre à étudier, à se concentrer sur une tâche et à se décider. Il aura tendance à changer d'avis rapidement.

Une autre de ses petites faiblesses est son manque de ponctualité. Évidemment il n'arrive pas à se décider, il perd du temps; il faudra donc lui apprendre à mieux gérer son temps.

L'ado Balance

Tu as une belle personnalité que beaucoup de tes camarades t'envient: tu es sociable, tu t'intéresses aux autres et tu aimes faire plaisir. Tu es très charmeur, et peu de monde peut te résister. Tu sais d'ailleurs utiliser ce pouvoir pour parvenir à tes fins.

Tu aimes sortir, voir du monde, échanger, rencontrer de nouvelles personnes. La solitude, ce n'est décidément pas pour toi, car tu t'ennuies rapidement. Les arts, la musique te font vibrer, et tu es très sensible à la beauté sous toutes ses formes.

L'amour te donne des ailes et occupe une place très importante dans ta vie. Tout autour de toi et en toutes choses, tu recherches l'harmonie. Aussi bien dans ta famille que dans ton cercle d'amis, tu ne supportes pas les disputes; c'est souvent toi qui règles les petits différends entre ceux que tu côtoies.

Tu as un sens très aigu de la justice, tu ne supportes pas que quelqu'un soit maltraité devant toi. Par contre, avant de te lancer dans une entreprise, quelle qu'elle soit, tu pèses longuement le pour et le contre… et il t'est parfois difficile de te décider: tu hésites, tu balances, tu ne sais pas… Tes amis trouvent que tu «ne te branches pas».

Les deux petits défauts qu'on pourrait éventuellement te reprocher sont liés à l'une de tes grandes qualités: tu cherches constamment à faire plaisir et à te faire aimer. Mais voilà, cela peut te rendre superficiel aux yeux des autres. Tu dois aussi corriger ton manque de ponctualité; tu as tellement de mal à te décider que tu arrives en retard partout. Ce qui te distingue des autres cependant, c'est ton éternel optimisme; rien ne te démonte, tu es toujours capable de déceler le bon côté des choses, même dans les pires situations.

Tes études

Tu es brillant, tu as un bon jugement, tu es même capable d'assimiler deux formations très différentes à la fois. Le grand problème, c'est de savoir à laquelle accorder le plus d'importance; tu n'arrives pas à prendre une décision finale.

Comme tu apprécies la beauté et l'harmonie, tu excelles dans tes cours d'art plastique ou de musique. Le petit hic, c'est que tu t'intéresses plus à la vie sociale de l'école, aux sorties de groupe et aux réunions qu'à tes études. Avoue-le, tu es un peu paresseux de nature, et ces multiples occupations parascolaires sont pour toi de bonnes excuses pour ne pas trop travailler en classe.

Pourtant, tu es doué, et la réussite t'attend si tu parviens à mettre un peu de discipline dans ta vie… et si tu n'arrives pas en retard dans tes cours.

Ton orientation

Ce n'est pas facile pour toi de choisir un métier, car il y a tellement de domaines qui t'intéressent! En fait, le problème est que tu peux revenir sur ta décision, même lorsque tu jures que cette fois tu ne changeras plus d'idée.

Tes buts changent constamment; il est difficile de faire quelque chose de ta vie dans de telles conditions. Par contre, si tu te diriges vers des métiers artistiques (les arts, la décoration, l'esthétique, la coiffure, la mode, la joaillerie, la musique, la comédie, l'horticulture, l'architecture, la littérature, l'ébénisterie, la danse) tu parviendras sûrement à te tailler une place de choix. Les communications, la diplomatie, la justice, le droit, le commerce, l'éducation ou les relations publiques sont aussi des domaines où tu pourras briller.

Tes rapports avec les autres

Tes amis, ta famille occupent une place prépondérante dans ta vie, car tu ne supportes pas d'être seul. Même pour étudier, tu as besoin de monde autour de toi. Donc, tu seras meilleur dans les travaux scolaires en équipe. Tu as également besoin d'un environnement calme où règne la bonne entente; les cris et les disputes te perturbent énormément. Tu penses beaucoup aux autres, tu essaies de faire plaisir et tu as besoin de te sentir aimé pour bien fonctionner dans un groupe.

Tu es quelqu'un de très généreux, mais tu n'as pas besoin de dépenser de l'argent pour conquérir les autres; ton sourire te permet de te faire facilement des amis. Le plus important pour toi est cependant de bien les choisir.

Dominique Michel, Anne Rice, Sonia Benezra, Sean Connery, Brigitte Bardot, Diane Dufresne, Hélène Lauzon, Julien Clerc, André Robitaille, Susan Sarandon, Kate Winslet, Matt Damon, François Pérusse, Sigourney Weaver, John Lennon, Guylaine Tremblay, Daniel Lemire, Jean-Jacques Goldman, Chantal Fontaine, Danielle Proulx, Gilles Vigneault, Luck Mervil, Claude Léveillée, Claude Charron, Luciano Pavarotti, Éric Lapointe, Catherine Deneuve, Will Smith.

Pensée positive pour la Balance

Je capte toute l'harmonie de l'univers et la canalise dans ma vie. Je fais le bon choix en toute situation et j'avance vers l'amour.

Pensée positive spéciale pour 2006

Je prends de sages décisions et j'agis sans attendre. Je me dirige tout droit vers le succès et le bonheur.

Le subconscient nous dirige toujours selon nos pensées. En répétant le plus souvent possible ces pensées conçues tout spécialement pour vous, vous vous attirerez plein de belles choses.

Signe: Balance

Élément: Air

Catégorie: Cardinal

Symbole: ♎

Points sensibles: Reins, vessie, appareil urinaire, bas du dos, obésité, diabète, hypoglycémie. Attention au sucre!

Planète maîtresse: Vénus, planète de l'amour.

Pierres précieuses: Opale, jade, corail.

Couleurs: Les tons pastel et les couleurs tendres, rose, turquoise.

Fleurs: Violette, jonquille, rose thé... et toutes les autres.

Chiffres chanceux: 6-9-15-18-23-26-36-39-41-45.

Qualités: Doux, tendre, affectueux, amoureux de l'amour, juste, diplomate, charmeur.

Défauts: Indécis, instable, dépensier, retardataire, effrayé par la solitude.

Ce qu'il pense en lui-même: Je voudrais que tout soit si beau autour de moi.

Ce que les autres disent de lui: Il ne se branche pas... Mais on le lui pardonne; il est si adorable!

Prédictions annuelles

L'année s'annonce assurément moins lourde que les précédentes. Fini ce cycle où vous étiez constamment à la merci des événements et des autres! Vous pouvez enfin prendre votre destinée en main et en faire ce que vous voulez, les astres sont avec vous. À vrai dire, les seuls problèmes que vous risquez de rencontrer ne viendraient pas de l'extérieur mais plutôt de l'intérieur. Votre manque d'initiative, votre tendance à tout remettre à plus tard ou votre incapacité à vous décider risquent de jouer contre vous. Écoutez votre intuition, fixez-vous un échéancier raisonnable et tenez-vous-y; de cette façon tout ira comme dans le meilleur des mondes et vous vous garantirez une année 2006 du tonnerre.

Santé – Vous avez les nerfs beaucoup plus solides qu'au cours des dernières années. Vous avez appris à mieux gérer les stress quotidiens, vous devenez de plus en plus philosophe. Physiquement, c'est encore et toujours votre attirance poussée pour la bonne chère qui pourrait être responsable de vos ennuis de santé. Les repas copieux, bien arrosés et toutes ces sucreries que vous affectionnez tant encrassent votre organisme en plus de se transformer en kilos superflus. La solution serait un régime et un programme d'activités physiques, et vous le savez très bien. Faites un effort.

Sentiments – Après le gros ménage que vous avez fait parmi vos relations, le moment est venu de vous lier avec de nouvelles gens. Vous vous connaissez beaucoup mieux et, par conséquent, vous avez une idée bien plus nette de ce qui peut vous rendre heureux. Plus intransigeant que par le passé, vous ne laissez personne compromettre votre paix intérieure. Les êtres que vous laisserez vous approcher auront fait leurs preuves au préalable; vous n'accorderez plus votre confiance au premier venu. Avec vos proches, l'année sera douce et agréable. Vous approfondirez les liens qui vous unissent, et il pourrait être question d'engagement officiel pour plusieurs.

Affaires – La présence de Jupiter dans votre deuxième secteur est d'excellent augure. Ce transit correspond généralement à une hausse des revenus et à une nette expansion de la vie matérielle. Excellente année pour asseoir votre réputation, pour donner une nouvelle direction à votre carrière ou tout simplement pour trouver la voie qui vous convient le mieux. Les placements sérieux et les projets à long terme sont hautement favorisés. Par contre, les investissements risqués ou irréfléchis risquent de vous coûter cher. Assurez-vous donc de bien évaluer la situation avant de desserrer les cordons de votre bourse. Parlant d'argent, les propriétaires de magasins sont toujours aussi ravis de vous voir arriver. Vous dépensez joyeusement!

Janvier

D	L	M	M	J	V	S
1D	2F	3F	4	5	6	7
8	9	10F	11F	12D	13D	14○ D
15	16	17	18	19	20	21
22	23	24	25	26	27D	28D
29● F	30F	31				

○ Pleine lune		●	Nouvelle lune
F Jour favorable		D	Jour difficile

Santé – Un brin d'anxiété ou d'agitation vous dérange quelque peu jusqu'au 23. En voyant du monde ou en demeurant occupé, vous en viendrez aisément à bout. Est-ce cette nervosité qui vous ouvre l'appétit? Chose certaine, vous résistez bien mal à la gourmandise et au grignotage. La fin du mois vous retrouve plus serein et plus motivé.

Sentiments – La présence de Vénus dans votre quatrième secteur vous procure de grandes satisfactions au foyer; on se montre hyper charmant avec vous. Pourtant, ça ne suffit pas, vous vous ennuyez et trouvez votre vie plate. Si vous comparez votre existence avec celle de bon nombre de vos connaissances, vous serez forcé d'admettre que vous vous lamentez pour rien. Et puis, pourquoi ne pas organiser une soirée ou une activité sociale? Cela vous changera les idées.

Affaires – Vous avez besoin de changement. Reste à savoir si ça vous convient. Vous risquez de faire un geste précipité ou une folie avec votre budget d'ici le 23, ce que vous regretteriez par la suite. N'allez pas tout balancer par-dessus bord sous l'impulsion du moment. Prenez le temps de réfléchir, de peser le pour ou le contre. Mieux encore, attendez la dernière semaine pour agir, vous y verrez plus clair.

Février

D	L	M	M	J	V	S
			1	2	3	4
5	6F	7F	8F	9D	10D	11
12○	13	14	15	16	17	18
19	20	21	22	23D	24D	25F
26F	27●	28				

○ Pleine lune	● Nouvelle lune
F Jour favorable	D Jour difficile

Santé – Le moral est meilleur, vous avez les idées plus claires et vous vous sentez mieux dans votre peau. À compter du 18, votre forme physique s'améliore considérablement. Vous avez alors davantage d'énergie et de résistance. Le moment serait parfait pour vous reprendre en main, pour régler ce qui accrochait ou pour changer certaines habitudes de vie.

Sentiments – La première quinzaine ressemble étrangement au mois précédent. Vous vous embêtez malgré la gentillesse de vos proches. Vous attendez probablement trop après les autres. Puis, le vent tourne. Les invitations se font plus nombreuses, vous rencontrez de nouvelles personnes et revoyez d'anciens amis. Ce rythme de vie vous convient tout à fait, vous êtes heureux comme un roi.

Affaires – Du 18 février au 14 avril, vous traversez un cycle fortuné tant sur le plan professionnel que financier. Vous pourriez même décrocher un prix secondaire dans un tirage. Vos efforts pour donner un nouvel élan à votre carrière donnent des résultats probants et vous vous rapprochez de votre but. D'ici là, c'est le temps de planifier, de peaufiner vos stratégies et de structurer votre pensée.

Mars

D	L	M	M	J	V	S
			1	2	3	4
5	6F	7F	8D	9D	10	11
12	13	14○	15	16	17	18
19	20	21	22	23D	24D	25F
26F	27	28	29●	30	31	

○ Pleine lune et éclipse lunaire annulaire   ● Nouvelle lune et éclipse solaire totale
F   Jour favorable   D   Jour difficile

Santé – Les éclipses ne vous affectent presque pas, elles engendrent un peu plus de nervosité, mais certainement pas assez pour vous empêcher de fonctionner. Physiquement, vous continuez à remonter la pente. Il est vrai que votre détermination à améliorer votre sort y est pour beaucoup. Vos efforts portent des fruits, vous vous sentez rajeunir, et tout le monde remarque votre mine resplendissante.

Sentiments – Entre le 5 mars et le 7 avril, vous bénéficiez d'un transit exceptionnel de Vénus, planète des amours. Les couples se rapprochent, alors que les célibataires rencontrent enfin l'âme sœur. Autre bonne nouvelle, la vie sociale redémarre, votre cote de popularité ne cesse de grimper, vous avez mille et une occasions de vous amuser. Profitez-en!

Affaires – Ici aussi les influences sont très encourageantes. Voilà pourquoi il faut agir sans attendre. Excellente période pour chercher de l'emploi, pour obtenir une permanence ou décrocher une promotion. Les finances sont à la hausse, la chance vous sourit. Les voyages, les démarches pour un nouveau domicile, les transactions et le commerce sont d'autres secteurs favorisés.

Avril

D	L	M	M	J	V	S
						1
2F	3F	4D	5D	6D	7	8
9	10	11	12	13○	14	15
16	17	18	19D	20D	21F	22F
23/30F	24	25	26	27●	28	29F

○ Pleine lune ● Nouvelle lune
F Jour favorable D Jour difficile

Santé – La première moitié du mois est magnifique à tous les points de vue. Vous semblez inébranlable et en pleine possession de tous vos moyens. Par après, une dissonance de la planète Mars risque de vous donner du fil à retordre. Voici quelques trucs qui vous permettront de contrecarrer ce transit: prenez soin de votre santé, n'abusez pas de vos forces ni de votre résistance nerveuse et redoublez de prudence afin de ne pas vous blesser.

Sentiments – Je vous rappelle que Vénus vous promet d'énormes joies durant la première semaine. Le reste d'avril se déroule plus tranquillement, il y a peut-être moins de magie mais certainement autant d'amour. Entre le 16 et le 30, un parent ou un enfant risque de vous causer quelques inquiétudes, et il est à prévoir que vous deviez intervenir même si ça ne vous tente pas.

Affaires – Si vous avez une requête à formuler, si vous comptez postuler pour un emploi ou si vous vous apprêtez à mettre un gros projet en chantier, mieux vaut agir d'ici le 14, alors que vous traversez toujours un cycle de chance. Par la suite, ça risque de se corser. Des contretemps pourraient survenir et compromettre temporairement vos progrès.

Mai

D	L	M	M	J	V	S
	1F	2D	3D	4	5	6
7	8	9	10	11	12	13○
14	15	16	17	18D	19D	20F
21F	22	23	24	25	26	27●F
28F	29D	30D	31			

○ Pleine lune		● Nouvelle lune	
F Jour favorable		D Jour difficile	

Santé – Mars est toujours dans le décor; ce n'est donc pas le temps de relâcher votre vigilance. Soignez vos petits bobos sans tarder, vous éviterez ainsi qu'ils ne s'aggravent, et gardez l'œil ouvert pendant vos déplacements ou l'utilisation d'objets potentiellement dangereux. S'il reste quelques faiblesses sur le plan physique, le moral quant à lui va beaucoup mieux.

Sentiments – La communication ne passe pas toujours avec vos proches, leur attitude vous déçoit. Au lieu de tout garder en dedans et de vous faire du mal inutilement, parlez-en à un ami qui saura vous aider à faire la part des choses. Après tout, il n'y a pas de drame à l'horizon. Les soucis provenant de la marmaille disparaissent; néanmoins, un parent continue de vous tracasser.

Affaires – Ça ne donnerait pas grand-chose de bousculer les événements ou les gens. Au lieu de faire avancer votre situation, ça risquerait au contraire de se retourner contre vous. En cas de conflit, votre diplomatie habituelle demeure votre meilleure alliée. Si vous élevez le ton, vous ne ferez qu'envenimer les choses. À vrai dire, la meilleure chose à faire serait de prendre les retards et les intempéries avec un grain de sel. Dans le fond, vous êtes protégé et vous finirez par vous en sortir.

Juin

D	L	M	M	J	V	S
				1	2	3
4	5	6	7	8	9	10
11○	12D	13D	14D	15F	16F	17
18	19	20	21	22	23F	24F
25●F	26D	27D	28	29	30	

○	Pleine lune	●	Nouvelle lune
F	Jour favorable	D	Jour difficile

Santé – Dès le 4, vous êtes débarrassé de l'influence perturbatrice de Mars. Vous reprenez des forces et récupérez toute votre vitalité ainsi que votre résistance. Les nerfs, quant à eux, demeurent un peu ébranlés, mais quelques moments de relaxation vous aideront à retrouver votre équilibre.

Sentiments – Les dissensions se dissipent. Vous arrivez à éclaircir les situations nébuleuses et à faire le point avec votre entourage. Même si parfois les discussions sont enflammées, le résultat est bénéfique. N'est-ce pas ce qui compte vraiment? Un ami traverse des moments pénibles; c'est à votre tour de lui remonter le moral. Vous vous sentez utile, ça vous fait le plus grand bien. Les invitations se multiplient, vous voyez plein de beau monde. Belle surprise en amour pendant la dernière semaine.

Affaires – Un autre secteur où le climat s'améliore grandement. Il règne encore pas mal de confusion, mais petit à petit vous arrivez à tout démêler. Des changements surviennent. Certains sont provoqués par vous alors que d'autres arrivent sans prévenir. Quelques difficultés d'ajustement sont possibles au début, puis ça se met à rouler de manière plus harmonieuse. Un conseil: ne prenez pas de risques avec votre argent.

Juillet

D	L	M	M	J	V	S
						1
2	3	4	5	6	7	8
9	10○D	11D	12F	13F	14	15
16	17	18	19	20F	21F	22F
23D/30	24●D/31	25	26	27	28	29

○	Pleine lune	●	Nouvelle lune
F	Jour favorable	D	Jour difficile

Santé – Vous revoici dans une forme superbe. Vous avez de l'énergie à revendre, mais surtout vous savez vous en servir adéquatement. En mettant vos priorités à la bonne place, vous évitez de vous fatiguer inutilement. Moralement aussi vous faites des progrès. Fini le temps où la moindre contrariété vous jetait par terre. Bonne période également pour les changements de tête et les remises en beauté.

Sentiments – Voici un mois extraordinaire pour toutes les questions affectives. Vous retombez amoureux de votre partenaire et le plus beau, c'est que c'est parfaitement réciproque. Les solitaires, quant à eux, pourraient avoir la surprise de leur vie au moment d'une sortie. Vous continuez de voir beaucoup de gens et ce ne sont pas les occasions de vous amuser qui font défaut.

Affaires – Les trois premières semaines se déroulent sous le thème de la réussite. Les gestes visant à améliorer votre situation professionnelle ou financière donnent d'excellents résultats. Vous pouvez entrevoir l'avenir avec confiance. Un coup de chance, un bon tuyau ou une occasion en or contribue à votre aisance.

Août

D	L	M	M	J	V	S
		1	2	3	4	5
6D	7D	8F	9○F	10	11	12
13	14	15	16	17F	18F	19D
20D	21	22	23●	24	25	26
27	28	29	30	31		

○	Pleine lune	●	Nouvelle lune
F	Jour favorable	D	Jour difficile

Santé – L'anxiété refait surface au cours des 10 premiers jours pour mieux disparaître par la suite. Physiquement, vous semblez plus abattu, et votre résistance faiblit un peu. Mieux vaut y voir avant que la fatigue ne s'installe. Ce n'est pas le temps de négliger les bonnes habitudes que vous aviez prises depuis quelque temps.

Sentiments – Entre le 13 août et le 7 septembre, Vénus se balade dans votre 11ᵉ secteur, ce qui vous vaut énormément de plaisir avec vos proches. Avec votre partenaire, vous revivez la complicité des premiers jours, pendant qu'une amitié amoureuse met du soleil dans la vie des célibataires. Avec les copains, la fête continue; vous vous liez également avec de nouvelles personnes qui vous divertissent au plus haut point.

Affaires – Ce n'est pas que ça va mal, au contraire, mais le climat de stagnation qui prévaut en ce mois vous contrarie. Il faut toutefois avouer que malgré vos bonnes idées, la motivation fait défaut. En effet, vous avez des traits de génie, mais rien n'aboutit, car vous ne passez pas à l'action. Dommage, car si vous vous donniez la peine d'agir, vous seriez agréablement surpris des retombées...

Septembre

D	L	M	M	J	V	S
					1	2
3D	4D	5F	6F	7○	8	9
10	11	12	13F	14F	15D	16D
17D	18	19	20	21	22●	23
24	25	26	27	28	29	30D

○ Pleine lune et éclipse lunaire partielle   ● Nouvelle lune et éclipse solaire annulaire
F Jour favorable   D Jour difficile

Santé – Les éclipses combinées à l'arrivée de Mars dans votre signe risquent d'avoir un effet déstabilisant à compter du 7. Pour ne pas en ressentir les conséquences, je vous invite à faire davantage attention à vous. Ne tenez pas votre santé pour acquise et redoublez de prudence sur la route de même que lorsque vous manipulez des couteaux ou des objets acérés.

Sentiments – La première semaine est exquise à tous les points de vue. Les amis, la marmaille et votre partenaire ont tous votre bonheur à cœur. Afin de sauvegarder cette belle harmonie durant le reste du mois, vous auriez tout intérêt à vous montrer conciliant et à bien peser les mots que vous employez. Socialement, ça demeure emballant bien que plutôt superficiel.

Affaires – Les éclipses n'ont pas que du mauvais, elles vous donnent un sérieux coup de main dans vos activités. Vous en avez finalement assez de tourner en rond, si bien qu'à partir du 8, vous vous mettez à foncer dans plusieurs directions à la fois. Même si vos actions sont parfois maladroites, vous avez au moins le sentiment d'accomplir quelque chose. De toute façon, ce branle-bas de combat finira sans aucun doute par donner des résultats positifs.

Octobre

D	L	M	M	J	V	S
1D	2F	3F	4	5	6○	7
8	9	10F	11F	12D	13D	14D
15	16	17	18	19	20	21
22●	23	24	25	26	27D	28D
29F	30F	31F				

○ Pleine lune   ● Nouvelle lune
F Jour favorable   D Jour difficile

Santé – Vous êtes survolté tant physiquement que psychiquement. Il y a tellement d'idées qui trottent dans votre esprit que vous ne savez plus par quoi commencer. Mille et une activités vous attirent; vous en menez plusieurs de front, ce qui risque de vous faire perdre votre direction. Avec tout ce qui mijote dans votre tête, la distraction risque de prendre le dessus. Attention, vous pourriez vous faire mal!

Sentiments – Mercure, Vénus et Mars évoluent dans votre signe, ce qui génère beaucoup d'excitation. Vos amours s'enflamment de nouveau et, si vous êtes seul, un coup de foudre vous fait vibrer. Les invitations arrivent de tous les côtés à la fois, votre agenda déborde... Au moins, toute cette effervescence vous ravit. Vous détestez tellement la solitude que jamais vous ne vous en plaindriez.

Affaires – Ici encore, ça bouge en diable, et on dirait que tout arrive en même temps. Vous devez faire de nombreux choix mais, pour une fois, vous vous décidez sur-le-champ, sans doute parce que votre flair aiguisé vous sert à merveille. Vous avez une montagne de travail devant vous, et vous passez au travers avec une rapidité et une dextérité qui en renverse plusieurs. L'argent rentre... et il sort tout aussi rapidement.

Novembre

D	L	M	M	J	V	S
			1	2	3	4
5○	6	7F	8F	9D	10D	11
12	13	14	15	16	17	18
19	20●	21	22	23D	24D	25D
26F	27F	28	29	30		

○ Pleine lune		● Nouvelle lune	
F Jour favorable		D Jour difficile	

Santé – Les choses reviennent à la normale. Vous cessez de courir à gauche et à droite, vous mettez de l'ordre dans vos idées et vous retrouvez finalement votre paix intérieure. Ce calme vous fait du bien. Autre bonne nouvelle, les dangers de vous blesser ou de souffrir d'une défaillance sont révolus, vous amorcez un cycle de récupération.

Sentiments – La première quinzaine s'annonce agréable mais surtout très relaxe. Le tourbillon du mois dernier vous a quelque peu épuisé et vous devez convenir avec moi que cette période d'accalmie est bienvenue. Vous reprenez doucement votre souffle puis, à partir du 17, ça repart en grand. Sorties, invitations, réunions entre amis se succèdent de nouveau à un rythme effréné. Quant à vos amours, c'est le retour électrisant de la passion.

Affaires – Le brouhaha d'octobre se calme. Vous arrivez à faire la part des choses et à mettre vos énergies au bon endroit. Présentement, ce qui vous importe le plus est assurément la stabilité; vos efforts pour la trouver tant sur le plan professionnel que matériel sont récompensés. Vous assoyez solidement votre avenir et mettez des sous de côté pour vos vieux jours.

Décembre

D	L	M	M	J	V	S
					1	2
3	4○F	5F	6D	7D	8	9
10	11	12	13	14	15	16
17	18	19	20●	21D	22D	23F
24F/31F	25	26	27	28	29	30

○	Pleine lune	●	Nouvelle lune
F	Jour favorable	D	Jour difficile

Santé – Tout est sous contrôle, d'ailleurs vous vous portez de mieux en mieux. À partir du 6, le physique et le moral sont au beau fixe. À vrai dire, vous vous sentez si bien dans votre peau que vous avez l'air de rajeunir. Vos traits sont détendus et vous dégagez une joie de vivre que plusieurs envient.

Sentiments – Les astres vous avantagent à tous points de vue. Tout est bien dosé: certains moments sont empreints de romantisme et de douceur, alors que d'autres sont réservés à la fête. Pas de temps morts, ça c'est sûr! Socialement, vous demeurez très en demande; d'ailleurs, c'est souvent vous qui volez la vedette. Un enfant, un frère ou une sœur vous arrive avec quelque chose d'épatant.

Affaires – Vous êtes assurément sur une excellente lancée. La passion que vous éprouvez pour votre travail vous donne des ailes. Les nouveaux défis sont loin de vous faire peur, ils vous stimulent au plus haut point et éveillent votre créativité. Vos idées brillantes ne laissent personne indifférent. Elles vous permettent de vous hisser de plus en plus haut et de récolter un beau magot.

SCORPION
du 24 octobre au 22 novembre

Il ne vous sert à rien de vouloir le cacher: vous êtes un Scorpion, un vrai. D'ailleurs, vous le savez pertinemment, car rien ne vous échappe.

Ce qui frappe en premier chez vous, ce sont vos yeux. Remplis de mystère, scrutateurs, ils pénètrent au plus profond de vos interlocuteurs, jusqu'à leur âme. Lorsque vous regardez quelqu'un, cette personne a l'impression que vous lisez en elle comme dans un livre ouvert et qu'elle ne peut rien vous dissimuler.

En fait, ce n'est pas tant ce que vous voyez que ce que vous devinez qui est incroyable. Vous êtes doté d'une remarquable intuition: vous pressentez les événements, vous devinez les gens, leurs intentions et leurs sentiments. Vous percez leurs secrets les plus intimes, ce qui, bien entendu, les met parfois mal à l'aise en votre présence.

Votre charisme et votre magnétisme sont si puissants que vous troublez les gens; avouez que cela vous plaît bien. Ce côté mystérieux de votre personnalité n'est pas le moindre. Votre charme et votre grand pouvoir de séduction contribuent également à vous constituer un tempérament bien différent de tous les autres.

Ce que l'on sait moins de vous, car vous ne le laissez jamais paraître – sans doute par crainte d'être blessé – c'est que vous êtes hypersensible et très émotif. Vos sentiments sont à l'image de votre regard: ardents, jamais fades, et toujours remplis de passion. Que vous aimiez ou que vous haïssiez, il n'y a pas de demi-mesures.

Vos sentiments sont profonds, très profonds, souvent un peu confus et parfois même troubles. C'est la raison pour laquelle on a parfois l'impression que vous vous moquez des gens, que vous êtes hautain, dédaigneux des autres, alors que c'est plutôt une sorte de distance que vous mettez entre vous et eux pour mieux les comprendre et pour être sûr de la qualité de vos relations. Vous avez tellement peur d'être blessé que vous vous tenez en retrait, à l'abri sous votre épaisse carapace. Prêt à vous défendre avec votre aiguillon, vous piquez comme la bestiole qui vous représente, puis vous jugez des réactions. Ce n'est pas de la méchanceté, simplement un test. Et c'est là que réside le problème: personne n'aime être ainsi testé, et on se plaint de votre côté démoniaque, de votre cruauté, de votre méchanceté… de ces travers qui intriguent, bien entendu, ceux qui ne vous connaissent pas.

Votre tempérament est contrasté. Vous ne parlez pas, ce qui dérange, et quand vous parlez, cela dérange encore plus: vos propos sont si nets, si catégoriques. Mais encore une fois, cela est dû au mur de protection que vous dressez autour de vous. Si on parvient à vous rejoindre dans votre forteresse, tout se passe très bien.

Vous êtes une personne passionnée des mondes étranges, des personnes insolites, de sciences ésotériques, de parapsychologie, et la mort vous fascine. Bref, vous vous êtes construit un monde de mystère fascinant. Comme vous finissez toujours par trouver ce que vous cherchez, vous excellez dans des domaines où votre intuition et votre extraordinaire perception sont mises à l'épreuve. Mais, bien sûr, vous gardez toutes ces découvertes pour vous.

Votre flair et votre mémoire sont terribles, et comme, en plus, vous êtes très visuel, peu de choses vous échappent. Vous vous souvenez de ce qu'on vous fait et, surtout, de ce qui vous blesse. Même 30 ans plus tard, tout est encore aussi frais à votre esprit. Vous n'oubliez rien et vous êtes assez rancunier. Votre vraie vengeance se manifeste par une méfiance accrue… À moins que vous ne décidiez d'ignorer complètement la personne qui vous a blessé. Dans ce cas, c'est comme si elle n'existait plus pour vous.

Que ce soit le camarade de classe qui vous avait lancé un élastique en deuxième année, la fatigante qui tournait autour de votre premier ami de cœur, le vieil oncle qui vous taquinait un peu trop quand vous étiez petit ou le conjoint repentant qui revient avec des fleurs, mais que vous attendez de pied ferme malgré votre sourire, et qui recevra votre venin… tous ceux qui vous ont blessé goûteront un jour à votre médecine, ils ne perdent rien pour attendre.

Quand quelqu'un vous fait du mal, un jour ou l'autre, ça se retournera contre lui. Vous savez être sarcastique, placer vos pointes à l'endroit le plus vulnérable, au point sensible, là où vous savez que vous atteindrez parfaitement votre but. Puisque vous avez une tendance à la rancune, vous êtes porté à trop vivre dans le passé, à remuer le fer dans la plaie et à mijoter votre vengeance, même si cela vous fait souffrir.

Vous êtes possessif, que ce soit en amour ou en amitié. Par contre, vous êtes très fidèle et dévoué envers les gens qui comptent pour vous; avec eux, c'est à la vie à la mort.

Vous taquinez parfois un peu vos proches, vous mettez l'être cher à l'épreuve. Mais si quelqu'un vient causer de la peine à ceux que vous aimez, vous saurez les accueillir avec votre redoutable aiguillon.

Votre confiance n'est pas facile à gagner, mais une fois que c'est fait, votre amitié et votre affection sont indéfectibles. Toutefois, personne n'est à l'abri de vos petites remarques acidulées, pas même votre entourage, que vous aimez tant.

Comment se comporter avec un Scorpion?

Il n'est pas du tout facile de trouver la bonne attitude du premier coup lorsqu'on le rencontre. Que penser de lui, comment l'aborder sont autant de questions délicates. S'il fait preuve d'humour, on se demande s'il rit à nos dépens. Avec lui, on demeure perplexe, même lorsqu'il fait partie de nos proches depuis bon nombre d'années.

En fait, la première chose à faire est de mériter sa confiance, ce qui n'est pas gagné d'avance. De toute façon, il ne l'accordera pas spontanément. Avec lui, le mot gagner prend tout son sens. Car il faudra peut-être des années avant qu'il ne vous donne sa confiance. Et si jamais vous la perdez, ne comptez pas la retrouver facilement. Vous devrez aussi vous habituer à ses remarques, à ses petites crises, aux flèches qu'il décoche si facilement à tous.

Comme c'est un être très sensible, vous constaterez que ses angoisses sont lourdes à supporter, pour lui, bien sûr… mais aussi pour les autres.

Pour le convaincre de votre idée, il ne sert à rien de tempêter ou de vouloir lui enfoncer vos principes dans le crâne… laissez-le découvrir de lui-même les raisons profondes de vos positions. Il le fera souvent à votre insu, et ensuite seulement il se décidera. Vos arguments ne changeront rien. D'ailleurs, il ne se laissera sûrement pas influencer par votre raisonnement. Si, par malheur, vous lui cachez quoi que ce soit ou, pire, si vous lui mentez, c'est terminé; il ne vous fera pas confiance, et vous ne pourrez certainement pas le convaincre du bien-fondé de votre opinion.

Le temps ne changera rien à son comportement, vous aurez beau le connaître depuis des années, il ne sera pas plus sociable avec vous. Il s'ouvrira un peu — jamais complètement —, mais avec les autres, il ne changera pas. Son esprit de contradiction, ses sarcasmes, son humour cinglant et ses attitudes mystérieuses font partie intégrante de sa personnalité. Il faudra le prendre tel quel, sans chercher à vouloir le changer.

En toutes circonstances, le Scorpion est gouverné par ses émotions. Pour cette raison, il a besoin de savoir qu'il peut se fier aveuglément à vous, que vous lui êtes dévoué et fidèle, et surtout de savoir que, même lorsque vous ne le comprenez pas, vous l'acceptez totalement.

Le Scorpion n'est pas un être comme les autres, ne l'oubliez jamais. C'est un être exceptionnel, extraordinaire, dans le vrai sens du terme, c'est-à-dire qui sort de l'ordinaire. C'est d'ailleurs ce qui vous a attiré vers lui. Alors, n'essayez surtout pas d'en faire un être ordinaire; vous perdriez votre temps et dépenseriez votre énergie pour rien.

Ses goûts

Par-dessus tout, il aime semer un léger trouble chez les autres. Pour lui, tout est tout blanc ou tout noir, c'est clair et net. Il n'y a pas de juste milieu. Il affiche sur lui cette caractéristique: ses vêtements seront blancs, rouges ou noirs et non crème, rose ou gris. Dans les matières, c'est la même chose. Elles sont généralement brutes: le cuir, le métal. Il ne détestera pas les chemises gitanes. Les femmes Scorpion portent presque exclusivement le pantalon. Si elles choisissent une robe, elle sera moulante et très sexy. Le Scorpion dégage beaucoup de magnétisme; on le remarque de loin et, bien entendu, il utilise cette facette de sa personnalité.

Pour son intérieur, il oubliera les flaflas. La décoration de son logement est généralement déconcertante, presque glaciale. En fait, on ne s'y sent pas toujours à l'aise. Vous entrez dans son domaine et avez cette sensation dès que vous avez franchi le pas de la porte.

À table, il aime la viande, les fruits de mer, les mets très relevés, très épicés; n'ayez pas peur de brûler son palais! S'il a préparé le repas, demandez donc un verre d'eau: vous en aurez besoin, croyez-moi. Il aime les alcools grisants, les vins corsés et capiteux. Ainsi, même à table, il ne connaît pas les demi-mesures. Avec de tels goûts, ce n'est guère étonnant qu'il ait parfois des problèmes d'estomac.

Son potentiel

Faire des cachotteries à un Scorpion relève de l'exploit. Il sait tout, devine tout, voit tout, entend tout, même lorsqu'on pense qu'il n'écoute pas. Il fera fureur dans des métiers où l'investigation est reine: policier, détective, espion ou chercheur.

Le domaine de la recherche est vraiment sa discipline. Il excellera dans les techniques policières, la sécurité, la médecine, la recherche fondamentale, la chirurgie, la psychiatrie, l'astrologie ainsi que la boucherie et le travail des métaux. Étant très attiré par tout ce qui touche de près ou de loin à la mort, à la sexualité ou au monde interlope, il pourrait devenir enquêteur aux homicides, par exemple.

De toute façon, peu importe sa branche, son intuition lui permet de trouver ce qu'il veut... Et il vaut mieux ne pas le contrecarrer ou être l'objet de son enquête!

Ses loisirs

Évidemment, notre cher Scorpion aime bien mettre ses capacités et son flair à l'épreuve. Il adore les romans policiers à l'univers très sombre, presque glauque, ou les livres qui lui permettent d'en découvrir plus sur un sujet qui le passionne, notamment les sciences occultes. Quand il veut trouver quelque chose, croyez-moi, il y arrive. Parfois, il lui faut remuer mers et mondes, mais cela ne l'arrête pas, au contraire.

Rat de musées, il affectionne ces endroits de culture, qui représentent pour lui une autre façon d'en apprendre un peu plus. Pour cette raison, il se montrera intéressé par l'archéologie, le monde relevant du paranormal, des sciences occultes, bref par ce que la majorité des gens ignorent ou craignent un peu.

C'est un être qui analyse constamment ce qui l'entoure: les gens, les choses, les situations. Il devrait essayer de se dépenser un peu plus physiquement et de brûler son trop-plein d'énergie en pratiquant un sport ou en faisant des activités manuelles. Il développe beaucoup son côté intellectuel et cérébral au détriment de son physique.

Pour lui faire plaisir, vous pouvez l'emmener au cinéma voir un thriller noir, rempli de rebondissements avec une intrigue bien touffue où un suspect n'attend pas l'autre. Il vous étonnera, car il sera probablement le seul à découvrir le coupable avant la fin.

Sa décoration

Le Scorpion recherche ce qu'il y a de plus à la mode, notamment dans les objets et les tendances, et évidemment, sa décoration reflète ses goûts branchés. Du côté des couleurs, il opte pour des teintes franches, audacieuses, par exemple le rouge et le noir, qu'il n'hésite pas à marier. Pour les objets, il préfère ceux ayant une signification à ses yeux, leur valeur décorative important peu. Il se pourrait, par exemple, qu'il collectionne les armes et utilise une épée comme portemanteau... déconcertant pour ses invités, mais tout à fait logique pour lui.

L'ambiance de sa tanière est souvent dramatique. Les meubles ont des angles marqués, l'éclairage est étonnant et même insolite. En fait, son intérieur est théâtral, déconcertant... on a parfois l'impression d'entrer dans le repaire d'un être bizarre. Et il n'est pas toujours facile pour les autres d'y évoluer confortablement.

Son cadre de vie ne plaira certes pas à tous, mais n'oublions pas que notre Scorpion n'est justement pas n'importe qui.

Son budget

Son compte en banque et ses finances sont, bien entendu, à son image, entourés d'un halo de mystère. Il vous demandera votre salaire sans sourciller, mais n'essayez pas de lui demander combien il gagne, car il vous répondra que ça ne vous regarde pas.

Notre Scorpion se fie davantage à son intuition qu'à son jugement, même dans ses finances. Il a du flair et sait détecter les bonnes affaires lorsqu'elles se présentent. Ses placements et ses investissements suivent la même règle: il les choisit avec audace, dans des secteurs auxquels personne n'aurait pensé. Bien entendu, ses pressentiments se révèlent justes, et il fait de bonnes affaires.

Par contre, pour gérer son budget au jour le jour, il effectue des acrobaties et ne calcule pas. Il dépense ce qu'il veut quand il le veut... du moins, en apparence. Parce que, ne vous en faites pas, il sait exactement de combien il dispose, jusqu'où aller dans ses petites folies sans mettre en péril son compte en banque.

Quel cadeau lui offrir?

Le Scorpion attache beaucoup d'importance aux émotions et aux sentiments; l'objet est secondaire. Il préfère qu'on lui accorde du temps; un diamant ou une voiture de luxe sans réelle amitié ne compte pas pour lui.

Par contre, s'il sait combien vous tenez à lui, une simple carte de vœux lui fera plaisir. N'oubliez pas qu'il accorde beaucoup d'importance aux souvenirs et à des objets qui ont une réelle signification pour lui, et ce ne seront pas forcément les cadeaux les plus beaux ni les plus chers qu'il préférera.

Si vous tenez absolument à lui offrir un présent dont il se souviendra, choisissez un objet inusité ou très rare. S'il sait qu'il n'y en a qu'un seul sur la terre (ou quelques-uns tout au plus), il en sera d'autant plus touché. Si vous lui donnez un objet que vous avez fait faire spécialement pour lui, un parfum ou un bibelot, il l'appréciera d'autant plus, car il y attachera une valeur sentimentale.

Le Scorpion est une personne à l'esprit analytique très aiguisé; donc un roman policier où il défiera Hercule Poirot ou l'inspecteur Maigret saura lui plaire. Des ouvrages sur des civilisations disparues ou mythiques (l'Atlantide, Mu le continent oublié) ou sur des sujets mystérieux ou relevant du paranormal piqueront sa curiosité.

Des alcools rares ou des épices peu connues lui plairont beaucoup, et il s'en régalera.

Les enfants Scorpion

L es petits Scorpion se démarquent des autres par leur regard puissant. Ils observent, ils veulent voir tout ce qui se passe, ils veulent comprendre. Même tout petits, ils en savent déjà beaucoup plus que ce que vous soupçonniez.

Ce sont des enfants fouineurs, curieux de tout, qui auront mille et une questions à vous poser en toutes circonstances, et bien sûr pas n'importe lesquelles. Vous en serez souvent désemparé. Il est inutile de chercher à vous y soustraire en faisant semblant de n'avoir pas entendu, ou même de tenter de changer de sujet: ils vous attendent de pied ferme, et n'allez pas leur dire n'importe quoi pour vous débarrasser d'eux, ils devineront votre astuce… On a souvent l'impression que ces enfants pressentent les gens et lisent dans les pensées.

Ils ne sont pas faciles à éduquer, car ils sont trop intelligents. Ils cherchent sans cesse à tester les réactions d'autrui et sont d'habiles manipulateurs… Très curieux, ils fouilleront dans vos tiroirs, liront votre courrier personnel, essaieront de découvrir ce que vous leur cachez, sur votre passé notamment, bref ils ne vous laisseront pas en paix une minute. Ils sont également très possessifs, surtout envers leurs parents, qu'ils n'acceptent pas de partager; leurs frères et leurs sœurs en savent quelque chose.

À l'école, comme ils sont très visuels, ils s'ennuient quand le professeur se lance dans des concepts trop vagues; ils ont besoin d'exemples concrets.

Le Scorpion est un enfant très sensible; il a peur d'être blessé. Pour cette raison, il préfère l'attaque à la défense. Il faut lui enseigner que pour être aimé, il faut faire preuve d'amabilité et faire des compromis. Comme il ne donne pas facilement sa confiance, vous devez lui apprendre à partager et à être plus sociable, à se faire des amis au lieu de rester dans son coin. Son bonheur et son équilibre en dépendent.

L'ado Scorpion

Cher Scorpion, tu n'es pas une personne très accessible, et il n'est pas toujours simple de te comprendre. Même tes proches ont de la difficulté à bien cerner ta nature. Et cela peut parfois créer des problèmes dans tes relations avec les autres, mais il faut dire que tu veilles jalousement à sauvegarder ton mystère. Tu leur fais un peu peur, et on dirait que cela t'amuse... Ta volonté est forte, tu es secret, passionné, mais tu parles peu...

Tu sembles très fort. Tu ne fais pas de compromis. Tu t'exprimes facilement et sans mâcher tes mots. Tu n'as pas envie de te montrer aimable simplement pour être gentil ou pour faire plaisir, et c'est justement en adoptant ce comportement que tu te crées des problèmes. Tu veux que les autres t'acceptent comme tu es, mais tu ne leur donnes pas la chance d'entrer en communication avec toi. Ils ne savent vraiment pas sur quel pied danser. Pourtant, lorsqu'on te connaît un peu mieux, on peut voir sous ta carapace que tu es un être très sensible et très émotif.

Tu décèles facilement les intentions des gens qui t'entourent, tu devines rapidement les choses et tu découvres aisément la personnalité des autres. Tu as beaucoup de flair, et on ne peut rien te cacher. Lorsque quelqu'un te déplaît ou t'agace, tu trouves toujours le mot juste pour toucher son point faible.

En amour, ta passion explose, mais lorsque tu hais, aïe! tu es tout aussi excessif. Tes sentiments sont puissants, et il n'y a rien à ton épreuve. Ta volonté est exceptionnelle. Tout cela fait de toi quelqu'un de différent, de «pas comme les autres», et cela attire évidemment l'attention du sexe opposé. Tu dégages beaucoup de magnétisme et même si tu décides de te mettre à l'écart, tu passes rarement inaperçu.

Tes études

Tu es très curieux et tu t'intéresses à tout ce qui est ardu à comprendre; tu trouves souvent et rapidement la solution à des problèmes. Tout ce qui est caché t'intrigue. Par contre, l'échec t'effraie. Ta volonté et ta détermination font cependant en sorte que tu échoues rarement. Tu as un esprit scientifique. Comme tu approfondis tout, les travaux d'équipe ne te conviennent pas. Les autres se plaignent de ta lenteur et toi, tu les trouves trop superficiels! Il vaut mieux que tu travailles seul: ton rendement scolaire sera alors exceptionnel.

Comme ta mémoire est fabuleuse, tu apprends très rapidement; tu retiens tout ce que tu entends et surtout tout ce que tu vois.

Ton orientation

L'important, c'est que tu te diriges vers un domaine que tu aimes; généralement tu opteras pour la recherche, que ce soit des études scientifiques ou les techniques policières. Un autre de tes domaines de prédilection est la psychologie, car tu analyses très bien les situations et les gens, et tu devines ce que les autres pensent ou ressentent.

Pour toi, la médecine, les sciences, la chirurgie, l'industrie minière, l'armée, la criminologie, la sexologie, les assurances, la sculpture sont des domaines intéressants. Mais tu peux également préférer des secteurs plus inusités encore, par exemple tout ce qui est lié à l'ésotérisme et à la mort. Des choix qui bien sûr étonneront ton entourage.

Tes rapports avec les autres

Tu es une personne solitaire. On peut compter le nombre de tes copains sur les doigts d'une seule main. Si tu as peu d'amis, tu sais par contre que tu peux compter sur eux, car tu les as triés sur le volet. Pour les comprendre, pas besoin de discuter avec eux pendant des heures, tu lis en eux comme dans un livre ouvert. Avec les gens qui croisent ton chemin, tu te montres méfiant et souvent sarcastique; tes remarques font grincer des dents… mais tu t'en moques un peu, n'est-ce pas?

Lorsque tu cherches à plaire, tu sais mettre de l'avant ton petit côté mystérieux. Tu déploies alors tout ton charme, et ton magnétisme est surprenant. Tes sentiments ne connaissent pas la nuance, et tu n'aimes pas à moitié: c'est tout ou rien. Si quelqu'un te déçoit, te ment effrontément ou te blesse, tu deviens très désagréable, et regagner ta confiance est presque une mission impossible. Tu es assez rancunier et tu dois apprendre à balayer les vieilles histoires pour mieux aller de l'avant.

Pablo Picasso, Noémie Godin-Vigneault, Patricia Paquin, Claude Poirier, Roberto Benigni, Louise Deschâtelets, Julia Roberts, Brian Adams, Sally Field, Marc Favreau, Alain Delon, Lise Watier, Anne Dorval, Michel Pagliaro, Leonardo Di Caprio, Calista Flockhart, Demi Moore, Daniel Pilon, Andrée Lachapelle, Whoopi Goldberg, Serge Postigo, Sophie Marceau, Charlotte Laurier, Jodie Foster, Nanette Workman, Meg Ryan, Marc Labrèche, Sophie Lorain, Goldie Hawn.

Pensée positive pour le Scorpion

Je me libère de tout ce qui est arrivé par le passé. Je me pardonne et je pardonne aux autres. Ainsi, ma route devient de plus en plus agréable et lumineuse.

Pensée positive spéciale pour 2006

J'arrive à une nouvelle étape de ma vie. J'ouvre toute grande la porte du bonheur et de la réussite, car j'accueille le changement dans la plus grande confiance.

Le subconscient nous dirige toujours selon nos pensées. En répétant le plus souvent possible ces pensées conçues tout spécialement pour vous, vous vous attirerez plein de belles choses.

Signe: Scorpion

Élément: Eau

Catégorie: Fixe

Symbole: ♏

Points sensibles: Organes de reproduction, maladies vénériennes, rectum, estomac, sinus, prostate.

Planète maîtresse: Pluton, planète de la mort.

Pierres précieuses: Tourmaline, malachite, sanguine.

Couleurs: Noir, blanc, rouge et toutes les couleurs franches.

Fleurs: Orchidée, chrysanthème, fleurs exotiques... y compris les plantes carnivores!

Chiffres chanceux: 5-8-14-17-23-29-30-39-41-44.

Qualités: Ardent, passionné, intuitif, actif, magnétique, patient, capable de tout, trouve toujours ce qu'il cherche.

Défauts: Renfermé, sarcastique, catégorique, méfiant, rancunier, tendance à se cantonner dans le passé.

Ce qu'il pense en lui-même: Je fais bien peu confiance aux êtres humains... je reste sur mes gardes.

Ce que les autres disent de lui: Qu'est-ce qu'il va encore nous sortir aujourd'hui?

Prédictions annuelles

Année cruciale s'il en est une! De puissantes influences planétaires s'exercent dans votre ciel, et vous ressentez un impérieux besoin de transformation. Vous remettez tout en question, allant jusqu'à vous interroger sur le sens de votre vie ou sur le rôle que vous avez à jouer. À certains moments, c'est vous qui avez le goût de tout balancer par-dessus bord, alors qu'à d'autres, ce sont les événements qui vous forcent à vous réorienter. Avec de tels transits, vous passez par toute la gamme des émotions et il se peut que vous vous sentiez perdu devant autant de chambardements. Encore une fois, votre merveilleuse intuition vous sera utile, elle vous permettra de faire le bon choix, de prendre la bonne décision, voire de deviner quelle direction vous convient le mieux. N'hésitez surtout pas à vous y fier!

Santé – La conjoncture vous invite à la sagesse. Si vous décidez de vous occuper de vous, d'investir dans votre bien-être et d'écouter vos véritables besoins, vous ne pouvez que jouer gagnant, puisque Jupiter appuiera parfaitement ce type d'action. Ceux qui avaient de sérieux ennuis de santé pourraient même trouver une solution à leurs problèmes. Par contre, ce n'est pas le moment de courir des risques, de vous exposer inutilement au danger ou de négliger votre état, car vous pourriez être rappelé à l'ordre brusquement. Abuser des bonnes choses de la vie alourdirait votre silhouette et pourrait même nuire à votre vitalité. Même chose pour les excès de travail, qui auront tôt fait de miner votre énergie, et même votre résistance.

Sentiments – Vous avez toujours eu du magnétisme, mais ce qui s'en vient dépassera tout ce que vous avez vécu jusqu'à ce jour. Vous constaterez à quel point votre pouvoir de convaincre, voire de séduire augmentera rapidement. Socialement, votre destinée prendra l'allure d'un tourbillon. Vous rencontrerez toutes sortes de nouvelles personnes. Voilà qui est intéressant pour les solitaires, même s'ils doivent faire quelques essais avant de trouver la perle rare. Quant aux relations déjà existantes, qu'elles soient amoureuses, familiales ou amicales, certaines mises au point s'imposent. Vous ne tolérez plus qu'on profite de vous ou qu'on vous joue dans le dos. Vous avez besoin de franchise et de vrai partage. Fini le temps des rapports à sens unique où vous vous faisiez avoir! Bien entendu, vous conserverez les êtres qui sont en harmonie avec vous, quitte à travailler votre relation, mais vous direz définitivement adieu à ceux qui ne répondent pas à vos attentes.

Affaires – Grâce à Jupiter, vous pourriez décrocher un ou plusieurs prix dans les jeux de hasard, alors qu'au travail des propositions intéressantes pourraient surgir sans que vous vous y attendiez. Bon temps pour changer d'air, voyager ou déménager. Le transit de Saturne risque quant à lui de déclencher quelques bouleversements, entre autres sur le plan professionnel. À vrai dire, ce sera une année en dents de scie, au cours de laquelle vous traverserez des phases fortunées et d'autres nettement plus creuses. La clé du succès: profiter de ce qui passe en prenant soin de prévoir pour le lendemain. Ainsi, vous ne serez pas pris au dépourvu quand les revirements de situation arriveront. Il sera question de repositionnement, de changement d'orientation ou de recyclage. De toute façon, tout ce brouhaha finira par avoir des répercussions hyperpositives. il faut seulement prévoir quelques réserves pour la période de transition. Autre conseil: méfiez-vous des voleurs et des escrocs.

Janvier

D	L	L	M	M	J	V	S
1	2D	3D	4F	5F	6	7	
8	9	10	11	12F	13F	14○F	
15D	16D	17	18	19	20	21	
22	23	24	25	26	27	28	
29●D	30D	31F					

○	Pleine lune	●	Nouvelle lune
F	Jour favorable	D	Jour difficile

Santé – On ne peut pas dire que vous êtes au sommet de votre forme. La fatigue, le manque de résistance et les idées noires vous empêchent de fonctionner à plein. Pourtant, en faisant quelques efforts, en réorganisant vos habitudes de vie, tout pourrait se replacer. Il n'en tient qu'à vous. Ne jouez pas au casse-cou et évitez d'être distrait, ça vous gardera à l'abri des blessures.

Sentiments – Comme vous n'êtes pas bien dans votre peau, vos rapports interpersonnels s'en ressentent. Vos attentes sont parfois irréalistes, alors qu'à d'autres moments vous espérez qu'on devine vos besoins sans que vous ayez à les exprimer. Si vous continuez ainsi, vous risquez d'être déçu. Ouvrez-vous davantage mais en pesant le sens des mots que vous utilisez, ça se révélera une recette magique. La santé ou le comportement d'un proche vous tracasse.

Affaires – Le contrôle de la situation vous échappe, et rien ne semble correspondre aux plans que vous aviez élaborés. Tout cela est bien déconcertant, mais vous pourriez vous en sortir haut la main en misant sur la souplesse et l'adaptabilité. Vous entêter ne ferait qu'envenimer les choses. Vous avez des idées de génie, n'allez pas les saboter, de grâce. Un bref contrat ou une petite rentrée d'argent finira par vous dérider.

Février

D	L	M	M	J	V	S
			1F	2	3	4
5	6	7	8	9F	10F	11D
12○D	13D	14	15	16	17	18
19	20	21	22	23	24	25D
26D	27●F	28F				

○	Pleine lune	●	Nouvelle lune
F	Jour favorable	D	Jour difficile

Santé – Les 18 premiers jours sont encore marqués par différents transits déplaisants; tout devrait s'améliorer rapidement par la suite. D'ici là, continuez à vous prémunir contre les accidents, prenez soin de votre santé morale et physique, et cessez de faire passer les autres avant vous. La fin du mois vous retrouve pimpant et bien mieux portant.

Sentiments – Ça s'annonce lourd jusqu'à la Saint-Valentin. Les inquiétudes et les déceptions se poursuivent, vous avez souvent le cœur gros. Puis, tout se met à rentrer dans l'ordre. Certains proches amendent leur conduite, d'autres trouvent enfin une solution à leurs problèmes. La communication passe merveilleusement mieux avec votre chéri. Si vous êtes seul, une sortie pourrait vous donner une grosse surprise.

Affaires – Après la pleine lune du 12, vous devriez ressentir un relâchement des tensions. Vous pourrez enfin faire la part des choses. Vous mettrez votre énergie au bon endroit, ce qui donnera des résultats positifs. Vos idées seront mieux accueillies, et vos démarches ou négociations se mettront à débloquer. Bonne période pour voyager, chercher du travail et même pour tenter votre chance au jeu.

Mars

D	L	M	M	J	V	S
			1	2	3	4
5	6	7	8F	9F	10D	11D
12D	13	14○	15	16	17	18
19	20	21	22	23	24	25D
26D	27F	28F	29●	30	31	

○ Pleine lune et éclipse lunaire annulaire ● Nouvelle lune et éclipse solaire totale
F Jour favorable   D Jour difficile

Santé – Si plusieurs sont affectés par les éclipses, ce n'est pas votre cas. C'est vrai que vous avez eu votre lot d'infortunes et que vous méritez un peu de répit. Votre moral est d'une solidité remarquable; vous voyez clair en vous et vous semblez animé par un sentiment de force que rien ni personne ne peut ébranler. Physiquement, vous remontez la pente à vive allure. Attention toutefois à votre appétit gargantuesque...

Sentiments – Vous vous ennuyez à la maison. Heureusement, les invitations arrivent de tous les côtés, ce qui vous permet de vous divertir et aussi de rencontrer des gens formidables. Bon mois donc pour renouer avec d'anciens copains et pour vous faire de nouveaux amis. Avec la marmaille aussi, la communication va bon train.

Affaires – Ça bouge en grand. De gros changements surviennent sur le plan professionnel et, même si vous êtes déstabilisé sur le coup, vous vous apercevez rapidement que tout est pour le mieux. Excellente période pour les recherches d'emploi ou de logis, pour les démarches et les négociations. Votre flair vous fait faire un petit coup d'argent.

Avril

D	L	M	M	J	V	S
						1
2	3	4F	5F	6F	7D	8D
9	10	11	12	13○	14	15
16	17	18	19	20	21D	22D
23F/30	24F	25	26	27●	28	29

○	Pleine lune	●	Nouvelle lune
F	Jour favorable	D	Jour difficile

Santé – Splendide mois à l'horizon. Vous allez beaucoup mieux que par le passé, tant moralement que physiquement. Vous semblez également plus motivé, plus enclin à prendre soin de vous. Magnifique! Chaque petit geste fait en ce sens aura des répercussions du tonnerre dont vous vous féliciterez. Le *timing* est parfait pour vous attaquer à ce qui ne marchait pas.

Sentiments – Entre le 6 avril et le 3 mai, vous bénéficiez d'une conjoncture exceptionnelle grâce à laquelle vous saurez insuffler un nouvel élan à vos amours. Un rapprochement avec le conjoint, voire une deuxième lune de miel ou un coup de foudre électrisant pour les célibataires sont au programme. Socialement aussi, ça promet! On vous invite à gauche et à droite. Vous faites une impression du tonnerre partout où vous passez.

Affaires – La première quinzaine est formidable. Vos efforts sont largement récompensés. Vous travaillez dur mais au moins, ça rapporte. Le reste du mois est carrément génial. Tout ce que vous touchez se transformera en or, vos rêves se concrétisent, sans compter que vos finances montent en flèche. Vous pourriez même avoir une belle surprise dans un tirage.

Mai

D	L	M	M	J	V	S
	1	2F	3F	4D	5D	6D
7	8	9	10	11	12	13○
14	15	16	17	18D	19D	20F
21F	22F	23	24	25	26	27●
28	29F	30F	31D			

○ Pleine lune		● Nouvelle lune	
F Jour favorable		D Jour difficile	

Santé – Les choses continuent d'évoluer favorablement dans l'ensemble. Nous décelons un mini-creux de vague entre le 5 et le 20. Rien de significatif, si ce n'est de la fatigue accumulée ou un surplus d'anxiété. Changez-vous les idées, gardez du temps pour vous-même si tout va à toute vitesse. Comme vous avez énormément de volonté, le mois est propice aux résolutions, à l'adoption d'un nouveau style de vie ou à l'abandon d'une mauvaise habitude.

Sentiments – Vos amours sont un peu plus tranquilles. Une partie de l'effervescence des dernières semaines se transforme en engagement sérieux, en stabilité et en profondeur. Vous êtes loin de détester ça, bien au contraire. De toute façon, si vous avez envie de pétillant, votre vie sociale qui demeure tourbillonnante va vous en offrir.

Affaires – La période de chance se poursuit de plus belle, voilà pourquoi il faut agir sans attendre. Le moment est venu de foncer, de mettre vos projets en marche et de penser à long terme. Si certaines entreprises ou démarches échouent lors de la première tentative, n'hésitez pas à recommencer, car vous finirez certainement par triompher. N'oubliez pas de vous acheter un petit billet de loterie.

Juin

D	L	M	M	J	V	S
				1D	2D	3
4	5	6	7	8	9	10
11○	12	13	14	15D	16D	17F
18F	19	20	21	22	23	24
25●F	26F	27F	28D	29D	30	

○ Pleine lune   ● Nouvelle lune
F Jour favorable   D Jour difficile

Santé – Les premiers jours sont fantastiques mais, à partir du 5, Mars risque de gâter la sauce. Prenez donc les devants afin de ne pas avoir à subir son influence. Faites preuve de prudence dans vos déplacements ou quand vous manipulez des objets dangereux, ainsi que de sagesse face à votre santé. Vous vous épargnerez aussi bien des désagréments. Le moral, pour sa part, tient admirablement bien le coup.

Sentiments – Le tempérament explosif ou l'impatience de certains menace l'harmonie. Votre bon sens et les mots que vous choisissez si adroitement détendent l'atmosphère. Vous vous exprimez avec tant d'éloquence qu'on finit toujours par se ranger à votre avis, même lorsque les discussions sont longues et ardues. La santé d'un aîné risque de vous inquiéter. Soyez présent.

Affaires – Tout dépend de l'attitude que vous adopterez. Si vous choisissez la modération et la souplesse, vous marquerez de gros progrès. Vos idées brillantes vous permettront alors de faire un grand pas en avant. Par contre, en vous montrant arrogant ou en agissant de manière irréfléchie, vous risquez d'avoir bien des ennuis. Attention aux voleurs et à ceux qui vous promettent la lune.

Juillet

D	L	M	M	J	V	S
						1
2	3	4	5	6	7	8
9	10○	11	12D	13D	14F	15F
16	17	18	19	20	21	22
23F/30	24● F/31	25D	26D	27	28	29

○	Pleine lune	●	Nouvelle lune
F	Jour favorable	D	Jour difficile

Santé – Sur le plan physique, les aspects planétaires continuent d'être difficiles jusqu'au 23; il n'est donc pas question de relâcher votre vigilance ni de vous laisser aller. La dernière semaine s'annonce nettement plus clémente. Psychologiquement, vous n'en menez pas large au cours des 11 premiers jours, mais vous aurez tôt fait de retrouver votre aplomb.

Sentiments – D'ici le 21, les choses ne marchent pas comme vous l'espérez. Un parent continue de vous inquiéter, et dans l'intimité vous vous sentez bien seul. Même vos amis semblent trop occupés pour vous consacrer le temps dont vous auriez besoin. Puis, comme par enchantement, tout s'arrange. L'amour renaît, les soucis s'estompent... et vous redevenez le centre d'attraction.

Affaires – Ici aussi, mieux vaut user de patience, car le mois commence tout de travers. Les trois premières semaines sont déconcertantes et souvent même décevantes. Gardez votre direction car, par la suite, tout se termine en beauté: on assiste au retour de la chance jusque dans les jeux de hasard. Dans le fond, ce n'est qu'une question de *timing*. Choisissez le bon moment, et tout ira comme sur des roulettes.

Août

D	L	M	M	J	V	S
		1	2	3	4	5
6	7	8D	9○D	10F	11F	12
13	14	15	16	17	18	19F
20F	21D	22D	23●D	24	25	26
27	28	29	30	31		

○ Pleine lune   ● Nouvelle lune
F Jour favorable   D Jour difficile

Santé – Ce mois comporte un potentiel de bien-être physique fort intéressant, mais on dirait qu'il vous échappe faute de motivation. Vous pourriez régler une foule de petites et même de grosses choses qui accrochaient, hélas on dirait que vous n'en avez pas le goût. Prenez-vous en main et, surtout, n'écoutez pas la voix du sabotage qui cherche à se faire entendre.

Sentiments – La première quinzaine s'annonce exquise. On vous adore et on trouve mille et un moyens astucieux de vous le démontrer. À la maison, on vous traite aux petits oignons, alors qu'en société, vous volez la vedette plus souvent qu'à votre tour. Les solitaires auront d'ailleurs l'occasion de séduire la personne de leur choix. Entre le 15 et le 31, évitez de tenir les autres pour acquis. Il serait bon de leur témoigner que vous aussi, vous tenez à eux.

Affaires – Vos chances de réussir augmentent rapidement même si vous traversez une phase d'indécision ou de confusion entre le 12 et le 27. Avec votre entourage professionnel, c'est tout ou rien. Une personne vous trahit pendant qu'une autre vous donne un fantastique coup de pouce pour atteindre un objectif. Chance au jeu durant la première quinzaine. Un conseil, ne signez rien sur un coup de tête et dites non si on veut vous emprunter de l'argent.

Septembre

D	L	M	M	J	V	S
					1	2
3	4	5D	6D	7○F	8F	9
10	11	12	13	14	15F	16F
17F	18D	19D	20	21	22●	23
24	25	26	27	28	29	30

○ Pleine lune et éclipse lunaire partielle   ● Nouvelle lune et éclipse solaire annulaire
F Jour favorable   D Jour difficile

Santé – La première semaine se déroule sans problème, vous semblez même plus enthousiaste que le mois dernier. Par après, les éclipses risquent de vous saper un peu d'énergie et de résistance, mais vous pourrez facilement en venir à bout en prenant le repos nécessaire et en vous alimentant sainement.

Sentiments – Ici, c'est l'inverse: ça tiraille jusqu'au 6 pour se replacer par la suite. Vous entrez alors dans une phase privilégiée pour les rapports interpersonnels. Bonne période pour renouer avec vos amis et pour vous en faire de nouveaux. Avec votre partenaire, vous pouvez célébrer le retour de la complicité. Les célibataires entament une douce amitié amoureuse.

Affaires – Vos démarches donneront de meilleurs résultats si elles sont entreprises d'ici le 13. Ne perdez pas de temps et agissez, vous pourriez d'ailleurs bénéficier d'un heureux concours de circonstances. Entre le 7 et le 30, on pourrait vous refiler un bon tuyau ou vous donner un sérieux coup de main. Ce serait aussi une bonne période pour tenter votre chance au jeu et pour effectuer un déplacement.

Octobre

D	L	M	M	J	V	S
1	2D	3D	4F	5F	6○	7
8	9	10	11	12F	13F	14F
15D	16D	17	18	19	20	21
22●	23	24	25	26	27	28
29D	30D	31D				

○	Pleine lune	●	Nouvelle lune
F	Jour favorable	D	Jour difficile

Santé – Votre intuition est très aiguisée. Dommage qu'on ne puisse pas en dire autant de votre moral ni de votre vitalité. Vous êtes léthargique, vous restez dans votre coin, et rien ne semble vous intéresser. Avec une telle attitude, pas étonnant que vous soyez enclin à exagérer vos petits bobos. Pourtant, en vous forçant un peu, vous pourriez profiter de la vie au maximum. Allez, secouez-vous, faites un effort!

Sentiments – La vie est douce et calme. Ça vous convient à certains moments, alors qu'à d'autres, vous avez l'impression qu'il ne se passe jamais rien. Vous vous ennuyez, mais avouez que vous ne faites pas grand-chose pour que ça change... Au lieu d'attendre après les autres, proposez donc quelques activités. Tout le monde sera enchanté, vous le premier!

Affaires – Les trois premières semaines sont correctes, mais la lenteur qui les caractérise vous irrite parfois. Au lieu de vous morfondre, profitez-en pour planifier, pour préparer vos projets avec soin. Vous pourrez passer aux actes dès le 23. Ce sera alors le retour de la chance, y compris dans les tirages, et vous pourrez pleinement en profiter.

Novembre

D	L	M	M	J	V	S
			1F	2F	3	4
5 ○	6	7	8	9F	10F	11D
12D	13D	14	15	16	17	18
19	20 ●	21	22	23	24	25
26D	27D	28F	29F	30		

○ Pleine lune		● Nouvelle lune	
F Jour favorable		D Jour difficile	

Santé – L'arrivée de Mars dans votre signe vous fouette les sangs. Vous sortez de votre torpeur, vous disposez de nouveau d'une énergie incroyable. Parfois même, c'est trop, vous êtes survolté; il faut dire que votre signe n'est pas celui du juste milieu. Attention tout de même de ne pas vous mettre à terre ni de vous faire mal.

Sentiments – La belle Vénus annonce un coup de foudre aux solitaires et des amours qui redémarrent aux autres. C'est le mois des mises au point; ça passe ou ça casse. Vous prenez les bonnes décisions et faites les bons choix en écoutant votre intuition, bravo! Socialement, ça redevient entraînant, les invitations se multiplient, vous faites de l'effet partout. Une ombre au tableau: la santé d'un parent vous tracasse.

Affaires – La chance passe, n'hésitez pas à en profiter même si les événements sont loin de ressembler à ce que vous aviez prévu. À vrai dire, vous aurez besoin d'une bonne dose de souplesse pour vous ajuster à tous les changements que ce mois vous réserve. L'important, c'est de garder la foi, puisque tout ce remue-ménage aura des retombées particulièrement positives. N'essayez donc pas de conserver le contrôle à tout prix. Lâchez prise, vous pourrez ainsi demeurer ouvert pour saisir au vol les occasions qui se présenteront.

Décembre

D	L	M	M	J	V	S
					1	2
3	4○	5	6	7F	8F	9D
10D	11D	12	13	14	15	16
17	18	19	20●	21	22	23D
24D/31	25F	26F	27	28	29	30

○ Pleine lune		●	Nouvelle lune
F Jour favorable		D	Jour difficile

Santé – La planète Mars demeure dans votre signe jusqu'au 6. Vous continuez à déborder de dynamisme, mais vous n'êtes toujours pas à l'abri d'un accident bête ou d'une défaillance. Par la suite, vous canalisez mieux votre énergie et êtes enfin débarrassé des risques de vous faire mal. Psychologiquement, la tension fait place à la sérénité.

Sentiments – Quelques tracas persistent pendant la première semaine, mais le ciel se dégage par la suite. À partir du 11, vous entrez dans un cycle particulièrement réjouissant durant lequel la qualité de plusieurs relations ira en augmentant. Vous vous exprimez avec davantage d'aisance, vos messages passent plus facilement et on les reçoit avec tout le respect qu'ils méritent. Beaucoup de belles sorties et rencontres à prévoir.

Affaires – Un ensemble de planètes dans votre deuxième secteur vous annonce une remontée financière. Le temps est donc idéal pour négocier, pour demander une augmentation de salaire ou pour décrocher un emploi à la hauteur de vos attentes. Vous travaillez d'arrache-pied, et les retombées sont positives. Vous pouvez enfin mettre des sous de côté.

SAGITTAIRE
du 23 novembre au 20 décembre

Jupiter, la planète de l'abondance, joue un rôle crucial dans votre vie, et toute votre personnalité en est fortement influencée. Seriez-vous le plus chanceux du zodiaque? Tout porte à le croire.

Votre optimisme et votre bonne humeur légendaires contribuent à cette chance. Si vous sentez la tristesse et la mélancolie vous envahir, vous ne vous laissez pas abattre. Rapidement, vous y trouvez un remède: sortir, mettre le nez dehors. Pour vous, ne pas rester enfermé est la meilleure des solutions, le plus puissant des toniques. On se demande même pourquoi vous avez un domicile; on ne vous y trouve jamais!

Vous ne pouvez pas rester en place. Rester à l'intérieur vous fait dépérir. Que ce soit pour faire une course au dépanneur du coin, pour aller voir une vieille connaissance à l'autre bout de la ville ou pour vous promener sur les canaux de Venise, vous devez absolument sortir de chez vous. Vous êtes un fanatique des voyages, les tampons de votre passeport le prouvent. Et bien sûr, plus c'est loin, plus vous êtes aux anges. Vivre dans vos valises ne vous fait absolument pas peur, au contraire, c'est ce que vous appréciez le plus.

Découvrir de nouvelles coutumes, le folklore régional, la cuisine et, surtout, les habitants des quatre coins du monde, voilà ce qui vous attire. Il ne serait d'ailleurs pas étonnant que votre partenaire soit d'origine étrangère. Il se pourrait que vous ayez de nombreux amis en Nouvelle-Zélande ou au fin fond de la Mandchourie, des amis d'ailleurs que vous n'hésiterez pas à aller voir, malgré les milliers de kilomètres qui vous séparent. Vous avez constamment besoin de changement, de renouveau, et, bien sûr, les voyages vous en fournissent l'occasion. Vous êtes toujours entre deux avions, et vos proches s'en plaignent parfois, car ils n'arrivent pas à vous voir... à moins de se mettre à fréquenter assidûment les aéroports.

Le symbole de votre signe est le centaure, mais au lieu d'un arc et de flèches, il pourrait porter des valises et avoir des billets d'avion à la main.

À la maison, les pays que vous avez visités ou que vous aimeriez connaître occupent une place importante dans votre décor. Vous collectionnez les bibelots, les tapis, les toiles représentant toutes ces contrées lointaines.

Mais le voyage n'est pas votre unique passion, vous en avez d'autres, qui demandent elles aussi beaucoup d'énergie: le sport, les jeux de hasard, le magasinage et surtout la danse sont pour vous d'excellents moyens de dépenser votre énergie… tout en sortant. Vous passeriez des nuits entières dans les boîtes de nuit à la mode, à vous trémousser sur la piste.

Votre trait de caractère le plus marquant est votre redoutable besoin d'indépendance. Vous devez vous sentir libre, être autonome, ne pas dépendre de qui que ce soit et aller où bon vous semble, sans avoir de comptes à rendre. Votre conjoint devra s'y faire. S'il tente de vous retenir dans les mailles de son filet, de vous garder tout à lui, le beau cheval fougueux qui vous représente ouvrira vite la porte de sa belle écurie dorée. Évidemment, cela rend vos relations sentimentales un peu difficiles, surtout au début puisque votre conjoint n'a pas encore appris à bien vous connaître. En fait, pour vous garder, il faut savoir vous laisser partir…

Vous aimez les grands espaces, la nature et la campagne. Vous vous sentez très attiré par les animaux: chats, chiens, perroquets, chevaux. Vous vous entourez d'une véritable ménagerie. Le problème est de trouver quelqu'un pour garder tous vos pensionnaires lorsque vous décidez de lever les voiles pour quelque temps.

Vous êtes régi par la planète de l'abondance, et votre physique reflète bien cette influence. Votre stature est imposante, vous vous exprimez avec éloquence et par de grands gestes, et vous avez une légère prédisposition à l'embonpoint. De toute façon, on ne peut pas vous rater. Vous êtes de ceux qui apprécient les plaisirs de la vie, en particulier ceux de la table.

Franc et direct, vous n'aimez pas faire de chichis ni mettre de gants blancs pour donner votre opinion. Le problème est que tout le monde n'est pas comme vous, et que certains se sentiront blessés par vos propos parfois peu diplomates. Avec vous, c'est à prendre ou à laisser… et cela fait grincer les dents de certaines gens. Par contre, une fois qu'on vous connaît, c'est votre nature généreuse et votre cordialité qu'on remarque.

Vous brassez de grandes idées, mais, en même temps, vous réussissez souvent à bien vous adapter au système et à vous créer une existence confortable, quitte à mener de front deux activités.

Comme vous êtes une personne chanceuse, il vous arrive souvent d'être sauvé par la cloche, c'est-à-dire que tout vous arrive à point nommé: un chèque substantiel, un contrat lucratif ou un gain viennent vous renflouer.

Comment se comporter avec un Sagittaire?

Il ne faut surtout pas brimer sa liberté; s'il se sent enfermé ou attaché, il ne pourra pas le supporter et se sauvera. Même chose s'il sent que vous vous accrochez à lui: il prendra la poudre d'escampette. Donc, pour bien vous entendre avec un natif de ce signe, vous devez comprendre son besoin d'indépendance, son goût de liberté. Le laisser sortir, voyager à sa guise est une excellente façon de vous assurer qu'il vous reviendra…

Lors d'une discussion, il ne faut pas tergiverser avec lui. Allez droit au but, sans l'affronter directement; il n'aime pas être contredit de manière trop radicale. Lui, de son côté, il ne mâchera pas ses mots; la diplomatie et le Sagittaire sont deux mondes bien éloignés l'un de l'autre.

Par contre, c'est un être très volubile. Si vous avez quelque chose à dire, dites-le vite, car après vous ne pourrez plus placer un mot. C'est un vrai moulin à paroles. Ou alors… il sera déjà parti!

Le Sagittaire discute sans écouter. Il fait presque un monologue. Donc, armez-vous de patience pour le convaincre. En fait, vous devrez sans aucun doute rabâcher souvent les mêmes choses pour qu'il finisse par y porter attention. Le mieux est de lui faire croire que l'idée vient de lui; dans ce cas, il dissertera longtemps sur le sujet, et vous n'aurez qu'à vous laissez convaincre… Mais attention, si vous vous rangez trop vite de son côté, il trouvera votre attitude suspecte. Il n'aime pas gagner sans combattre.

C'est un être essentiellement actif, qui ne reste jamais en place, qui a un besoin presque viscéral de bouger. Donc, s'il vous propose une sortie, acceptez… il serait bien capable de vous laisser seul à la maison et de sortir quand même. Par contre, si vous décidez de sortir seul, il n'y verra probablement aucun inconvénient, car il a besoin de se sentir libre. Il est indépendant dans l'âme.

S'il vous propose un voyage à l'autre bout du monde, n'hésitez pas à l'accompagner; il a besoin de quelqu'un pour bien fonctionner dans ses pérégrinations. Et s'il désire partir seul, laissez-le faire;

il aime bien s'ennuyer un peu des êtres chers, à condition que ce soit lui qui parte.

Donc, si vous croisez la route d'un Sagittaire, mettez de bonnes chaussures de marche, gardez votre passeport valide sous la main et soyez prêt à le suivre. Soyez aussi prêt à l'attendre. Il a besoin de votre patience et de votre confiance, parce qu'il en manque terriblement.

Ses goûts

Immanquablement, il sera fasciné par tout ce qui vient de loin, ce qui est exotique, ce qui sort de l'ordinaire. Généralement, il croit que c'est toujours plus beau dans le jardin du voisin; il aimera bien aller y jeter un coup d'œil.

Lorsqu'il part, ce n'est pas pour aller dans la ville voisine; les destinations peu connues, les contrées inexplorées sont de nouveaux mondes à découvrir pour lui. Et ses bagages regorgeront vite de souvenirs achetés dans un souk du Moyen-Orient, d'armes de chasse ramenées d'Amazonie, de chants pygmées enregistrés sur bandes magnétiques et de recettes typiques de Papouasie–Nouvelle-Guinée.

Évidemment, il fera également une razzia dans les boutiques des pays qu'il parcourt; alors vous devez vous attendre à le voir avec une chemise tibétaine, des bijoux gigantesques, des pantalons hindous très amples, bref des articles fort peu adaptés à nos conditions météorologiques, mais dans lesquels notre Sagittaire se sent parfaitement à l'aise.

Son intérieur est, bien entendu, à l'avenant. Les objets qui décorent sa demeure viennent des quatre coins du monde: meubles de bambous d'artisan népalais côtoyant des faïences de Quimper, des estampes japonaises surmontant des tapis persans... On a l'impression de faire le tour de la planète en quelques secondes.

Et devinez ce qu'on trouve dans son assiette? Des tacos, des sushis, du couscous, de la paella, le fameux haggis écossais (panse de brebis farcie), bref, de tout, sauf du bon vieux pâté chinois. Et les portions sont généreuses; si vous l'invitez, n'hésitez pas une seconde à lui offrir des mets exotiques. Les vins et les alcools importés, le saké, l'ouzo... bref, toutes ces boissons qui viennent d'ailleurs sont pour lui de véritables nectars... et il en redemandera.

Pour terminer la soirée, si vous l'invitez à danser — évidemment ce sera la salsa — notre Sagittaire sera aux anges.

Son potentiel

Comme il a constamment la bougeotte, il sera un formidable agent de voyages ou un guide touristique passionnant. L'import-export, les relations extérieures, représentant de commerce et toutes les professions qui l'obligent à se déplacer, comme astronaute, agent de bord ou conducteur d'autobus, lui conviennent.

Le gouvernement, la politique, la philosophie, la sociologie, les automobiles, la justice, l'élevage et le commerce de produits d'origine animale, le transport de personnes ou de marchandises sont d'autres sphères d'activité où il fera certainement ses preuves, car cela demande de bonnes connaissances et une grande soif d'apprendre.

Si vous voulez faire dépérir un Sagittaire, vous n'avez qu'à lui offrir un travail de bureau ou de machiniste sur une chaîne de montage; il vous fera une dépression à coup sûr.

Ses loisirs

Au moindre petit congé, le voilà sautant dans un avion pour visiter des pays inconnus ou au volant de son véhicule tout terrain dans les chemins cahoteux du fin fond de la Côte-Nord ou du Labrador. Il ne peut rester bien longtemps à la maison et il n'hésitera pas à sortir pour un oui ou pour un non, même si ce n'est que pour aller chercher un pain au coin de la rue.

Notre Sagittaire aime parcourir les rues à la recherche d'une bonne aubaine. Si vous voulez magasiner avec un natif de ce signe, armez-vous de patience et enfilez votre meilleure paire de chaussures de marche car, avec lui, une courte visite au magasin peut se transformer en excursion d'une journée.

Le Sagittaire est un être actif, qui a besoin de dépenser son énergie; il excelle donc dans le sport. C'est aussi un amant de la danse; il a le rythme dans le corps. C'est également un passionné de la vie animale. Tous les animaux l'intriguent et l'intéressent, de la petite fourmi au gigantesque dragon du Komodo. S'il peut aller les voir vivre dans leur habitat naturel, il en est encore plus heureux.

Il passera des heures en compagnie de ses animaux. Exploiter un élevage d'autruches ou simplement promener son chien, tout est prétexte à sortir, à exprimer son goût de la liberté.

Comme il est curieux, il demeure sur le qui-vive et cherche sans cesse à améliorer ses connaissances. Il peut donc décider de suivre des cours universitaires sur des sujets peu orthodoxes; pour lui, c'est une autre façon d'élargir ses horizons.

Sa décoration

Il n'hésite pas à ramener des objets parfois bien hétéroclites de ses nombreuses expéditions de par le monde. Avec lui, il faut s'attendre à tout. Son intérieur peut ressembler à une véritable caverne d'Ali Baba: un tapis du Pakistan, de la vaisselle de l'île de Crète, des peintures éclatantes des Antilles… Même son conjoint peut venir de l'étranger!

Et comme le natif de ce signe est une personne de goût, tous ces objets de différentes origines donnent beaucoup de chaleur à son intérieur et s'harmonisent parfaitement bien entre eux. Notre Sagittaire est un citoyen du monde et il l'affiche.

Son logis est invitant; on peut y rester des heures à tout observer de près. Le dépaysement y est garanti. Et pour parfaire l'impression, il vous offrira sans doute un café turc, du saké ou une bonne grappa.

Son budget

À quoi bon tenir un budget: telle pourrait être la devise d'un bon Sagittaire. Il se débrouille très bien sans aligner de colonnes de chiffres. Jupiter, la planète qui régit ce signe, est celle de l'abondance; il ne manque jamais de rien.

Il a beau être dans une impasse sur le plan financier, il y a toujours quelque chose qui lui tombe du ciel pour le sauver: un nouvel emploi, un contrat, une petite prime, que sais-je encore?

Il attache peu d'importance à la vie matérielle, et l'argent ne semble pas au cœur de ses préoccupations. Il préfère s'accorder les plaisirs qui le tentent, y compris les sorties et les voyages, sans considérer l'aspect financier. Quant au travail, il est relativement chanceux; il n'en manque jamais longtemps. Il a même un certain flair pour les bonnes affaires et pour faire fructifier son argent ou pour en gagner rapidement.

Même s'il n'achète qu'un billet de loterie par année, il gagnera plus souvent qu'un autre qui participe à chaque tirage. L'argent lui tombe entre les mains, même s'il s'en préoccupe fort peu. C'est peut-être à cause de cela, justement!

Quel cadeau lui offrir?

Des billets d'avion ou une croisière sont le cadeau idéal; mais si votre budget ne vous permet pas de lui offrir un tel présent, vous pouvez lui donner un objet exotique d'un pays qu'il n'a pas encore visité, ou des billets pour un film des *Grands Explorateurs*… il en sera ravi.

Si vous partez vous-même dans un pays lointain, pensez donc à lui rapporter un souvenir. Même une bagatelle, si elle a fait du chemin, lui fera beaucoup plus plaisir qu'un objet coûteux qu'il verra dans tous les magasins de la ville.

Si vous optez pour un livre, regardez du côté des récits de voyages, des guides sur des contrées exotiques qu'il n'a pas encore découvertes.

Comme c'est un amateur de sport, un accessoire pour son vélo sera apprécié, tout comme des DVD ou des CD de musique de danse. Et pourquoi pas un petit animal de compagnie, s'il n'en a pas encore...

Les enfants Sagittaire

Joufflus et potelés, ce sont de vrais chérubins. Ils affichent toujours un air satisfait, mais ils ont constamment faim. Ce sont de petits êtres dynamiques. Ils sont bien difficiles à suivre ou à contenir. Attention, ils sont fascinés par le feu; ne laissez pas d'allumettes ou de briquets à portée de leurs petites mains fouineuses. Ils adorent les animaux, et votre foyer risque de ressembler très vite à une ménagerie: chiens, chats, lapins, souris blanches, iguanes, furets, et j'en passe. Ils vont probablement adopter tous les animaux errants des alentours et vous les ramener à la maison sans vous avertir. Demander la permission ne leur viendra sûrement pas à l'idée.

Du côté des sports, ils aiment la compétition. Du tricycle à la trottinette, de la planche à roulettes aux patins à roues alignées, ils chercheront des moyens qui les aideront à se déplacer plus vite et plus loin. Un jour, ils finiront par vous demander une voiture.

Comme ils adorent la danse, ils passeront sûrement leurs soirées de fin de semaine dans les discothèques de la région. Très jeunes, ils ont déjà un bon groupe d'amis, et vous ne les verrez pas souvent, à moins qu'ils ne ramènent toute la bande dîner chez vous, sans vous prévenir évidemment.

Le bambin Sagittaire déborde de vitalité et d'initiative, mais ce serait bon de lui apprendre à respecter un peu les autres — à commencer par ses propres parents — et à écouter davantage. Ces enfants ont tendance à ne pas penser aux autres; ce n'est pas qu'ils soient égoïstes, cela ne leur vient pas à l'idée tout simplement. Il faudra donc leur apprendre à porter attention aux autres, et plus tard, vous verrez que ces beaux principes ne seront pas tombés dans l'oreille d'un sourd.

L'ado Sagittaire

Tu ne peux rester en place plus de cinq minutes d'affilée. C'est vrai qu'il y a tellement de choses à réaliser, de gens à voir, de découvertes à faire qu'il serait aberrant de rester entre les quatre murs de ta maison. En fait, le seul endroit où tu n'es à peu près jamais, c'est chez toi.

Impulsif et franc, tu as un franc-parler qui n'est pas toujours apprécié de ton entourage. Ta loyauté est exemplaire. Ton grand défaut est cependant ton manque de discipline: il est impossible de t'enfermer pour te forcer à faire quelque chose, que ce soit pour étudier ou simplement pour faire plaisir à tes parents. Tu es tellement indépendant et autonome que tu ne sembles avoir besoin de personne. Tu es très individualiste: tu as tes goûts et tes idées, et tu n'en changes pas facilement.

Tu adores découvrir des endroits que tu ne connais pas, rencontrer des gens, communiquer avec le plus de personnes possible. Tu es très attiré par les grands espaces et la nature; partir en camping dans des endroits sauvages et reculés ne te fait vraiment pas peur. D'ailleurs, tu rêves de voyager, de rencontrer des gens différents, de découvrir d'autres cultures. Ta devise pourrait être «les voyages forment la jeunesse», et dès que tu en auras l'occasion, tu voudras sauter dans le premier avion pour un pays lointain. Tu aimes le sport et la danse, ce qui te permet de brûler ton énergie… tu en as tellement.

En général, tu te débrouilles bien. Tu es quelqu'un de chanceux qui a une attitude positive face à la vie et aux événements; pas grand-chose ne peut te démonter. Tu sais toujours te tirer des situations les plus étranges haut la main.

Indépendant de nature, tu n'aimes pas attendre après les autres. Non seulement tu ne les attends pas, mais tu ne les écoutes pas non plus; on pourrait te le reprocher. Alors, même si tu aimes communiquer avec les autres, fais attention de ne pas imposer tes idées sans écouter celles de tes amis ou des étrangers qui croiseront ta route.

Tes études

Tu as beaucoup de facilité pour apprendre, et comme tu as aussi une ambition presque démesurée, tu peux réussir presque tout ce que tu entreprends. Par contre, concentre-toi sur un seul but à la fois, car ta petite tendance à vouloir tout faire en même temps et quand tu en as envie pourrait te causer quelques problèmes mineurs. Tu as réponse à tout et tu adores discourir sur tous les sujets, ce qui te permet de te faire remarquer. Tu aime attirer l'attention. Tu as horreur de ne pas être le centre d'intérêt. Ta facilité à parler dérange les autres, tes amis, tes professeurs, car si la parole te vient à propos, écouter n'est pas toujours ton fort. Et en plus, tu aimes rire, alors tu prends énormément de place. Et si, par le plus grand des hasards, tu es en classe alors que le soleil brille de tous ses feux, il devient presque impossible de te garder sagement assis à écouter…

Ton orientation

Tout t'intéresse. Cela devient un réel problème, car tu n'arrives pas à choisir un domaine précis; tes champs d'intérêt varient au gré de tes humeurs et de tes découvertes. Fixe-toi un objectif, même s'il est très ambitieux, puis accroche-toi. Puisque tu es naturellement doué, si tu persistes, tu réussiras mieux que beaucoup d'autres. Évidemment, si on t'offre un emploi routinier et monotone, ça n'ira pas. Il te faut du mouvement, du monde autour de toi, des défis pour te stimuler. Un domaine qui te conviendrait bien est celui des voyages, que ce soit en tant qu'agent de bord, capitaine de bateau ou commandant de bord. Tu seras aussi excellent dans l'import-export et les échanges commerciaux en général, la promotion, la publicité, les communications, les relations publiques, les finances, le journalisme, la philosophie, les sports, les soins vétérinaires, l'agriculture, l'élevage, ainsi que tous les emplois qui demandent des déplacements fréquents.

Tes rapports avec les autres

Chaleureux et sociable comme tu l'es, tu ne manques certes pas d'amis, et bien souvent tu es le leader d'un petit groupe. Tu proposes les activités, décides des sorties, et comme tu as beaucoup d'idées et que tu aimes bouger, tout le monde te suit sans protester. Tu as beaucoup de copains et on recherche ta compagnie, car ta bonne humeur est contagieuse, tout comme ton entrain et ta vivacité. Pas le temps de déprimer avec toi. Malgré tout, tu aimes bien t'isoler parfois, pour faire les choses par toi-même et à ta façon, histoire de bien démontrer à tous que tu es une personne autonome.

Francis Cabrel, Hugo St-Cyr, Clémence Desrochers, Louise Laparé, Thierry Lhermitte, Pierre Marcotte, Tina Turner, Bruce Lee, Shirley Théroux, Bette Midler, Maria Callas, Walt Disney, Patricia Kaas, Jean Lapointe, Marc-André Coallier, Marie-Louise Arsenault, Pierre Nadeau, Simon Durivage, Frank Sinatra, Kevin Parent, Jocelyne Cazin, André Philippe Gagnon, Steven Spielberg, Christina Aguilera, Brad Pitt, Édith Piaf, Michel Chartrand, Reine Malo, Diane Lavallée, Woody Allen.

Pensée positive pour le Sagittaire

Je vais où la vie m'appelle, sachant que l'Univers s'apprête à me combler. Je déborde de reconnaissance pour toute la chance dont je dispose.

Pensée positive spéciale pour 2006

J'accepte de ralentir afin de bien profiter de la vie. Dans la joie et la confiance, je prépare de grandes et belles choses.

Le subconscient nous dirige toujours selon nos pensées. En répétant le plus souvent possible ces pensées conçues tout spécialement pour vous, vous vous attirerez plein de belles choses.

Signe: Sagittaire

Élément: Feu

Catégorie: Mutable

Symbole: ♐

Points sensibles: Hanches, cuisses, reins, troubles musculaires, crampes, obésité. Ils ont les plus belles jambes du zodiaque.

Planète maîtresse: Jupiter, planète de l'abondance.

Pierres précieuses: Turquoise, grenat, saphir.

Couleurs: Crème, beige, brun, orange.

Fleurs: Amarante, violette et narcisse.

Chiffres chanceux: 8-9-12-18-23-27-35-36-44-45... et tous les autres. Ils ont tellement de veine!

Qualités: Autonome, indépendant, bon vivant, robuste, sportif, amateur de voyages, confiant, globe-trotter.

Défauts: Dépensier, gourmand, incapable de rester en place, matérialiste, n'écoute pas.

Ce qu'il pense en lui-même: J'ai tellement hâte d'aller me promener!

Ce que les autres disent de lui: Il n'est jamais chez lui... Il devrait au moins s'acheter un répondeur!

Prédictions annuelles

Vous voici à l'orée d'une année encourageante. Les influences adverses qui vous empêchaient d'avancer, et qui vous ont même fait reculer à certains moments, appartiennent désormais au passé. Mieux encore, les bons aspects de Saturne vous permettront de regagner ce que vous aviez perdu et de rebâtir sur des bases très solides. Le moment est venu de penser à long terme, d'assurer votre avenir, puisque tout ce que vous entreprenez en 2006 aura des répercussions pendant fort longtemps. Et si vous croyez que les bonnes nouvelles s'arrêtent ici, détrompez-vous. À partir de votre anniversaire vous sentirez l'arrivée d'un fort courant de chance, y compris dans les jeux de hasard! Ce n'est pas demain, c'est vrai, mais avec toutes les belles choses que vous vivrez d'ici là, vous n'aurez pas le temps de vous ennuyer.

Santé – Vous avez tout ce qu'il faut pour vous remettre en forme, et les efforts déployés en ce sens donnent des résultats spectaculaires. Si vous avez souffert moralement ou physiquement, vous pouvez désormais vaincre tous les problèmes. Au besoin, vous dénicherez même la personne la mieux habilitée à vous soigner. Vous vivrez donc une année de renaissance durant laquelle votre entrain, votre joie de vivre ainsi que votre robustesse feront plaisir à voir. Ceux qui s'intéressent aux questions spirituelles ou philosophiques évolueront de façon particulièrement satisfaisante, trouvant de nombreuses réponses à leurs questions sur le sens de leur vie.

Sentiments – Vous vous intéressez davantage aux gens. Vous qui avez toujours vécu à deux cents à l'heure, prenez désormais le temps de vous arrêter pour savourer vos relations interpersonnelles. Vous êtes plus présent, plus affectueux. Votre nature tendre et romantique se dévoile enfin. Ça tombe bien, car vous serez entouré de gens aimants et généreux qui ne demanderont pas mieux que de partager avec vous d'agréables moments. Plusieurs se sentiront prêts à s'engager dans une relation à long terme, d'autres resserreront les liens qui les unissent à leur partenaire.

Affaires – Vous n'avancez peut-être pas aussi vite que d'habitude, mais au moins vous gardez votre direction et vous vous rapprochez tout doucement de vos objectifs. Aucun obstacle majeur ne vous empêchera d'aller là où vous le voulez. L'année d'éclat sera 2007. En attendant, l'année en cours se prête parfaitement aux préparatifs. C'est le temps de cogiter, de planifier, de peaufiner vos projets. Sur le plan matériel, il y a quand même pas mal de pain sur la planche. Vous pourrez faire quelques économies et peut-être aussi envisager un investissement sérieux et profitable. Quoi qu'il en soit, vous ne verrez pas le temps passer.

Janvier

D	L	M	M	J	V	S
1	2	3	4D	5D	6F	7F
8	9	10	11	12	13	14○
15F	16F	17D	18D	19D	20	21
22	23	24	25	26	27	28
29●	30	31D				

○	Pleine lune		●	Nouvelle lune
F	Jour favorable		D	Jour difficile

Santé – Vous commencez l'année en pleine forme. Vous avez les deux pieds sur terre, vous croyez en vous et il n'y a pas grand-chose susceptible de vous énerver. Physiquement aussi, vous affichez un aplomb impressionnant, bref, plusieurs envient votre solidité. Bon mois pour travailler sur vous si le cœur vous en dit, ou pour parfaire votre bien-être.

Sentiments – Votre vie affective jouit d'une étonnante stabilité grâce au passage de plusieurs planètes en signe de terre. Votre petit monde se porte bien et vous n'avez aucune raison de vous inquiéter. Hélas, au lieu de jouir pleinement de cette quiétude, il vous arrive de vous ennuyer et de trouver que ça manque de piquant... Vite, sautez sur le téléphone et prenez rendez-vous avec vos amis.

Affaires – Il y a énormément de besogne à accomplir mais, comme vous êtes d'attaque, ça ne vous stresse pas trop. Vous savez vous organiser et nous devons tous avouer que votre plan d'action fonctionne à merveille. Un bref contrat ou une petite rentrée d'argent imprévue vous fera sourire. Les huit derniers jours sont propices aux déplacements, aux séjours à l'extérieur ainsi qu'aux démarches.

Février

D	L	M	M	J	V	S
		1D	2F	3F	4	
5	6	7	8	9	10	11F
12○F	13F	14D	15D	16	17	18
19	20	21	22	23	24	25
26	27●D	28D				

○	Pleine lune	●	Nouvelle lune
F	Jour favorable	D	Jour difficile

Santé – Les 18 premiers jours sont magnifiques à tout point de vue. Vous continuez à bien vous porter et à afficher une mine radieuse. Par après, vous êtes soumis à l'opposition de la planète Mars, ce qui risque d'amoindrir votre résistance physique autant que nerveuse. Soyez sur vos gardes afin de ne pas vous blesser.

Sentiments – Jusqu'au 15, tout va comme sur des roulettes, on vous traite avec gentillesse et vos amis sont bien présents. Quelques désagréments sont toutefois possibles par la suite. La communication passera moins bien avec votre entourage, un proche rencontrera quelques difficultés, et les copains seront très occupés ailleurs. Dieu merci, rien de bien sérieux!

Affaires – Si vous songez à présenter une demande ou si vous devez négocier, mieux vaut agir d'ici le 11, car c'est à cette époque que vos chances de succès sont les meilleures. Sans être néfaste, le reste du mois semble rempli de retards, de petits obstacles que vous arriverez à vaincre mais qui, hélas, vous feront perdre un temps précieux.

Mars

D	L	M	M	J	V	S
			1F	2F	3	4
5	6	7	8	9	10F	11F
12F	13D	14○D	15	16	17	18
19	20	21	22	23	24	25
26	27D	28D	29●F	30F	31	

○ Pleine lune et éclipse lunaire annulaire   ● Nouvelle lune et éclipse solaire totale
F   Jour favorable   D   Jour difficile

Santé – On ne peut pas dire que ce soit votre meilleur mois de l'année, mais il existe des moyens de venir à bout des éclipses et des dissonances planétaires. Continuez à prendre vos précautions pour ne pas vous blesser, ménagez votre monture et évitez de croire que le repos ce n'est que pour les autres. En vous mettant à terre, vous devenez plus vulnérable tant sut le plan physique que nerveux.

Sentiments – Les tensions familiales s'éternisent, vous avez beau faire des efforts, ça ne se tasse pas. Au moins, vos amis sont plus disponibles. Ils vous accueillent chaleureusement, vous écoutent attentivement et, surtout, vous aident à vous changer les idées. Avec le conjoint, un nouveau départ s'amorce, ce sera super-réjouissant! Si vous êtes seul, ouvrez grands les yeux d'ici le 7 avril.

Affaires – Les pépins, les déceptions et les délais s'accumulent. Rien de tragique, mais cette série d'irritants vous tape royalement sur les nerfs, tout comme le climat d'incertitude qui règne autour de vous. Avant de tout envoyer promener, mieux vaudrait prendre un peu de recul. Parlez-en justement aux vieux amis, l'un d'eux vous aidera à faire la part des choses.

Avril

D	L	M	M	J	V	S
						1
2	3	4	5	6	7F	8F
9D	10D	11D	12	13○	14	15
16	17	18	19	20	21	22
23D/30	24D	25F	26F	27●	28	29

○	Pleine lune	●	Nouvelle lune
F	Jour favorable	D	Jour difficile

Santé – Aucune éclipse en ce mois, c'est déjà un soulagement! Mieux encore, à partir du 15, vous êtes libéré des mauvais aspects de Mars et de Mercure. Vous retrouvez alors rapidement votre jovialité ainsi que votre bonne forme physique. Entre-temps, continuez à faire attention à vous, car vous n'êtes pas à l'abri d'un accident, d'une défaillance ou d'une crise de nerfs.

Sentiments – La première semaine s'annonce paradisiaque en amour. Une rencontre, un rapprochement ou une belle déclaration illumine votre destinée. Rien de vilain par la suite, tout simplement la routine. Durant la seconde quinzaine, les soucis concernant un enfant se mettent à se résorber. Excellent mois dans son ensemble pour les mondanités; on vous apprécie énormément.

Affaires – Le mois commence de travers mais finit en beauté. Ici aussi, c'est à compter du 15 que vous vous sortez du pétrin. Vos idées brillantes, vos arguments percutants et l'énergie que vous déployez vous permettent de venir à bout de n'importe quelle situation, si compliquée soit-elle. Un nouveau départ s'en vient!

Mai

D	L	M	M	J	V	S
	1	2	3	4F	5F	6F
7D	8D	9	10	11	12	13○
14	15	16	17	18	19	20D
21D	22D	23F	24F	25	26	27●
28	29	30	31F			

○	Pleine lune	●	Nouvelle lune
F	Jour favorable	D	Jour difficile

Santé – Vous allez beaucoup mieux, et ça paraît. Vous gérez très bien vos réserves énergétiques, vos traits sont plus détendus et votre sourire fait plaisir à voir. Au fait, ce mois se prête tout à fait aux remises en beauté ou à un changement de tête. Entre le 20 et le 31, vous pouvez ressentir une légère rechute d'anxiété, mais rien de comparable à ce que vous avez vécu dernièrement.

Sentiments – Du 3 au 30, Vénus, planète des amours, transitera un secteur particulièrement favorable de votre thème astrologique. Une rencontre électrisante attend les célibataires, alors que les autres vivront un rapprochement important avec leur partenaire. Dans un cas comme dans l'autre, la passion est forte! Il n'y a pas que dans l'intimité que votre charme opère, en société aussi on n'a d'yeux que pour vous.

Affaires – Tout est sous contrôle durant les trois premières semaines. Vous pouvez faire comme bon vous semble, rien ni personne ne risque de contrecarrer vos plans. Vous travaillez fort et bien, vous avez toutes les raisons d'être fier de vous. Le reste du mois semble un peu plus contrariant mais, rassurez-vous, aucune catastrophe ne se présente.

Juin

D	L	M	M	J	V	S
				1F	2F	3D
4D	5	6	7	8	9	10
11○	12	13	14	15	16	17D
18D	19F	20F	21	22	23	24
25●	26	27	28F	29F	30D	

○	Pleine lune	●	Nouvelle lune
F	Jour favorable	D	Jour difficile

Santé – Finis les accès de nervosité; en ce mois, vous vous ressaisissez et vous ne laissez plus les événements ni les gens vous bousculer. Physiquement aussi, vous entamez une phase extraordinaire durant laquelle tous les espoirs sont permis. Vous réglez vos petits malaises, vous prenez davantage soin de vous, bref, vous faites des pas de géant.

Sentiments – À la maison, tout est pour le mieux dans le meilleur des mondes et la routine ne devrait pas vous incommoder du tout, d'autant plus que votre vie sociale s'annonce effervescente. En effet, les invitations arrivent de tous les côtés, vous festoyez avec vos amis et vous rencontrez de nouvelles personnes avec qui vous vous liez instantanément.

Affaires – Dès le 5, vous entrez dans un cycle fort positif. Bon temps pour chercher de l'emploi, pour améliorer vos conditions de travail, pour prendre de l'expansion ou pour négocier. Le destin vous avantage, souvent d'heureux concours de circonstances jouent en votre faveur. Plusieurs bonnes surprises vous attendent, y compris une rentrée d'argent sur laquelle vous ne comptiez pas.

Juillet

D	L	M	M	J	V	S
						1D
2D	3	4	5	6	7	8
9	10○	11	12	13	14D	15D
16F	17F	18	19	20	21	22
23/30	24●/31	25F	26F	27D	28D	29D

○	Pleine lune	●	Nouvelle lune
F	Jour favorable	D	Jour difficile

Santé – Jusqu'au 23, tout est au beau fixe. Vous continuez à jouir d'une santé florissante et d'un moral à toute épreuve. Vos efforts pour améliorer votre sort donnent toujours des résultats spectaculaires. La fin du mois exige davantage de prudence et de discernement, ce qui vous gardera à l'abri des contretemps.

Sentiments – Votre conjoint fait de gros efforts pour vous plaire, mais ça ne donne pas toujours les résultats escomptés. Est-ce vraiment à cause de sa maladresse ou parce que vous en demandez un peu trop? Socialement, ça demeure emballant, les invitations, les activités amusantes et les rencontres agréables se poursuivent de plus belle. Une personne qui habite au loin ou que vous n'avez pas vue depuis longtemps vous donnera des nouvelles: elles ne seront pas très bonnes, mais ça ne vous affecte pas.

Affaires – Misez sur les trois premières semaines pour mettre vos projets en marche ou pour présenter vos demandes, vous êtes assuré de résultats concrets et rapides. Par après, ça risque de se corser et vous ne serez pas nécessairement en position de force. Jusqu'au 24, vos voyages, déménagements et séjours à la campagne se dérouleront dans des conditions presque magiques.

Août

D	L	M	M	J	V	S
		1	2	3	4	5
6	7	8	9○	10D	11D	12F
13F	14	15	16	17	18	19
20	21F	22F	23●F	24D	25D	26
27	28	29	30	31		

○	Pleine lune	●	Nouvelle lune
F	Jour favorable	D	Jour difficile

Santé – Si le moral va à ravir, il n'en est peut-être pas de même pour le physique. Une dissonance de Mars vous prédispose aux blessures, aux inflammations et aux infections. Confiance, car en prenant vos précautions vous pourrez facilement éviter ces ennuis. La seconde quinzaine est parfaitement propice aux régimes et aux transformations beauté.

Sentiments – Entre le 13 août et le 7 septembre, Vénus vous promet énormément de satisfactions tant sur le plan social qu'intime. Une sortie transforme la destinée des solitaires, alors que les autres assistent à une évolution très positive de leur vie de couple. Seule ombre au tableau, les soucis occasionnés par l'état de santé ou le comportement d'un parent.

Affaires – Ça ne marche pas rondement, mais ce n'est pas en vous entêtant ou en rageant que vous réglerez quoi que ce soit. Mieux vaut jouer la carte de la souplesse et de l'adaptabilité. Vous pourrez ainsi transformer les obstacles en occasions de succès et vous illustrer auprès de votre entourage. Votre créativité est forte; une idée de génie vous propulse sur le devant de la scène entre le 9 et le 28.

Septembre

D	L	M	M	J	V	S
					1	2
3	4	5	6	7○D	8D	9F
10F	11	12	13	14	15	16
17	18F	19F	20D	21D	22●D	23
24	25	26	27	28	29	30

○ Pleine lune et éclipse lunaire partielle   ● Nouvelle lune et éclipse solaire annulaire
F Jour favorable   D Jour difficile

Santé – La première quinzaine comporte encore des risques sur le plan physique. Vos nerfs sont également plus fragiles que le mois dernier; mieux vaut donc ne pas abuser de vos forces. Par après, les risques disparaissent, la tension diminue et vous retrouvez rapidement votre ardeur ainsi que votre vitalité.

Sentiments – N'oubliez pas que la première semaine se déroule sous l'égide de Vénus et que vous éprouverez d'énormes satisfactions tant en amour que dans votre cercle de relations. Le reste du mois s'annonce plus tranquille mais pas vilain pour autant. Il se peut même que les inquiétudes occasionnées par un membre de la famille disparaissent après le 15. Un ami vous apportera son aide ou ses lumières au moment où vous en aurez besoin.

Affaires – Attendez après l'éclipse lunaire du 7 pour entreprendre quoi que ce soit. Si vous agissez trop vite, vous vous heurterez à toutes sortes d'obstacles qui tomberont par la suite. En effet, entre le 11 et le 30, les portes s'ouvriront d'elles-mêmes ou presque, et un minimum d'efforts vous permettra d'atteindre le succès. Bonne période également pour les déplacements d'affaires ou d'agrément.

Octobre

D	L	M	M	J	V	S
1	2	3	4D	5D	6○F	7F
8	9	10	11	12	13	14
15F	16F	17D	18D	19D	20	21
22●	23	24	25	26	27	28
29	30	31				

○ Pleine lune		● Nouvelle lune	
F Jour favorable		D Jour difficile	

Santé – Voici un magnifique mois en perspective, sans dissonances planétaires ni éclipse. Vous remontez la pente et, si vous décidez de vous prendre en main, votre récupération sera encore plus rapide. Ce serait le moment idéal pour régler ce qui accrochait, pour consulter au besoin et pour mettre un peu de discipline dans vos habitudes de vie. Les résultats ne se feront pas attendre, plusieurs trouveront que vous rajeunissez.

Sentiments – L'un des beaux thèmes de ce mois est certes la camaraderie, et pas seulement avec les amis. Vous retrouvez cette belle complicité que vous aviez avec votre conjoint au début de votre relation, pendant que le fossé des générations s'estompe avec la marmaille. La communication va bon train, l'harmonie règne et tout le monde a le sourire.

Affaires – Un climat de saine camaraderie s'installe aussi au sein de votre entourage professionnel. Fini le temps de l'hypocrisie et des passe-droit! Les choses sont claires et nettes, comme vous les aimez. Cet environnement vous stimule au plus haut point, pas étonnant que vous abattiez tant d'ouvrage sans même avoir l'air fatigué!

Novembre

D	L	M	M	J	V	S
			1D	2D	3F	4F
5○	6	7	8	9	10	11F
12F	13F	14D	15D	16	17	18
19	20●	21	22	23	24	25
26	27	28D	29D	30F		

○	Pleine lune	●	Nouvelle lune
F	Jour favorable	D	Jour difficile

Santé – Un rêve prémonitoire ou une intuition se révèle surprenant d'exactitude, un vrai sorcier! Physiquement, vous semblez plus léthargique, votre motivation est à la baisse et vous ressentez davantage le besoin de vous reposer. Écoutez votre corps, c'est la meilleure chose à faire. Ce mois serait d'ailleurs idéal pour vous ressourcer, pour refaire votre provision d'énergie.

Sentiments – La première quinzaine se déroule dans la plus grande quiétude. Pas de casse-tête mais rien de très excitant non plus. Par après, le tempo change, le téléphone se remet à sonner, on vous invite à gauche et à droite, et la flamme de votre chéri brille à nouveau. Si vous êtes seul, une grosse surprise vous attend entre le 17 novembre et le 20 décembre.

Affaires – Votre situation est stable et il ne se passe pas grand-chose pour l'instant. Pourquoi ne pas en profiter pour définir clairement vos buts ou pour établir un nouveau plan d'action? Le 23 marque une date importante, c'est l'arrivée de Jupiter dans votre signe pour un an. Ceci marque un retour éclatant de la chance, de l'abondance et de la réussite. Ça promet!

Décembre

D	L	M	M	J	V	S
					1F	2
3	4○	5	6	7	8F	9F
10F	11D	12D	13	14	15	16
17	18	19	20●	21	22	23
24/31	25D	26D	27F	28F	29	30

○ Pleine lune		●	Nouvelle lune
F Jour favorable		D	Jour difficile

Santé – Mars arrive dans votre signe le 6, ce qui devrait augmenter sensiblement votre ardeur. Votre côté passionné et votre dynamisme refont surface, enfin on vous reconnaît! Ce transit de Mars a toutefois un effet négatif: il prédispose aux problèmes inflammatoires et aux accidents. Une attitude préventive vous gardera à l'abri de ces ennuis. Moralement, rien ne peut vous arrêter, quelle confiance!

Sentiments – N'oublions pas que les solitaires traversent une période en or pour combler le vide de leur existence. Si vous êtes déjà en couple, la passion est de retour, vous êtes tous les deux en train de retomber amoureux. Il n'y a pas qu'à la maison que tout va bien, des moments enchanteurs vous attendent également à l'extérieur. Un enfant règle un problème et arrive avec de bonnes nouvelles.

Affaires – Préparez-vous, car la chance revient en force le 7. Tout ce que vous touchez se transforme en succès, vous commencez à vous approcher de votre but et votre carrière se met enfin à évoluer dans la direction dont vous rêvez depuis longtemps. Si l'argent rentre par le travail, il pourrait aussi provenir d'ailleurs: un vieux litige qui se règle, le paiement d'une prime ou tout simplement un gain au jeu. Ajoutons que la période serait excellente pour voyager.

CAPRICORNE
du 21 décembre au 20 janvier

Le natif du Capricorne a un don tout à fait particulier: il passe inaperçu, tellement d'ailleurs qu'il finit par se faire remarquer, quel paradoxe! Si vous trouvez un de vos invités tout seul dans la cuisine en train d'essuyer les verres, pas de doute, il s'agit d'un Capricorne.

Ce signe est la sagesse et le sérieux incarnés. Quant à sa patience, elle est légendaire. Le temps court pour le Capricorne. Avec votre capacité de travail étonnante, on se demande pourquoi vous n'êtes pas un peu plus énergique. Vous êtes plutôt flegmatique, et rien ne semble vous démonter. Vous maîtrisez les concepts abstraits comme nul autre, tant et si bien que votre esprit analytique et votre logique terre à terre sont des atouts indéniables.

Vous êtes cependant d'une telle rectitude – oserions-nous dire d'une telle rigidité – que votre peur des changements, votre sens de l'économie, qui tient de l'ascèse, sont souvent critiqués par votre entourage. Vous n'êtes pas une personne qui agit sur des coups de tête; avec vous, tout est mûrement réfléchi. Vous n'êtes vraiment pas démonstratif, et vous exprimer oralement n'est pas une de vos qualités. D'ailleurs, vous parlez peu et surtout jamais de vous.

Votre modestie peut parfois vous jouer des tours. Vous préférez rester dans l'ombre, et c'est sûrement la peur qui conditionne cet isolement. Par contre, lorsque vient le moment de rationaliser, de travailler sur un problème complexe, vous n'hésitez pas à vous mettre à la tâche, souvent en solitaire. Votre minutie, votre perfectionnisme sont exceptionnels, mais toujours dans le but de ne pas vous faire remarquer. Vous pouvez être président d'une société et avoir l'air d'un simple ouvrier, être riche comme Crésus et porter des vêtements dont votre bonne ne voudrait pas. L'habit ne fait pas le moine… et surtout pas le Capricorne!

En bon signe de terre, vous souffrez d'insécurité et vous craignez la solitude. Pourtant, vous n'hésitez pas à vous retirer pour vous ressourcer. Vous avez un sens de l'économie très développé et vous avez peur de manquer de ressources financières… tellement que vous cachez de l'argent ici et là pour les mauvais jours, mais vous ne l'avouerez jamais! Votre pire crainte est d'être rejeté, et vous craignez la fuite du temps.

À partir de la trentaine toutefois, la vie des Capricornes prend un tournant pour le moins surprenant lorsqu'on les sait si réservés. Plusieurs d'entre eux sortent de l'ombre, leur situation évolue très favorablement. Leur caractère, leur moral et même leur vitalité s'améliorent, tout comme leur compte en banque! Le temps qui passe est votre meilleur allié; grâce à lui, vous vous bonifiez, comme le bon vin.

Le natif du Capricorne fonctionne différemment des autres, à «rebrousse-temps» serait-on tenté de dire. Il se comporte comme un vieillard dans sa jeunesse et semble rajeunir avec les années. La deuxième partie de sa vie est donc bien meilleure que la première, alors que dire de la troisième! Le Capricorne n'a donc pas à s'inquiéter des années qui passent car, pour lui, le meilleur est à venir.

Pour gagner votre amitié ou votre amour, la patience est de rigueur. Mais une fois que vous avez accordé votre confiance et votre cœur, vous êtes prêt à tous les sacrifices pour ceux que vous aimez. Comme vous ne parlez pas beaucoup, vous exprimez vos sentiments par des gestes qui sont souvent empreints d'une grande générosité. L'amitié et l'amour sont éternels pour vous, et vous ne dérogez pas à cette règle.

Dévoué, parfois jusqu'à l'abnégation, vous vous effacez devant les autres, vous sacrifiez vos propres intérêts, vous vous consacrez à des missions impossibles, à des gens qui n'en valent pas la peine ou qui abusent de vous. Votre générosité n'a pas de bornes, et bien des gens le savent et en profitent. Heureusement, avec le temps, votre grand complice, vous apprenez à mieux mesurer votre propension à vous dédier aux autres et à choisir ceux qui vous entourent. Peu à peu, vous déterminez avec plus de justesse ce que vous voulez donner et jusqu'à quel point vous pouvez le faire. De plus en plus, vous balisez votre générosité, ce qui n'est pas plus mal.

Vous êtes sage, sérieux, vous n'avez pas de temps pour la frivolité et les divertissements stériles, ce qui peut vous faire paraître distant. Vous ne vous liez pas facilement et vous ne vous confiez pas non plus; vous avez l'impression que vous ennuyez les autres avec vos petits malheurs. Tant de discrétion passe pour de la froideur. Avec le temps, vous vous ouvrirez un peu plus, au grand bonheur de votre entourage et au vôtre également.

Comment se comporter avec un Capricorne?

S'approcher d'un Capricorne relève parfois du parcours du combattant. Si on se fait insistant, il recule et reste dans son coin, discret. Si on le laisse s'éloigner, la solitude le fait souffrir. Ce n'est pas évident, avec lui, de doser ses approches. Pourtant, vous devez impérativement faire le premier pas parce qu'il ne prendra pas d'initiative.

Par contre, si un Capricorne décèle un problème ou un ennui chez vous, il sera le premier à vouloir vous aider, mais sans dévoiler ses propres attentes et ses propres difficultés. Pour commencer une relation avec un natif de ce signe, la patience, l'attention, la capacité de lire entre les lignes sont vos meilleurs atouts. Il n'est pas facile de l'approcher, mais une fois qu'il s'est laissé apprivoiser, vous aurez sans aucun doute le meilleur et le plus fidèle allié dont vous puissiez rêver.

Dans une réunion entre amis, s'il va vider le lave-vaisselle ou passer un coup de balai dans la cuisine, cela ne veut pas dire qu'il ne s'amuse pas… il se rend utile. Il aime bien qu'il y ait du monde… dans la pièce d'à côté. Les mondanités ne l'intéressent pas particulièrement, et il n'aime pas gaspiller le temps.

Si votre conjoint est un Capricorne, ne l'obligez pas à vous suivre dans vos sorties; il le ferait à reculons, et ce ne serait agréable ni pour l'un ni pour l'autre. Dans ces cas-là, son âme de solitaire prend le dessus. Puisqu'il vous fait confiance, vous pouvez sortir et vous amuser l'esprit en paix; il en sera très heureux pour vous.

Si vous tenez absolument à le convaincre de s'afficher en société, il faudra y aller graduellement, argument par argument, en lui démontrant la logique de votre raisonnement. Il ne faut jamais chercher à transformer radicalement la vie d'un Capricorne par des changements trop brusques. Montrez-lui ses intérêts et les avantages, oubliez autant que possible les inconvénients – il pourrait avoir peur – et surtout laissez-le peser le pour et le contre avant de lui demander de prendre sa décision.

La réflexion lui est aussi indispensable que l'air qu'il respire. Il doit considérer et reconsidérer la suggestion avant de se ranger à votre avis, mais il n'avouera peut-être pas ce qu'il pense. Si finalement vous constatez que rien n'y fait, qu'aucune de vos propositions ne l'aide à se décider, il faudra peut-être le prendre par les sentiments et lui démontrer à quel point telle ou telle chose, telle ou telle sortie compte pour vous. Dans ce cas, si c'est pour vous donner un coup de main, il acceptera sans trop rechigner. Il ne voudrait pas se sentir coupable de vous avoir fait rater une rencontre avec des gens importants pour votre carrière, par exemple.

Le Capricorne n'a pas confiance en ses moyens, et l'énergie pour lancer des projets lui fait souvent défaut. Sa crainte le paralyse. Votre aide et votre appui sont significatifs pour lui; vous pouvez lui donner un sérieux coup de main, et il vous en sera éternellement reconnaissant.

Ses goûts

Ce qui le caractérise, c'est la simplicité et la frugalité. Il n'a pas besoin de strass, de paillettes, de flaflas pour vivre heureux. Il vit selon ses moyens, même parfois en dessous, mais c'est ainsi. Rien chez lui n'est ostentatoire.

Les objets sobres, classiques, voire anciens, ont sa préférence. Ses vêtements sont bien coupés ou, plutôt, ont été bien coupés à l'époque; la mode a eu le temps de passer et de revenir, mais il a toujours le même ensemble. En fait, notre Capricorne ne paie pas de mine; ses employés, ses enfants sont mieux habillés que lui, mais son portefeuille est drôlement bien garni. Quel économe quand même!

Dans son intérieur, son besoin de sécurité entre parfois en contradiction avec son goût de la parcimonie. Pour cette raison, il préfère les grosses maisons, les gros meubles, ce qui a l'air solide, durable, ce qui traversera la barrière du temps.

À table, les excès sont presque bannis, sa sagesse prenant le dessus. Mais il a un petit problème, il oublie de diversifier suffisamment son alimentation. Les légumes, les crudités, les fruits ne se retrouvent pas forcément à son menu en quantité suffisante pour maintenir un bon état de santé… et, surtout, il aime parfois un peu trop les sucreries!

Son potentiel

Travailleur déterminé, le Capricorne ne craint pas les projets à très long terme. Il travaille à son rythme, c'est-à-dire lentement; dans l'ombre ou à l'écart, il fait son chemin sans que personne ne s'en aperçoive. Lorsqu'il touche au but, tout le monde est bien étonné. Sa devise pourrait être: «Rien ne sert de courir, il faut partir à point.»

Comme c'est un travailleur méticuleux qui ne laisse rien au hasard, il fera sa marque dans les domaines qui requièrent un esprit plus terre à terre: l'administration, la gestion, les banques — il aime bien l'argent! —, les mathématiques, les recherches, les investigations (comptables ou autres), les relations d'aide, la gérontologie, l'enseignement ou la politique.

Le natif du Capricorne peut être une personne influente, exercer un pouvoir étendu et gérer une immense fortune, et rien n'y paraîtra. Il laisse les autres s'auréoler de leur succès, alors que c'est plutôt lui qui tire les ficelles dans l'ombre.

Ses loisirs

Sérieux comme il est, on se demande bien quels loisirs lui permettent de se détendre. Dans ses moments libres comme dans sa vie quotidienne, le Capricorne aime bien rester à l'écart. Il optera donc pour des passe-temps de solitaire, qui lui permettent de réfléchir, de penser à ce qu'il lui plaît sans être obligé de converser ou de faire belle figure devant quiconque.

Il choisira souvent de faire de longues promenades, même en ville. Le ski, la raquette, la natation et la pêche lui conviennent très bien. La lecture est pour lui un excellent moyen d'évasion, et il choisira souvent des ouvrages en rapport avec ses préoccupations ou ses activités professionnelles. C'est un être réfléchi qui se ressource en plongeant dans ses pensées. Mais il ne faut pas oublier qu'il est aussi sensible alors, de temps à autre, il faut le secouer et le convaincre de socialiser un peu plus.

Sa décoration

En matière de décoration, comme en toute chose dans sa vie, la sobriété est sa marque; il a un esprit très conservateur. D'ailleurs, il accumule les objets, et ce, depuis des années. C'est un véritable écureuil. Ses armoires sont des petites réserves où il entasse ce qui lui permettrait de survivre plusieurs années en cas de disette subite: nourriture, papeterie, vêtements, quincaillerie, il ne sera jamais pris au dépourvu. Et puis, il y a la remise, le grenier, la cave...

Son sens de l'économie est tellement fort qu'il ne dépensera pas un sou pour toutes ces babioles vite démodées qu'on annonce dans les magazines. Par contre, comme il souffre d'insécurité, tout le nécessaire sera toujours à portée de main. Son domicile est son refuge; il lui faut donc quatre murs bien solides autour de lui. Il peut acheter une immense maison, et on se demandera ce qu'il va faire de tant d'espace; il sera vite utilisé, n'ayez crainte.

Le Capricorne n'aime pas la modernité; il préfère les objets et les choses que le temps a éprouvés. Ce sera donc un amateur éclairé d'antiquités qui représentent des valeurs sûres; il en aura certainement beaucoup chez lui. Pour son intérieur, il choisira des meubles lourds, solides, imposants, bref qui donnent une image de stabilité, et cela souvent en quantité industrielle. Bien qu'il reçoive très rarement, il dispose d'un assortiment de vaisselle à faire rougir les plus grands restaurateurs.

Il conserve tout, des assiettes de grand-maman au gros La-Z-boy de papy, de l'armoire canadienne au canapé Louis XV hérité de la vieille tante Hortense, du bureau de son enfance au lit de son adolescence: tout est là. Vous comprenez maintenant pourquoi il lui faut une si grande maison.

Le Capricorne a ses petites habitudes, ses petites manies. Il aime sa tranquillité, et c'est souvent à son domicile qu'il trouve cette sécurité dont il est si friand. Retrouver ses petites affaires là où il les a déposées, quel soulagement! Bref, si vous êtes son conjoint ou son colocataire, de grâce, ne changez pas les meubles de place pendant qu'il a le dos tourné... vous le mettriez très mal à l'aise.

Son budget

L'économie n'est pas un vain mot pour le Capricorne. Sage et prévoyant de nature, il ne se laisse jamais aller à des dépenses inconsidérées. Il n'ouvre son portefeuille bien garni que lorsqu'il y est obligé. Au magasin, il vérifiera la qualité, évaluera la valeur, la garantie, essaiera peut-être même d'obtenir un rabais, s'assurera de faire une bonne affaire, et, malgré tout, à la caisse, il aura encore un pincement au cœur. Tout coûte terriblement cher de nos jours, n'est-ce pas?

Le Capricorne n'est pas avare, mais il souffre d'insécurité et a toujours peur de manquer d'argent. Il est également conscient de la valeur des choses. Comme il a des goûts modestes, il ne se fait jamais à l'idée d'être obligé de dépenser. Mais il a bon cœur, et quand il se permet une dépense, c'est pour offrir quelque chose aux autres, pas à lui-même...

Le Capricorne économise sur tout; il fait constamment attention à son portefeuille et arrive à faire des prouesses avec un budget limité. Même si ses revenus sont peu élevés, il réussira encore à mettre de l'argent de côté en prévision de jours moins fastes. Il adore créer des petites cachettes: quelques pièces dans le pot de biscuits, une enveloppe bien garnie sous une pile de chandails, dans le compartiment secret du portefeuille; un peu ici, un peu là, sans parler des comptes en banque, des placements... Bref, avec lui, l'expression avoir son bas de laine est tout à fait véridique.

La prévoyance est l'une de ses belles qualités; il prépare ses vieux jours depuis longtemps et, croyez-moi, il ne sera pas dans le besoin, loin de là. Il a des REÉR, des obligations, des placements, des actions en tous genres. Et pourtant, même s'il est assis sur des millions, l'inquiétude lui triture quand même les neurones...

Quel cadeau lui offrir?

On a vu que notre Capricorne est plutôt conservateur et qu'il garde tout très longtemps. Il serait peut-être indiqué de remplacer quelques objets, comme sa vieille télé noir et blanc, qui pourrait peut-être passer au numérique… à condition que vous la lui achetiez, car pour lui son téléviseur des années 60 lui convient bien (d'ailleurs, il le gardera au fond du grenier, même s'il accepte d'en mettre un modèle plus récent dans le salon).

Le natif du Capricorne vous dira qu'il n'a besoin de rien, et il en est convaincu. Vous devrez donc faire de sérieux efforts pour trouver une chose utile qu'il n'a pas en quatre ou cinq exemplaires. Optez avant tout pour des objets sobres et plutôt traditionnels; la modernité et les gadgets ne sont pas dans ses goûts. S'il a besoin d'un bon agenda, n'arrivez pas avec un Palm; achetez-en un plus classique.

Regardez aussi du côté des vêtements, car les siens doivent être complètement démodés; il en achète si peu souvent. Les coupes classiques, la qualité et les teintes neutres lui conviendront le mieux. Un beau tricot, des gants ou un foulard le réchaufferont, car il est frileux et aime son confort.

Le natif du Capricorne ne se permet jamais de petites gâteries. Il revient donc à ses proches de lui offrir des petits luxes. Il sera mal à l'aise, ne saura pas comment vous remercier, mais sera tellement content que son bonheur fera plaisir à voir.

Les enfants Capricorne

Sage et docile, le bébé Capricorne ne pose jamais de problème. En grandissant, il sera toujours aussi sage, et même sérieux pour son âge. Il a besoin de contact avec des enfants plus âgés, voire des adultes ou des personnes âgées. Il est fasciné par les vieilles personnes et les écouterait pendant des heures. Les grands-mamans et les grands-papas sont aux anges avec eux.

Par contre, avec les amis de son âge, il n'est pas très sociable; en fait, le petit Capricorne préfère rester à l'écart pour observer de loin le monde. La solitude lui plaît, et son petit côté individualiste ressort déjà.

Il est important de lui apprendre à s'amuser, à avoir du plaisir et surtout à fréquenter des petits camarades de son âge. Il est craintif, renfermé et manque de confiance en lui. Par contre, au fil du temps, il réussira à surmonter sa timidité maladive.

L'ado Capricorne

Pour ton âge, tu es quelqu'un de très mûr, qui ne perd pas son temps pour des broutilles. Tes amis sont probablement plus âgés que toi et ils te stimulent beaucoup. Tu es tranquille, réfléchi, calme, et tu aimes prendre ton temps. Mais lorsque tu te décides à agir, tu vas jusqu'au bout de tes idées et de tes actes. On ne peut pas te reprocher de faire les choses à moitié.

Comme tu es très responsable, les gens n'hésitent pas à te confier certaines tâches et bien souvent cela passe avant tout, même au détriment de tes loisirs ou de tes goûts personnels. On peut se fier à toi, et souvent on t'en demande un peu trop pour ton âge, car tu es si raisonnable qu'on te croit souvent plus âgé que tu ne l'es réellement.

Tu as des valeurs traditionnelles, conservatrices: la justice, la famille, l'ordre établi comptent beaucoup pour toi. Tu t'intègres bien au système, sans te rebeller. Tu es aussi attaché à l'aspect matériel de la vie, tu es économe et sérieux, tu te fais même de petites réserves en cas de besoin, et tu ne jettes jamais rien, tu prends soin de tes affaires.

Malgré les apparences, tu es un être très fier, et lorsqu'on pique ton orgueil, tu t'en souviens longtemps.

Sur le plan social, tu es plutôt discret. On te trouve même distant et froid. Tu préfères rester dans l'ombre, par prudence et aussi à cause de ta timidité. Tu as une nature plutôt triste et, avoue-le, la vie te fait peur. Pourtant, tu as tous les atouts en main pour réussir, pour monter très haut… Tu dois apprendre à cultiver ta confiance en toi, car avec les années qui passent tu accompliras de grandes et belles choses, et la réussite sera au rendez-vous si tu parviens à écarter ce sentiment d'insécurité qui te ralentit.

Tes études

Travailleur, tenace et méticuleux, tu te consacres à fond à tout ce que tu entreprends. Tu apprends lentement, mais comme tu comprends bien ce qu'on t'enseigne et que tu as une bonne mémoire, on ne peut pas te prendre en défaut. Ce que tu sais, c'est pour la vie. Étant donné que tu es déterminé, les études supérieures te conviennent fort bien; le temps joue pour toi. Tu travailles mieux seul qu'en équipe. Tu devras te montrer plus flexible avec les autres, car cela te sera bien utile pour évoluer en société.

Ton orientation

Peu importe le domaine que tu choisiras, tu réussiras. Tu es si sérieux, tu as si bien balisé ta vie, calculé le pour et le contre, que ton application sera récompensée. Tu vas donc surmonter les obstacles et atteindre ton objectif, envers et contre tous. Les domaines qui pourraient t'amener sur le chemin du succès sont les finances, la comptabilité, le droit, la politique, la Bourse, l'administration, la fonction publique, le système bancaire, l'industrie, la santé, la gérontologie, les antiquités, le commerce, l'immobilier, l'agriculture, les affaires et les emplois ayant trait à la terre. Tu vois, tu as l'embarras du choix. Ta carrière pourrait commencer dans l'ombre, mais à partir de la trentaine, la réussite t'attend, et tu te mets un peu plus en évidence.

Tes rapports avec les autres

Les gens te croient froid, car tu es souvent distant et renfermé. Tu as peu d'amis, mais tu as su les choisir. Ils savent qu'ils peuvent compter sur toi, même s'ils en abusent un peu, avoue-le. Au fil du temps, tu parviens à dire non lorsque tu sens que les autres tirent trop sur la corde. L'amitié doit être un échange équitable. On ne te connaît pas assez, car tu as du mal à exprimer tes sentiments ou à parler; tu crains souvent de déranger. Tu as beaucoup à offrir et lorsqu'on te connaît vraiment, on découvre en toi un être adorable sur qui on peut compter.

Vanessa Paradis, Émile Nelligan, Annie Lennox, Mao Tsé-Toung, Marlene Dietrich, Gérard Depardieu, Louis Pasteur, Marianne Faithful, Geneviève St-Germain, Jacques Cartier, Véronique Cloutier, Ricky Martin, Cate Blanchett, Mahée Paiement, Mel Gibson, Marina Orsini, Nicolas Cage, David Bowie, Elvis Presley, Lara Fabian, Bernard Derome, Martin Luther King, Anne Bédard, René Angélil, Isabelle Lajeunesse, Jim Carey, Kevin Costner, Dan Bigras, Daniel Bélanger.

Pensée positive pour le Capricorne

Ma confiance en moi et dans la vie augmente constamment. J'ose accepter les nombreux bienfaits qu'on m'envoie. Plus j'en accepte, plus il m'en arrive.

Pensée positive spéciale pour 2006

En devenant la personne la plus importante de ma vie, j'augmente mes chances de bonheur et de succès. Je partage cette belle abondance avec les bonnes personnes.

Le subconscient nous dirige toujours selon nos pensées. En répétant le plus souvent possible ces pensées conçues tout spécialement pour vous, vous vous attirerez plein de belles choses.

Signe: Capricorne

Élément: Terre

Catégorie: Cardinal

Symbole: ♑

Points sensibles: Ossature, décalcification, dentition faible, articulations, genoux, jambes, arthrite, surdité, problème d'ouïe et de peau. Jeune, il a peu de vitalité... mais il rajeunit tous les ans.

Planète maîtresse: Saturne, planète de la sagesse.

Pierres précieuses: Améthyste, grenat, diamant.

Couleurs: Gris et toutes les couleurs terre.

Chiffres chanceux: 3-8-11-17-23-28-30-35-44-48.

Qualités: Discipliné, sérieux, économe, sage, discret, déterminé, diplomate, traditionnel, terre à terre. Il sait que le temps est son précieux allié.

Défauts: Manque d'assurance, timide, renfermé, autoritaire, ne jette rien, pessimiste, manque de confiance.

Ce qu'il pense en lui-même:
Je vais tout faire pour eux...
Je veux qu'ils m'aiment à tout prix!

Ce que les autres disent de lui:
Demandons-lui ce qu'on veut:
il ne sait pas dire non!

Prédictions annuelles

Fini le temps où tout était compliqué, où vous deviez constamment vous ajuster à toutes sortes de situations imprévues! La vraie libération arrive et, cette année, vous reprenez véritablement le contrôle de votre vie. Au lieu d'être ballotté par les gens ou les événements, c'est enfin vous qui pourriez décider de votre destin. Si je parle au conditionnel, c'est parce que prendre votre place n'est pas quelque chose d'inné chez vous. Vous avez trop tendance à vous effacer au profit des autres. Mais le moment est venu de nous montrer qui vous êtes vraiment — vous vous devez bien ça après tout le long cheminement que vous venez de faire! L'année vous appartient, n'ayez surtout pas peur de l'accepter.

Santé – Un bon aspect de Jupiter améliore votre vitalité ainsi que votre positivisme. En 2006, vous avez un moral beaucoup plus solide que par le passé, vous êtes même en mesure de rompre avec certains *patterns* ou habitudes qui vous empêchaient de jouir pleinement de l'existence. Ceux qui ont eu des ennuis de santé entrent dans une phase de récupération. Bonne année donc pour vous débarrasser de vos bobos, pour repartir du bon pied. Le moment est venu également de laisser aller les souvenirs déchirants, de lâcher prise par rapport au passé. La vie repart en neuf, il faut suivre le courant... Confiance, vous n'aurez pas à le regretter.

Sentiments – C'est dans votre nature de vous en faire pour tout le monde. Pourtant, cette année, vous décidez de vous occuper de vous d'abord. C'est génial! De toute façon, vous comprenez que si on ne prend pas le temps de se ressourcer, on a vite épuisé ses réserves et plus rien à donner. Vos proches se portent mieux, inutile de continuer à trop les couver. Investissez plutôt sur vous-même cette énergie et ce temps que vous consacriez auparavant aux autres, puisqu'ils sont désormais capables de voler de leurs propres ailes. Vos amis vous réclament, et avouez que vous avez négligé votre vie sociale. C'est en plein le temps d'y remédier et de jouir de l'existence. Avec votre chéri, tout va bien et, si vous êtes seul, une amitié amoureuse peut se révéler fort gratifiante.

Affaires – Les insatisfactions passées font place à une ère de réalisation. Votre carrière évolue de façon favorable, et on peut parler de déblocages importants. Les chômeurs trouveront enfin un emploi qui leur convienne, les salariés graviront quelques échelons, les commerçants connaîtront une phase d'expansion. Bref, vous vivrez une année positive durant laquelle vos efforts pour améliorer votre sort donneront des résultats tangibles et vous permettront de goûter à cette stabilité si précieuse pour vous. Si changer d'air fait partie de vos projets, voici une période en or pour passer à l'action.

Janvier

D	L	M	M	J	V	S
1	2	3	4	5	6D	7D
8F	9F	10	11	12	13	14○
15	16	17F	18F	19F	20D	21D
22	23	24	25	26	27	28
29●	30	31				

○	Pleine lune	●	Nouvelle lune
F	Jour favorable	D	Jour difficile

Santé – Ce début d'année vous trouve pimpant et énergique. Vous avez le vent dans les voiles, rien ni personne n'arrive à brimer votre ardeur. Vous avez le goût de bouger, ce qui vous fait le plus grand bien tant physiquement que moralement. En plus, vous êtes beau comme un cœur, et on ne manque pas de vous le souligner.

Sentiments – En plus de votre mine radieuse, vous possédez un charisme exceptionnel ces temps-ci; pas étonnant qu'on n'ait d'yeux que pour vous. Vos amis vous réclament de tous les côtés, pendant que vous épatez tous ceux que vous croisez. Parlant de rencontre, les célibataires pourraient en faire une qui serait vraiment déterminante. Quant aux couples, on peut leur annoncer le retour en force de la tendresse, voire de la passion.

Affaires – Ne perdez pas un seul instant, vous disposez d'une conjoncture extraordinaire pour aller de l'avant. Les démarches et les efforts en vue d'améliorer votre carrière ou votre situation financière donneront des résultats rapides et très positifs. Entre le 3 et le 24, votre facilité d'élocution, la brillance de vos idées et la richesse de vos arguments vous ouvriront toutes les portes.

Février

D	L	M	M	J	V	S
			1	2D	3D	4F
5F	6	7	8	9	10	11
12○	13	14F	15F	16D	17D	18D
19	20	21	22	23	24	25
26	27●	28				

○	Pleine lune	●	Nouvelle lune
F	Jour favorable	D	Jour difficile

Santé – Tout continue de bien aller. Votre énergie débordante, votre pep et votre enthousiasme font plaisir à voir. On vous complimente encore sur votre allure. Certains trouvent même que vous rajeunissez. En fait, ce mois serait fantastique pour les transformations beauté ou pour la perte de quelques kilos superflus.

Sentiments – La belle Vénus se balade toujours dans votre signe. Grâce à elle, vous rencontrez toutes sortes de gens fascinants, ce qui peut se révéler fort intéressant si votre cœur est libre. Vos copains vous traitent aux petits oignons, alors que votre partenaire vous démontre avec empressement la profondeur de ses sentiments. Et ce n'est pas tout, vous recevez de bonnes nouvelles concernant un enfant, un frère ou une sœur.

Affaires – Le même scénario que le mois précédent se poursuit: il faut battre le fer pendant qu'il est chaud. Cessez d'hésiter et foncez, vos chances de succès sont incroyables. Un nouvel emploi, une permanence, un contrat inattendu ou une augmentation de salaire sont autant de possibilités. Les déplacements d'affaires et les séjours à l'extérieur s'effectuent dans d'excellentes conditions.

Mars

D	L	M	M	J	V	S
			1D	2D	3F	4F
5F	6	7	8	9	10	11
12	13F	14○F	15D	16D	17D	18
19	20	21	22	23	24	25
26	27	28	29●D	30D	31F	

○ Pleine lune et éclipse lunaire annulaire   ● Nouvelle lune et éclipse solaire totale
F Jour favorable   D Jour difficile

Santé – Les éclipses ne vous affectent pas trop; à vrai dire, vous vous en tirez beaucoup mieux que la moyenne des gens. En demeurant attentif à vos véritables besoins et en évitant d'en faire trop, vous pourrez pleinement profiter du retour du beau temps. La conjoncture serait idéale pour faire une cure santé, pour améliorer votre forme physique ou pour suivre un cours.

Sentiments – Vénus demeure dans votre signe lors des cinq premiers jours et le conte de fées se poursuit. Par après, votre destinée sera légèrement plus tranquille, mais vous n'aurez guère l'occasion de vous en plaindre puisque votre entourage immédiat se montrera d'une gentillesse exemplaire. Vers la fin du mois, un parent traverse des moments ardus; heureusement il n'y a rien de grave à l'horizon.

Affaires – Malgré la pression et le climat de confusion qui règne, vous tirez très bien votre épingle du jeu. D'une part, vous vous sentez confiant, voire protégé, tandis que d'un autre côté, vous agissez de manière si efficace que vous transformez les problèmes en triomphes. Un conseil: ne croyez pas tout ce qu'un vendeur vous racontera et évitez de prêter de l'argent.

Avril

D	L	M	M	J	V	S
						1F
2	3	4	5	6	7	8
9F	10F	11F	12D	13○D	14	15
16	17	18	19	20	21	22
23/30	24	25D	26D	27●F	28F	29

○	Pleine lune	●	Nouvelle lune
F	Jour favorable	D	Jour difficile

Santé – Tout est sous contrôle durant la première quinzaine. Par la suite, une dissonance de Mercure et de Mars risque d'augmenter votre vulnérabilité. Essayez alors de ne pas abuser de vos forces ni physiques ni morales, et redoublez de vigilance afin de ne pas vous blesser. En agissant de la sorte, vous demeurerez à l'abri des contretemps.

Sentiments – Les influences planétaires sont contradictoires, et il est tout à fait normal que vous ayez du mal à vous y retrouver. À certains moments, c'est le paradis sur terre; à d'autres, c'est presque la guerre froide. En effet, certaines personnes montent sur leurs grands chevaux et vous attaquent sans raison valable, mais une mauvaise surprise les attend: vous ne vous laissez plus manger la laine sur le dos. Eh que vous faites bien de les remettre à leur place!

Affaires – Si vous avez des demandes à présenter ou un projet à mettre en branle, mieux vaut agir d'ici le 15, car c'est à alors que vos chances de succès sont les plus fortes. Le reste du mois comporte plusieurs petits irritants, et autant que possible, mieux vaudrait vous en tenir à la routine en attendant que la tempête passe. Inutile de paniquer, il n'y a rien de terrible en vue!

Mai

D	L	M	M	J	V	S
	1	2	3	4	5	6
7F	8F	9D	10D	11D	12	13○
14	15	16	17	18	19	20
21	22	23D	24D	25F	26F	27●
28	29	30	31			

○ Pleine lune ● Nouvelle lune
F Jour favorable D Jour difficile

Santé – Comme les mauvais aspects de Mercure cessent le 5, votre moral devrait remonter rapidement. Par malheur, l'opposition de Mars se poursuit tout au long du mois, et vous devez absolument prendre soin de votre physique. La meilleure chose à faire est d'adopter une attitude préventive aussi bien face aux défaillances qu'aux accidents.

Sentiments – Pas facile de plaire à tout le monde, surtout en même temps. Je crois qu'il est temps de réviser vos positions. Si vous n'y prenez garde, vous allez à nouveau vous laisser envahir. Redéfinissez vos limites, et assurez-vous qu'on les respecte. Au besoin, soyez ferme. Tant pis pour ceux que ça froisse et qui croient que tout leur est dû. Un ami, un vrai, vous confirme que vous avez raison d'agir ainsi.

Affaires – Les tensions sont grandes, et par moments vous ne savez plus à quel saint vous vouer. Essayez de rester calme; après tout, il n'y a pas de catastrophe en perspective. Si vous vous énervez, vous perdrez votre sang-froid; or ce serait dommage de ne pas être en possession de tous vos moyens lorsque se présentera une belle occasion, entre le 5 et le 20. Attention quand vous faites des excursions dans les magasins, vous aurez du mal à résister aux tentations.

Juin

D	L	M	M	J	V	S
				1	2	3F
4F	5D	6D	7D	8	9	10
11○	12	13	14	15	16	17
18	19D	20D	21F	22F	23	24
25●	26	27	28	29	30F	

○	Pleine lune	●	Nouvelle lune
F	Jour favorable	D	Jour difficile

Santé – Dès le 4, vous pourrez dire adieu à l'opposition de Mars et aux risques de blessures et de malaises qui l'accompagnent hélas trop souvent. Psychologiquement, la tension diminue peu à peu mais pas complètement. Ne vous en demandez pas trop, sans quoi ce sera la crise de nerfs. Profitez donc de ce mois pour vous refaire une beauté ou pour actualiser votre image. Cela stimulera votre moral.

Sentiments – Jusqu'au 24, vous bénéficiez d'une magnifique conjoncture tant sur le plan social qu'amoureux. Une rencontre passionnante attend les solitaires. Les autres se rapprocheront de leur conjoint, même si celui-ci a parfois du mal à communiquer ses émotions. Un enfant vous cause quelques inquiétudes, en voici un autre qui a du mal à s'ouvrir. Heureusement que vous sentez les choses.

Affaires – Un nouveau départ s'amorce à compter du 5. Après les frustrations et les affrontements des mois précédents, vous retrouvez enfin une plus grande liberté d'action. Même si ça ne fonctionne pas nécessairement du premier coup, vous finirez certainement par avoir le dernier mot en tout. Même si vous n'aimez pas le changement, le moment est venu de tourner certaines pages et de laisser aller ce qui n'est pas pour vous.

Juillet

D	L	M	M	J	V	S
						1F
2F	3D	4D	5	6	7	8
9	10○	11	12	13	14	15
16D	17D	18F	19F	20	21	22
23/30D	24● /31D	25	26	27F	28F	29F

○	Pleine lune	●	Nouvelle lune
F	Jour favorable	D	Jour difficile

Santé – Vous vous portez de mieux en mieux. Votre vitalité et votre résistance sont à la hausse et même le moral en reprend. Bref, votre santé redevient florissante et, à vrai dire, la seule chose qui pourrait vous faire du tort serait la gourmandise. Les sucreries et les desserts semblent particulièrement vous attirer ces temps-ci.

Sentiments – Dans les trois premières semaines, il est fort probable que vous ayez à régler une situation que vous avez négligée dans le passé. En effet, un vieux problème refait surface; cette fois il faut en venir à bout une fois pour toutes. À la maison, le climat est très correct mais ça manque de piquant, et vous risquez de vous ennuyer. Passez donc quelques coups de fil à vos amis, organisez une petite fête ou des activités en plein air; cette initiative connaîtra un succès monstre.

Affaires – Vous entretenez des relations cordiales avec votre entourage professionnel. On apprécie vos qualités, et l'atmosphère est plus détendue qu'auparavant. Vous sentez qu'un cycle se termine et qu'autre chose se prépare. Vous avez tout à fait raison. Prenez donc le temps de réfléchir à ce que vous voulez faire, d'élaborer vos plans et de songer à effectuer certains changements dans un avenir rapproché.

Août

D	L	M	M	J	V	S
		1	2	3	4	5
6	7	8	9 ○	10	11	12D
13D	14F	15F	16F	17	18	19
20	21	22	23 ●	24F	25F	26D
27D	28D	29	30	31		

○	Pleine lune	●	Nouvelle lune
F	Jour favorable	D	Jour difficile

Santé – Voici un excellent mois en perspective, vous êtes à nouveau au sommet de votre forme. Vous vous sentez plus brave que par le passé, et avec raison. D'ailleurs, vous arrivez à affronter certaines peurs et, désormais, c'est vous qui avez le dessus. À partir du 15, vous avez davantage de volonté, ce qui vous permet entre autres de mieux contrôler votre appétit.

Sentiments – La communication laisse encore quelque peu à désirer en début de mois, mais tout devrait se tasser à compter du 12. On sera plus ouvert avec vous, on cessera de vous cacher des choses, et vous n'aurez plus à lire entre les lignes pour savoir ce que votre partenaire tente de vous dire. Autre point très positif, votre vie sociale redevient active: on vous lance de très belles invitations et on vous propose d'agréables divertissements.

Affaires – Vous traversez un cycle positif. Je sais que sur le coup les changements vous insécurisent, mais ceux qui surviendront en ce mois ne vous réservent que du positif. Vous êtes prêt à relever de nouveaux défis, à prendre davantage de responsabilités, et ce serait tout à votre avantage. Bon temps également pour les démarches, les voyages ainsi que les séjours à l'extérieur.

Septembre

D	L	M	M	J	V	S
					1	2
3	4	5	6	7○	8	9D
10D	11F	12F	13	14	15	16
17	18	19	20F	21F	22●F	23D
24D	25	26	27	28	29	30

○ Pleine lune et éclipse lunaire partielle   ● Nouvelle lune et éclipse solaire annulaire
F Jour favorable   D Jour difficile

Santé – Les éclipses de ce mois risquent d'être moins clémentes que les précédentes, mieux vaut donc prendre vos précautions. En respectant vos limites et en redoublant de prudence dans vos déplacements ou quand vous manipulez des objets dangereux, vous resterez à l'abri des pépins. Ce serait dommage de vous retrouver sur le carreau alors que vous avez si fière allure.

Sentiments – C'est vrai que vous avez une allure remarquable: vous impressionnez aussi bien les nouvelles personnes que vous rencontrez que celles qui vous connaissent depuis des lunes. D'ici la fin du mois, les solitaires pourraient même croiser la personne de leurs rêves. Vous êtes constamment sur la trotte, vous ne vous ennuyez pas un instant. La seule ombre au tableau: un membre de la famille qui vous cause quelques soucis entre le 13 et le 30.

Affaires – Préférez la première quinzaine pour mettre vos projets en chantier, pour présenter vos demandes et pour négocier car, par après, vous risquez d'avoir plus de fil à retordre. Vous êtes attiré par de nouvelles sphères d'activité, mais il est encore trop tôt pour vous y lancer corps et âme. Par contre, ce cycle serait idéal pour vous y préparer. Profitez-en pour étudier, pour planifier.

Octobre

D	L	M	M	J	V	S
1	2	3	4	5	6○D	7D
8F	9F	10	11	12	13	14
15	16	17F	18F	19F	20D	21D
22●	23	24	25	26	27	28
29	30	31				

○	Pleine lune	●	Nouvelle lune
F	Jour favorable	D	Jour difficile

Santé – Bien qu'il n'y ait pas d'éclipses en ce mois, les mauvais aspects de Mars perdurent jusqu'au 24, et vous ne devriez surtout pas relâcher votre vigilance avant cette date. Vous avez une tonne de choses à l'agenda, mais on dirait que vous en faites trop. On décèle chez vous des signes avant-coureurs d'épuisement tant nerveux que physique. Prenez-y garde. Pourquoi ne pas vous dorloter un peu?

Sentiments – Socialement, ça demeure emballant: les invitations arrivent de tous les côtés, et ce ne sont certes pas les occasions de vous divertir qui manquent. Il y a même des membres de votre entourage immédiat qui s'en plaignent... Avec la famille et la marmaille, tout est compliqué. Vous avez beau faire des efforts surhumains, rien n'y fait. Rappelez-vous qu'à l'impossible, nul n'est tenu. Pensez donc un peu plus à vous.

Affaires – Voici un autre secteur problématique, tout au moins durant les trois premières semaines. Rien ne marche à votre goût, les tuiles vous tombent sur la tête et toute votre vie semble désynchronisée. Prenez tout ça avec un grain de sel, puisque à partir du 24 la guigne vous laisse pour faire place à la chance. Des portes s'ouvrent, des appuis arrivent sans que vous vous y attendiez, bref tout redémarre.

Novembre

D	L	M	M	J	V	S
			1	2	3D	4D
5○F	6F	7	8	9	10	11
12	13	14F	15F	16D	17D	18D
19	20●	21	22	23	24	25
26	27	28	29	30D		

○	Pleine lune	●	Nouvelle lune
F	Jour favorable	D	Jour difficile

Santé – C'est un ciel parfaitement dégagé qui vous attend en ce mois; vous pouvez donc faire ce que bon vous semble sans avoir à vous soucier outre mesure qu'un pépin vous tombe dessus. Mieux encore, vous disposez d'une conjoncture tout à fait propice aux remises en forme, aux régimes ou aux transformations beauté. Même le moral redevient robuste.

Sentiments – La vie sociale est toujours aussi exquise, mais elle ne constitue plus votre unique source de gratifications. À la maison, l'atmosphère est beaucoup plus détendue, vous réglez tous les petits conflits et arrivez à éclaircir les situations ténébreuses. Vos amis sont de bon conseil et vous appuient dans ce que vous entreprenez. Vous avez parfaitement raison de sourire!

Affaires – Ici aussi, les astres sont avec vous, et pour peu que vous mettiez la main à la pâte, vous vivrez un mois particulièrement satisfaisant. L'informatique, les nouvelles technologies et le renouveau sous toutes ses formes vous avantagent hautement. Vous avez le goût de tenter de nouvelles expériences, d'élargir vos horizons, de relever d'autres défis, et cela se révélera très avantageux. Vous ferez plus que vos preuves, la victoire vous appartient déjà.

Décembre

D	L	M	M	J	V	S
					1D	2F
3F	4○	5	6	7	8	9
10	11F	12F	13D	14D	15D	16
17	18	19	20●	21	22	23
24/31	25	26	27D	28D	29F	30F

○ Pleine lune		●	Nouvelle lune
F Jour favorable		D	Jour difficile

Santé – Il y a tellement de choses qui trottent dans votre esprit que votre sommeil devient plus agité. Vous pensez, vous mijotez, vous rêvez beaucoup, et tout ça demande passablement d'énergie nerveuse. Tout ira du moment que vous vous alimentez bien et que vous gardez un peu de temps pour vous relaxer. Entre le 6 et le 31, nous décelons une légère diminution de la résistance, mieux vaut prévenir que guérir...

Sentiments – Dès le 11, Vénus vient s'installer dans votre signe. Sa présence pourrait se manifester par un coup de foudre pour les solitaires et un doux rapprochement pour les autres. Votre vie mondaine bénéficie elle aussi de ce transit. Les réunions que vous organisez ou celles auxquelles vous assistez vous procureront beaucoup de plaisir. Il se trame quelque chose en secret pour votre anniversaire.

Affaires – Même si ça ne va pas à vive allure, on est quand même loin de la stagnation. Petit à petit vous faites votre marque, vos progrès s'accumulent et, sans trop vous en rendre compte, vous vous approchez de votre but. Vous ne pouvez pas vraiment compter sur votre entourage, quand le travail arrive en double ou en triple. Qu'importe, vous vous débrouillez à merveille et finissez encore une fois par passer au travers.

VERSEAU
du 21 janvier au 19 février

On dit souvent du Verseau qu'il est né au moins un siècle trop tôt. On le trouve original, voire plutôt excentrique, et il n'est pas toujours facile de le comprendre. Ses idées sont renversantes, osées, bref très avant-gardistes.

Le Verseau est un amateur de nouveautés: le dernier gadget trouve toujours une place dans sa cuisine, son atelier, son bureau. Les bidules, les machins, les trucs, vous les connaissez tous et vous pouvez faire découvrir bien des objets aux autres, ceux que le reste du monde ignore totalement. Et tout ça, sans parler de ce que vous avez bricolé ou «bidouillé» vous-même, parce que personne n'avait pensé à l'inventer avant vous!

Le signe du Verseau est donc associé aux nouvelles technologies, quel qu'en soit le domaine: électricité, télécommunications, satellites, informatique, énergie nucléaire et science atomique.

Le plus célèbre des Verseau, Jules Verne, a beaucoup fait jaser avec ses idées abracadabrantes, révolutionnaires pour l'époque: imaginez, il disait que l'homme pourrait voler dans un oiseau de métal, aller sur les autres planètes, voyager au plus profond des océans, creuser des tunnels sous des montagnes, regarder la télévision, et j'en passe… Certains sceptiques le tenaient pour fou. Pourtant, aujourd'hui, ces exploits ne nous étonnent plus, ils sont monnaie courante. Dans un siècle, cher Verseau, on reconnaîtra que vous étiez un visionnaire, mais en attendant, il pourra vous sembler irritant d'avoir à convaincre les autres que vous n'affabulez pas et que vos idées trouveront des applications insoupçonnées dans l'avenir.

Votre signe est également placé sous un aspect humanitaire. Dans votre cœur, il n'y a pas de frontières; l'univers entier devient votre domicile. Vous aimez tout le monde sans distinction: blancs, noirs, rouges, jaunes… ou verts extraterrestres! Peu importe la classe sociale, la religion, la race, le sexe, vous savez trouver chez les autres ce que chacun a de meilleur en soi. Pour vous, c'est l'humanité qui compte.

Et ce grand esprit de famille qui vous anime se reflète jusque dans votre cercle d'amis. Celui-ci est très diversifié et étonnant; il s'y côtoie des gens qui, hormis vous, n'auraient pas grand-chose en commun. Vous mélangez les genres: le président d'une entreprise cotée en Bourse, un violoniste de l'orchestre symphonique, une militante antimondialisation, un installateur de téléphones, une vieille missionnaire à la retraite et une top-modèle. Vous mélangez les histoires, les expériences de vie et les points de vue… et votre petite soirée fera encore jaser dix ans plus tard.

Pour vous, apprendre et expérimenter, que ce soit dans votre cuisine (sans doute un laboratoire de chrome et d'acier) ou au travail, par l'éducation des petits ou en réglant les problèmes des pays en voie de développement, ne sont pas des mots vides de sens. Les chemins battus, les habitudes, les manies, ce n'est pas votre genre. Vous voulez faire mieux que les autres, et avec votre coup de patte bien personnel.

Anticonformiste comme vous l'êtes, vous astreindre à respecter un budget n'est pas dans vos pratiques courantes. Vous craquez pour un objet… eh bien, vous l'achetez à crédit, et la facture viendra plus tard. Vous jouez à la Bourse, mais vous oubliez la facture d'épicerie que vous devez acquitter… Vous jonglez avec votre argent comme avec vos idées.

Comme vous placez la générosité sur un piédestal, vous êtes parfois d'une grandeur magnifique. Cependant, vous sacrifier vous demande parfois beaucoup d'efforts. Vous êtes débordant d'idées, mais vous aimez laisser les autres les appliquer.

Sur le plan affectif, vous vous avouez large d'esprit… surtout quand vous n'êtes pas impliqué. Mais si, par malheur, votre conjoint prend ce principe au pied de la lettre, il risque de lui en cuire. Vous avez l'esprit ouvert, mais quand ça ne s'applique pas à vous. Indépendant, vous prônez la liberté, et l'élu de votre cœur doit l'accepter… Par contre, si lui-même accorde ses faveurs à une autre personne… aïe! La liberté a quand même des limites, n'est-ce pas? surtout celles que vous lui mettez!

Comment se comporter avec un Verseau?

Pour devenir l'amour de la vie d'un Verseau, il faut être patient, être d'abord son ami et laisser les sentiments mûrir entre vous. Si vous avez en tête l'image du petit couple charmant vivant dans une maison coquette entourée de fleurs, vous pourriez avoir une amère surprise. Cette seule pensée lui donne la chair de poule. Par contre, une tour de verre ultramoderne du centre-ville, ou une maison dont il a lui-même dessiné les plans vous attend sûrement. Ainsi, la jolie maisonnette blanche à volets bleus dans un jardinet fleuri… oubliez ça tout de suite.

Notre Verseau est anticonformiste dans l'âme, et vous ne pourrez rien y faire, autant vous y habituer tout de suite. Si vous cherchez à lui parler de problèmes quotidiens, comme la fenêtre du sous-sol qui coince ou la dernière marche de l'escalier qui se fend, vous tombez plutôt mal. Le mieux est de régler ces menus problèmes vous-même; il a d'autres choses plus importantes à faire, et perdre son temps pour de telles broutilles ne l'intéresse tout simplement pas.

Par contre, si vous voulez discuter du projet Guerre des étoiles de George Bush, du problème des sans-abri dans les grandes villes occidentales, de la peine de mort ou de la Première Guerre mondiale, vous tomberez sur un interlocuteur attentif et renseigné, mais de grâce, oubliez les problèmes domestiques quotidiens.

Il vous faut aussi apprendre à respecter sa liberté, à le laisser découvrir ce qui lui plaît, à accepter qu'il ait des occupations autres que les vôtres. Emboîtez-lui le pas, secondez-le et épaulez-le. Notre Verseau aime bien avoir un bon complice, mais laissez-le avoir le dernier mot. Quant à vouloir lui faire faire le grand ménage du printemps ou récurer les casseroles… laissez tomber, car vous useriez votre salive en vain.

Pour le convaincre de faire quelque chose, parlez-lui d'aider les pays défavorisés et sortez vos grandes théories humanitaires, car les arguments simples et terre à terre, il n'en a que faire. Il évolue dans la haute stratosphère, notre Verseau, bien au-dessus des banalités. De toute façon, puisque vous êtes là et que cela vous interpelle, vous vous en occuperez à sa place. Le mieux pour vous est qu'il trouve lui-même ce dont vous voulez le convaincre. Bien sûr, faites cela à son insu. De cette façon, il vous expliquera le problème avec un exemple concret, et vous aurez atteint votre but. Mais n'oubliez jamais qu'avec un natif du Verseau, il y a deux vérités: celle du monde et celle de son quotidien, et elles sont loin d'être compatibles.

Ce qui l'indispose, ce sont les plaintes, les reproches et les pressions. Se faire pousser dans le dos l'exaspère et même le fera fuir. Le meilleur moyen de vous en faire un ami est de faire comme lui, de vous joindre à sa bande, de l'accompagner dans ses sorties, de discuter à bâtons rompus des grandes théories humanistes. Et tant pis pour le tube de dentifrice mal rebouché qui gît dans le lavabo de la salle de bains.

Ses goûts

Avec une personnalité aussi originale, il ne peut évidemment pas avoir des goûts conventionnels. Ce qui choque ou surprend et surtout sera à la mode dans 10 ans seulement, voilà ce qui fait son bonheur. Bien sûr, tout le monde le trouve excentrique. Mais pour lui, il est tout à fait normal d'être à l'avant-garde, même dans sa tenue vestimentaire. Les complets-veston ou les tailleurs bon chic bon genre, très peu pour notre Verseau. Par contre, un look hyper «flyé», affichant sa petite touche, voilà dans quoi il se sent bien. Il ne supporte pas d'être pareil aux autres. Même chez lui, regardez-y de plus près et vous découvrirez les plus récents gadgets et les inventions les plus bizarres. Il réussit même à dénicher des objets qui ne seront probablement sur le marché que trois mois plus tard.

Dans son assiette aussi, on peut lire son goût pour l'originalité. Ainsi, même à table, il aime découvrir, innover, voire se surprendre lui-même. Des combinaisons inusitées, gâteau au confit d'oignons, poulet à la confiture de cerises de terre, potage aux pommes et au fenouil... bref, il essaie les mixtures les plus étranges. Alors, s'il vous invite à dîner, vous serez surpris, mais vous conviendrez que c'est bon... dans le genre. Malheureusement, comme notre Verseau est aussi un être très occupé, les services de restauration rapide connaissent bien son adresse.

Son potentiel

Le Verseau s'intéresse aux nouvelles technologies, à tout ce qui sort de l'ordinaire et au bien-être de l'humanité. Les domaines où il évoluera le mieux sont ceux de l'industrie aérospatiale, l'informatique, l'électronique, le génie électrique, l'invention, la futurologie, le cinéma, la télévision, la radio, mais aussi la psychologie, les sciences sociales et les arts. Il a une personnalité originale, et des idées fulgurantes et brillantes jaillissent de son esprit. Il est souvent très créatif. De toute façon, quoi qu'il fasse, il ne se conformera jamais aux normes, et ce sera toujours étonnant.

Ses loisirs

Le Verseau s'intéresse à tellement de domaines que vouloir lui attribuer un ou des passe-temps n'est pas chose facile. C'est une personne polyvalente, mais la nouveauté et l'inconnu le captivent et le passionnent tout particulièrement. Il est avide de découvertes; il veut constamment apprendre, explorer, comprendre et être étonné.

De telles aptitudes lui permettent d'explorer à fond le monde de l'informatique, de la création par ordinateur, et même de la conception et de la programmation de machines intelligentes. Même s'il travaille dans un domaine particulier, il voudra continuer chez lui, le soir, pour approfondir ses connaissances ou faire de nouvelles trouvailles.

Les technologies de pointe l'attirent comme un aimant. Aéronautique, missions spatiales, intelligence artificielle, manipulations génétiques émoustillent sa curiosité. Il est aussi irrésistiblement intrigué par ce qui semble mystérieux, comme la spiritualité. S'il aime la lecture, il choisira certainement un ouvrage ou un magazine qui traite d'un de ces sujets.

Le Verseau a besoin de compagnie, des voir de gens, de discuter, de confronter ses idées à celles des autres, de régler le sort de l'humanité; il ne peut rester seul bien longtemps. Son cercle de relations s'agrandit d'année en année, et il consacre un temps considérable à sa vie en société, avec ses amis. Pour cette raison, la psychologie humaine pourrait être un autre de ses multiples champs d'intérêt. En fait, il peut s'adonner à n'importe quelle activité et y trouver du plaisir, du moment qu'il sent que son esprit est mis à contribution.

Car notre Verseau aime faire fonctionner ses neurones, tellement qu'il se plaît à inventer: il a toujours quelque chose à «patenter», des stores verticaux à ouverture télécommandée ou un programme d'ordinateur pour composer des recettes très personnelles aux ingrédients inusités, un dévidoir électrique pour permettre au chat de se nourrir tout seul, etc. Avec lui, la science n'a pas de limites.

Et devinez quel genre de films obtient sa préférence? La science-fiction, bien entendu!

Sa décoration

Lorsqu'on franchit le seuil de sa maison, on a souvent l'impression de rentrer dans un magasin d'appareils électroniques. Son domicile est rempli de multiples gadgets qui lui simplifient la vie. Si vous voulez découvrir les plus récents appareils ménagers, par exemple ce fameux réfrigérateur qui se branche sur Internet pour passer lui-même la commande de ce qui manque sur ses rayons, c'est chez le Verseau que vous le trouverez en premier. En fait, il ne serait guère étonnant que sa maison soit bourrée de domotique. Elle est si moderne, si informatisée qu'on a parfois l'impression de débarquer sur une autre planète.

Le chrome, l'acier inoxydable, les métaux dépolis, la laque blanche ou noire et le granit composent un décor résolument contemporain.

On dirait qu'il habite la station internationale en orbite autour de notre planète. Mais il ne se contente pas d'avoir un style futuriste. Il le personnalise, et là, croyez-moi, vous n'êtes pas au bout de vos surprises. Une tapisserie du Moyen Âge pourrait bien voisiner avec un cadre d'aluminium anodisé… vide. Pour lui, l'objet ancien met le reste du décor en valeur. Bien sûr, chacun a ses goûts et ses couleurs préférées, n'est-ce pas?

Et puis, avez-vous remarqué combien sa maison est toujours grouillante de monde? Ses proches prendraient-ils son intérieur pour un musée ou pour une curiosité à voir absolument?

Son budget

Notre ami Verseau vit dans le futur. Eh bien pour son budget, c'est pareil. Il achète maintenant et paiera plus tard. La tentation est tellement forte – un nouvel appareil, un gadget qui vient de sortir –, qu'il vous est inutile de lui dire qu'il peut s'en passer. Si le bidule existe, il le lui faut, et pas dans un mois, tout de suite. Une autre partie de son argent est consacrée à l'aide à autrui; il a tellement d'amis qu'il y en a toujours un qui se trouve dans le besoin. Tout cela fait en sorte que son compte en banque est parfois à bout de souffle.

En fait, l'argent lui brûle les doigts. Ses proches et son conjoint auront beau essayer de le raisonner, l'économie… très peu pour lui. Il méprise le capitalisme: il le dit souvent à qui veut bien l'entendre. Néanmoins, il consomme diablement.

Tenez, il vient de s'acheter un nouvel ordinateur et il vient de passer des heures sur un nouveau programme de comptabilité sensé l'aider à tenir son budget… mais voilà, si le logiciel est bien au point, il n'aura ni le temps ni l'envie de s'en servir pour faire tous ces calculs idiots. Une machine pour imprimer de beaux billets bruns serait peut-être un meilleur gadget pour notre Verseau.

Quel cadeau lui offrir?

Trouver un cadeau pour un Verseau, c'est facile: tout ce qui est nouveau, électronique, à l'avant-garde lui plaira. Le problème est qu'il l'a peut-être déjà acheté lui-même. Il sait dénicher les nouveautés avant même qu'elles soient annoncées dans les journaux.

De toute façon, peu importe ce que vous pensiez lui offrir, cherchez un objet qui lui simplifiera la vie. Entre deux modèles, choisissez le plus futuriste, avec des tas de boutons, de réglages et de manettes. Vous, vous y perdriez sûrement votre latin. Lui, il trouvera comment ça marche en un clin d'œil. Un nouvel aspirateur qui sert de brosse à vêtements en même temps, une perceuse qui fait des trous carrés, bref, plus c'est bizarre, plus c'est compliqué, plus c'est nouveau, plus il aimera. Sans même lire le mode d'emploi, il a un flair pour comprendre comment utiliser la moindre fonction avec le maximum d'efficacité.

Le marché abonde de nouveautés; vous trouverez sûrement le cadeau idéal pour un Verseau qui a tout: un téléphone portable qui sert aussi d'appareil photo, une calculatrice avec microémetteur intégré, une montre qu'on peut utiliser comme GPS, un agenda avec écran numérique qui se branche sur Internet et permet de voir les enfants à la garderie… enfin, visez le plus bizarre des cadeaux high-tech, et vous tomberez dans le mille.

Les enfants Verseau

Éveillés, curieux, avides d'apprendre, les petits bouts de chou Verseau aiment être entourés, avoir beaucoup de monde autour d'eux et, forcément, ils sont le centre d'attention de tous, car ils sont dynamiques. Au fil des années, ils deviendront des enfants très sociables, avec plein de copains. Ces derniers ne seront pas toujours de votre quartier, et vous ne les apprécierez pas forcément, mais votre petit Verseau aime la diversité, ce qui est différent. De plus, il a l'âme humanitaire; ne l'oubliez pas.

Comme il aime être entouré, la garderie ne lui fera pas peur, et il ramènera sa bande à la maison. Les jouets qu'il préférera seront ceux qu'il pourra monter et démonter à loisir, et même transformer au gré de sa fantaisie, car il adore bricoler, «patenter». Les avions, les fusées, les jeux électroniques, les consoles Nintendo, les jeux vidéo ou les sites Internet, voilà de quoi le tenir fort occupé pendant des heures.

Il faudrait toutefois essayer de lui inculquer le respect de certaines valeurs plus traditionnelles. Il n'est pas facile, notamment, de lui apprendre à demeurer à l'écoute des autres, de ses proches. C'est bien beau d'avoir des idées humanitaires, de vouloir sauver la planète et les Indiens d'Amazonie, mais ses parents ne sont pas simplement là pour nettoyer sa chambre et lui donner de l'argent pour s'acheter le plus récent logiciel. Le respect des autres commence à la maison; lorsqu'il aura compris cela, il mettra son esprit inventif et ses capacités au service de sa famille, pour votre plus grande joie.

L'ado Verseau

Tu es un anticonformiste né; ton comportement, ta personnalité et tes idées surprennent ton entourage. Tu possèdes une intelligence aiguë, un esprit avant-gardiste, presque futuriste. Tu demeures à l'affût des nouvelles tendances et tu t'intéresses à tout ce qui est inédit. Tu es vif d'esprit, et il ne te faut pas longtemps pour comprendre quelque chose et même l'adapter à tes besoins. Tes champs d'intérêt sont tellement vastes – tu en découvres de nouveaux chaque jour — qu'il est impossible d'en faire la liste.

Une telle personnalité ne te permet pas de passer inaperçu. De toute façon, ce n'est pas ce que tu recherches; tu aimes au contraire être bien entouré, et tu veux que ton originalité soit reconnue. Tu y arrives bien souvent. Comme tu es très indépendant, l'ordre établi et les conventions t'énervent.

Tu trouves que les gouvernements de la planète ne font pas grand-chose de constructif, et comme tu ne veux pas être écrasé par le système, tu développes un sens de la répartie, de l'idéalisme, de la justice sociale et de la liberté plus grand que les autres.

Tu aimes beaucoup les gens; tu t'entoures d'un tas de copains qui occupent une place importante dans ta vie. Mais cela ne veut pas dire que tu fais des compromis pour qu'on t'aime. En fait, on te reproche même de ne pas être assez affectueux et démonstratif. Mais pour toi, prouver tes sentiments ne se fait pas seulement avec des câlins.

Comme tout ce qui est à l'avant-garde t'attire: les jeux électroniques, l'informatique, les instruments de musique nouveau genre ou les gadgets inusités remplissent ta chambre. Tu passes aussi beaucoup de temps penché au-dessus de toutes ces bricoles. Tu aimes les monter, les démonter, les remonter pour en faire autre chose, bref, tu es ingénieux et bricoleur et tu inventes constamment.

Cependant, et c'est étonnant, les objets comptent très peu pour toi; tu les utilises à pleine capacité et puis, lorsqu'ils ne te servent plus, tu les oublies. Tes proches déplorent ton manque de sens pratique et tes dépenses... Mais, finalement, pour toi, les gens et les idées passent avant tout.

Tes études

Tu apprends très facilement dans n'importe quel domaine, du moment que ton intérêt est stimulé. Les programmes scolaires stricts et les cours obligatoires sans intérêt ne sont pas pour toi. Le problème, c'est que beaucoup de sujets retiennent ton attention. Mais dès que tu as trouvé le «pourquoi du comment», tu passes à autre chose et délaisses ce qui te passionnait quelques semaines plus tôt.

La vie étudiante t'intéresse plus que les études elles-mêmes. Pourtant, tu as beaucoup de talent, et si tu parviens à te fixer une direction et à la maintenir, tu pourrais réaliser de grandes choses pour la collectivité. En fait, je te conseille de dénicher un domaine qui sorte de l'ordinaire... tu y seras imbattable.

Ton orientation

Il n'est pas facile de choisir ton orientation, il y a tellement de choses intéressantes et de métiers d'avenir. Heureusement, tu es capable de voir à long terme, si tu t'en donnes un peu la peine. Les deux champs d'intérêt où tu pourrais le mieux exprimer tes talents sont le travail social et les nouvelles technologies. Tu pourrais donc exceller dans tout ce qui est psychologie, criminologie, syndicalisme, justice, politique, journalisme, télévision, radio, cinéma, marketing, électronique, astrologie, informatique, astronautique, technologies de pointe, génie, électricité, aéronautique, domotique, robotique, ou même futurologie, nanotechnologie, vie artificielle, etc. Quoi que tu fasses, tu mettras souvent au point une méthode ingénieuse et inédite pour réussir.

Tes rapports avec les autres

Tu as de nombreux camarades, et vous formez un groupe peu ordinaire; c'est le moins qu'on puisse dire. Les préjugés n'ont aucune emprise sur toi; tu choisis les gens qui t'entourent sans tenir compte de leur statut, de leurs origines et encore moins des rumeurs sur l'un ou sur l'autre. Pour cette raison, ton cercle d'amis est un peu disparate, mais il est le reflet de la société, et cette diversité est pour toi une source constante de découvertes. Tu passes énormément de temps avec tes copains, à discuter, à échanger et à refaire le monde. Pour toi, l'amitié n'est pas un mot dénué de sens.

Geena Davis, Neil Diamond, Véronique Béliveau, Clodine Desrochers, Natasha St-Pier, Wayne Gretzky, Sarah McLachlan, Oprah Winfrey, Phil Collins, Mario Pelchat, Angèle Coutu, Jim Corcoran, Jules Verne, Gilbert Sicotte, Mia Farrow, Gregory Charles, Loreena McKennitt, John Travolta, Mario St-Amand, Garth Brooks, Sheryl Crow, Brandy, Axelle Red, Renee Russo, Matt Dillon.

Pensée positive pour le Verseau

Je suis un être unique et je remercie la vie de me faire vivre des expériences uniques. Je suis en harmonie avec la création.

Pensée positive spéciale pour 2006

Je crois en moi et demeure fidèle à mes convictions. En agissant ainsi, j'attire le meilleur.

Le subconscient nous dirige toujours selon nos pensées. En répétant le plus souvent possible ces pensées conçues tout spécialement pour vous, vous vous attirerez plein de belles choses.

Signe: Verseau

Élément: Air

Catégorie: Fixe

Symbole: ♒

Points sensibles: Chevilles, jambes, varices, enflures, chutes, crampes, engoudissements, système cardio-vasculaire.

Planète maîtresse: Uranus, planète des nouvelles technologies.

Pierres précieuses: Améthyste, saphir étoilé, ambre.

Couleurs: Pêche, turquoise et tous les tons de bleu.

Fleurs: Mandragore, oiseau de paradis, toutes les fleurs inhabituelles... À moins qu'il n'en invente!

Chiffres chanceux: 4-8-13-16-21-22-34-37-44-48

Qualités: Avant-gardiste, indépendant, original, plein d'humanité, intelligent, compréhensif, sans préjugés, désintéressé, en avance sur son temps.

Défauts: Instable, indifférent, anarchiste, peur de s'attacher, refus des responsabilités, difficultés avec le budget.

Ce qu'il pense en lui-même: Si je n'avais pas été là, les voitures seraient encore tirées par des chevaux...

Ce que les autres disent de lui: Il ne pourrait pas faire comme les autres pour une fois?

Prédictions annuelles

De puissantes influences planétaires s'exerceront tout au long des prochains mois dans votre thème astral. Vous qui détestez la monotonie vivrez une année décisive dont vous vous souviendrez longtemps. Beaucoup de choses se transformeront autour de vous, plusieurs en réponse à vos décisions. Cependant, il y aura probablement des moments où la vie vous imposera des changements radicaux. De toute façon, vous traversez une période de questionnements intenses durant laquelle vous vous interrogerez tant sur vous-même que sur le rôle que vous avez à jouer. Il y a des insatisfactions que vous ne pouvez plus supporter, le moment est venu d'agir. Un bon point pour vous: vous êtes vite sur vos patins et ceci vous aidera à composer avec les nombreux imprévus qui pointent à l'horizon.

Santé – Jupiter et Saturne occupent des secteurs délicats de votre ciel. Nous avons souvent observé que ce type de conjoncture rappelle à l'ordre ceux qui se négligent ou qui font fi des règles élémentaires de sagesse. Le meilleur moyen de composer avec ces transits est d'adopter une attitude préventive et de proscrire les abus de tous genres ainsi que les imprudences. En agissant de la sorte, vous ménagerez votre monture et, surtout, vous préserverez vos réserves de vitalité. L'année convient parfaitement aux bonnes résolutions et à l'amélioration de votre hygiène de vie.

Sentiments – Voici un secteur où vous remettrez bien des choses en question, entre autres votre position face aux autres. Puisque vous êtes en pleine redécouverte de vous-même, il ne faut pas se surprendre que vos attentes et vos objectifs changent. Rapidement, vous mettrez le doigt sur ce qui ne fait plus votre affaire. Vous revendiquerez votre identité et vos droits, parfois avec force, ce qui ne fera pas nécessairement l'unanimité. Vous apprendrez à établir vos limites et ne laisserez plus personne abuser de vous; vous ferez même des choix importants. Tant pis pour ceux que ça dérange, désormais votre priorité c'est vous. Un conseil, ne négligez pas la santé de vos proches.

Affaires – Dans ce domaine également, tout un cheminement vous attend. Depuis quelque temps, vous ressentez un certain malaise face à vos activités, et on dirait qu'il s'intensifie. Vous connaissant, ça ne prendra pas une éternité avant que vous fassiez des gestes significatifs. Plusieurs opteront pour une nouvelle carrière ou un retour aux études, alors que d'autres iront jusqu'à envisager un repos sabbatique. Des changements peuvent également survenir sans que vous vous y attendiez, et vous n'aurez pas grand temps pour rajuster votre tir. Financièrement, l'année s'annonce en dents de scie. Afin de ne pas envenimer la situation, évitez les actes irréfléchis, les dépenses farfelues, les prêts et les investissements risqués. Un brin de prévoyance et de circonspection vous permettra de passer au travers. De toute façon, vous êtes né sous une bonne étoile.

Janvier

D	L	M	M	J	V	S
1	2	3	4	5	6	7
8	9D	10D	11F	12F	13	14○
15	16	17	18	19	20F	21F
22D	23D	24D	25	26	27	28
29●	30	31				

○	Pleine lune	●	Nouvelle lune
F	Jour favorable	D	Jour difficile

Santé – Avec Mars au carré de votre signe, mieux vaut être sur vos gardes. La négligence, l'imprudence ou le laisser-aller risquent d'avoir des conséquences négatives sur votre état. Toutefois, si vous êtes vigilant, vous pourrez éviter à la fois les malaises et les accidents bêtes. Moralement, rien de grave, mais c'est loin d'être stable: vous passez de la nonchalance à l'agressivité dans le temps de le dire. On a du mal à vous suivre!

Sentiments – Essayez justement de ne pas être trop dur avec vos proches, de ne pas vous impatienter, car vous pourriez blesser quelqu'un qui tient à vous. Le comportement ou l'état de santé d'un membre de la famille vous inquiète; on sollicite votre intervention qui se révèle d'ailleurs fort utile. Une surprise vous attend entre le 23 et le 31.

Affaires – Pas facile d'avancer en ce mois. On vous contredit sans cesse et vous commencez à en avoir marre de tous ces affrontements inutiles qui vous font perdre un temps précieux. Vos projets semblent stagner, voire régresser malgré les nombreux efforts que vous déployez. Pour l'instant, il serait plus sage de rester dans l'ombre et d'attendre que ça passe. Un conseil: protégez vos possessions et votre argent.

Février

D	L	M	M	J	V	S
			1	2	3	4D
5D	6F	7F	8F	9	10	11
12○	13	14	15	16F	17F	18F
19D	20D	21	22	23	24	25
26	27●	28				

○	Pleine lune	●	Nouvelle lune	
F	Jour favorable	D	Jour difficile	

Santé – La libération arrive le 18. Tout ira infiniment mieux, tant sur le plan moral que physique. D'ici là cependant, vous devez absolument continuer de faire attention à vous, car les menaces de blessure et de défaillance demeurent bien présentes. Prenez vos précautions, n'attendez pas qu'une tuile vous tombe dessus, et tout ira bien.

Sentiments – La communication passe très difficilement, et vous vous posez beaucoup de questions. Hélas, celles-ci demeurent sans réponse durant la première moitié du mois. Par la suite, vous y voyez plus clair et vous pouvez alors faire les gestes nécessaires. La seconde quinzaine est d'ailleurs beaucoup plus intéressante sur le plan social et amical. Vous voyez plus de monde, vous vous amusez, vous échangez avec les autres, et ça vous fait le plus grand bien.

Affaires – Comme le même scénario a tendance à se reproduire dans ce secteur, il ne sert à rien de vouloir bousculer les événements ou de forcer les choses en affaires. Ce n'est qu'à partir du 20 que votre situation se redresse. Après cette date, vous pourrez faire ce que bon vous semble. Au moins, vous n'aurez pas attendu pour rien, les succès que vous connaîtrez vous feront sauter de joie.

Mars

D	L	M	M	J	V	S
			1	2	3D	4D
5D	6F	7F	8	9	10	11
12	13	14○	15F	16F	17F	18D
19D	20	21	22	23	24	25
26	27	28	29●	30	31D	

○ Pleine lune et éclipse lunaire annulaire   ● Nouvelle lune et éclipse solaire totale
F   Jour favorable   D   Jour difficile

Santé – Les éclipses ne vous embêtent pas du tout, on dirait même qu'elles marquent pour vous un temps d'accalmie et de récupération. C'est vrai que vous ne faites rien comme tout le monde! Votre énergie et votre résistance sont nettement meilleures, vous vous sentez plus solide et vous êtes surtout bien mieux dans votre peau. Pas étonnant qu'on remarque votre allure et qu'on vous trouve en beauté!

Sentiments – Avec le charme dont vous faites preuve, on ne peut pas rester insensible. Entre le 2 mars et le 7 avril, vos amours revêtiront un intérêt capital. Il pourrait être question d'une rencontre électrisante pour certains, d'un nouveau départ sur des bases différentes pour d'autres. La famille cesse de vous causer des soucis. Vous avez la tête tranquille et vous pouvez désormais profiter de toutes les invitations qui passent.

Affaires – Ici aussi, on sent les courants positifs. Un nouvel emploi, de meilleures conditions de travail ou un contrat amènent de l'eau au moulin. Le mois se prêterait d'ailleurs fort bien aux démarches, aux revendications et aux négociations. Cela pourrait même être l'occasion d'améliorer votre sort. Les déplacements de loisirs ou d'affaires donnent des résultats des plus satisfaisants.

Avril

D	L	M	M	J	V	S
						1D
2F	3F	4	5	6	7	8
9	10	11	12F	13○F	14D	15D
16D	17	18	19	20	21	22
23/30F	24	25	26	27●D	28D	29F

○ Pleine lune   ● Nouvelle lune
F Jour favorable   D Jour difficile

Santé – Ça va de mieux en mieux. Vous débordez de pep et de joie de vivre, ça fait plaisir à voir. C'est le temps de vous attaquer à ce qui cloche, de consulter au besoin, et de mettre de l'ordre dans votre vie. Bref, vous vous prenez en main. La conjoncture encourage également les transformations beauté.

Sentiments – Je vous rappelle que la première semaine demeure très significative pour votre destinée amoureuse. Par après, c'est plus calme, mais pas vilain pour autant. La vie sociale, quant à elle, demeure trépidante tout au long du mois. Vous festoyez avec vos amis, vous vous en faites de nouveaux. Vous impressionnez vivement tous ceux que vous croisez.

Affaires – Les astres continuent de vous favoriser, voilà pourquoi il ne faut rien refuser ni remettre à plus tard. Vos démarches en vue de redresser votre situation financière ou professionnelle donneront d'excellents résultats, surtout si elles sont faites d'ici le 22. La période est toujours propice pour voyager, même si ce n'est pas très loin, ou pour chercher un logis.

Mai

D	L	M	M	J	V	S
	1F	2	3	4	5	6
7	8	9F	10F	11F	12D	13○D
14	15	16	17	18	19	20
21	22	23	24	25D	26D	27●F
28F	29	30	31			

○ Pleine lune ● Nouvelle lune
F Jour favorable D Jour difficile

Santé – Un bref épisode d'anxiété ou d'abattement vers le milieu du mois ne laisse pas de séquelles. Vous pourriez en venir à bout aisément en vous relaxant et en demeurant à l'écoute de vos véritables besoins. Si vous souhaitez investir dans votre bien-être, suivre un régime ou abandonner une mauvaise habitude, ce mois est très bien choisi, puisque la conjoncture vous y aidera.

Sentiments – Entre le 3 et le 30, les bons aspects de Vénus vous promettent une meilleure communication avec l'entourage, entre autres dans l'intimité. De nombreuses sorties vous attendent; l'une d'elles pourrait permettre aux solitaires de faire une rencontre excitante. Vos amis vous traitent aux petits oignons et vous témoignent à maintes reprises leur estime ainsi que leur affection.

Affaires – Malgré un certain climat de confusion, voire d'instabilité autour de vous, vous tirez très bien votre épingle du jeu. Vous savez reconnaître les bonnes occasions lorsqu'elles se présentent, même si elles sont loin d'être évidentes. Vous écoutez votre flair plutôt que les autres et vous vous en félicitez. Les séjours à l'extérieur et les déplacements en général sont avantageux.

Juin

D	L	M	M	J	V	S
				1	2	3
4	5F	6F	7F	8D	9D	10
11○	12	13	14	15	16	17
18	19	20	21D	22D	23F	24F
25●	26	27	28	29	30	

○ Pleine lune		● Nouvelle lune	
F Jour favorable		D Jour difficile	

Santé – L'opposition de Mars et de Saturne à votre signe devrait vous inciter à la plus grande sagesse. Si vous faites attention à vous, si vous prenez soin de votre santé, vous traverserez ce transit sans aucune difficulté. Tant qu'à faire, prenez quelques précautions supplémentaires dans vos déplacements et lorsque vous manipulez des objets dangereux.

Sentiments – L'ambiance semble plus lourde entre le 4 et le 24, car les prises de bec et les déceptions ont tendance à se multiplier. Les problèmes des autres ont des répercussions sur vous et vous trouvez que ça fait beaucoup en même temps. Puis, dans la dernière semaine, l'harmonie revient, les bonnes nouvelles et les belles surprises commencent à arriver. Que ça fait du bien!

Affaires – Un autre secteur où les astres vous recommandent la prudence. Ne vous fiez pas au premier venu, évitez les actes irréfléchis et, de grâce, ne prenez aucun risque avec votre argent. Un dégât, une perte ou un vol pourrait aussi être évité. Ce n'est surtout pas le temps de défier l'autorité ni la loi, ça risquerait de vous coûter cher. Bientôt, les choses se replaceront d'elles-mêmes.

Juillet

D	L	M	M	J	V	S
						1
2	3F	4F	5D	6D	7D	8
9	10○	11	12	13	14	15
16	17	18D	19D	20F	21F	22F
23/30F	24●/31F	25	26	27	28	29

○ Pleine lune   ● Nouvelle lune
F Jour favorable   D Jour difficile

Santé – Mars tient compagnie à Saturne jusqu'au 23, il est donc trop tôt pour relâcher votre vigilance. Une attitude préventive vous gardera à l'abri des malaises, des inflammations ainsi que des blessures. La fatigue nerveuse risque de s'installer si vous ne gardez pas un peu de temps pour vous détendre et vous changer les idées. La dernière semaine sera beaucoup plus confortable.

Sentiments – Vous pouvez compter sur la tendresse de plusieurs pour vous aider à surmonter vos difficultés familiales ou autres. Un intime se révèle un excellent psychologue et un extraordinaire conseiller. Grâce à lui, vous démêlez même une situation fort complexe et vous prenez de bonnes décisions. Plusieurs rencontres attendent les solitaires, mais faire un choix n'est pas évident.

Affaires – Il n'y a que la dernière semaine qui offre un potentiel intéressant. Le reste semble déconcertant. Des retards et des obstacles vous empêchent d'arriver là où vous voulez, quand vous le désirez. Ce n'est pas en dépensant sans compter que vous oublierez vos problèmes, bien au contraire. L'issue n'est pas si loin, tenez bon!

Août

D	L	M	M	J	V	S
		1F	2D	3D	4	5
6	7	8	9 ○	10	11	12
13	14D	15D	16D	17F	18F	19
20	21	22	23 ●	24	25	26F
27F	28F	29D	30D	31		

○	Pleine lune	●	Nouvelle lune
F	Jour favorable	D	Jour difficile

Santé – Vous voici enfin débarrassé de l'opposition de Mars et des menaces de blessures, d'infections et de malaises qui l'accompagnent. Vous entrez désormais dans un cycle réparateur et, pour peu que vous y mettiez du vôtre, vous devriez faire de nets progrès. Votre équilibre nerveux demeure toutefois fragile, évitez donc de vous imposer trop de pression.

Sentiments – Vous déplorez que votre vie manque de piquant, qu'il ne se passe rien de significatif au cours de la première quinzaine. Ça risque de bouger beaucoup plus par la suite, vous pourriez même avoir à prendre une importante décision. Un intime se met dans de beaux draps, vous n'avez d'autre choix que de lui prêter main-forte.

Affaires – Le moment est venu de balayer le passé, de tourner certaines pages et de renoncer aux projets qui ne mènent nulle part. Inutile de vous entêter, la vie vous appelle ailleurs. En faisant preuve d'ouverture d'esprit, vous serez en mesure de saisir au vol les bonnes occasions qui se présenteront. De toute façon, la nouveauté ne vous a jamais fait peur.

Septembre

D	L	M	M	J	V	S
					1	2
3	4	5	6	7○	8	9
10	11D	12D	13F	14F	15	16
17	18	19	20	21	22●	23F
24F	25D	26D	27D	28	29	30

○ Pleine lune et éclipse lunaire partielle   ● Nouvelle lune et éclipse solaire annulaire
F Jour favorable   D Jour difficile

Santé – La planète Mars, qui vous a tellement compliqué la vie au cours des derniers mois, devient une précieuse alliée à partir du 8. Vous disposez alors d'une vitalité et d'une énergie incroyables. Même le moral va mieux, vous vous sentez bien plus solide. La nervosité, l'indécision, l'agitation, voire l'angoisse qui vous tenaillaient les mois derniers seront remplacées par une attitude beaucoup plus positive.

Sentiments – La première semaine comporte encore des insatisfactions et des soucis, mais le ciel se dégage rapidement par la suite. Non seulement vous entendez-vous mieux avec vos proches, mais de plus vous êtes en mesure de discerner qui sont les bonnes personnes pour vous. Il y a des gens qui vont se retrouver sur votre liste noire, tant pis pour eux! Socialement, ça redémarre en grand, le téléphone ne dérougit pas.

Affaires – Dès le 11, vous constatez un énorme relâchement des tensions. Vous aurez besoin d'aller de l'avant et, le plus beau, c'est que vous le ferez avec une aisance exceptionnelle. Grâce à votre brillante personnalité, à vos arguments percutants et à votre ténacité, toutes les portes s'ouvrent devant vous. De nouveaux facteurs rendent votre travail plus intéressant, plus stimulant. C'est une magnifique période pour faire des changements.

Octobre

D	L	M	M	J	V	S
1	2	3	4	5	6○	7
8D	9D	10F	11F	12	13	14
15	16	17	18	19	20F	21F
22●D	23D	24D	25	26	27	28
29	30	31				

○	Pleine lune	●	Nouvelle lune
F	Jour favorable	D	Jour difficile

Santé – Jusqu'au 24, vous bénéficiez de plusieurs courants planétaires fort bénéfiques. Vous vous sentez presque invincible. Ce qui serait astucieux, ce serait de profiter de cette période positive pour faire provision d'énergie, pour vous constituer une réserve de force et pour miser sur votre santé. Ainsi, vous seriez parfaitement prêt à affronter la saison froide. Excellent mois pour faire de l'exercice ou pour vous remettre en beauté.

Sentiments – Avec tout ce qui se passe de beau dans votre ciel, les bonnes nouvelles abondent. Vos amours redémarrent et, si vous êtes seul, vous pourriez enfin trouver l'âme sœur. Les invitations ne cessent de vous parvenir, vos amis sont adorables, et vous avez l'occasion de vous en faire de nouveaux. Partout on vous traite en star, on s'arrache votre présence. Avouez que ça ne vous déplaît pas...

Affaires – Il ne faut pas perdre un seul instant. C'est maintenant qu'il faut faire vos démarches, postuler pour un poste à votre goût ou mettre vos projets en branle. Préparez-vous à travailler fort, mais laissez-moi vous annoncer que la récolte sera impressionnante. Toute cette fougue, cette créativité et les longues heures que vous investirez dans vos entreprises rapporteront gros. Ce serait le temps idéal pour les déplacements et les voyages. On peut même vous annoncer une petite rentrée d'argent imprévue.

Novembre

D	L	M	M	J	V	S
			1	2	3	4
5○D	6D	7F	8F	9	10	11
12	13	14	15	16F	17F	18F
19D	20●D	21	22	23	24	25
26	27	28	29	30		

○	Pleine lune		●	Nouvelle lune
F	Jour favorable		D	Jour difficile

Santé – Ça y est, Mars est de retour dans le paysage! Heureusement, en prenant les précautions nécessaires, vous resterez à l'abri des ennuis. De grâce, ne tenez pas votre santé pour acquise, ne faites pas de folies et proscrivez les risques inutiles sur la route. Ce n'est pas le temps non plus de jouer à l'acrobate ou d'être distrait avec les sources de chaleur et les objets tranchants. Où est passé votre volonté, entre autres face aux aliments que vous ingérez?

Sentiments – Mieux vaut jouer la carte de la souplesse. En vous emportant ou en étant trop sur le dos de vos proches, vous allez finir par faire des scènes. Par contre, si vous leur laissez un peu d'air et si vous ne vous arrêtez pas trop à leurs manquements, tout ira comme sur des roulettes. Bien souvent d'ailleurs, ils comprendront d'eux-mêmes et amenderont leur conduite. Un parent traverse des moments difficiles et vous réclame.

Affaires – La situation est loin d'évoluer selon vos désirs. Des obstacles, des affrontements et une série de mauvaises circonstances vous empêchent d'avancer comme vous le voudriez. Restez discret, ça vaut beaucoup mieux que les affrontements et les colères. Le mois prochain, vous serez en période de force; en attendant, toutefois, c'est beaucoup plus prudent de rester tranquille. Attention aux dégâts matériels, aux contraventions et aux escroqueries.

Décembre

D	L	M	M	J	V	S
					1	2D
3D	4○F	5F	6	7	8	9
10	11	12	13F	14F	15F	16D
17D	18	19	20●	21	22	23
24/31F	25	26	27	28	29D	30D

○	Pleine lune	●	Nouvelle lune
F	Jour favorable	D	Jour difficile

Santé – La prudence s'impose pendant les six premiers jours du mois mais, après, la planète Mars cesse de vous embêter et devient même votre alliée. Vous sentirez vos forces morales et physiques décupler. Vous aurez à nouveau le goût de mordre dans la vie et, surtout, vous pourrez le faire tout à votre guise. Vous irez tellement mieux que ça se lira sur votre beau visage épanoui et détendu.

Sentiments – Il n'y a pas que vous qui vous portez mieux, votre entourage aussi fait des progrès, ce qui ne manque pas d'alléger l'atmosphère. Vos amours redeviennent suaves, voire passionnées durant la première semaine, puis c'est au tour d'un climat de grande tendresse de s'installer. Les célibataires pourraient vivre une belle amitié amoureuse. Vous revoyez des gens que vous aviez perdus de vue, vous vous liez d'amitié avec de nouvelles personnes. Bref, vous êtes bien entouré, et les discussions se révèlent stimulantes.

Affaires – Peu de temps après la pleine lune du 4, vous sentez les tensions et les obstacles tomber un à un. Vous avez enfin une plus grande liberté d'action. Vous entreprendrez plusieurs choses à la fois, tenterez votre chance à plus d'un endroit. Surprise, tout va fonctionner à merveille, vos demandes seront acceptées. Maintenant, il faut faire un choix. Écoutez votre petite voix intérieure, ne vous dit-elle pas clairement ce qui est bon pour vous? Allez-y, foncez!

POISSONS
du 20 février au 20 mars

Votre signe est marqué du sceau de la sensibilité. Vous pouvez passer des éclats de rire aux larmes en peu de temps. Vos yeux ont toujours un petit quelque chose qui trahit votre richesse émotive exceptionnelle. Vous êtes énormément touché par ce qui se passe autour de vous. L'attitude de votre conjoint, les tendres attentions de vos enfants, le comportement de vos collègues ou de vos voisins, tout cela vous remue au plus profond de votre être. Vous vivez les émotions à 100 %, qu'elles se déroulent sur le petit ou le grand écran.

En plus de votre émotivité à fleur de peau, vous êtes aussi une personne empreinte d'une générosité presque sans bornes. Vous voulez que tous soient heureux autour de vous et même ailleurs dans le monde. Vous êtes prêt à donner jusqu'à votre dernière chemise pour réaliser un rêve bien utopique. Avec une telle façon de penser et d'agir, vous pouvez vous mettre vous-même dans l'embarras. À force de tout donner pour aider les autres, il peut vous arriver de vous retrouver dans le besoin.

Mélancolique et souvent rêveur, le Poissons n'est guère intéressé par le côté terre à terre des choses. Vos activités domestiques quotidiennes et même votre travail ne mobilisent pas votre énergie; on pourrait penser que vous manquez d'ambition, que vous vous laissez porter par les événements, alors que pour vous ce sont les sentiments qui comptent avant tout et qui régissent votre vie et vos actes.

Doux et bienveillant avec tout le monde, vous savez prêter une oreille attentive et remonter le moral à ceux qui ont des problèmes. Ces derniers vous choisissent pour confident, et ce, même lorsque vous-même n'êtes pas au mieux de votre forme. Quelle que soit l'heure du jour ou de la nuit, vous êtes prêt à accorder temps et énergie à ceux qui sont dans le besoin; c'est pourquoi les soins prodigués à autrui vous conviennent très bien. Vous avez une âme de missionnaire, et c'est vrai jusque dans vos relations avec les autres.

Malheureusement, votre bonté et votre altruisme sont si forts que les gens tiennent souvent votre gentillesse pour acquise et n'essaient pas de la mériter. Il n'est pas rare que vous aidiez quelqu'un à surmonter une difficulté. Après avoir porté secours à quelqu'un, vous vous retrouvez seul alors que vous auriez à votre tour besoin d'un petit coup de pouce. Vous êtes alors déçu. Pourtant, vous gardez le cœur sur la main et vous êtes prêt à aider à nouveau chaque fois que le besoin s'en fait sentir.

Pour vous, la vie matérielle est bien secondaire. Vivre dans une petite maison délabrée ne vous effraie pas, du moment qu'elle est remplie d'amour. Les disputes, les engueulades, la méchanceté ou l'indifférence vous perturbent; il est donc essentiel pour vous de rechercher un entourage de gens positifs et attentionnés.

Vous êtes si sensible, si malléable, que vous vous laissez facilement happer par les autres, manipuler même. De mauvaises influences peuvent vous causer beaucoup de tort. Vous ne vous fâchez que rarement, lorsque vous constatez à quel point on abuse de vous; vous préférez vous plaindre, vous lamenter tout en refusant de faire de la peine à ceux qui vous blessent... Vous êtes si sensible que pour oublier vos chagrins, vous pourriez avoir recours à l'alcool ou à différentes drogues. Pourtant, au fond de vous, vous savez bien que s'évader de cette façon ne règle jamais rien, au contraire.

Votre plus grand problème est que vous en faites trop pour être aimé, et vos si belles qualités deviennent alors vos pires défauts.

Vous êtes sensible, bienveillant et gentil. Vous pouvez compter sur une imagination fertile et une vie spirituelle très riche, car vous avez souvent des dons pour pressentir les choses. Vous avez des prémonitions ou du moins une intuition fantastique; vous devez veiller à mettre toutes ces qualités à votre service et pas seulement à celui des autres. Car comme vous avez tendance à laisser aller les choses, à attendre que les problèmes se règlent d'eux-mêmes, à tout remettre au lendemain, vous pâtirez souvent de ce trait de votre personnalité. Malgré tout, comment vous en vouloir, cela fait partie de votre petit côté bohème que l'on trouve si charmant.

Comment se comporter avec un Poissons?

Les Poissons accordent leur priorité aux sentiments. Alors, n'essayez pas de faire appel à la raison, à la logique pour démontrer votre point de vue si leur cœur leur en dicte d'autres; vous perdrez votre temps à essayer de le convaincre. Pour eux, la vie courante, les plans de carrière, les affaires personnelles sont avant tout une question de sixième sens; ils se fient beaucoup plus à leur intuition qu'à la réflexion pure.

Donc, pour convaincre un Poissons de se ranger à votre avis, prenez-le plutôt par les sentiments et jouez sur le plan des émotions. Dites-lui que ça vous ferait plaisir, que ses proches seraient fiers de lui, qu'il dépannerait untel, et le tour sera joué. Généreux et affable avec tous, le Poissons veut rendre le monde entier heureux et a bien du mal à dire non.

Romantique comme pas un, il a aussi une petite tendance à la nonchalance; il a besoin de moments de répit pour se ressourcer, car sa vie émotive est son carburant.

Puisqu'il n'est pas très énergique, notre ami Poissons a souvent besoin de se faire pousser dans le dos, de se faire rappeler ses obligations, si peu importantes pour lui. Par contre, vous ne trouverez sans doute jamais quelqu'un qui vous aimera plus que lui et qui sera, comme lui, toujours prêt à vous secourir, à vous consoler et à vous dorloter.

Ses goûts

Les goûts du Poissons reflètent bien sa personnalité bohême. Il accorde peu d'intérêt à son apparence et opte donc souvent pour de vieux vêtements confortables mais romantiques. Avec lui, c'est le confort qui prime, et suivre la mode n'est pas dans ses priorités. Il préfère vagabonder pieds nus et se déchausse à la première occasion, parfois même en public. Chez lui, c'est la même chose, son intérieur n'est peut-être pas impeccable, mais on s'y sent si bien!

Notre beau Poissons aime bien manger, et la gourmandise pourrait être son principal défaut. Par contre, c'est le convive idéal, car il appréciera tout ce que vous lui servirez et se resservira fort probablement. S'il suit un régime amaigrissant, permettez-lui de tricher à l'occasion; il sera ravi de succomber à la tentation.

Son potentiel

Sa richesse émotive et son grand cœur lui permettent d'envisager le travail social, la médecine, les soins à autrui, que ce soit dans les domaines médicaux, paramédicaux, la police, l'armée ou la marine, à moins qu'il ne se dirige vers les milieux hospitaliers ou carcéraux; notre Poissons a besoin de se rendre utile. Les commerces de boisson ou d'alcool lui conviennent aussi tout à fait; s'il est barman, il portera toujours une oreille attentive à ses clients.

C'est également un être doté d'un talent artistique indéniable, son intuition lui permettant d'appréhender un autre monde, celui de l'imaginaire. Il se révélera aussi très à l'aise dans ce qui a trait à la religion, aux sciences occultes et au paranormal. Le Poissons possède un potentiel énorme. Malheureusement, sa nonchalance, voire sa paresse, l'empêche de se réaliser pleinement et de développer totalement ses innombrables capacités.

Ses loisirs

Il aime passer d'agréables moments en compagnie de ses amis, de sa famille, autour d'une bonne table, peut-être avec un verre ou deux d'un excellent vin.

Comme il est sensible et qu'il se montre une «bonne oreille», tout le monde lui confie ses petits malheurs. S'il peut aider quelqu'un ou faire du bien autour de lui, il en sera ravi. Sa sensibilité et son goût inné pour toutes les formes d'expression de la beauté font de lui un fervent admirateur des arts et de la musique, et il pourrait s'y adonner lui-même avec bonheur et succès.

La vie spirituelle, la parapsychologie, les sciences occultes, l'astrologie ou la métaphysique l'intéressent vivement. Il ne sera donc pas rare de le voir plonger pendant de longs moments dans un livre sur l'un de ces sujets. Il pourrait aussi passer quelques soirées à assister à des conférences traitant de ces domaines. Il a une excellente intuition et pourrait exceller dans des activités relevant de ces matières ésotériques.

Mais notre Poissons est surtout un adepte du farniente, de la douce oisiveté. Rester des heures à rêvasser sans rien faire de particulier ne le dérange nullement. À quoi peut-il donc rêver ainsi?

Sa décoration

Ni très grande ni très somptueuse, sa demeure est cependant si chaleureuse, si invitante qu'on s'y attarde souvent plus qu'on ne l'avait prévu au départ.

Le Poissons nous y accueille à bras ouverts, ravi de voir quelqu'un qu'il pourra dorloter. Et puis se vautrer dans ses fauteuils moelleux est si agréable qu'on a bien du mal à les quitter.

Le décor de notre Poissons est plutôt romantique: belles dentelles, fleurs séchées, fin cristal et photos attendrissantes. Et puis, s'il pense aux petites douceurs de l'âme, celles du palais ne sont pas en reste: vous y découvrirez une jolie boîte de biscuits, une bonbonnière remplie de gâteries... Il y a peut-être un peu de poussière çà et là, mais qu'importe, on est si bien qu'on oublie vite ce petit détail pour profiter de tout le reste. Et puis, cela ajoute au charme de notre tendre Poissons.

Son budget

Puisqu'il évolue dans la sphère élevée des sentiments, budgétiser n'est pas le souci premier de notre cher Poissons. Ses affaires sont plutôt fluctuantes, mais il ne s'en préoccupe pas trop.

Si sa vie financière prend souvent l'allure de montagnes russes, son imprévoyance n'est pas en cause, c'est plutôt son grand cœur et sa confiance démesurée qui peuvent mettre son portefeuille à rude épreuve. Il se trouve toujours quelqu'un autour de lui qui est mal pris – ou, hélas, mal intentionné – pour tirer de lui de l'argent ou une faveur. Et comme il a du mal à dire non, notre Poissons finit immanquablement par se retrouver à tirer le diable par la queue.

Il faudrait qu'il fasse quelques efforts et, surtout, qu'il apprenne à se protéger en affaires, s'il veut mieux équilibrer son budget. La première étape pour y parvenir est de refuser catégoriquement de prêter de l'argent ou d'endosser un prêt, ce qui n'est guère facile à lui faire comprendre. Il doit aussi apprendre à se méfier de sa crédulité et à demander des garanties, car il fait trop rapidement confiance au genre humain. Et le pire, c'est que ce sont souvent ceux en qui il a le plus confiance qui se défilent au moment de le rembourser. Sa générosité n'est pas toujours payée de retour et il doit apprendre à penser un peu à lui plutôt que de trop gâter les autres. Notre Poissons au grand cœur devrait apprendre à durcir un peu ses positions, mais est-ce bien envisageable dans son cas?

Quel cadeau lui offrir?

De tout le zodiaque, notre Poissons est sans doute la personne la plus facile à satisfaire: un rien le ravit. Si votre présent fait vibrer ses émotions, il le chérira longtemps. Laissez tomber les cadeaux pratiques et terre à terre, ce n'est pas la peine d'arriver avec un ouvre-boîte électrique, même s'il en a besoin. Même l'inutile le ravit. Offrez-lui des fleurs, une vieille photo agrandie, une carte, peu importe. Ce qui compte d'abord pour lui, c'est l'attention. Que vous ayez pensé à lui le mettra dans un état d'extase.

Évidemment, une boîte de bonbons, de chocolats fins, une belle bouteille de chartreuse ou de génépi l'emballeront... Mais allez-y avec modération, car notre beau Poissons succombe facilement à la tentation. Tenez, essayez de lui proposer des confiseries santé, par exemple des pâtes de fruits; il appréciera cette attention particulière.

Puisqu'il aime la musique douce, vous pouvez aussi lui offrir des cassettes ou des disques compacts de chansons romantiques, de musique Nouvel Âge, des versions instrumentales, des musiques de films. S'il aime la lecture, les grandes histoires d'amour ou les romans policiers lui plairont. Mais n'ayez crainte, vous n'aurez pas besoin de vider votre compte en banque pour lui faire plaisir, il appréciera le moindre geste, le plus petit cadeau, car, pour lui, c'est l'intention qui compte.

Les enfants Poissons

Dodus, douillets mais tellement adorables, les bébés Poissons ont la larme à l'œil facilement. En grandissant, ils sont des enfants très gentils, qui veulent constamment plaire et faire plaisir. Ils vous feront de jolis dessins, des collages adorables, des poteries attendrissantes. Sur le chemin de l'école, ils cueilleront des fleurs des champs pour l'institutrice ou pour maman, quand ce ne sera pas pour la petite copine de classe. Et si vous leur faites un beau sourire, ils seront mille fois récompensés, car ils n'en demandent pas plus.

Imaginatifs et intelligents, ils sont aussi de doux rêveurs, souvent perdus dans leurs pensées. Timides et très sensibles, ils ont besoin de beaucoup d'affection, ce qui amènera leurs parents à trop les couver, alors qu'au contraire, ils ont besoin d'être poussés doucement hors du nid et d'être stimulés. Il faut leur donner confiance en eux, leur apprendre à se fixer des objectifs réalistes et à s'y tenir, car ils auront un peu tendance à remettre au lendemain, voire à se traîner un peu les pieds. Si vous parvenez à leur faire admettre que leurs belles qualités, rehaussées d'un brin de fermeté, peuvent faire d'eux des êtres exceptionnels, ils vous en seront éternellement reconnaissants.

L'ado Poissons

Tu as une personnalité si douce et si sensible qu'il t'arrive de passer de la joie à la tristesse la plus profonde en quelques minutes. Et tes proches ne comprennent pas pourquoi. Tu t'adaptes très facilement à toutes les situations, ce qui est ta principale force mais aussi ta grande faiblesse, car tu peux être aisément manipulé par les autres, surtout s'ils jouent avec toi la carte des sentiments. Tu aimes les gens et tu es très généreux; quand il s'agit de donner, tu ne calcules pas, et il arrive que les autres en profitent plus que nécessaire.

Tu as énormément de talents: tu as de bonnes idées et une inspiration féconde, tu peux exceller dans les arts. La logique, par contre, n'est pas ton point fort, mais elle est compensée par ton intuition. Tu sais quand cela va ou ne va pas, avant même d'avoir eu à faire marcher ton raisonnement.

Tu es si doux que tu crains de revendiquer, de parler, de poser des questions, et souvent tu laisses s'installer des situations ou des quiproquos qui te déplaisent, sans oser dire non. Il vaut mieux dire ce qui ne va pas, car souffrir en silence ne donne jamais grand-chose. Affirme-toi un peu plus, c'est ton droit.

Dans tes relations avec les autres, tu places souvent les sentiments au premier plan, et pour toi, ton bonheur ou ta tristesse en dépendent. Quand ça ne va pas, tu as un peu tendance à broyer du noir, à pleurnicher. Tu aimerais qu'on vienne te consoler, mais parfois cela fait l'effet contraire, et les gens te fuient.

Comme tu es généreux et que tu donnes beaucoup de toi-même, tu as horreur de l'injustice et de la misère humaine. Tu te consacres alors énormément à aider les autres. Tu donnes de tout ton cœur, mais n'oublie pas que tu dois aussi accepter de recevoir, car tu le mérites.

Tes études

Ton imagination est si féconde que tu as souvent de la difficulté à bien cerner tes préférences; tu ne sais pas toujours ce que tu veux. Tu as une intelligence vive qui te permet de bien comprendre, mais comme tu rêvasses souvent, certaines choses peuvent t'échapper, et tes cours et tes travaux s'en ressentent. Secoue-toi un peu, fixe mieux ton attention et tu seras étonné de tout ce que tu peux réaliser. Tu te remets souvent en question, car le moindre échec parvient à te faire douter de tes capacités, mais c'est le contraire que tu dois faire. Tu dois vivre des échecs pour savoir comment les surmonter et finalement triompher. Fais face à la réalité, ne la fuis pas en te réfugiant dans les rêves, car elle sera toujours là à ton retour.

Ton orientation

Nos goûts changent avec le temps, et c'est parfaitement normal. Mais toi, tu t'éparpilles un peu trop. Cela te fait perdre du temps et te conduit dans des impasses. Plusieurs domaines peuvent t'attirer, entre autres, tout ce qui a trait aux soins à autrui ou au monde des arts. Dans le premier cas, cela te permet de mettre en pratique ton sens inestimable du don de soi. Tu peux aider les autres, et cela te plaît. Dans la seconde sphère d'activité, cela te permet de t'exprimer. Toi qui n'oses pas toujours parler et revendiquer, tu pourrais le faire en laissant parler ton talent. Parmi les activités qui t'attirent, citons les professions médicales et paramédicales, les médecines douces, le travail social, la psychologie, l'ésotérisme, la religion, le travail dans les prisons ou les maisons d'hébergement, la toxicomanie, la décoration, la musique, la danse, l'alimentation, la littérature et la peinture. Tu vois, le choix est vaste et il te permet d'exprimer les différentes facettes de ta personnalité.

Tes rapports avec les autres

Tu as tellement bon cœur qu'il est facile de te blesser ou de te faire du mal. Tu dois donc choisir tes amis avec soin. Tu attires beaucoup de gens, car tu es généreux et sympathique, et ces personnes pourraient facilement abuser de ces belles qualités. Il faut que tu apprennes à dire non et que tu t'imposes un peu plus. Tes amis sont très importants à tes yeux; si tu les choisis bien, ils vont t'aider à t'extérioriser, à parler de tes problèmes et te soutiendront dans tes projets. Ils apprécieront le petit coup de pouce que tu peux leur donner à l'occasion.

Comme tu as une âme de missionnaire, les gens à problèmes essaieront aussi de s'insérer dans ton entourage; évite-les le plus possible, car tu es trop sensible et tu te laisserais facilement manipuler. Tu as ton mot à dire, et il est important que tu le fasses.

Patrice L'Ecuyer, Michel Forget, René Simard, Luc Plamondon, Alexandre Graham Bell, Marie-Michèle Desrosiers, Juliette Binoche, Liza Minnelli, Sonia Vachon, Serge Turgeon, Michael Caine, Jerry Lewis, Daniel Lavoie, Bruce Willis, Elizabeth Taylor, George Harrison, Richard Cocciante, Jean-Marc Parent, Drew Barrymore.

Pensée positive pour le Poissons

Mon intuition me guide vers le bonheur et l'épanouissement.
Plus je l'écoute, plus j'avance en sécurité.

Pensée positive spéciale pour 2006

**Je me donne le droit au meilleur de la vie.
Je mérite pleinement chance, abondance et bonheur.**

Le subconscient nous dirige toujours selon nos pensées. En répétant le plus souvent possible ces pensées conçues tout spécialement pour vous, vous vous attirerez plein de belles choses.

Signe: Poissons

Élément: Eau

Catégorie: Double

Symbole: ♓

Points sensibles: Pieds (problèmes ou déformation), mélancolie, état dépressif, intestins, circulation, boulimie, parfois un penchant pour l'alcool, les pilules ou les drogues.

Planète maîtresse: Neptune, planète du mental.

Pierres précieuses: Pierre de lune, saphir, aigue-marine.

Couleurs: Blanc cassé et toutes les nuances de bleu.

Fleurs: Lys, lotus, iris.

Chiffres chanceux: 5-7-17-19-23-25-32-34-41-49.

Qualités: Compatissant, émotif, tendre généreux, intuitif, imaginatif, sentimental, esprit de groupe, doux.

Défauts: Nonchalant, manque de volonté, bonasse, crédule, désorganisé, passif, influençable.

Ce qu'il pense en lui-même: C'est drôle, les gens viennent toujours me voir quand ils ont des problèmes...

Ce que les autres disent de lui: Ça ne va pas bien... je vais aller le voir pour qu'il me remonte un peu.

Prédictions annuelles

Vous faites partie des grands privilégiés cette année! En effet, de puissantes influences planétaires jouent en votre faveur et, avec un minimum d'efforts, vous devriez atteindre les objectifs que vous vous êtes fixés et dans bien des cas les dépasser largement. Tout ce que vous commencerez en 2006 aura des retombées pendant longtemps, peu importe le domaine. Le moment est venu de passer à l'action, de repartir du bon pied, bref, d'entamer une phase très positive de votre existence. La chance vous sourit, cessez de penser que c'est impossible ou que c'est trop beau pour être vrai. Votre tour est arrivé et vous le méritez parfaitement.

Santé – À partir de votre anniversaire, on peut vous annoncer une période de récupération et de nets progrès. Si vous avez eu des pépins dans le passé, vous êtes désormais dans un cycle plus favorable où vous aurez la possibilité de trouver la solution à vos problèmes. Excellente année donc pour consulter, pour se soigner, pour suivre une thérapie ou tout simplement pour se prendre en main. Même chose pour les régimes, les programmes d'exercices ou les techniques de relaxation, qui donneraient des résultats du tonnerre. Ceux qui sont en forme le seront encore plus; ils verront leur énergie et leur robustesse décuplées. Et que dire du moral, qui promet d'être solide comme jamais.

Sentiments – Vous jouissez d'une popularité à tout casser, vous voyez beaucoup plus de monde qu'au cours des dernières années. Les invitations fuseront de tous les côtés; vous impressionnerez grandement les nouvelles personnes que vous rencontrerez. Tout ce va-et-vient permettra aux solitaires de se trouver un partenaire de leur goût. Ceux qui sont déjà en couple retrouveront la complicité et le romantisme des premiers jours de leur union. Vos rapports avec la famille et l'entourage immédiat sont en train de se transformer, parce que vous-même êtes en pleine métamorphose. Vous cultivez votre confiance en vous et vous vous aimez davantage. Plus question de vous laisser manipuler et de faire les caprices de tout un chacun.

Affaires – La présence de Jupiter dans votre neuvième secteur est l'un des meilleurs transits qu'on puisse rencontrer sur le plan matériel. Pour peu que vous mettiez la main à la pâte, vos entreprises marcheront comme sur des roulettes, vos rêves deviendront réalité et vous vous approcherez de votre idéal. Ce n'est pas le temps de rêvasser ni d'avoir peur, il faut passer à l'action. Vos finances tendront vers une nette amélioration, vous liquiderez certaines dettes et pourrez mettre des sous de côté. Ajoutons que vous pourriez même récolter quelques beaux prix au jeu. Bonne année évidemment pour chercher un emploi ou pour améliorer vos conditions de travail si vous en avez déjà un. Les voyages, les investissements, l'immobilier et le commerce représentent d'autres secteurs avantagés. Cependant, n'oubliez jamais que tout cela attire les profiteurs et qu'il vaut mieux les garder le plus loin possible.

Janvier

D	L	M	M	J	V	S
1	2	3	4	5	6	7
8	9	10D	11D	12F	13F	14○F
15	16	17	18	19	20	21
22F	23F	24F	25D	26D	27	28
29●	30	31				

○ Pleine lune		● Nouvelle lune	
F Jour favorable		D Jour difficile	

Santé – Les astres sont cléments, vous n'avez pas lieu de vous inquiéter. Bien dans votre peau, vous affichez une mine détendue, pour ne pas dire radieuse. Certains vont même jusqu'à vous demander votre secret de jeunesse éternelle. Vous voudrez certainement profiter des bons transits actuels pour parfaire votre condition physique, pour faire de l'exercice ou pour apprendre une technique de relaxation.

Sentiments – Vous avez devant vous non pas un, mais deux mois extraordinaires sur le plan amoureux. Votre partenaire se rapproche tendrement de vous, vous sentez la flamme de votre union se raviver. Quant aux solitaires, ce ne sont pas les occasions de rencontres qui manquent. Ils pourraient même avoir à choisir entre deux prétendants. En société, la période s'annonce tout aussi excitante.

Affaires – Le moment est venu de faire les changements dont vous rêviez depuis un certain temps. Les démarches et négociations pour améliorer votre carrière donneront des résultats positifs. L'obtention d'un contrat, des heures supplémentaires ou un à-côté bien rémunéré vous donneront même davantage de latitude avec votre budget. Ajoutons qu'on note quelques chances au jeu pour un prix secondaire.

Février

D	L	M	M	J	V	S
			1	2	3	4
5	6D	7D	8D	9F	10F	11
12○	13	14	15	16	17	18
19F	20F	21D	22D	23	24	25
26	27●	28				

○	Pleine lune		●	Nouvelle lune
F	Jour favorable		D	Jour difficile

Santé – Jusqu'au 18, tout baigne dans l'huile, vous êtes dans une forme splendide que rien ne semble atteindre. Par après, c'est une autre paire de manches. Un vilain carré de la planète Mars menace tant votre équilibre nerveux que votre intégrité physique. Respectez vos limites, prenez soin de vous et proscrivez tout risque inutile.

Sentiments – Je vous rappelle que février constitue un autre mois exquis pour vos amours. Une nouvelle rencontre ou une seconde lune de miel est au programme. Ceci augure une Saint-Valentin mémorable! Socialement aussi, c'est emballant; les invitations et les sorties réussies abondent. Seule ombre au tableau: quelques inquiétudes concernant un membre de la famille au cours de la seconde quinzaine.

Affaires – Ici aussi, vous avez tout intérêt à agir d'ici le 18, car tout ce que vous entreprendrez avant cette date donnera des résultats rapides et concrets. La période se prête donc tout à fait aux recherches d'emploi, aux pourparlers, aux déplacements ainsi qu'aux séjours à l'étranger. La dernière semaine s'annonce plus problématique; attendez-vous à quelques obstacles ou affrontements.

Mars

D	L	M	M	J	V	S
			1	2	3	4
5	6D	7D	8F	9F	10	11
12	13	14○	15	16	17	18F
19F	20D	21D	22D	23	24	25
26	27	28	29●	30	31	

○ Pleine lune et éclipse lunaire annulaire
F Jour favorable

● Nouvelle lune et éclipse solaire totale
D Jour difficile

Santé – Les éclipses de ce mois et le carré de Mars qui perdurent vous invitent à la vigilance. En redoublant de prudence dans vos déplacements et lorsque vous utilisez des objets dangereux, vous éviterez de vous blesser. De meilleures habitudes de vie vous garderont à l'abri des malaises. Souvent, vous avez les nerfs en boule, mieux vaut trouver un moyen de laisser s'échapper la vapeur...

Sentiments – Votre partenaire et vos amis se font plus discrets, et vous ne le prenez pas très bien. Vous allez même jusqu'à vous imaginer qu'ils tiennent moins à vous, ou qu'ils ne vous aiment plus. Rien n'est plus faux! Dommage que vous vous fassiez du mal inutilement et que vous les bombardiez de questions alors qu'ils ont tout simplement besoin de se ressourcer. Encore quelques tracas pour un membre de la famille.

Affaires – Même si on est loin de la catastrophe, on ne peut pas dire que ce soit votre meilleur mois. Les choses n'avancent pas à votre goût, vous devez sans cesse vous justifier ou vous battre pour arriver à un résultat. Bref, la situation piétine, et vous n'êtes pas content. Si ça peut vous consoler, sachez que la chance vous revient en force le 14 avril. D'ici là, pas de bêtises ni de grosses dépenses impulsives.

Avril

D	L	M	M	J	V	S
						1
2D	3D	4F	5F	6F	7	8
9	10	11	12	13○	14F	15F
16F	17D	18D	19	20	21	22
23/30D	24	25	26	27●	28	29D

○ Pleine lune		● Nouvelle lune	
F Jour favorable		D Jour difficile	

Santé – La première quinzaine étant toujours soumise à l'influence contrariante de Mars, vous devez absolument continuer à protéger votre physique et votre équilibre nerveux. Par après, ça change rapidement. Vous gérez bien mieux vos états d'âme, vous devenez plus résistant et plus enthousiaste. Ce sera une période de récupération, de remontée.

Sentiments – Entre le 6 avril et le 3 mai, vous bénéficiez d'un aspect Vénus à Jupiter du tonnerre. Les célibataires tomberont amoureux d'un être particulièrement compatible, tandis que les autres célébreront le retour de la passion. Les amis reviennent dans le décor. En deux mots, vous êtes au paradis. Avec la famille, les petits malentendus devraient se tasser pendant la seconde quinzaine.

Affaires – Rappelez-vous que la chance se rangera de votre côté à compter du 14, y compris dans les jeux de hasard. Vous obtiendrez alors gain de cause sur toute la ligne, votre carrière fera un bond important, et tous les changements ou imprévus qui surviendront vous avantageront. Cette période serait d'ailleurs idéale pour tout ce qui touche les voyages et l'immobilier.

Mai

D	L	M	M	J	V	S
	1D	2F	3F	4	5	6
7	8	9	10	11	12F	13○F
14D	15D	16	17	18	19	20
21	22	23	24	25	26	27●D
28D	29F	30F	31			

○   Pleine lune   ●   Nouvelle lune
F   Jour favorable   D   Jour difficile

Santé – Cette fois, les astres sont de votre côté. Vous avez tout ce qu'il faut, non seulement pour profiter de la vie mais aussi pour régler définitivement ce qui accrochait sur le plan physique. Ce serait le moment de miser sur l'exercice physique, le plein air et les cures de toutes sortes. Moralement vous faites aussi de nets progrès, hormis un léger fléchissement entre le 20 et le 31.

Sentiments – Vous avez un tel charisme que tout le monde voudrait faire partie de votre cercle de relations. Vous pouvez vous permettre d'être sélectif et ne retenir que les gens avec qui vous sentez de véritables affinités. Face à la famille, vous adoptez une attitude plus saine et vous vous en faites beaucoup moins. Voilà qui en froisse certains, mais cela ne vous dérange plus. Il était temps!

Affaires – La chance est toujours dans le décor, et vous pourriez encore faire des envieux au jeu. Professionnellement, tous les espoirs sont permis, qu'il s'agisse d'un nouveau poste, d'une permanence, d'une augmentation ou d'une promotion. Les déplacements d'affaires ou d'agrément, de même que tout ce qui a trait à la maison ou à l'immobilier, demeurent hautement privilégiés.

Juin

D	L	M	M	J	V	S
				1	2	3
4	5	6	7	8F	9F	10D
11○D	12	13	14	15	16	17
18	19	20	21	22	23D	24D
25●F	26F	27F	28	29	30	

○	Pleine lune	●	Nouvelle lune
F	Jour favorable	D	Jour difficile

Santé – Le moral est solide du début à la fin; vous semblez d'ailleurs en bien meilleur contrôle de la situation. Vos idées sont claires et vos réflexes particulièrement vifs. Physiquement aussi les choses vont bon train. Votre dynamisme et votre résistance se maintiennent parfaitement. Pourquoi ne pas en profiter pour faire ample provision d'énergie, de soleil et de bonne humeur?

Sentiments – Jusqu'au 24, plusieurs transits planétaires vous influencent favorablement tant sur le plan intime que social. Vous rencontrez beaucoup de nouvelles personnes, et bon nombre d'entre elles partagent les mêmes valeurs que vous. Voilà qui peut se révéler drôlement intéressant pour les célibataires. Une bonne nouvelle concernant un enfant s'ajoute à la joie que vous vivez déjà à la maison.

Affaires – Le mois est très occupé mais, heureusement, tout se déroule sous le thème du progrès. Vous marquez des points, et vos finances en profitent. Un gain imprévu pourrait aussi vous aider. Comme vous êtes plus sûr de vous, vous arrivez à vos fins plus aisément. Vous vous exprimez avec une aisance désarmante, tout le monde vous écoute. La période est dont parfaite pour changer d'air, pour entreprendre des démarches, mais aussi pour déménager ou pour prendre des vacances.

Juillet

D	L	M	M	J	V	S
						1
2	3	4	5F	6F	7F	8D
9D	10○	11	12	13	14	15
16	17	18	19	20D	21D	22D
23F/30	24● F/31	25	26	27	28	29

○	Pleine lune	●	Nouvelle lune
F	Jour favorable	D	Jour difficile

Santé – Jusqu'au 23, tout continue d'aller comme dans le meilleur des mondes. Par la suite, vous êtes soumis à l'opposition de la planète Mars, ce qui risque d'augmenter votre vulnérabilité, en particulier sur le plan physique. Il sera alors important d'adopter une attitude préventive pour ne pas vous blesser ni contracter un problème de santé. Par ailleurs, votre moral demeure excellent.

Sentiments – On continue de vous lancer plein d'invitations et de propositions d'activités amusantes. Vous êtes constamment sur la trotte et, quand vous rentrez à la maison, c'est pour y vivre des moments de bonheur intense. Si vous êtes seul, une rencontre pourrait transformer votre existence entre le 19 juillet et le 14 août. Un proche semble bien indécis; vos lumières et votre soutien seront bienvenus.

Affaires – Vous avez encore énormément de pain sur la planche. Vos réalisations se poursuivent de plus belle, particulièrement au cours des trois premières semaines. De nouvelles responsabilités, un poste mieux adapté ou tout simplement une augmentation de salaire témoignent de votre veine. Et parlant de veine, n'oubliez pas de vérifier vos billets de loterie.

Août

D	L	M	M	J	V	S
		1	2F	3F	4D	5D
6	7	8	9○	10	11	12
13	14	15	16	17D	18D	19F
20F	21	22	23●	24	25	26
27	28	29F	30F	31D		

○ Pleine lune   ● Nouvelle lune
F Jour favorable   D Jour difficile

Santé – L'opposition de Mars continue de sévir. Si le moral tient bon, on ne peut pas en dire autant du corps. Vous vous sentez tantôt fatigué, tantôt survolté. Ce n'est pas facile d'équilibrer votre énergie. Comme les menaces d'accident bête et de défaillance persistent, nous vous invitons à rester sur le qui-vive. Mieux vaut prévenir que guérir.

Sentiments – Vos amours devraient vous procurer des sensations fortes pendant la première quinzaine. Il y a beaucoup de passion dans l'air. Cela se calme un peu par la suite, néanmoins vous évoluez dans un climat de douceur et de complicité. À partir du 14, les amis semblent plus occupés de leur côté, vous avez parfois l'impression qu'on vous délaisse. Une altercation avec un proche vous laisse un goût amer. Ne vous laissez pas affecter outre mesure.

Affaires – La confusion règne. Les événements n'obéissent pas nécessairement au scénario que vous aviez établi, sans compter que des oppositions imprévues surgissent dans votre milieu de travail. Soyez discret, ne jetez surtout pas d'huile sur le feu, ce n'est qu'une question de temps, vous finirez par triompher. En attendant, vous avez de légères chances au jeu, surtout d'ici le 13.

Septembre

D	L	M	M	J	V	S
					1D	2D
3	4	5	6	7○	8	9
10	11	12	13D	14D	15F	16F
17F	18	19	20	21	22●	23
24	25F	26F	27F	28D	29D	30

○ Pleine lune et éclipse lunaire partielle   ● Nouvelle lune et éclipse solaire annulaire
F Jour favorable   D Jour difficile

Santé – La première éclipse a lieu dans votre signe et il faut tenir le coup jusque-là. À compter du 8, vous êtes débarrassé des menaces de blessures et votre résistance va en augmentant. Attention toutefois à la gourmandise, qui pourrait freiner quelque peu cette belle remontée. Les nerfs lâchent à quelques reprises durant les trois premières semaines, puis tout rentre dans l'ordre.

Sentiments – Vous vous posez trop de questions, et bien souvent celles-ci demeurent sans réponse. Au lieu d'attendre après les autres, vous devriez vous montrer plus autonome. Des gens que vous chérissez traversent des moments difficiles et réclament votre aide. En portant assistance aux autres, vous oubliez vos petites misères et finissez même par constater que vous êtes plutôt chanceux.

Affaires – Pas grand-chose à espérer des 10 premiers jours, ça avance difficilement. On dirait qu'il y a toujours quelqu'un ou quelque chose pour contrecarrer vos plans. Allez-y mollo. De toute façon, le reste du mois vous appartient, et vous pourrez alors largement rattraper le temps perdu. Ce sera également une excellente période pour tourner certaines pages et repartir du bon pied.

Octobre

D	L	M	M	J	V	S
1	2	3	4	5	6 ○	7
8	9	10D	11D	12F	13F	14F
15	16	17	18	19	20	21
22 ● F	23F	24F	25D	26D	27	28
29	30	31				

○	Pleine lune	●	Nouvelle lune
F	Jour favorable	D	Jour difficile

Santé – Vous remontez la pente. Vos forces sont plus consistantes, tout comme votre endurance. Ajoutons que les efforts déployés pour améliorer votre santé ou votre vitalité donnent des résultats encourageants, si bien qu'à partir de la dernière semaine, vous bouillonnez d'énergie. Psychologiquement les progrès sont évidents, vous gérez bien mieux le stress.

Sentiments – C'est le temps de mettre les choses au point, d'éclaircir certaines situations embrouillées et surtout d'échanger harmonieusement avec ceux que vous aimez. Les malentendus tombent, et dans bien des cas vous constatez qu'au départ il n'y avait rien qui justifiait ce qui s'est passé. Que de tempêtes dans un verre d'eau! Qu'importe, on se fait une grosse bise, et la vie continue. Autre bonne nouvelle: un proche commence enfin à se sortir de ses problèmes.

Affaires – Dans ce domaine également, l'heure est à la résolution des problèmes et aux nouveaux départs. Vous changez votre fusil d'épaule et laissez tomber certains projets qui ne voulaient pas aboutir. De nouveaux défis se présentent aussitôt, et vous décidez de les relever. Grand bien vous fasse. Rentrée d'argent imprévue durant la dernière semaine, possiblement à la suite d'un tirage.

Novembre

D	L	M	M	J	V	S
			1	2	3	4
5○	6	7D	8D	9F	10F	11
12	13	14	15	16	17	18
19F	20●F	21D	22D	23	24	25
26	27	28	29	30		

○ Pleine lune		● Nouvelle lune	
F Jour favorable		D Jour difficile	

Santé – Vos progrès s'accentuent. Vous devenez plus énergique, plus solide, si bien qu'aucun microbe n'a d'emprise sur vous. À vrai dire, vous allez si bien que vous avez l'air de rajeunir. Moralement, c'est pareil, rien n'arrive à vous ébranler tant vous êtes bien dans votre peau. Pourquoi ne pas songer à une transformation beauté? Cela vous vaudrait bien des compliments.

Sentiments – La douce Vénus arrive dans le décor et, avec elle, une belle rencontre pour les solitaires. Si vous avez déjà quelqu'un dans votre vie, vous retomberez littéralement amoureux l'un de l'autre. Avec la marmaille et les amis, ça s'annonce tout aussi bien. Votre vie sociale reprend d'ailleurs un rythme endiablé. Vous vous sentez heureux comme un roi.

Affaires – Ne perdez pas un seul instant, la conjoncture vous avantage au plus haut point, et il faut en profiter au maximum. Vous serez très convaincant si vous cherchez de l'emploi ou si vous voulez renégocier vos conditions de travail. Vous signez des contrats avantageux, vos revenus augmentent, vous pourriez même décrocher un prix dans un tirage. Bon mois pour les voyages d'affaires ou de loisir. Un gros achat semble vous tenter. Vous en avez les moyens.

Décembre

D	L	M	M	J	V	S
					1	2
3	4 O D	5D	6F	7F	8	9
10	11	12	13	14	15	16F
17F	18D	19D	20 ● D	21	22	23
24/31D	25	26	27	28	29	30

O	Pleine lune	●	Nouvelle lune
F	Jour favorable	D	Jour difficile

Santé – La première semaine est tout simplement magnifique. Si vous voulez que tout soit aussi beau pour le reste du mois, il vous suffit de redoubler de prudence pour ne pas vous blesser et de bannir les excès pour ne pas vous rendre malade. Psychologiquement, on assiste à quelques épisodes de nervosité entre le 7 et le 27, mais rien de grave.

Sentiments – Entre le 11 et le 31, vous bénéficiez d'influences exceptionnelles sur tous les plans. Vos amours sont suaves, et vos amis trouvent le moyen de vous gâter. Les nombreuses invitations que vous recevez vous permettent de vous divertir et aussi de faire la connaissance de gens chaleureux avec qui vous ressentez une compatibilité immédiate.

Affaires – Durant la première semaine, vous battez tous les records. Un coup de chance est à prévoir. Par après, c'est un peu les montagnes russes. Des temps morts sont entrecoupés de temps complètement débiles où tout arrive en même temps. Même si c'est dur pour les nerfs, vous tirez adroitement votre épingle du jeu.

Nos animaux et l'astrologie

L'astrologie nous renseigne sur notre caractère, notre personnalité et notre comportement, et elle peut également s'appliquer à nos petits compagnons à quatre pattes ou à plumes. Leur signe du zodiaque exerce une certaine influence sur eux. Qu'il s'agisse d'un vieux gros toutou ou d'un chaton, d'un canari ou d'un bel iguane, n'hésitez pas à recourir à l'astrologie pour mieux le comprendre et deviner ce qu'il ne peut vous dire en employant un langage compréhensible. En sachant lire son comportement, vous serez plus apte à répondre à ses besoins.

L'astrologie peut également vous aider à choisir le compagnon idéal qui correspondra à votre personnalité. Que vous ayez déjà un animal domestique à la maison ou que vous pensiez en adopter un, les lignes qui suivent vous éclaireront sur sa personnalité et son caractère.

Mon bestiaire astrologique

Le Bélier. Plutôt petit, qu'il soit chien, chat ou reptile, il possède tout un caractère. Il sait ce qu'il veut et n'en fait qu'à sa tête. Impulsif, vif et rapide, il n'arrête pas une seconde, et il court vite. Tant mieux, me direz-vous, mon Patou est un cheval de course. Mais si votre Médor est un bon chien de ville, il pourrait bien profiter d'une porte ouverte pour prendre la poudre d'escampette. En fait, cet animal prend beaucoup de place, mange comme un glouton et trop vite. C'est un animal qui déborde d'énergie; il faudra donc vous attendre à ce qu'il vous demande souvent de jouer… et à quelques dégâts si vous le laissez seul à la maison. Mais il est si adorable, ce gros minet… qui vient de déchirer la moquette, que finalement, vous lui pardonnez, comme toujours!

Le Taureau. Cet animal est de compagnie très agréable. Il apprécie son domicile, son petit coin bien à lui où la vie s'écoule, calme et tranquille. Félix aimera bien faire un petit tour dehors, mais pas trop loin… Quant à Fido, il ne rechignera pas à rester toute la journée à vous attendre à la maison. Il la connaît bien et ne s'y ennuie pas. Certains jours pourtant, il sera un peu plus entêté qu'à l'habitude, mais une belle caresse et quelques mots gentils, et il se montrera à nouveau obéissant et docile. Par contre, il apprend lentement. Si vous tenez absolument à ce qu'il donne la «papatte» armez-vous de patience. Dès qu'il aura compris toutefois, vous réussirez à la lui faire donner rapidement. Ce sera un compagnon vraiment fidèle. Il reste tellement attaché à vous et à ses habitudes que les changements l'incommodent; mais si vous vous en occupez, s'il sent que vous l'aimez, il sera rassuré et heureux. Si votre oiseau est Taureau, écoutez son chant, c'est très joli.

Le Gémeaux. Cet animal a besoin de voir du monde et d'avoir beaucoup de vie autour de lui. Il sera très heureux dans une famille nombreuse, avec beaucoup d'enfants et même d'autres animaux dans la maison. Il adore faire son petit tour dehors, explorer, découvrir, croiser des connaissances à quatre pattes. À la maison, il trouve toujours quelque chose à faire, mais il n'aime pas être laissé seul trop longtemps. Si vous pensez le laisser seul pendant que vous êtes au travail, il serait bon de lui procurer un compagnon de jeu. Cet animal a besoin de beaucoup d'attention; il faudra donc souvent jouer avec lui. Par contre, il se montre assez indépendant lorsqu'il le décide. C'est un grand parleur qui a besoin d'un public, alors il chante, jappe ou miaule beaucoup. C'est aussi un petit coquin très intelligent et un tantinet manipulateur. Il vous fera savoir rapidement ce qu'il veut… et il finira par l'obtenir.

Le Cancer. C'est le signe le plus attachant qui soit pour un animal. Ce petit compagnon adore son maître et tous les membres de la famille. Les marques d'affection et les caresses sont ses deux moteurs, car il aime tellement faire plaisir. Son bonheur est immense lorsqu'il se sent entouré de tout son petit monde à la maison. Il fait de gros efforts pour satisfaire tout le monde, même les enfants qui lui tirent les oreilles ou la queue. Comme c'est plutôt un animal gourmand et dormeur, il faut veiller à lui faire faire suffisamment d'exercice, sinon l'obésité le guette. Docile et affectueux, il est digne de confiance; il fera de son mieux pour protéger la maison et la famille, même si c'est un minuscule chihuahua. Les femelles Cancer sont d'excellentes mères de famille.

Le Lion. Voilà un animal qui a du panache. De race pure ou non, on le remarque. Si votre petit Lion est un chat, il se comportera comme s'il était le roi des animaux au milieu de ses sujets; en tant que chien, museau au vent et queue relevée, il montrera qui est le maître dans la maison, tandis que l'oiseau Lion exhibera fièrement son plumage. Bref, il fera l'envie de tout le voisinage. Comme c'est une vraie star, il faudra lui prêter beaucoup d'attention, montrer que vous l'aimez. Si vous oubliez la caresse habituelle en rentrant, il va bouder. Avec les autres animaux, ça risque d'être la guerre. Il veut occuper toute l'avant-scène et n'appréciera pas qu'on le néglige ou qu'on le tienne à l'écart pour s'occuper de quelqu'un d'autre, animal ou humain d'ailleurs. De toute façon, il ne supportera pas d'être traité comme un bibelot, alors même s'il se comporte bien et se montre sage, il cherchera sûrement à faire un petit tour pour épater la galerie. Enseignez-lui quelques petits tours simples et applaudissez à tout rompre; cela fera son plus grand bonheur.

La Vierge. Il est tout timide, tout gentil. En fait, c'est pour cela que vous l'avez pris, même si ce n'est pas lui qui était le plus fringant de la portée. Il se montre un peu craintif avec les étrangers, mais avec vous, n'ayez crainte, ce sera un compagnon fidèle, attentif et tranquille. Il ne vous causera pas d'ennuis, car il comprend très bien les règles et les interdits et ne les transgresse pas. Par contre, il a ses petites habitudes. N'allez pas bouleverser son horaire du jour au lendemain. Si vous le sortez chaque jour vers 8 heures, il ne faudra pas être en retard, car il vous le fera savoir. Son point faible, c'est la digestion; il faut donc veiller à lui procurer une bonne nourriture et ne pas la lui changer continuellement. Qu'il soit chien, chat, cheval ou canari, il sera très attaché à son maître et doux avec les enfants. C'est le compagnon idéal des gens calmes et plutôt sédentaires.

La Balance. Ce petit animal est une vraie soie. Il a vraiment tout pour se faire aimer et aussi pour vous amuser; il a mille et un tours dans son sac. Comme c'est un petit être sensible, vous ne l'aimerez jamais trop et il réclamera toujours plus de caresses. Pour qu'il soit heureux, offrez-lui un foyer calme et harmonieux. Il préférera fuir les enfants criards et chamailleurs, car il ne supporte ni les bruits ni les cris. S'il fait une bêtise et que vous le grondez, il sera très honteux et affecté. En parlant assez fort, vous obtiendrez de bons résultats, sans avoir à le punir plus. Ce petit animal appréciera son douillet coussin ou votre plus beau fauteuil pour dormir en paix… Et en plus, comme il déteste être seul, il pourrait même choisir vos moelleux genoux pour sa petite sieste. C'est un charmeur, et son regard fait fondre le plus récalcitrant des humains. Il est irrésistible.

Le Scorpion. Celui-là possède son petit caractère. Monsieur ou madame est bien affectueux, mais attention, il se montre souvent possessif. Il choisit son maître et ne le lâche plus. Il pourrait même venir toujours s'installer entre vous et votre conjoint, car il vous appartient en propre et non aux deux. Pire, il pourrait même carrément prendre la place du conjoint qui le dérange pour l'obliger à se mettre plus loin. Il affiche un petit air mystérieux, ce qui fait en sorte qu'on ne comprend pas toujours ce qu'il veut. Il peut être très enjoué, mais aussi parfois assez grognon et, dans ces cas-là, il vaut mieux le laisser tranquille. Par contre, il devine ce que vous ressentez et a une mémoire du tonnerre. Si quelqu'un lui a fait mal, même des mois ou des années plus tard, il s'en souviendra... Ce n'est pas un animal facile, mais il vous adore.

Le Sagittaire. Ce cher Sagittaire est un tantinet agité... Pour lui, voir la vie à l'extérieur est bien plus passionnant que dormir sur un coussin moelleux. Si vous l'empêchez de sortir, il reste à la fenêtre pour observer la rue. Il adore courir, se promener, et si vous n'y faites pas attention, il peut faire des fugues de plusieurs jours. Fermez bien les portes. Laissé seul à la maison, il s'ennuie. Vous devez lui faire dépenser son trop-plein d'énergie. L'idéal est de lui offrir un grand jardin, un terrain à la campagne où il pourra se dégourdir les pattes à loisir. C'est un petit être indépendant, donc l'obéissance parfaite, ce n'est pas tellement sa tasse de thé. Il se comporte généralement bien avec les autres animaux, mais ceux de la même espèce que lui le dérangent un peu. Avec les enfants, il est très à l'aise, car ils courent et jouent avec lui, et c'est ce qu'il aime. Par contre, les enfants doivent le respecter, sinon il fera la loi lui-même à coups de dents ou de griffes. Il peut aussi se montrer glouton et prendre rapidement du poids; il faut donc bien doser sa nourriture et lui faire faire beaucoup d'exercice.

Le Capricorne. On dit que le chien est le meilleur ami de l'homme; s'il est Capricorne en plus, vous avez déniché la perle rare, le plus fidèle des fidèles. Dévoué, cherchant toujours à faire plaisir, ce petit timide restera néanmoins à l'écart des inconnus. Ce n'est pas un animal très démonstratif, mais votre petite famille et surtout vous, son maître, comptez plus que tout dans sa vie. Plutôt petit et souvent maigre, il est également frileux; donc, durant l'hiver, faites attention lorsque vous le sortez, un bon manteau serait peut-être approprié. C'est un bon compagnon, tranquille et doux. Il est très patient, et quelques heures de solitude ne lui font pas peur. Il apprend plutôt lentement, donc n'hésitez pas à répéter plusieurs fois vos consignes lorsqu'il est encore bébé, de façon à ce qu'il assimile bien les règles. Une fois qu'il les aura apprises, il ne les oubliera plus jamais. Comme il est très discret, on pourrait l'oublier facilement; mais surtout ne le négligez pas, car c'est vraiment votre meilleur ami, et il vous aime.

Le Verseau. Ce chaton, ce vieux chien, cette perruche ou ce furet sont des animaux qui vous procureront des heures de plaisir. Avec lui, pas d'ennui possible. Il bouge, va vers les gens, s'intéresse à tout ce que vous faites. Lorsque vous arrivez avec des sacs d'épicerie, il n'hésitera pas à plonger le nez dedans pour découvrir ce qu'ils contiennent. Les nouvelles odeurs, les nouveaux objets l'intriguent. Dehors, vous le verrez souvent en train de «discuter» avec ses congénères, de surveiller son territoire ou d'explorer les environs. Vifs, spirituels, remuants, ils ont une petite personnalité indépendante qui n'est pas tellement adaptée aux règles et à l'obéissance; vous devrez répéter souvent, et peut-être même les gronder plus que d'autres. Mais comme ils aiment tout le monde et que tout le monde les aime, vous leur pardonnez facilement ces incartades.

Le Poissons. Affectueux, doux et tendre, votre compagnon à plumes ou à fourrure vous rendra toujours heureux. Vos caresses et vos mots doux sont sa raison de vivre. Lorsque vous revenez du travail, c'est la fête. D'ailleurs, vous n'avez qu'à sortir cinq minutes puis revenir, et ce sera encore la fête. Pour le faire fâcher et le rendre bougon, il faut vraiment en mettre beaucoup, car il oublie très vite. C'est un animal sensible, il ne supporte pas qu'on parle fort autour de lui, il croit alors qu'il a fait quelque chose de mal et se sauve. Par contre, il devine toujours comment vous allez. Si vous vous sentez un peu triste, il se montrera encore plus câlin pour vous consoler. Par contre, si vous êtes de bonne humeur, il sera heureux pour vous. Comme il est un peu paresseux, c'est à vous de veiller à ce qu'il fasse ses exercices quotidiens. Comme les animaux Poissons adorent l'eau (même les chats), pourquoi ne pas placer un bain dans la cage de l'oiseau et une grosse piscine de plastique pour Médor dans la cour.

L'astrologie chinoise

L'étude du zodiaque remonte à la nuit des temps. On le sait aujourd'hui, même l'homme de Neandertal scrutait les astres pour y déchiffrer le sens de l'Univers.

Plus que millénaire, l'astrologie n'est pas une science propre à la civilisation occidentale; en Orient aussi les planètes, les astres et les étoiles fascinent. Cependant, l'astrologie chinoise diffère de la nôtre en ce sens que contrairement à la nôtre, qui se base sur le cycle du Soleil dans les 12 signes, elle est établie sur une période de 12 ans.

L'astrologie zodiacale comporte 12 signes qui se succèdent, et chacun dure un mois. En astrologie chinoise, chaque année correspond à un signe représenté par un animal totem.

En astrologie chinoise, les cycles lunaires permettent de déterminer le début de l'année. Cela fait donc en sorte que les signes chinois commencent à une date différente chaque année.

L'astrologie chinoise constitue un excellent moyen de se connaître et de découvrir les autres. Nous vous invitons à la découvrir plus amplement dans les pages suivantes.

Les 12 signes chinois

Repérez votre date de naissance dans ce tableau pour découvrir votre signe chinois.

1900	Rat	31 janvier 1900 au 18 février 1901
1901	Buffle	19 février 1901 au 7 février 1902
1902	Tigre	8 février 1902 au 28 janvier 1903
1903	Chat	29 janvier 1903 au 15 février 1904
1904	Dragon	16 février 1904 au 3 février 1905
1905	Serpent	4 février 1905 au 24 janvier 1906

1906	Cheval	25 janvier 1906 au 12 février 1907
1907	Chèvre	13 février 1907 au 1er février 1908
1908	Singe	2 février 1908 au 21 janvier 1909
1909	Coq	22 janvier 1909 au 9 février 1910
1910	Chien	10 février 1910 au 29 janvier 1911
1911	Cochon	30 janvier 1911 au 17 février 1912
1912	Rat	18 février 1912 au 5 février 1913
1913	Buffle	6 février 1913 au 25 janvier 1914
1914	Tigre	26 janvier 1914 au 13 février 1915
1915	Chat	14 février 1915 au 2 février 1916
1916	Dragon	3 février 1916 au 22 janvier 1917
1917	Serpent	23 janvier 1917 au 10 février 1918
1918	Cheval	11 février 1918 au 31 janvier 1919
1919	Chèvre	1er février 1919 au 19 février 1920
1920	Singe	20 février 1920 au 7 février 1921
1921	Coq	8 février 1921 au 27 janvier 1922
1922	Chien	28 janvier 1922 au 15 février 1923
1923	Cochon	16 février 1923 au 4 février 1924
1924	Rat	5 février 1924 au 23 janvier 1925
1925	Buffle	24 janvier 1925 au 12 février 1926
1926	Tigre	13 février 1926 au 1er février 1927
1927	Chat	2 février 1927 au 22 janvier 1928
1928	Dragon	23 janvier 1928 au 9 février 1929
1929	Serpent	10 février 1929 au 29 janvier 1930
1930	Cheval	30 janvier 1930 au 16 février 1931
1931	Chèvre	17 février 1931 au 5 février 1932
1932	Singe	6 février 1932 au 25 janvier 1933
1933	Coq	26 janvier 1933 au 13 février 1934
1934	Chien	14 février 1934 au 3 février 1935
1935	Cochon	4 février 1935 au 23 janvier 1936
1936	Rat	24 janvier 1936 au 10 février 1937
1937	Buffle	11 février 1937 au 30 janvier 1938
1938	Tigre	31 janvier 1938 au 18 février 1939
1939	Chat	19 février 1939 au 7 février 1940
1940	Dragon	8 février 1940 au 26 janvier 1941
1941	Serpent	27 janvier 1941 au 14 février 1942
1942	Cheval	15 février 1942 au 4 février 1943
1943	Chèvre	5 février 1943 au 24 janvier 1944
1944	Singe	25 janvier 1944 au 12 février 1945
1945	Coq	13 février 1945 au 1er février 1946

1946	Chien	2 février 1946 au 21 janvier 1947
1947	Cochon	22 janvier 1947 au 9 février 1948
1948	Rat	10 février 1948 au 28 janvier 1949
1949	Buffle	29 janvier 1949 au 16 février 1950
1950	Tigre	17 février 1950 au 5 février 1951
1951	Chat	6 février 1951 au 26 janvier 1952
1952	Dragon	27 janvier 1952 au 13 février 1953
1953	Serpent	14 février 1953 au 2 février 1954
1954	Cheval	3 février 1954 au 23 janvier 1955
1955	Chèvre	24 janvier 1955 au 11 février 1956
1956	Singe	12 février 1956 au 30 janvier 1957
1957	Coq	31 janvier 1957 au 17 février 1958
1958	Chien	18 février 1958 au 7 février 1959
1959	Cochon	8 février 1959 au 27 janvier 1960
1960	Rat	28 janvier 1960 au 14 février 1961
1961	Buffle	15 février 1961 au 4 février 1962
1962	Tigre	5 février 1962 au 24 janvier 1963
1963	Chat	25 janvier 1963 au 12 février 1964
1964	Dragon	13 février 1964 au 1er février 1965
1965	Serpent	2 février 1965 au 20 janvier 1966
1966	Cheval	21 janvier 1966 au 8 février 1967
1967	Chèvre	9 février 1967 au 29 janvier 1968
1968	Singe	30 janvier 1968 au 16 février 1969
1969	Coq	17 février 1969 au 5 février 1970
1970	Chien	6 février 1970 au 26 janvier 1971
1971	Cochon	27 janvier 1971 au 14 février 1972
1972	Rat	15 février 1972 au 2 février 1973
1973	Buffle	3 février 1973 au 22 janvier 1974
1974	Tigre	23 janvier 1974 au 10 février 1975
1975	Chat	11 février 1975 au 30 janvier 1976
1976	Dragon	31 janvier 1976 au 17 février 1977
1977	Serpent	18 février 1977 au 6 février 1978
1978	Cheval	7 février 1978 au 27 janvier 1979
1979	Chèvre	28 janvier 1979 au 15 février 1980
1980	Singe	16 février 1980 au 4 février 1981
1981	Coq	5 février 1981 au 24 janvier 1982
1982	Chien	25 janvier 1982 au 12 février 1983
1983	Cochon	13 février 1983 au 1er février 1984
1984	Rat	2 février 1984 au 19 février 1985
1985	Buffle	20 février 1985 au 8 février 1986

1986	Tigre	9 février 1986 au 28 janvier 1987
1987	Chat	29 janvier 1987 au 16 février 1988
1988	Dragon	17 février 1988 au 5 février 1989
1989	Serpent	6 février 1989 au 26 janvier 1990
1990	Cheval	27 janvier 1990 au 14 février 1991
1991	Chèvre	15 février 1991 au 3 février 1992
1992	Singe	4 février 1992 au 22 janvier 1993
1993	Coq	23 janvier 1993 au 9 février 1994
1994	Chien	10 février 1994 au 30 janvier 1995
1995	Cochon	31 janvier 1995 au 18 février 1996
1996	Rat	19 février 1996 au 6 février 1997
1997	Buffle	7 février 1997 au 27 janvier 1998
1998	Tigre	28 janvier 1998 au 15 février 1999
1999	Chat	16 février 1999 au 4 février 2000
2000	Dragon	5 février 2000 au 24 janvier 2001
2001	Serpent	25 janvier 2001 au 12 février 2002
2002	Cheval	13 février 2002 au 1er février 2003
2003	Chèvre	2 février 2003 au 21 janvier 2004
2004	Singe	22 janvier 2004 au 7 février 2005
2005	Coq	8 février 2005 au 28 janvier 2006
2006	Chien	29 janvier 2006 au 16 février 2007

LE RAT

鼠

S'il est un animal qui provoque des réactions mitigées, c'est bien le rat. Il provoque parfois des mouvements de répulsion, mais le plus souvent il suscite la crainte. Et faire peur, c'est justement votre cas. Les gens ne vous connaissent pas beaucoup et, pour cette raison, se méfient un peu. Vous-même, vous vous montrez plutôt craintif, soupçonneux et, pour gagner votre confiance, il faut savoir montrer patte blanche.

En société, vous évitez les bains de foule et préférez de beaucoup rester à l'écart. Pourtant, lorsqu'on vous connaît, on vous trouve sociable, rempli d'humour et enjoué. Néanmoins, vous vous confiez peu et préférez regagner votre petit nid douillet lorsque quelque chose ne tourne pas rond.

Vous avez une acuité toute particulière qui vous permet de déceler ce qu'on tente de vous cacher. Votre sens de l'observation est aiguisé; rien ne vous échappe.

Vous vous défendez avec vos dents et vos griffes lorsqu'on vous blesse ou si l'un de vos proches est attaqué. Sur le plan psychologique, vous paraissez nerveux, parfois tourmenté.

Sur le plan de la personnalité, votre émotivité vous permet d'exceller dans les domaines artistiques, notamment la musique, la littérature et les arts, qui vous fournissent la possibilité de vous exprimer et de vous libérer de votre trop-plein d'émotion.

Votre intelligence est vive et plutôt raisonnée. Vous trouvez des solutions ingénieuses aux problèmes, et votre flair en affaires est très aiguisé. Vous avez un don particulier et le doigté nécessaire pour retourner les pires situations en votre faveur. Beau parleur comme vous l'êtes, vous pouvez devenir un excellent négociateur. Votre sixième sens vous permet de trouver les mots qu'il faut pour convaincre; il vous indique quand et comment agir. Sur le plan professionnel, ces multiples talents vous poussent souvent à diriger les gens, à commander, et parfois même à manipuler vos collègues ou vos subalternes.

Puisque vous avez un bon sens pratique, que vous possédez un esprit terre à terre, vous appréciez l'argent, mais aussi les valeurs sûres, les beaux objets. Pourtant, il semble que l'argent file à une rapidité excessive entre vos doigts. Heureusement, vous parvenez à équilibrer votre budget sans avoir à trop jongler avec les rentrées et les sorties.

Votre petit côté séducteur vous ouvre de nombreuses portes. Vous savez plaire; avouez que vous savez jouer de votre charme. Vous êtes un être passionné qui est attiré par le romantisme. Cela peut vous inciter à fuir votre quotidien et votre petite routine, que vous considérez comme de vrais éteignoirs. Une telle façon d'être complique votre vie sentimentale, mais vous n'en avez cure. Vous recherchez les gens originaux, amusants, que vous pouvez admirer et, malgré votre froideur initiale, on finit par découvrir en vous un être affectueux, ardent, possessif même. Les demi-mesures ne sont pas pour vous, et vous ne supportez pas d'être brimé dans votre liberté.

Vos plus belles qualités:
Convaincant, instinctif, doté d'un sens pratique, intelligent, terre à terre, drôle, vif, habile, rusé.

Vos péchés mignons:
Angoissé, méfiant, profiteur, manipulateur.

Selon les sages orientaux

Votre domaine symbolique: Ce qu'on ne sait pas et qui est près de nous, le mystère, le monde souterrain.

Vos armes: Les dents acérées du rat, son instinct et ses paroles mordantes.

Nom chinois de votre signe: Chow.

Symbole:

LE BUFFLE

Sérieux et travailleur, vous vous adaptez très bien au système et vous défendez les traditions auxquelles vous tenez. L'originalité et l'initiative ne font pas partie de votre vocabulaire. Par contre, votre discipline et votre sens des responsabilités sont irréprochables. Vous êtes solide comme un roc, et on peut compter sur vous sans crainte.

Au travail, vous ne calculez pas vos heures, et les tâches qu'on vous confie sont menées à terme avec opiniâtreté. Comme on dit, vous avez beaucoup de «cœur à l'ouvrage». Vous êtes organisé et déterminé, mais les autres vous reprochent votre lenteur et vous trouvent plutôt tatillon. Qu'importe, vous poursuivez votre petit bonhomme de chemin et vous savez ce que vous faites. Si vous œuvrez dans un secteur d'activité qui vous permet d'exploiter votre potentiel, votre réussite est assurée. Par exemple, vous ferez des miracles en architecture, en chirurgie, en gestion d'entreprises, en agriculture, et même si l'on vous trouve souvent lourd et dépourvu d'émotivité, vous saurez bluffer tout le monde dans le monde des arts, en peinture et en cinéma, car vous avez une inspiration hors normes. Par ailleurs, vous seriez un très bon chef d'entreprise, car vous avez les qualités nécessaires pour stimuler vos troupes.

Sur le plan financier, vous vous montrez sage et solide. Vous trimez dur et ne comptez que sur votre labeur pour vivre. Si des échecs passagers ou des revers de fortune vous tombent dessus, vous les vivez difficilement, et si en plus vous êtes victime d'une injustice, vous aurez du mal à accepter la situation et à poursuivre votre route comme si de rien n'était.

Vous n'êtes pas du genre à lancer votre argent par les fenêtres, car vous connaissez sa valeur et le travail nécessaire pour le gagner. Donc, l'épargne et le budget ne sont pas des mots vains pour vous. Avec de telles valeurs, il y a de fortes chances que vous finissiez vos jours à l'aise financièrement.

Honnête et loyal, vous appréciez une bonne poignée de main; pour vous, c'est presque de l'argent comptant. Vous êtes amèrement déçu par les promesses non tenues, les engagements non respectés, car jamais vous ne faillissez à votre parole, et que les autres puissent y déroger vous laisse complètement abasourdi.

Vous n'appréciez guère le changement, que ce soit au travail ou dans votre vie personnelle. Vous préférez la stabilité, le confort, la tranquillité. Vous vous montrez accueillant, et votre table est toujours bien garnie. Vous êtes même un tantinet gourmand.

En société, on apprécie votre bon cœur et votre simplicité. Vous faites un excellent confident, car votre bienveillance est légendaire. Quant à votre petite famille, elle compte beaucoup à vos yeux, et vous êtes toujours là pour vos proches en cas de besoin; on l'a dit, vous êtes solide comme un roc.

Dans l'intimité, vous ne brûlez pas les étapes, vous recherchez un partenaire fiable et sérieux, vous ne vous précipitez donc pas sur la première amourette venue. La stabilité affective compte tellement pour vous que vous attendez avant d'exprimer vos sentiments et de vous engager... ensuite, c'est pour la vie. La passion, le romantisme, vous êtes d'avis que tout cela s'éteint bien vite; vous comptez plutôt sur la solidité de vos sentiments dans vos relations amoureuses. Vous avez beaucoup à offrir, et le bonheur de votre conjoint devient alors l'une de vos priorités.

Vos plus belles qualités:
Sérieux, travailleur, économe, prudent, sens des responsabilités, esprit de famille.

Vos péchés mignons:
Tatillon, peureux, lent, manque d'audace, inflexible.

Selon les sages orientaux

Votre domaine symbolique: Les sillons des champs, la terre, la glaise et les chemins sinueux.

Vos armes: Les cornes du Minotaure, grâce auxquelles il est capable de défendre son labyrinthe.

Nom chinois de votre signe: Niou.

Symbole: 牛

LE TIGRE

À l'instar de ce félin sauvage, vous vous posez en maître sur votre entourage. Vous avez beaucoup d'emprise sur les autres, aussi bien dans votre vie privée que professionnelle. Vous êtes un chef-né, volontaire et rempli d'ambition, mais honnête, ce qui ne gâche rien. Vous pouvez être fier de vous lorsque la réussite vient couronner vos nombreux efforts, car vous ne vous ménagez pas; vif et courageux comme vous l'êtes, rien ne vous rebute. Cela peut même vous rendre plutôt téméraire et vous exposer à des revers. Heureusement, en bon félin que vous êtes, vous retombez toujours sur vos pattes. Avec un peu plus de prudence et de planification, vous pourriez éviter certains déboires et aller encore plus loin sur le chemin de la réussite.

Votre sang-froid et votre instinct sont remarquables, et vous savez jauger les situations avec un sens peu commun de l'analyse. Peu impressionné par la hiérarchie et les conventions, vous vous fiez à votre intuition et vous n'hésitez pas à faire ce que bon vous semble. Stimulé par de nouveaux défis, vous ne craignez ni les changements ni les obstacles; d'ailleurs, vous les utilisez souvent comme moteur pour aller encore plus loin, vers de nouveaux buts.

Vous usez de franchise, une de vos plus belles qualités, mais pas toujours à bon escient, car elle peut vous conduire à la brusquerie, et vous devenez alors blessant. Mais vous défendez pied à pied vos idées et vos opinions, et vous ne vous en laissez pas imposer, surtout qu'en plus vous avez souvent raison.

Si vous parvenez à dominer votre émotivité, votre promptitude, vous pourrez devenir un meilleur chef de file. D'ailleurs, vous vous exprimerez pleinement dans les secteurs d'activité qui vous permettent de diriger, et d'utiliser votre potentiel et votre flair. En affaires, vous avez beaucoup de chance; vous semblez attirer l'argent et le succès. Peut-être parce que vous êtes certain de ne jamais manquer de rien, vous vous souciez peu de votre budget. Votre compte en banque reflète ce léger laisser-aller; il joue aux montagnes russes.

Comme vous êtes fier de nature, vous soignez votre apparence et lorsqu'on vous remarque, vous ronronnez de plaisir. Un peu soupe au lait avec les étrangers, vous savez vous montrer généreux avec vos amis.

En amour non plus, pas de demi-mesures; vous laissez parler votre nature ardente, passionnée et entreprenante. Vous idéalisez votre partenaire, vous le mettez sur un piédestal et puis, un beau jour, vous découvrez sa personnalité et vous déchantez. Vous avez donc besoin d'un conjoint qui saura vous faire vibrer, vous amuser, vous surprendre, et surtout qui saura conserver tout son mystère après plusieurs années de vie commune.

Vos plus belles qualités:
Courageux, fonceur, déterminé, ambitieux, leader, ardent, franc, adaptable.

Vos péchés mignons:
Impulsif, téméraire, peu soucieux des détails, soupe au lait, émotif.

Selon les sages orientaux

Votre domaine symbolique: Les cimes et la puissance terrestre où conduit la chance.

Votre arme: La fourrure protectrice du tigre.

Nom chinois de votre signe: Hu.

Symbole:

LE CHAT

兎

Quel charmant petit animal que ce gros minet, quel séducteur en plus! Votre lucidité exceptionnelle vous permet de ne pas vous laisser prendre au dépourvu. En plus, vous êtes un enjôleur et un habile diplomate, des qualités qui vous permettent de ne pas vous laisser surprendre. Votre goût est sûr et délicat: vous aimez les belles choses, les objets d'art. Votre élégance se reflète sur vous, de la tête aux pieds, dans vos vêtements et dans votre allure générale. Vous affectionnez les endroits à la mode, et vous êtes très mondain. Les querelles et les disputes vous agacent, car vous avez besoin de tranquillité. La recherche de l'harmonie en toutes choses est le trait marquant de votre caractère.

Vous avez le don de plaire, que ce soit à vos amis ou même à de purs étrangers, car votre gentillesse, vos bons mots, votre comportement enjôleur sont grandement appréciés. Vous brillez en société et vous n'hésitez pas à courir les fêtes et les réceptions; ces réunions mondaines sont d'ailleurs vos endroits de prédilection pour élargir votre cercle de relations, pour provoquer de nouvelles rencontres et pour vous cultiver. Votre conversation est brillante, enjouée, et vous vous retrouvez rapidement entouré.

Plutôt respectueux des traditions, vous vous refusez à sortir des sentiers battus; peut-être est-ce dû au sentiment d'insécurité qui vous habite. Vous êtes craintif, et les nouveaux projets ne vous emballent guère; vous êtes plutôt rébarbatif à ce que vous ne connaissez pas. Votre discrétion au travail est légendaire, mais vous êtes d'une féroce efficacité. On ne peut rien vous reprocher. Vous travaillez avec soin, sans oublier un seul détail et sans faire de faux pas. On peut vous confier un travail les yeux fermés, car en plus d'un sens particulier de la minutie, vous possédez une mémoire sans faille, des atouts majeurs pour mener vos tâches à bien.

Comme vous détestez être pris de court ou avoir à vous décider à la dernière minute, il vous faut peser le pour et le contre, ce qui peut se révéler un solide avantage sur le plan des affaires. Vous appréciez le luxe et le confort, et vous êtes conscient des efforts que vous devez faire pour vous les offrir.

Donc vous gérez votre portefeuille avec beaucoup de circonspection et de discernement: les placements hasardeux, très peu pour vous. Et cette façon d'agir vous garantit une certaine sécurité matérielle durant vos vieux jours.

Vous êtes quelqu'un de généralement optimiste. Même dans les pires situations, vous essayez de toujours trouver le bon côté des choses et vous savez vous entourer. D'ailleurs, cette qualité particulière est appréciée de vos amis, car en plus vous savez vous montrer compréhensif envers eux. Vous êtes disposé à les écouter et à leur donner un coup de pouce, quoi qu'il arrive. Vous n'appréciez pas du tout les affrontements, les chicanes et les critiques, ce qui fait de vous un expert dans l'art du compromis. Vous savez mettre de l'eau dans votre vin lorsque cela se révèle nécessaire. Une telle façon d'être vous permet de mener des négociations et des transactions avec une redoutable efficacité. Vous ferez donc une brillante carrière dans les relations publiques, la politique, la justice, l'enseignement ainsi que le domaine artistique, notamment la musique et la danse qui conviennent tout à fait à votre grâce féline.

Dans votre vie personnelle, vous accordez beaucoup d'importance à l'amour. Les dîners en tête à tête, le jeu de la séduction et le flirt vous enchantent. Vous aimez faire les yeux doux. Bref, vous êtes un incorrigible romantique. Vous aimez aussi qu'on s'occupe de vous. Vous voyez la vie de couple comme une relation douce et tendre. Pourtant, vous ne vous laissez pas facilement apprivoiser, car vous avez peur d'être déçu. Vous affichez souvent un petit air indépendant qui peut refroidir les mieux intentionnés à votre égard. Pour trouver le partenaire de vos rêves, vous faites du temps votre meilleur allié. Une fois que vous l'avez déniché, vous le traitez avec respect, amour et sincérité, et vous déployez des efforts considérables pour que votre vie de couple soit toujours agréable et harmonieuse.

Vos plus belles qualités:
Sociable, charmant, souple, diplomate, romanesque, élégant, doux, positif, prévoyant, enthousiaste.

Vos péchés mignons:
Timoré, peur de déplaire, matérialiste, indécis, changeant, frivole, crainte des affrontements.

Selon les sages orientaux

Votre domaine symbolique: La pleine lune et le monde mystérieux de la nuit, où seuls les chats peuvent voir.

Vos armes: Les griffes du chat, qu'on ne voit pas... mais qui peuvent déchirer.

Nom chinois de votre signe: Thou.

Symbole:

LE DRAGON

龍

Voilà un signe peu banal, qui frappe l'imagination. Les empereurs chinois l'ont choisi comme emblème pour sa fougue et sa vitalité. Votre personnalité est fortement teintée de ces deux qualités, qui vous permettent d'atteindre des sommets sur tous les plans.

Votre talent, votre intelligence, votre fierté, votre intrépidité, votre ténacité, tout en vous est décuplé. Par contre, la patience n'est pas votre fort, et vous ne supportez ni la critique, ni la contrariété, ni qu'on vous ignore. Vous devez laisser votre empreinte dans les esprits partout où vous passez.

Vous savez ce que vous voulez et vous ne démordez pas aisément de vos idées; vous êtes terriblement obstiné, mais heureusement, comme vous avez un solide esprit d'analyse et une bonne perspicacité, vous pouvez maîtriser toute situation qui pourrait vous nuire autrement.

Les efforts et l'énergie que vous déployez sont aussi remarquables, et les pires obstacles ne vous résistent jamais bien longtemps. Tout tremble sur votre passage.

Vous avez une telle confiance en vous, vous croyez tellement en votre potentiel, votre personnalité est si affirmée et votre nature, si indépendante, que vous faites l'envie de bien du monde. Par contre, toutes ces belles qualités deviennent rapidement de beaux défauts, car vous n'écoutez pas les autres, vous fiant à votre seul jugement. Évidemment, cela vous entraîne à commettre des erreurs qu'il sera difficile de vous faire admettre, entêté comme vous l'êtes.

Et comme vous ne supportez pas la contradiction, vous aurez aussi tendance à vous emporter rapidement, à manquer de tact dans vos relations avec les autres.

Vous êtes flamboyant; il est pratiquement impossible de ne pas vous remarquer. Comme vous montrez en plus beaucoup de charisme, y compris avec les foules, on parle de vous, et cela vous plaît énormément. Rien ne vous fait autant plaisir que d'être le pôle d'attraction.

De telles prédispositions vous permettent d'envisager une carrière fructueuse dans le monde du spectacle, bien sûr, mais aussi dans les arts graphiques, la peinture, la littérature, les médias, la politique ou les affaires… y compris les affaires louches!

L'argent vous file entre les mains, mais heureusement, vous savez amener toujours de l'eau au moulin. Votre signe est celui de la richesse, mais aussi de l'illusion. Pour vous, l'argent n'est qu'un moyen comme un autre de vous mettre en valeur, et non une fin en soi. Vous en avez beaucoup et tout semble vous réussir. On remarque moins les efforts que vous déployez pour atteindre vos objectifs. On pourrait croire que la chance vous sourit tout simplement, alors que vous créez vous-même cette réussite insolente.

En amour, c'est tout ou rien. Votre idéalisme vous pousse à rechercher un conjoint parfait… et, bien entendu, vous ne le trouvez pas, vous courez d'un amour à l'autre, sans vous fixer définitivement. Vous aimez briller et si vous trouvez un partenaire qui n'a d'yeux que pour vous, qui vous admire, qui vous idolâtre, peut-être finirez-vous par craquer. Cependant, beaucoup de natifs du Dragon vivent très bien leur célibat, en papillonnant à droite et à gauche.

Vos plus belles qualités:
Flamboyant, fort, confiant, brillant, intelligent, intrépide, fier, acharné, franc, magnétique.

Vos péchés mignons:
Obstiné, égocentrique, orgueilleux, colérique, insatisfait, irritable, folie des grandeurs.

Selon les sages orientaux

Votre domaine symbolique: Les fonctions royales, la hiérarchie, la prospérité et les cycles de la vie.

Votre arme: Le feu que crache le dragon, qui brûle mais purifie.

Nom chinois de votre signe: Long.

Symbole:

LE SERPENT

Le serpent provoque plutôt la répulsion et la crainte dans notre monde occidental. Pourtant, dans le symbolisme oriental, on lui associe la prudence, la sagesse, la science, les connaissances secrètes et le souffle vital. En Chine, avoir un enfant Serpent est un grand honneur.

Votre sagesse, votre modération, votre équilibre, votre habileté à faire la part des choses, votre pouvoir de peser le pour et le contre font de vous un philosophe extrêmement respecté par votre entourage et vos proches.

Vous avez le rare pouvoir de prendre du recul, d'évaluer la situation, de jauger les événements, sans vous laisser emporter par le courant. Une telle façon d'appréhender la vie fait en sorte que vous vous trompez rarement, ce qui étonne tout le monde.

Vous êtes secret, renfermé même, et il est bien difficile de deviner ce qui vous anime. Votre sens de la réflexion est si puissant, votre vie psychique, si riche, que vous pouvez vous permettre de vivre comme un contemplatif. Votre intuition est phénoménale, et votre raisonnement, profond. Pourtant, vous vous fiez plus à votre instinct qu'à la logique; mais en fait, peut-être que chez vous l'un ne va pas sans l'autre et que ces deux qualités se complètent à merveille.

En affaires, votre flair est presque infaillible, et vous pouvez devenir un excellent conseiller financier. Comme nous tous, vous craignez un peu l'échec, mais chez vous, cette crainte devient une motivation supplémentaire pour faire mieux. En plus, vous savez éviter les risques inutiles, ce qui vous permettra de vivre relativement à l'aise jusqu'à la fin de vos jours. D'ailleurs, vous êtes trop économe pour jeter l'argent par les fenêtres et vous n'êtes pas non plus prêteur. Par contre, vous êtes généreux de votre temps comme de vos conseils.

L'inconnu et le mystère vous attirent. Les connaissances millénaires, les savoirs secrets vous intriguent, et vous vous y intéressez avec délectation.

Pacifique, conciliant, mais doté d'une volonté inébranlable, vous êtes aussi un habile diplomate. Vous n'affrontez pas vos adversaires de front; vous choisissez plutôt la subtilité pour les vaincre. Comme rien ne vous échappe, vous savez profiter de la moindre erreur de vos ennemis pour retourner la situation en votre faveur.

Vous pourriez faire votre marque dans des domaines tels que la politique, la psychologie, la philosophie, l'enseignement, la loi, la recherche, l'investigation et, grâce à votre sixième sens si remarquable, la voyance ou l'astrologie… Comme vous recherchez toujours la perfection, vous excellerez!

Sur le plan sentimental, votre charme est fascinant, presque hypnotique. Ce n'est pas pour rien que votre signe est représenté par un serpent. Par contre, vous n'êtes pas particulièrement tendre; vous vous montrez possessif et jaloux, alors que la fidélité ne vous étouffe pas. Si, par contre, vous rencontrez un conjoint stimulant tant physiquement qu'intellectuellement, vous devenez plus stable, loyal et affectueux, et vous l'aimez de tout votre cœur.

Vos plus belles qualités:
Philosophe, pacifique, sage, modéré, intuitif, déterminé, économe, sensé, magnétique.

Vos péchés mignons:
Renfermé, avaricieux, sournois, mystérieux, peureux.

Selon les sages orientaux

Votre domaine symbolique: Le serpent qui se mange la queue, symbole de la vie et de l'éternel recommencement.

Votre arme: Le regard du serpent qui hypnotise ses proies.

Nom chinois de votre signe: Che.

Symbole:

LE CHEVAL

Comme le fier étalon qui file comme l'éclair dans les vastes plaines, crinière au vent, on remarque en vous votre vivacité, votre fougue, votre entrain et votre énergie.

Ambitieux, vous savez établir de bons plans d'action et des méthodes de travail infaillibles pour atteindre vos objectifs plus rapidement et plus efficacement.

Votre signe est marqué par la vitesse. La patience n'est donc pas votre principale qualité; perdre du temps, attendre vous met en rogne. Les projets à long terme viennent souvent à bout de votre motivation. Vous avez besoin d'agir dans l'instant présent, d'être dans l'action, de faire bouger les choses rapidement. Pour cette raison, vous préférez agir de vous-même. Le dicton «on n'est jamais mieux servi que par soi-même» pourrait d'ailleurs devenir votre leitmotiv. Fier et indépendant comme vous l'êtes, vous ne voulez pas compter sur les autres pour que les choses progressent. Et en plus, vous vous passez très bien des conseils d'autrui.

En tant que brillant parleur, votre éloquence joue en votre faveur lorsqu'il s'agit de négocier ou même pour converser à bâtons rompus entre amis. Votre vocabulaire et votre sens de la répartie sont étonnants, ce qui ne cesse de surprendre et même de désarmer vos interlocuteurs. Comme en plus votre pouvoir de persuasion est très fort, vous remportez tous les succès dans les joutes oratoires. En tant qu'avocat, représentant de commerce ou diplomate, rien ne saurait vous résister. Si vous préférez un domaine plus artistique, la poésie, la peinture, l'architecture sont à votre portée. Les domaines de l'import-export, du commerce et tout ce qui touche aux voyages vous conviendraient également et sauraient très bien répondre à votre soif de liberté.

Comme vous êtes loyal et honnête, ces deux qualités priment pour vous. L'argent, la richesse, l'aisance financière ne sont rien à comparer avec les contacts humains et avec tout ce que pouvez apprendre ou découvrir. Quant à votre liberté, elle n'a pas de prix.

Une telle indépendance vous permet d'être audacieux au travail, et d'en changer lorsque vous sentez la monotonie et la routine s'installer. Vous avez continuellement besoin de relever de nouveaux défis et d'élargir vos horizons. Vous êtes polyvalent et savez vous adapter à de nombreuses situations. Par contre, cela peut devenir rapidement un défaut, car vous changez constamment de direction, et il devient très difficile de bien réussir dans de telles conditions.

Vous avez besoin de contacts humains, vous êtes sociable et vous aimez échanger des idées, rencontrer du monde, briller; vous avez de l'esprit, de l'humour à revendre, et on apprécie votre présence. Votre assurance pourrait toutefois cacher une certaine insécurité. Les autres vous font plus confiance que vous ne le faites vous-même. Étonnant, n'est-ce pas?

Sur le plan sentimental, votre pouvoir de séduction est indéniable, mais votre fougue vous emporte facilement. Vous vous montrez alors passionné, presque exalté, capable de toutes les folies pour attirer l'attention de l'objet de votre désir. En amour, vous iriez jusqu'à donner votre chemise; vous êtes d'une telle générosité! Par contre, si la routine s'installe, si vous perdez un peu d'intérêt pour votre partenaire, l'envie d'aller voir ailleurs ne tarde pas à vous prendre. Pour vous, le conjoint idéal est une personne qui sait vous amuser et continuellement vous surprendre tout en vous laissant votre liberté. Vous vous montrez alors constant et protecteur envers elle.

Vos plus belles qualités:
Ambitieux, vif, drôle, ardent, désintéressé, éloquent, séducteur, persuasif, loyal, brillant.

Vos péchés mignons:
Frivole, changeant, perd vite sa motivation, peur de la routine, instable.

Selon les sages orientaux

Votre domaine symbolique: Les grands espaces et les eaux que caresse Vahu, le dieu du Vent.

Vos armes: La vitesse et l'insaisissabilité de l'étalon qui pourfend les vents.

Nom chinois de votre signe: Mha.

Symbole:

LA CHÈVRE

Vous êtes le seul animal «féminin» de l'astrologie chinoise. Calme, paisible, doux, facile à vivre et sensible, vous possédez le charme bucolique de votre homonyme de la campagne. Votre vie évolue dans la beauté et la paix, qui vous sont essentielles pour vous sentir bien dans votre peau.

Vos goûts raffinés, artistiques même, reflètent votre importante créativité. Vous n'avez pas un sens pratique à toute épreuve, mais votre perfectionnisme ressort lorsque vous tenez à quelque chose. Une telle recherche de la perfection dans les moindres détails vous rend parfois incapable de prendre une décision ou, tout au moins, vous laisse hésitant sur celle à prendre. Devant un dilemme insoluble selon vous, vous préférez laisser les autres décider à votre place. Par contre, si vous avez finalement réussi à déterminer ce que vous voulez, vous aurez le courage de vos opinions et saurez les défendre avec justesse et opiniâtreté.

Discrète, réservée, gentille aussi, votre nature sociable vous attire de nombreux amis; les gens s'intéressent à vous, et vous bénéficiez de nombreux appuis lorsque le moment s'en fait sentir. Comme votre sens des responsabilités est plutôt mince, que vous agissez plus en «suiveur» qu'en chef de file, vous avez besoin des autres pour avancer. Heureusement, votre flair vous guide bien, et vous vous retrouvez rarement dans une mauvaise posture.

Vous êtes un peu rêveur, mais ce trait de caractère vous a permis de développer une inspiration étonnante. Le domaine artistique rend justice à votre créativité; vous excellez dans l'artisanat, la comédie, mais aussi le commerce, les relations publiques, le jardinage et les soins aux animaux. Cependant, vous hésitez à faire cavalier seul: vous avez besoin d'un partenaire pour vous stimuler, pour vous donner ce petit coup de pouce qui mène à la réussite, et cela aussi bien d'un point de vue professionnel que financier.

Vous préférez vivre dans une atmosphère empreinte d'harmonie, loin du brouhaha et des affrontements du monde, et vous vous retranchez alors dans votre nid, généralement douillet, pour vous ressourcer et y refaire vos forces vitales. Hôte remarquable, vous accueillez ceux que vous aimez avec chaleur et, dès lors, vous devenez, à leurs yeux, un centre d'attraction remarquable, ce qui fait parfaitement votre affaire.

Vous recherchez la sécurité affective auprès d'un partenaire qui vous apportera tout le soutien et la confiance qui vous manquent; vous attachez une importance capitale à votre vie émotive et vous tenez à la réussir.

Sur le plan financier, vous n'hésitez pas à dépenser pour vous procurer le confort matériel nécessaire à votre plein épanouissement. Les attentions et les marques de gentillesse vous enchantent. De même, vous êtes très amoureux, très généreux et vous donnez aux autres sans compter.

Vos plus belles qualités:
Sensible, doux, intuitif, inspiré, affectueux, conciliant, sociable, esthète.

Vos péchés mignons:
Capricieux, indécis, profiteur, irresponsable, rêveur, manque de sens pratique, dépendant.

Selon les sages orientaux

Votre domaine symbolique: Les nuages, qui indiquent la possibilité de s'élever et de s'améliorer.

Votre arme: La douceur attachante de la chèvre se fiant au berger qui la nourrit.

Nom chinois de votre signe: Zhu.

Symbole:

LE SINGE

猴

Tout comme l'animal qui vous représente, vous êtes facétieux, «drôle comme un singe», rempli d'humour. Vous ne reculez devant rien pour faire rire et attirer l'attention. Votre esprit est vif; votre intelligence, éveillée et curieuse. Tout vous intéresse, surtout la nouveauté. Vous êtes un être fantaisiste, bourré d'imagination et de créativité, et les astres vous ont aussi doté d'une mémoire d'éléphant.

Votre originalité et votre humour vous permettent d'occuper l'avant-scène, quoi que vous fassiez. Vous êtes un véritable boute-en-train, et votre bonne humeur rayonnante est très appréciée, tellement que vous avez toujours une petite cour d'inconditionnels qui vous suit partout. Votre affabilité vous gagne amitiés et appuis, et comme vous n'hésitez pas à donner vous-même un coup de pouce à une personne dans le besoin, on sait qu'on peut compter sur vous en tout temps. Par contre, vos inimitiés sont aussi exacerbées que vos marques d'amour, et il vaut mieux ne pas se faire un ennemi d'un natif du Singe, car il peut se montrer assez mesquin.

Votre entregent est remarquable, mais il ne vous aveugle pas, et vous ne perdez jamais de vue vos intérêts. En fait, vous n'avez confiance qu'en vous-même. Observateur et perspicace comme personne, vous repérez les points faibles de vos interlocuteurs au premier coup d'œil et vous en profitez sans vergogne. Tout comme vous savez sauter rapidement sur les occasions, vous n'êtes pas du genre à attendre que le train repasse pour le prendre. Discipliné et méticuleux, vous trouvez des solutions pour répondre aux problèmes les plus complexes, et évidemment les plus ingénieuses sont souvent de votre cru. La concurrence ne vous gêne absolument pas, car vous connaissez votre valeur et êtes apte à vous défendre seul. Les défis vous stimulent, car vous êtes doté d'une promptitude et d'une belle vivacité d'esprit qui vous évitent d'être pris au dépourvu.

Sur le plan de vos amitiés et de vos amours, vous vous montrez charmant, amusant, jovial, mais cela cache une légère tendance à batifoler à droite et à gauche, la fidélité étant toute relative pour vous. Vous êtes une personne adroite, rusée même, qui sait comment faire travailler les autres à sa place et à son profit. Vous sous-estimez souvent autrui et adorez impressionner, briller et être le pôle d'attraction. L'humilité ne vous étouffe pas.

Capable de mener de multiples activités de front et doté de nombreux talents, vous gagnez facilement de l'argent, que vous dépensez tout aussi facilement, car vous n'aimez guère les restrictions et les contraintes. Vous faites confiance à votre bonne étoile pour remplir votre compte en banque au fur et à mesure de vos coups de folie. Les carrières qui vous conviennent sont évidemment celles d'amuseur public, de comédien, d'acrobate, mais aussi de diplomate ou de politicien. Les sciences, le commerce, la littérature et les affaires sont aussi des centres d'intérêt qui pourraient vous attirer.

Vous batifolez, donc vous pouvez devenir une véritable girouette, en amitié et plus encore en amour. Vos relations sont enflammées au début, puis, rapidement, vous vous ennuyez et vous vous demandez comment cette personne a pu vous plaire. Sous des apparences très émotives et parfois éclatées, vous cachez une personnalité lucide et vous gardez la tête froide. Pour vous garder, votre partenaire devra déployer un talent d'amuseur, vous surprendre, vous divertir, bref, vous copier.

Vos plus belles qualités:
Amusant, drôle, boute-en-train, convaincant, érudit, éveillé, esprit vif, lucide, perspicace.

Vos péchés mignons:
Mesquin, rusé, profiteur, opportuniste, dépensier.

Selon les sages orientaux

Votre domaine symbolique: L'illusion que crée le bateleur du jeu de tarot.

Vos armes: Les facéties du singe qui distraient... le laissant libre d'agir à sa guise.

Nom chinois de votre signe: Hoo.

Symbole:

LE COQ

En bon roi de la basse-cour, vous faire remarquer, briller, déployer votre talent pour plaire, voilà ce qui vous motive. Et en plus, ce qui ne gâche rien, vous avez un tel magnétisme que vous attirez irrésistiblement tous les yeux vers vous. Une telle popularité vous pousse forcément à la vantardise et à la fanfaronnade, car vous êtes «fier comme un coq».

Votre imagination fertile et votre rêverie vous entraînent dans des conversations intéressantes, mais comme vos idées sont plutôt conservatrices, et que vous y tenez mordicus, votre entourage vous trouve un peu trop rigide, voire inflexible. En plus, comme vous êtes franc, que vous ne mâchez pas vos mots et que ce n'est pas la diplomatie qui vous étouffe, on vous reproche souvent vos opinions trop tranchées. Votre franchise peut blesser mais, même vos adversaires doivent en convenir, vous êtes l'honnêteté et la sincérité incarnées.

Sous vos plumes multicolores et éclatantes, vous conservez votre jardin secret et vous êtes somme toute plutôt renfermé. Vous vous montrez également sélectif en amitié comme en affaires, mais vous avez un grand besoin d'être aimé. Vous souffrez parfois d'un sentiment d'insécurité qui vous pousse à désirer la perfection en toutes choses. Vous risquez de vous perdre dans des détails sans importance ou d'avoir une petite tendance à l'obsession. Pourtant, pour planifier, il y en a peu de votre trempe. Vous n'avez pas peur de vous investir corps et âme pour atteindre vos objectifs. Pour vous, le temps et l'énergie consacrés à votre réussite sont autant d'investissements.

Vous cherchez à vous surpasser, et en tant que travailleur acharné, vous êtes prêt à tout pour défendre vos acquis. Si vous constatez que rien n'avance comme vous le voulez, vous pouvez monter sur vos ergots et vous emporter. Pour vous, la chance n'a aucune part dans votre vie; l'argent est trop difficile à gagner pour vous fier au hasard. Vous voulez donc profiter au maximum du fruit de vos efforts. Votre acharnement vous permettra très probablement de couler des jours paisibles à l'abri du besoin, une fois l'heure de la retraite sonnée.

Votre sociabilité et votre sens de l'organisation sont de précieux atouts, particulièrement dans des domaines tels que le théâtre, la peinture, la danse, les relations publiques, la vente, la promotion, la publicité, l'hôtellerie, la restauration, la chirurgie, les soins dentaires, ou même l'investigation et la sécurité.

D'apparence soignée, vous cultivez ce trait de votre personnalité qui vous permet de plaire et de vous pavaner. Par contre, comme vous craignez le ridicule, vous pouvez devenir craintif et même jaloux. Vous recherchez l'âme sœur, celle qui vous admirera, qui sera à la hauteur de vos désirs et que vous serez fier d'exhiber en société.

Vos plus belles qualités:
Beau parleur, brillant, sociable, planificateur hors pair, déterminé, économe, franc, conservateur.

Vos péchés mignons:
Vantard, jaloux, renfermé, craintif, coléreux, inflexible, rigide, manque de tact.

Selon les sages orientaux

Votre domaine symbolique: Le soleil éclatant, dont le chant du coq annonce le lever.

Votre arme: Le tempérament combatif du coq.

Nom chinois de votre signe: Ji.

Symbole:

LE CHIEN

On a toujours dit que le chien était le meilleur ami de l'homme, et vous faites honneur à l'animal qui symbolise votre signe, car, comme lui, vous êtes fidèle, loyal et vigilant. Par contre, vous demeurez constamment sur vos gardes, car vous êtes craintif. Même votre proche entourage avoue ne pas vous connaître à fond; vous restez souvent sur votre quant-à-soi, et il devient difficile de vous percer à jour.

Votre bon cœur vous incite à vouloir améliorer les conditions de vie de vos congénères. L'injustice et la souffrance humaine font vibrer vos cordes sensibles. Vous n'hésitez pas une seconde à déployer beaucoup d'énergie pour défendre une cause humanitaire. Puisque vous êtes un idéaliste dans l'âme, vous consacrez plus de temps à réaliser vos objectifs de don de soi qu'à songer à votre confort ou à vos intérêts personnels. Cette faculté d'accorder aux autres votre priorité vous permet de devenir un chef de meute apprécié et capable de sortir des sentiers battus.

Votre générosité, votre sens du devoir et votre intégrité sont appréciés, même plus que vous ne l'espériez. Par contre, comme vous ne mâchez pas vos mots et vous ne vous gênez pas pour dire ce que vous pensez, vous pourriez choquer certains de vos interlocuteurs. Vous avez un esprit particulièrement critique, vous pouvez être bougon, parfois même agressif; pourtant, ce n'est qu'un loup de carnaval qui masque votre grande sensibilité et votre bonté.

Vous avez l'impression que le monde va de plus en plus mal, que les gens ne cherchent qu'à profiter les uns des autres, et de vous par la même occasion. Cela vous prédispose à l'angoisse; vous avez des idées noires, vous êtes même pessimiste, surtout quant à l'avenir de l'humanité. En bon chien de garde, vous êtes aux aguets, prêt à intervenir.

Vous êtes désintéressé. Donc, pour vous, vos finances et vos affaires sont secondaires, du moment que vos revenus vous permettent de faire vivre votre petite famille, vous êtes satisfait. L'excédent est aussitôt dépensé. Vous ne prêtez guère d'intérêt à la vie matérielle et vous ne recherchez pas la gloire, ce qui fait de vous l'associé idéal ou l'employé modèle.

Vos pleines capacités s'exprimeront à travers les soins à autrui, la religion, le monde syndical, la loi, la philosophie, le journalisme, la politique, l'enseignement. Votre but principal est de faire le bien autour de vous et de veiller à être utile à ceux qui vous entourent.

Sur le plan interpersonnel, vous n'êtes pas très sociable: les réunions mondaines et les bandes d'amis ne sont pas votre fort. De nature plutôt solitaire, vous parlez peu de vous, mais votre altruisme vous rend attachant. En amour, vous êtes comme un bon chien fidèle, dévoué et honnête, mais un peu craintif et tourmenté. Perdre l'être aimé demeure votre principale crainte, comme le chien qui a peur de perdre son maître. Pour vous sentir bien dans votre peau, vous devez avoir un compagnon de vie doté d'une forte personnalité, qui partage vos idéaux et dissipe vos inquiétudes en se montrant à la hauteur de la confiance que vous lui accordez.

Vos plus belles qualités:
Loyal, généreux, vigilant, toujours prêt à aider ceux qui sont dans le besoin, compatissant, désintéressé, sensible.

Vos péchés mignons:
Renfermé, anxieux, craintif, critique, pessimiste, peu rassuré, manque de tact.

Selon les sages orientaux

Votre domaine symbolique: La complémentarité du chien-loup qui mène à la purification et à la poursuite d'un idéal.

Votre arme: La vaillance du chien qui n'hésite pas à se sacrifier pour son maître.

Nom chinois de votre signe: Goo.

Symbole: 狗

LE COCHON
豬

Contrairement à la croyance populaire, le cochon est un animal très propre; le natif de ce signe supporte peu la saleté et le désordre. Chez lui tout brille de propreté. À l'intérieur de vous aussi, vous savez faire le ménage lorsque nécessaire, mais vous avez gardé votre cœur d'enfant, et vous le conserverez toute votre vie; c'est ce qui fait votre charme.

Gentil, tolérant, compréhensif et pacifique, le natif du Cochon déteste les complications et les disputes; tant et si bien qu'il se range à l'avis de ses interlocuteurs, tout en sachant qu'il a raison, simplement pour ne pas les contredire et créer de la bisbille. Le Cochon sait se taire lorsqu'il sent que la discussion pourrait l'entraîner trop loin.

Dominé par la sincérité, vous accordez facilement votre confiance, au risque de voir cette marque d'estime se retourner contre vous, surtout en affaires. Comme vous n'êtes pas rancunier et que votre douceur masque votre tempérament, on pourrait croire que vous êtes faible de caractère… eh bien, pas du tout! Vous pouvez même être têtu comme un cochon. Cette détermination vous permet d'ailleurs de mener à bien vos projets, car vous ne baissez jamais les bras. Votre entourage sait très bien qu'il peut compter sur votre loyauté et que la parole d'un Cochon vaut de l'or.

Travailleur assidu, vous accordez une énorme importance à la réussite professionnelle. Les affaires, la Bourse, les professions libérales, les arts, la littérature, les soins à autrui, l'architecture, la décoration et la restauration (vous êtes si gourmand) sont des domaines qui pourraient vous mener à réaliser de grandes choses.

Comme vous avez beaucoup de facilité à gagner de l'argent, en dépenser beaucoup ne vous pose aucun problème; vous vous permettez de gâter ceux que vous aimez et vous avez autant de plaisir à donner qu'eux à recevoir. Par contre, notre gentil Cochon est comme la fourmi de la fable de La Fontaine: il n'est pas prêteur. De mauvaises expériences vous auraient-elles échaudé?

Puisque votre parole est d'or, vous respectez scrupuleusement vos promesses. Bien sûr, cette qualité vous incite à la prudence, et vous ne vous engagez pas à la légère; vous pesez et soupesez le pour et le contre pendant des jours avant de vous décider. Mais ce n'est pas plus mal, parce qu'une fois que vous avez dit oui, on sait qu'on peut compter sur vous. Vous préférez agir seul, sans demander l'avis de ceux qui vous entourent. Et si vous avez quelque chose en tête, il est impossible de vous en faire démordre, on l'a dit: «Vous avez une tête de cochon!»

Au milieu d'inconnus, vous êtes si discret qu'on se demande si vous êtes là. Mais avec vos proches, vous savez vous montrer drôle, faire rire et vous mettre au premier plan lorsque cela vous convient. Vos amis se comptent sur les doigts d'une seule main, mais vous pouvez leur faire confiance, car leur fidélité vous est acquise. Votre vie familiale est aussi très importante, et vous ne ménagez ni votre temps ni vos efforts pour assurer le bonheur de votre progéniture. Votre domicile est votre refuge. Il est confortable et accueillant. On se sent bien chez vous!

Sur le plan amoureux, on ne reste pas insensible à vos beaux yeux. Mais vous avez d'autres qualités qui attirent le sexe opposé: votre charme, votre humour, le plaisir que vous prenez aux bonnes choses de la vie, votre sensualité et votre raffinement. Vous êtes quelqu'un de généralement tolérant. Pourtant, en amour, votre possessivité est exacerbée, et comme la vie de couple est, rappelons-le, très importante pour vous, vous ne supportez pas qu'on vous mente ou qu'on vous trompe.

Vos plus belles qualités:
Cœur d'enfant, pacifique, généreux, amusant, tolérant, déterminé, honnête, sens de la famille, propre.

Vos péchés mignons:
Crédule, indécis, obstiné, sensuel, peur de la chicane et des affrontements.

Selon les sages orientaux

Votre domaine symbolique: Le chêne qui symbolise la solidité, la longévité et l'hospitalité.

Vos armes: Le calme et la douceur qui cachent la détermination du cochon.

Nom chinois de votre signe: Zhu.

Symbole: 豬

L'ascendant chinois sans calcul

Pour déterminer votre ascendant chinois, nul besoin de vous lancer dans de savants calculs, il suffit de connaître votre heure de naissance. Consultez le tableau présenté ici pour connaître votre ascendant chinois.

N'oubliez pas de vous en tenir à l'heure réelle. Vous pouvez vous référer au chapitre «Trouver son ascendant, c'est facile!», à la page 45 au début de ce livre, pour savoir si, le jour de votre naissance, l'heure était avancée ou non. Si elle l'était, enlevez une heure et continuez.

Si vous êtes né:	Votre ascendant chinois est:
entre minuit et 1 h	Rat
entre 1 h et 3 h	Buffle
entre 3 h et 5 h	Tigre
entre 5 h et 7 h	Chat
entre 7 h et 9 h	Dragon
entre 9 h et 11 h	Serpent
entre 11 h et 13 h	Cheval
entre 13 h et 15 h	Chèvre
entre 15 h et 17 h	Singe
entre 17 h et 19 h	Coq
entre 19 h et 21 h	Chien
entre 21 h et 23 h	Cochon
entre 23 h et minuit	Rat

Une fois que vous avez trouvé votre ascendant, il ne vous reste plus qu'à consulter les pages qui suivent.

Ascendant Rat

Votre ascendant Rat vous rend certainement un peu craintif, et votre entourage doit trimer dur pour gagner votre confiance. Plusieurs personnes vous trouvent distant et froid, mais une fois que la glace est rompue entre vous, ce sont surtout vos belles qualités qui ressortent.

Votre esprit pratique vous permet de trouver des solutions ingénieuses aux problèmes qui semblent insolubles à d'autres. Vous ne manquez jamais une bonne occasion lorsqu'elle croise votre route, et dans les discussions, vos arguments sont si convaincants que c'est avec une grande facilité que vous ralliez tout le monde autour de votre point de vue. En fait, vous êtes dangereusement convaincant. Vous réussissez souvent le tour de force de faire agir votre entourage, et même des inconnus, de la façon dont vous le voulez, et, en plus, à leur insu. C'est tout un talent que de savoir convaincre de cette manière. En amour, la passion est un très bon moteur, mais l'admiration que vous avez envers votre partenaire en est un encore plus fort.

Ascendant Buffle

Même si vous êtes plutôt réservé et conservateur, on peut vous faire confiance, car vous agissez avec sérieux, franchise et honnêteté. En affaires ou en amitié, vous gagnez à être connu. Vous êtes un bon travailleur; votre détermination et les nombreux efforts que vous déployez vous conduiront sans aucun doute vers la réussite, et, ce qui ne gâche rien, vous avez un très bon sens de l'organisation. Sur le plan financier, vous vous montrez plutôt économe et prévoyant; vous ne vous mettrez jamais dans le pétrin, et vos vieux jours sont assurés.

En amour, pour vous, c'est la loyauté et la stabilité qui priment. Vous prenez donc tout votre temps pour vous décider, mais lorsque vous vous engagez, c'est pour la vie. Votre famille est pour vous le cocon où vous vous sentez le mieux, et vous savez la préserver.

Ascendant Tigre

Téméraire comme le gros félin qui vous représente, vous n'avez peur de rien. Votre persévérance, votre intelligence, votre ambition et votre sens de la gestion des ressources humaines font de vous un être que rien n'arrête; au contraire, plus les obstacles s'accumulent, plus il y a de défis à relever, plus vous êtes heureux.

En affaires, les conventions ne vous embarrassent pas; vous êtes autonome et vous agissez à votre guise. Vous avez le don des affaires, de gagner de l'argent, car votre vision d'ensemble de la situation est optimale. Par contre, l'argent file aussi vite de votre porte-monnaie qu'il y rentre.

En amitié comme en amour, avec vous, c'est tout ou rien. Vous recherchez un partenaire que vous pouvez idéaliser, car vous vous enflammez aussi rapidement que vous pouvez vous éteindre. Pour vous apprivoiser, votre conjoint devra déployer tous ses atouts: être brillant, vous surprendre, vous stimuler et même vous suivre dans vos nombreuses aventures.

Ascendant Chat

Courir les réceptions, les mondanités, les cocktails, c'est vraiment ce que vous aimez le plus. Vous êtes une personne sociable qui adore voir des gens, toutes sortes de gens. Bien sûr, dans de tels événements, vous pouvez déployer votre charme et briller, ce que vous adorez. Votre pouvoir de séduction est tout simplement phénoménal. On remarque votre élégance naturelle et toutes ces belles choses que vous portez si bien. Vous avez aussi le don de la parole, vous savez comment parler aux gens, comment les convaincre, et vous êtes un habile négociateur et surtout un fin diplomate. Néanmoins, les affrontements directs ne vous plaisent pas du tout et vous font même fuir. Malgré votre envie de plaire, vous conservez un certain côté conservateur qu'on perçoit tant dans votre façon d'agir que dans celle de mener vos affaires.

Sur le plan affectif, c'est le romantisme qui marque vos relations. Vous aimez plaire, charmer et ronronner. Vous déployez toute votre séduction, tout en demeurant sur vos gardes; vous craignez beaucoup qu'on vous fasse du mal, car les critiques et les éclats de voix vous traumatisent.

Ascendant Dragon

Flamboyantes, les personnes ayant un ascendant Dragon possèdent un magnétisme indéniable; elles ne passent jamais inaperçues. Vous n'êtes pas très patient et aimez que les choses se déroulent rondement, sans perte de temps. Par contre, vous donnez l'exemple en étant un travailleur acharné, aux grandes ambitions, et vous réussissez souvent à atteindre vos buts grâce aux nombreux efforts que vous déployez. Vous avez du talent et de la détermination, ce qui vous donne une grande confiance en vous et en vos capacités. En affaires, aucun obstacle ne vous rebute, vous les surmontez haut la main; l'argent et la réussite sont au rendez-vous. Mais comme les richesses sont faites pour circuler, elles ne restent jamais bien longtemps à dormir dans votre coffre-fort.

En amour, vous êtes également très exigeant envers vous et votre partenaire, par le fait même. Vous demandez la perfection, rien de moins, et c'est la raison pour laquelle vous ne vous précipitez pas sur la première personne venue. Avant de rencontrer la personne parfaite que vous avez en tête, vous briserez bien des cœurs, car votre magnétisme est puissant. On vous aime plus que vous, vous n'aimez.

Ascendant Serpent

Clairvoyance, sagesse, perfectionnisme, esprit de décision, prudence et intuition phénoménale sont vos principaux atouts, et vous n'hésitez jamais à vous en servir. Pour vous, tout doit être clair et net; vous cherchez à atteindre la perfection. Dans vos loisirs comme en affaires, vous réfléchissez abondamment, vous êtes très avisé, et on ne vous surprend pas facilement, car vous ne prenez aucune décision à la légère. Bien sûr, vous vous fiez à votre raisonnement, mais votre instinct occupe une grande place quand vient le moment de faire les bons choix. Vous êtes déterminé à atteindre l'aisance et vous y arriverez; comme, en plus, vous êtes économe, parcimonieux même, vous vous mettez largement à l'abri du besoin.

Votre charme est puissant; néanmoins, vous n'êtes ni tendre ni romantique; en amour, vous vous montrez même possessif avec votre partenaire. Par contre, lorsqu'il est question de vous, vous vous permettez de batifoler à droite et à gauche et vous devenez volage. Néanmoins, une fois le conjoint idéal trouvé, vous devenez loyal, et on peut compter sur vous.

Ascendant Cheval

Vif comme l'éclair, rapide comme le vent: ces qualités se retrouvent tant dans votre état d'esprit et votre caractère que dans vos agissements. Avec vous, pas de temps pour le surplace; il faut que ça bouge, et vite! Brillant causeur, vous avez des reparties rapides et percutantes, ce qui vous permet de faire bonne impression en public et vous rend de bons services en affaires.

La routine n'est décidément pas pour vous. De toute façon, lorsqu'elle semble s'installer, vous vous étiolez. De nouveaux défis, de nouveaux visages à rencontrer, de nouvelles cultures à explorer, tout suscite en vous le dynamisme. Populaire et sympathique comme vous l'êtes, vous attirez de nombreuses personnes autour de vous. Mais rien n'a plus d'attraits que la liberté à vos yeux.

Puisque vous êtes quelqu'un de rapide, vous tombez très vite amoureux, car en plus vous possédez un pouvoir de séduction et un charisme enjôleurs. Mais vos amours ne sont bien souvent que des feux de paille. Lorsque vous vous sentez coincé, bridé dans vos aspirations, vous n'avez de cesse de briser vos liens pour courir crinière au vent. Votre conjoint devra respecter ce trait de votre personnalité pour vous rendre heureux. Dès lors, vous serez attentif et généreux.

Ascendant Chèvre

Doux, raffiné et conciliant, vous attachez aussi beaucoup d'importance à la beauté. On pourrait toutefois vous reprocher votre légère indécision qui vous empêche souvent d'agir. Vous n'êtes parfaitement à l'aise qu'au sein du noyau familial. Votre vie intérieure est probablement plus riche que votre vie au quotidien et en société. En fait, vous êtes un être inspiré, mais vous avez peu confiance en vous. Vous rêvassez, au détriment de l'action.

Sur le plan des finances ou du travail, vous trouvez toujours un collègue, un associé ou un subalterne qui saura vous aider et vous stimuler, car vous avez besoin qu'on vous pousse un peu dans le dos.

Sur le plan sentimental, votre émotivité est très forte, et vous êtes également rêveur. Vous cherchez un partenaire compréhensif, qui saura vous épauler en tout temps et, en plus, qui vous gâtera. En effet, les cadeaux et les petites attentions vous font fondre, et vous aimez autant en donner qu'en recevoir. Comme vous avez beaucoup de charme, vous trouverez certainement cette perle rare.

Ascendant Singe

Avec vous, c'est presque tous les jours la fête. Vous êtes fantaisiste, rempli d'originalité et débordant d'humour. En plus, vous êtes curieux et vous vous intéressez à tout. Grâce à votre mémoire d'éléphant, vous parvenez même à épater de purs étrangers. Bref, vous êtes très sociable et vous recherchez sans cesse les contacts humains, probablement dans le but inavoué d'épater la galerie.

Votre capacité de travail est étonnante, et vous pouvez mener plusieurs projets en même temps, grâce surtout à votre solide discipline et à l'énorme potentiel qui vous anime.

Vous êtes aussi très convaincant. Sous vos dehors clownesques sommeille un négociateur redoutable qui ne perd pas de vue ses propres intérêts. Vous savez même embobiner les autres tout en n'en laissant rien paraître.

Sur le plan sentimental, votre nature enjouée et curieuse fait en sorte que vous vous emballez vite et que vous vous lassez tout aussi vite. Possédant un caractère plutôt versatile, vous êtes conscient de votre nature fuyante, et il est assez rare que vous vous engagiez à fond. Il vous faut un partenaire qui sera aussi votre complice, qui saura vous amuser, vous surprendre, vous faire rire et qui, en même temps, renouvellera votre quotidien.

Ascendant Coq

Vous avez de l'entregent, vous êtes un bon communicateur, vous aimez briller en société, et en plus vous avez un certain charisme. Donc toutes les qualités qu'il faut pour vous faire de nombreux amis. Mais, même si vous êtes un beau parleur, vous ne vous ouvrez jamais totalement; vous gardez votre part de mystère et vous restez un tantinet sur la défensive.

Votre principal objectif étant de toujours faire mieux, votre perfectionnisme en devient tatillon. Vous vous perdez dans les détails sans importance. Heureusement, votre détermination, vos dons de planificateur hors pair et votre agressivité constructive compensent ce petit côté un peu trop minitieux. Côté argent, vous êtes prévoyant et sage.

Comme vous attachez une grande importance à votre apparence générale, vous plaisez beaucoup, mais vous êtes si exigeant avec vous-même et avec les autres qu'il est bien difficile de vous plaire. Vous cherchez un conjoint loyal qui vous admire et que vous serez fier de présenter à vos amis. Par nature, vous vous montrez un peu jaloux.

Ascendant Chien

Voici l'idéaliste généreux et intègre type. Votre nature est foncièrement loyale. Votre principal point faible est votre tendance à demeurer constamment sur le qui-vive, à être sur la défensive, à toujours voir le côté noir des choses et des gens. Bref, vous souffrez parfois d'anxiété et vous vous inquiétez souvent inutilement.

Vous êtes énormément touché par la souffrance humaine, et cela vous pousse à consacrer de nombreux efforts au service d'une cause humanitaire au détriment de vos propres intérêts. Honnête et franc, vous préférez toutefois garder vos pensées pour vous, car vous savez que vous avez la critique très facile.

On vous trouve attachant. Pourtant, on arrive difficilement à bien cerner votre caractère, car vous êtes plutôt renfermé. Sous cette carapace se cache cependant un grand sentimental qui a toujours peur d'être blessé. C'est d'ailleurs cette grande insécurité et votre manque de confiance en vous qui risquent de peser sur votre vie de couple. Votre conjoint devra vous sécuriser.

Ascendant Cochon

Vous avez gardé votre âme d'enfant; vous êtes sans malice et vous accordez facilement votre confiance, trop peut-être. On apprécie votre grande générosité et votre tolérance proverbiale. Vous n'êtes cependant pas très à l'aise avec des inconnus et préférez rester entouré de vos meilleurs amis. Vous êtes rempli de gentillesse et de gaieté, mais ce n'est pas chez vous une faiblesse de caractère. Au contraire, vous savez ce que vous voulez et vous faire changer d'idée relève parfois de l'exploit. Par contre, si vous sentez venir le vent de la discorde, vous n'hésitez pas une seconde à vous ranger à l'avis de votre interlocuteur, même si vous n'en pensez pas moins et que, de toute façon, vous n'en ferez qu'à votre tête.

Vous êtes plutôt naïf et crédule, mais, en affaires, on ne vous roule pas facilement dans la farine. Vous savez comment gagner de l'argent. D'ailleurs, une partie de tous ces sous servira à choyer votre petite famille et ceux que vous aimez. Tandis que l'autre partie sera investie pour avoir un certain confort qui vous rendra la vie bien plus agréable. Vous aimez les bonnes choses de la vie et vous êtes un excellent amoureux. Votre conjoint doit cependant démontrer que vous pouvez lui faire confiance, car vous êtes un tantinet possessif et jaloux.

Ils ont le même signe chinois que vous

Rat
Doris Day, Linda de Suza, Marie Denise Pelletier, Wayne Gretzsky, Clark Gable, Carol Burnett, Nana Mouskouri, Pierre Bertrand, Nancy Martinez, André Philippe Gagnon.

Buffle
René Simard, Daniel Lavoie, Jean Coutu, Charles Trenet, Walt Disney, Michel Louvain, Carole Laure, Jean-Pierre Coallier, Peter Gabriel, Corey Hart, André Gagnon, Bruce Springsteen.

Tigre

Marie-Michèle Desrosiers, Jerry Lewis, Louise Portal, Martine St. Clair, Olivier Guimond, Félix Leclerc, Charles Dutoit, Claude Poirier, Marilyn Monroe, Andrée Boucher, Tina Turner.

Chat

Brian Mulroney, Billie Holiday, Sylvie Bernier, Bob Hope, Guy Lafleur, Renée Claude, Michel Rivard, Sting, Roger Moore, Sandra Dorion, Frank Sinatra, George Michael.

Dragon

Richard et Marie-Claire Séguin, Jean Drapeau, Marie Philippe, Serge Laprade, Pierre Lalonde, Bing Crosby, Christian Dior, Faye Dunaway, John Lennon, Gino Vanelli.

Serpent

Jacques Brel, Sylvie Tremblay, Claude Barzotti, Marjo, Nicole Leblanc, Greta Garbo, Marc Favreau, Grace de Monaco, Martin Luther King, Francis Cabrel, Pierre Labelle.

Cheval

Barbra Streisand, Michel Fugain, Janet Jackson, Jean-Paul II, Paul McCartney, Geneviève Bujold, Edith Butler, Lise Watier, Janis Joplin, Martine Chevrier, Aretha Franklin, Samantha Fox.

Chèvre

Suzanne Lévesque, Tino Rossi, Denise Filiatrault, Michel Tremblay, Louise Forestier, Lise Payette, Alys Robi, Andrée Lachapelle, Daniel Lemire, Mick Jagger, Angèle Arsenault.

Singe

Elizabeth Taylor, Diana Ross, Céline Dion, Joan Crawford, Claude Blanchard, Yves Corbeil, Claude Léveillée, Julio Iglesias, Mike Bossy, Dalida, Mario Tremblay.

Coq

Simone Signoret, Janine Sutto, Joan Collins, Jean-Paul Belmondo, Michel Jasmin, Bette Midler, Clémence DesRochers, Joe Bocan, Dolly Parton, Robert Bourassa.

Chien

Liza Minnelli, Patrick Norman, Brigitte Bardot, Madonna, Michael Jackson, René Lévesque, Prince, Michèle Richard, mère Teresa, Jean-Pierre Ferland, Elvis Presley.

Cochon

Claude Dubois, Danielle Ouimet, Jean Lapointe, Jean Duceppe, Luciano Pavarotti, Ronald Reagan, Fred Astaire, Dudley Moore, Elton John, Irene Cara, Lucille Ball, Arnold Schwarzenegger.

Bibliographie

LUKAS, E., *L'extraordinaire pouvoir de la Lune,* Paris, Éditions de Vecchi, 1989, 192 p.

CHALIFOUX, Anne-Marie, D.N., *Mon cours d'astrologie,* Montréal, Communication Véga, 1991, 452 p.

L'illustration de la carte du ciel de 2006 a été réalisée à l'aide du programme *Win*Vega3,* en vente au Pentogramme.

L'astrologie vous intéresse?

Nos cours sont faciles, amusants et abondamment illustrés. Ils ont été conçus pour ceux qui n'ont jamais fait d'astrologie, et vous pourrez les suivre à votre rythme, chez vous.

Pour avoir des renseignements sur nos services, entre autres sur nos *Cours d'astrologie par correspondance,* il suffit de nous faire parvenir une enveloppe préaffranchie sur laquelle vous aurez indiqué votre nom et votre adresse.

Postez le tout par courrier régulier à:

Bureau d'Anne-Marie Chalifoux
738, avenue Bloomfield, bureau 8
Outremont (Québec) H2V 3S3

Achevé d'imprimer au Canada
en août deux mille cinq
sur les presses de Quebecor World Lebonfon
Val-d'Or (Québec)